思想觀念的帶動者

文化現象的觀察者

本土經驗的整理者

生命故事的關懷者

心靈工坊 PsyGarden

PsychoHistory

歷史的回望
心路的探索
權力的抉擇
人性的反思

圖博千年

一個旅人的雪域凝視

陳斐翡
著

Tibet, a Thousand-Year Journey

Tibetan Culture and Identity

བོད་ཀྱི་སྟོང་ལོ།

一推薦序一

亡國的贖金：讀《圖博千年》

盧郁佳／作家；前金石堂書店行銷總監、《自由時報》與《蘋果日報》等主編

十年前想去西藏健行，朋友說，外國人、港澳台胞自由行都不准，必須跟團。看我心涼了，朋友遂開示一條明路：有位花蓮阿美族女子[1]，長得像西藏人，在公路上攔便車，搭卡車進藏。關卡檢查時冒充親友夾帶過關。

我挫賽。若被當間諜抓了，不知道關幾年。這位渾身是膽的人中之龍，還寫過《女生邊走邊唱》等旅遊散文。我讀了才知道，陳斐翡已背包走遍中南半島、印度、尼泊爾、雲貴村寨等，經驗值破表，觀察、應變力令人望塵莫及，二〇〇四年《誰的眼睛在西藏》自述搭順風車經歷，搭過拖拉機、木材卡車、朝聖者的貨車、機車、仁波切的吉普車。現在讀她的新書《圖博千年：一個旅人的雪域凝視》（以下稱西藏為圖博），才知原來她二十多年前旅遊圖博後，回台研讀大量圖博史料；二〇一九年重回圖博，報導今昔差異、人權現況。

1編註：本書作者陳斐翡有阿美族血統。

只要有人從擁有新聞自由的國家進入圖博，都可能把真相傳出去，「海外藏人是一概不准，等多久都沒用……國內藏人，也必須經過嚴格審查……」不准個別台灣人進圖博，火車站不賣票給她，她就每天換車站買，碰運氣，大排長龍人潮擁擠，被女售票員凶還受委屈。作者真是尖東第一狠人，普通人闖關屢次被拒，難免會喪失自我，氣弱落入售票員的觀點，愧疚不該來亂。但她毫不動搖，踩穩了立場，是售票員不應該跟她作對。不知道全天下有誰擋得了她。

旅館禁收台灣客，依法必須通報公安來查。她遠道攻頂看達賴喇嘛出生的故居，門房一聽她是台灣人就擋，公安馬上出現。每次盤查後，她都慶幸沒搜她的筆記、手機，到底多僥倖？一次搭便車，同車圖博家庭的妹妹問她翻筆記是在看什麼。她想想，遞上筆記本。妹妹一看，呆了，是圖博百餘人自焚的名單、大事紀。妹妹看完還她，說，有些名字都沒聽過。可見政府封鎖消息多成功……誒不是，首先帶這筆記就是玩命。沿途不但隨處有便衣監視，公安還常假扮台灣客，向圖博民眾搭訕套話，釣魚抓異議分子。在這種情況下，她遇到的圖博人怎麼敢跟她掏心講真話？就是需要陳斐翡這麼強大的心——若不是她如此奮不顧身肝膽相照，就算去了圖博，也還是無法與圖博人建立信任。

二十多年前她旅行到娘曲，讚嘆山坡寺院裊裊梵音，花香鳥鳴，人群轉經腳步窸窣，推動大轉經筒叮鈴響，俯瞰河谷江水轟隆奔流，人間樂土。二十多年後重訪，娘曲喀寺院竟沒人，去到百多公里外的理塘宮巴也沒人，佛殿、佛學院大門深鎖，發生什麼事？街上問人為什麼關，路人聽見便躲。佛學院牆外，少年獨坐，她去問，他不理。再看，少年竟然在吸鼻子，肩膀在抖。

哭什麼呢？

後來得知，牧民土地被強徵開礦，上師為民請命，被誣叛國罪，判死刑。上師主持的佛學院、寺廟、孤兒院、老人院全被查封，連他修行過的理塘宮巴都株連被關閉。

展頁後，我一星期做不了別的事，只能慢慢閱讀這本書，像汽車撞擊測試裡的假人般承受它一波波衝擊。一早打開看到書上寫，每逢廟會群聚，除了公安武警荷槍環伺，還有消防隊全副武裝拎滅火器。我看著慢慢領悟，是防範有人自焚。我又闔上，去旁邊崩潰，一天就又結束了。

但我還有台灣保護我，圖博人面對中共，沒有安全氣囊緩衝。讀過方知「只有陳斐翡，可以超越陳斐翡」，傳說中的神人級背包客，已成為傑出的調查報導記者。她實地踏查，引述中共發布的經濟、人口數據，證明圖博人在圖博淪為經濟弱勢，房屋、牧地被佔，生態被破壞，漢語教育、就業篩選都在打壓圖博語，還有監禁、驅逐佛寺與佛學院僧人，讓讀者目睹民族文化凋零、庸俗漢化。信仰、語言、文化就像電影《阿凡達》裡的母樹，聯起整個社會聚落人群、蟲魚鳥獸、產業、經濟、政治。圖博母樹被伐，森林凋零，一亡俱亡。

●●●

書中提到，民宿眾人熟睡時，兩位圖博大哥宵夜吃喝邊看文成公主連續劇。作者看出劇情荒誕，造神美化文成公主；大哥卻投入，見聖王松贊干布出現，便正襟危坐，謙卑屈身縮頸，見大昭寺即虔敬合十。把劇當真？原來當地觀眾只想看聖王、聖殿，不關心劇情，知道中國人講的歷史信不得。乍看天真，其實清醒。政府招攬中客遊圖博發觀光財，到處賣文成公主神話，大內宣說松贊干布為文成公主建造布達拉宮，大昭寺是文成公主設計的，藏傳佛教是文成公主帶進西藏的……。陳斐翡考據發現，文獻其實沒提松贊干布建的是布達拉宮，更沒提是否在拉薩——把布達拉宮扯上文成公主純屬附會，現代學者更不該用定居社會的想像套在遊牧民族身上。

我所讀的那些簡體版圖博叢書裡的文成公主神話，一下被推翻了。原來不分學術、通俗，閱讀資訊都可能受到統戰技倆汙染。作者優美描繪風土人情，穿插史料考據，扣緊中原歷史矛盾不合理之處推敲真相。譬如谷歌搜尋「平涼偽盟」，結果被簡轉繁的內容農場文洗版，幾十篇都照著唐代史書，罵吐蕃（古圖博）不講武德，假裝要跟唐簽和平協議，先讓唐內部開除主戰派，簽約現場再把唐使臣全抓了，殺唐軍五百多人，俘一千多人。作者引證說明，其實是唐先跳票，才會被報復。

不言而喻，納入圖博中心的史觀，才是真正中立。國家一旦喪失主權，連歷史都會被奪去，變成「從祖先就豬狗不如，難怪現在子孫也忘恩負義」，為漢人民眾合理化侵略、鎮壓與集中營。討還歷史，也是人權抗爭的前線。

●●●

「我們佛塔很久歷史，二百多年有，中國人搞壞嘛，貢唐仁波切給抓起來很多年，出來後，仁波切又努力努力，這重新建起的了。」書中寫圖博大哥介紹佛寺古蹟，腔調彷彿在讀者耳邊響起：「國家沒有了，我們藏族，辦法都沒有。一九五九年以前我們國家是有的，這個我們藏族全部知道，一九五九年打輸仗嘛，國家沒有了，寺廟沒有了……現在我們知道藏族歷史就是這樣。」

我看有人臉書說，回台灣搭計程車，聽運將抱怨「台灣沒言論自由」，便答：你知道沒言論自由是怎樣嗎？上海計程車上監聽對話，一偵測到關鍵字，如領導人名字之類，司機乘客馬上要見公安喝茶。運將不信，沒聽過這種事，就是不信邪。拜封鎖圖博消息之賜，有幾百萬台灣人跟他一樣想法，以為被中共統治只是政黨輪替或像重回戒嚴，選錯就再來一次太陽花運動而已，沒事。我想，要是你敢做鄭南榕，還願意孩子都做詹益樺[2]，再來說沒事。有百餘位勇敢的圖博人，火中獻祭自己，向中共抗議，都沒能挽救民族悲運。年復一年，不是冒險流亡，就是世世代代償付贖金。台灣戒嚴時，難道有一百多個鄭南榕嗎？

我祈禱本書賣出三十國版權，令各國稍微克制對中經貿利益誘惑的貪婪，向中國爭取圖博人權。祈禱中生、中客、中配來台灣，個個都看到這本禁書，覺醒偉大祖國在圖博真正的作為。但台灣人要先知道圖博發生了什麼事，才可同意接受相同的命運發生在自己身上，別因為不知道而選擇被奴役，沒人扛得起後果。

想團結抵抗，需要資訊流通。《圖博千年》成書二十五萬字，之深之長，就只是清晰、具體、簡明地告訴我，「亡國」兩個字怎麼寫。

2編註：鄭南榕、詹益樺於一九八九年先後為台灣民主與獨立之理念自焚身亡。

目錄

安多
康
衛
宗曲
措溫布
宗喀
蘭州
拉卜楞
瑪曲
治曲
達倉拉姆
舟曲
娘曲
札曲
阿壩
馬爾康
那曲
甘孜
嘉絨曲
成都
札木多
拉薩
墨脫
芒康
達澤多
雜域
羊卓雍措
傑塘
木里

列城
印度河
噶爾
森格藏布
阿里
藏
布朗
雅魯藏布
日喀則
聶朗
札木

前言

寫你的名字

對一個不再有故鄉的人來說，
寫作成為居住之地。
——阿多諾，《最低限度的道德》

二〇一九年，在拉卜楞前往熱貢[1]的途中遇見雍登，一位年輕的唐卡畫師，儘管年紀不到三十歲，他已獨當一面教導著幾位學生，並經營一間唐卡繪製工作室。

聽說我們來自遠方，雍登眼睛閃著新奇的光，對我們的家鄉和國際事物發出一串串問題，從交通、天氣、宗教信仰、假期到美術館，似乎所有東西都讓他感到有趣；我們也對他的唐卡畫師工作十分好奇，他甚至一度停下車，打開手機中的作品照片，仔細為我們解說。在愉快的談話間，雍登常說「我沒有文化」或「我文化水平不高」之類的話，原以為只是謙詞，後來才知道雍登是真的這麼認為，只因他自認未受多少體制教育；儘管他自年少持續鍛鍊繪製技巧，同時研讀佛經，詳知圖博佛學信仰的典故，及唐卡上各種符號、色彩所象徵的意涵。

生長在中國社會，他被灌輸能流利說中文、接受高等體制教育才是有文化的觀念，而這個「文化」完全與圖博傳承的文化無關。雍登讓我想起自己，在餵養我成長的文化中，我無意識地堆砌了什麼樣的偏見？

換位思考：另種文化立場

二〇〇五年夏日，在印度達蘭薩拉一間賣饃饃、麵食的餐館裡，有位阿媽拉聽見從我嘴裡冒出中文，瞬間露出的複雜表情令我永遠難忘——有驚愕、厭惡，也有傷痛，她原來有溫度的眼神變得嚴峻冰冷；此後即使碰巧遇見，她也刻意閃避視線，假裝沒有看見我。後來才從當地一位朋友貢確得知，阿媽拉的多位家人親友在一九五〇年代逃難時死於中國軍隊的追擊。

貢確在達蘭薩拉一所NGO機構工作，是從小生長在印度的流亡者第二代，熟習圖博語、英文、印地語和一點法文、中文，他也身兼數職，既是網頁工程師也做翻譯、美術設計，有時在友人的咖啡廳端盤子或烤蔬菜餅。貢確坦率豁達，對我提出任何有關圖博的問題都慨然回答，相同地，他的提問也相當直言不諱。

1 熱貢（reb gong），中國行政名為青海省同仁市。

他曾問我中華文化和漢文化的差異，問我「為何中文也被稱為華文，華文也包含維吾爾語、蒙古文？」或是「中華民族既包含滿、蒙、回、博[2]等族群，學校課本應該不只教孔孟老莊，也會有回族《可蘭經》、蒙藏的《宗喀巴道次第廣論》？」儘管我當時早已知悉自年少詳讀背誦的孔孟與中華認同，是偏狹的國族教育，但由他者口中聽見這類問話，對我來說依然尖銳，戳得我當場頭皮發麻，雙頰發燙。

記得也是在那年，我讀到一千多年前的突厥「鄂爾渾銘文」[3]，那是草原上的突厥王國為過世的將軍所作的紀念碑文，內容除了讚揚逝者的征戰功勳，也刻下「由於突厥人不和睦，由於漢人的狡猾詭計……突厥王國瓦解，可汗被消滅，珍貴的子弟成為漢人的奴僕，美麗的女兒成為漢人的奴隸……」[4]等告誡突厥子民「漢人是永遠敵人」的警句。其實漢文獻同樣也記載立碑之事，但卻是另種友好故事——當時唐太宗已和書寫銘文的毘伽可汗結下「父子」盟約，這座石碑甚至是李世民特地派使臣送去，並刻下「且特勤，可汗之弟也，可汗，猶朕之子也……俱為子愛，再感深情，是用故製作豐碑……」等情盛意切的文辭。[5]

歷史有真相？

同樣的一尊石碑，唐將它視為展現強大國力的象徵，而突厥卻用來鐫刻民族受難的印記；一千二百多年後，它的存在向我們證明，閱讀歷史真相無法只看一面之辭，也就是說，漢文獻再豐盛、紀實，也只能代表一種詮釋角度，並非史實的標準答案。

在突厥卑屈稱唐為父的那個年代，另一個草原民族已然崛起，那就是古代的博王國。自西元六三八年博國揮軍壓境中原，千年來在漢文歷史論述中，一逕是被描述、失語的邊緣他者，尤其現代受政治力的操弄，圖博更是喪失發聲權。

「一九五九年解放軍入侵拉薩，我們圖博打輸了，失去自己的國家」、「博是博，加是加」[6]、「圖博文化不是中華文化，更不是中華文化的一部分」、「漢人說的歷史，和我們圖博人的歷史不一樣」……不僅達蘭薩拉的貢確這樣告訴我，旅途中遇到的許多圖博人都不約而同說過類似的話。

翻閱文獻與中外史學論述，會發現儘管圖博第一手史料紀錄不多，國際學者所考據的史實仍與以漢文獻建構的中華史觀有不少差距。例如：一千三百年前文成公主和親，是如《新唐書》所述，唐對博國的友好賜婚；或唐遭草原大軍圍困，為讓博國退兵的求

2 中文一般稱藏族，此書使用圖博人的自稱「博」。
3 鄂爾渾銘文（Orkhon inscriptions），中文習稱闕特勤碑文，西元八世紀突厥人在現今蒙古境內的鄂爾渾河谷，以古突厥文所刻下的石碑碑文。
4 Saunders, 2001.
5《舊唐書》〈突厥列傳〉。
6 加（rgya），音譯自圖博語，漢人的意思。整句話含義是：圖博人與漢人完全不同。

和之策？圖博學家白桂思（Beckwith）考據漢語、阿拉伯、圖博等古代紀錄，其看法顯然傾向於後者。[7]

古代博與唐的爭戰、協商立約、和親等互動史事，經《唐書》、《資治通鑑》等中原視角記錄，再透過二十世紀初為政治目的所建構的中華史觀來詮釋，已與白桂思等國際學者觀點相去遙遠。其實不僅是唐與博，遠自二千多年前的商周與獫狁[8]，描述中原與遊牧民族互動的漢文獻紀錄也盡是相似脈絡。

文化評論家薩依德（Edward Said）認為所有文化都會編造一個區分自我與他者的二元架構：「英雄與怪物、開國元勳與野蠻人……這種二分法好的一面表現在民族的自我認同與愛國主義，差勁一面表現在粗糙的沙文主義、仇外和排他主義。」[9]若無法換位思考，公允理解與尊重他者的史觀與主體性，可能有礙於與他者建立「共好」的溝通模式，恐怕也難以理性客觀地認識自身。

旅途與書寫

旅途是人世探索的過程，就像閱讀一樣。旅行不僅是異地的體驗，也包含閱讀自己、他者，與一起置身這個世界的「我們」在時間長河裡所走過的歷史，以及許多前人經過所留下的提問與思考。

二十多年前我開始自助旅行，自圖博高原東南端的傑塘[10]開始，跨越檢查的邊界前往拉薩，繼續西行到達阿里地區；曾從北方進入安多、宗曲[11]河谷，穿越圖博北方高原到拉薩；或往南穿越國境線前往尼泊爾，探訪喜馬拉雅山脈南緣的錫金、大吉嶺、拉達克和流亡政府所在的達蘭薩拉；也曾前往聖彼得堡，探訪歐洲第一座達賴喇嘛佛學院「袞澤確尼」[12]……我行走並記錄途中種種新鮮經歷、對自我的覺察，及這些事物與自身文化的衝撞。

一開始計劃書寫的內容是關於「大圖博文化區」行旅紀錄，其實最初的書稿已於二〇〇八年前夕完成，但二〇〇八的洛薩新年，中國統治下的圖博全境爆發激烈抗爭，手無寸鐵的民眾高舉雙手呼喊「自由圖博」，冒險掛起雪山獅子旗。是什麼讓圖博牧民、僧侶、老人和小孩在中國軍警槍彈的威脅下，仍堅持走上街頭？停下幾近完成的文稿，我鑽進文獻與中外史學論述，從《史記》到《清史》，在千年漢文史料與國際圖博學者

7 Beckwith, 1978.
8 獫狁，商周時對北方遊牧民族的稱呼，《詩經》〈採薇〉：「靡室靡家，獫狁之故。」獫狁原意為狗。《說文解字》：「獫，長喙犬。一曰，黑犬黃頭。」
9 薩依德，梁永安譯，二〇一〇。
10 傑塘（Gyalthang），王族平坦之地的意思，中國行政設為雲南省迪慶州香格里拉市。
11 宗曲（Tsong Chu），中國稱湟水。
12 袞澤確尼佛學院（Datsán Gunzechoinéi），意為「佛法慈悲之源」，一九一五年建成。

研究論述的歧異中，逐漸辨識圖博史觀與長期被灌輸的中華觀點間存在的差異。

最初就是為了回答心裡的疑惑而開始旅行與書寫。慢慢行走於陌生大地，積累的體驗，令觀看自己的視角得以逐漸變為「我們」，那個看見、尊重並包容他者文化的我們。也就是說，走訪異地過程中，過去嘗試自我對話的「我」變大，變成了「我們」，那可能是我們的社會、文化、歷史或族群。

這本書可以說是行旅與閱讀圖博社會的現況與歷史，及反思自我文化的整理報告，其中包含了三種旅程：以二〇一九年經歷圖博新年的行旅為敘事軸線；交疊過去二十多年來與圖博有關的旅途記憶，以及透過史料文本走入圖博歷史的爬梳過程，遠溯一千三百年前古王國時代，跨越到二十世紀初建立現代國家的關鍵時期，以及經受中國入侵統治的今日。

敘述採取「雙重視角」的方式，亦即在同一場域空間中，二〇一九年的經歷、昔時旅途體驗，與歷史場景可能交錯並陳，相互交織映照。在新舊時空的人事景物對照下，昔時與今日的觀點產生了彼此對應、辯證的機會，對未來或能交映出新的視野。

圖博之名

這本書使用「圖博」取代以往慣用的中文名稱「西藏」，因西藏一詞與圖博的自稱不僅無關，「藏」這個名稱也僅指日喀則地區，而非圖博全域[13]。西藏這個詞彙最初出現在清國的漢文奏議內容上[14]，字面意思「西方的藏地」，突顯中原國家自我中心、將其他民族邊緣化的思考模式。

然而，圖博仍非最妥適的名稱，首先這不完全是圖博人的自稱[15]，達蘭薩拉的圖博行政中央至今也未做出更換中文名稱的正式決策。經百般斟酌，仍選擇使用圖博的原因是，圖博人自稱為博（bod），且圖博的發音近似英文名稱 Tibet 的語源 Tubbat，一些圖博學者認為這是古代中亞草原民族對圖博的稱呼[16]。

另一個重要因素是，眾多圖博青年在奮力向世界與中國政權表達自由意志的同時，已省思到，當代指稱他們國家、民族所沿襲慣用的中文名稱「西藏」一詞，其實並不妥當。上個世紀末，達蘭薩拉的圖博人民議會曾作出更名為「圖博」的決議，儘管並未積極向華人世界推廣，但「圖博」畢竟仍是唯一經過圖博議會討論決定的名稱。

《新唐書》等漢文獻以明顯具有歧視貶意的吐蕃[17]為稱，西元七世紀統一圖博高原

13圖博包含衛（拉薩地區）、藏、阿里、康與安多等區域。
14陳慶英，一九九九。
15謝惟敏，二〇〇九。
16學者認為英文 Tibet、唐國漢語「吐蕃」都可能借用自突厥語「Tubbat」，或阿拉伯、粟特語「Tüpüt」。（Stein, 1972）。
17不僅以「吐蕃」稱圖博，漢文獻稱其他民族：匈奴、獫狁、羯、羌、蠕蠕……都是採用動物、昆蟲等貶抑字詞。

的古博王國，在敦煌發現的古代圖博歷史文書中自稱為博千波（bod chen po），是「大博」之意，於是除了引用外，此書行文使用「古博王國」、「博國」的稱法。

基於相同立場，對於圖博的山川土地、村鎮、佛學院、人物的名字，也盡量找到當地人們原本的命名和其含義，並以譯音方式為稱。因人們對身處自然環境物事的指稱方式，表徵他們與這塊世居千年土地的關係——是如何自身邊那條江水、那片山谷草原獲得生養傳承，又帶著什麼樣的心境仰望雪山、虔誠祈願……這些名字是圖博人的生命觀，是他們看待自我與世界的眼光。

特殊或日常之景

二〇一九年一月出發前往圖博以前，這本書文稿已大致完成，行程完全依照書中內容計畫——現代民眾抗爭激烈的地方，和歷史上圖博與中原的戰爭現場。其實這二者近乎重疊，例如康區的甘孜及安多的阿壩、拉卜楞，也都是位於圖博與中原地區的接壤交界。

這些路線是多年前我們經常走訪的地方，這次也依照以往慣常的進行方式，使用當地的公共交通工具，嘗試貼近當地人們的生活。若找不到巴士便徒步、在路上隨機搭便車，盡可能深入，走到最遠的地方。

以「中國夢」標語大肆宣傳的二〇一九新年，剛好是中國建國七十週年，而這一年不僅對中國來說極具象徵性，對圖博也是。

二〇一九的洛薩[18]是圖博抗暴的週年紀念日，六十年前，圖博各地民眾起義對抗中國入侵，因武力差異懸殊而敗退拉薩，解放軍炮火持續追擊下，有些人不幸犧牲或成為囚虜，有些人隨達賴喇嘛與噶廈政府流亡印度。從這一年起，圖博民眾在自己的土地上失去自由，也失去了國家主權。然而二〇一九的洛薩同時也是圖博創建主權國家的紀念日，一百零六年前，十三世達賴喇嘛向圖博全境發布獨立文告，推行現代新政，多次向國際主張圖博的獨立地位。

圖博經受中國統治後，一九八七至一九八九年間拉薩爆發爭取自由的激烈抗爭，二〇〇八年北京奧運前夕圖博全境響應示威行動，以及自二〇〇九年至今，圖博境內已知的一百五十九起自焚抗議中，許多都發生在抗暴與獨立紀念日的前後。

計畫旅程時，已預料前往圖博的路上勢必會經歷許多阻礙，運氣不好甚至得進公安局；也思考過，在這政治敏感的時機，以十多年前自由移動的方式，是絕對無法到達拉薩，就算依規定申請西藏旅行證也不會獲准。而最常爆發自焚與激烈抗議的甘孜、阿

18 洛薩（losar），新年的意思。圖博曆法二〇一九的新年恰好與漢曆的大年初一同一天。

壩、拉卜楞，和大批修行者遭暴力驅逐的啦榮嘎、亞青嘎[19]，及十四世達賴喇嘛丹增嘉措的出生地塔澤，這些計畫的重要地點，也都有可能遭到臨時封鎖，無法進入。

從規劃之初已有心理準備，最壞的情況是哪裡也去不了。

二〇一九年我們在路上確實經歷頻繁的停車檢查；在曾發生多次自焚抗爭的地區，必須到公安局報備登記才能入住旅店；甚而遇到便衣跟監、公安突襲搜查房間、到公安局「被」喝茶的情況。或許真的因為這個新年具有多重象徵，中國為防止再發生抗爭事件，在圖博地區加強了檢查與封控；也或許，這原本就是圖博人們生活的日常？

明顯感受到，圖博當地民眾對台灣與外籍旅客刻意保持著距離，儘管會說普通話的人比以前多，但是願意和我們說話的人少了許多，旅途中冷冽不安的沉默總在四周蔓延。思及此，更加感謝途中所遇幾位願意和我們交換想法，冒險吐露真誠心聲的人們。因為他們，我知道之前完成的書稿必須重新修改，直到成為現在的樣子。

19 喇榮嘎、亞青嘎，中文稱喇榮寺、亞青寺，圖博語「嘎」近似「清修聖地」的含意。

輯一 歸路

往阿壩、
安多
馬爾康
丹巴
成都
嘎達
(德協)
嘉絨曲(大渡河)
達澤多
(康定)
新都橋
雅安

色達
喇榮嘎
(五明佛學院
德格
甘孜
崗托
治曲(金沙江)
亞青嘎
(亞青寺)
娘絨(新龍)
往札木多
(昌都)
娘曲(雅礱江)
札曲(瀾滄江)
巴塘
理塘
娘曲
(雅江
芒康
稻城
鄉城
察卡洛
(鹽井)
得榮
往傑塘(迪慶)

1 再見圖博

成都

破曉不會太遲，擔擱不會太久
遼闊宇宙日出，不可
能太晚
叩門不會太遲……
你回來不晚
——亞沃呼郎，〈為我，你會回來的〉[1]

飛機在午夜抵達成都雙流機場，接駁車直接將停機坪上的旅客載至海關檢查站。亮晃晃的檢查站空間不大，陳設也清簡，地面上畫著指引排隊的線，加上不斷發出喝令的指揮人員，中國籍與外籍旅客效率地被區分開來。

房間中最醒目的是海關人員的檢查亭，每座亭子都以厚實的鋼條圍起，離地面高出許多，海關人員坐在其中，透過小窗能俯瞰室內所有景況；隔板遮住他們大半身影，空間的構置形成一股威凜氣勢。數小時前，乘客們都是一起從首爾機場出發，裡面有返家的中國旅遊團，也有結伴旅行或洽公的他國旅客。自首爾候機室一路持續的興奮愉悅，在踏入這個空間的瞬間消失，取而代之的是一股緊繃感。

檢查以近乎叫人窒息的緩慢速度進行，除了指揮人員四處走動、揮手吼叫，其他人都緘默著，中國籍旅客更是一致地垂首低眉，就連小孩都乖巧排著隊。終於輪到我了，海關人員盯著我的台胞證、再看我的臉，視線又回到證件上，他看著電腦打幾個字，便一動不動持續盯著螢幕，彷彿上面出現神祕檔案，值得他認真研究……終於他動了，微抿下嘴，就在以為他要說話的瞬間，他以手指頭夾起證件驟然丟還給我。

不論他或我，從頭到尾都未發一語。

新中國觀光景點

成都是中原地區西南方的重要城市，往西、往南不遠，即進入陡峭的山區，自古即是中原與博、彝、苗等異族群接觸的邊緣；到了現代，也成為旅人前往圖博地區的出發點。

1 亞沃呼郎（B. Yavuukhulan, 1929-1982），蒙古詩人。

這次旅程我和尹兩人一起同行，二十幾年前我們在拉薩的旅途中認識，相似的旅行觀與默契，讓我們在之後的旅行多次結伴，後來也成為人世旅途的伴侶。過去我們常路過成都，不僅從這裡出發到圖博，簽證快到期時也會回到這裡申請延長，十多年前圖博地區資源極有限，有時回到成都才能好好洗浴、享受豐富的食物。

成都也像是個據點。記得昔時位於長途客運站旁的旅館總是集結來自各國的旅人，在此等候多日才出發一趟的班車，也彼此交換旅遊資訊。如何不跟團、不辦理「西藏旅行證」也能抵達拉薩，是大家最熱衷討論的主題之一。曾成功抵達拉薩的人極少，大多是各種潛入失敗、遭遣返的冒險故事，染髮、抹黑臉以偽裝成圖博人或中國民工，或藏入巴士行李袋、卡車貨箱裡的傳奇，聽來有趣，但認真細想即知真實性不高，翻山越嶺數百公里，經歷兩個日夜以上的顛簸路程，人如何能不吃不喝不上廁所，耐受海拔數千公尺高原上的寒冷氣候，持續躲藏在箱袋中呢？

現今客運站每隔二天就有一班直達甘孜的巴士，過去要花上兩天車程的旅途，現在只需十個小時，這是闢路工程鑿山削岩的成果。

汽車站入口處的牆邊擺設一排嶄新的自動購票機，身上斜繫紅背帶的推廣小姐，殷勤指導客人操作，擁有銀行卡、電子錢包的都市人購票便捷許多；但是在售票窗口購票，似乎比過去更麻煩，得從入口的X光檢查機前開始排隊，到了售票口，必須再排另一列長隊，尤其現行「實名購票」的規定，得準備身分證明資料。一位大爺沒帶身分證件，售票員厲聲喊：「買不得」，大爺仍堅持守住票口往裡面塞鈔票，售票小姐猛地把錢丟出來，吼一聲「滾」；大爺慌亂蹲下撿拾地上的紙鈔……這場面讓我腦中沉寂多年的中國旅程記憶一下子被震醒。

預購前往甘孜的車票後，還餘下一整天的空暇，足以探訪幾處成都的歷史古蹟。成都雖位居邊陲但富裕豐足，千年前唐國皇帝李隆基即選擇此處躲避安史戰禍。而在近代史中成都也扮演了關鍵角色。一九一一年在成都總督府前爆發當地仕紳爭取鐵路所有權的「保路抗爭」，直接影響武昌起義的成功；而一九〇四年入侵圖博康區的四川漢軍也是從這裡出發的。

身為歷史悠久的古城，但杜甫草堂、諸葛亮武侯祠等著名史蹟多出自現代建造。古建築已毀於戰爭、文革或城市開發工程，就連滿清的總督府、官院、城牆也未留痕跡，儘管距今也僅百多年時間。

立於一九一三年的「辛亥秋保路死事紀念碑」，是少數受到特別維護的滿清相關文物，紀念碑立於當年抗爭仕紳遭總督趙爾豐下令射殺的地點附近，在現今的人民公園東北端。紀念碑與人民公園都位於昔日清國滿蒙八旗的兵營眷舍區域內，人民公園中的露天茶屋，至今仍保留過去滿人喝茶、遛鳥的閒逸習慣。蒙滿八旗保留遊牧民族以家為單位的社會規制，官兵與眷屬同居，軍事教練場也在日常生活的空間內。清國採取滿、漢隔離政策，嚴禁通婚、生活空間也完全隔絕開，八旗營區四周高牆環繞，一般漢民無法近足，城中居屋街巷分布一如北京城的胡同。

一九四九年以後，中國將這批八旗營舍分發給國營單位作員工宿舍，在歲月中逐漸頹圮，大部分也就在城市開發中遭拆除。二十一世紀初政府推出「寬窄巷子」複合觀光商業街興建計劃，選定三條巷道，約八公頃範圍內的居民都被遷走，不論新舊的所有建物都重建為清國時青牆黑瓦的官舍型態，展示傳統工藝、戲樓茶屋和民間小吃等觀光商品。

其實在北京、西安、成都、五台山等旅遊景區，都進行著這類大規模修建復古建築的商街計劃，就連理塘、松潘、達倉拉姆（郎木寺）等圖博城鎮，都為發展觀光而遭政府圈地重建。身為重要圖博文化重鎮的拉薩，更是難以倖免。布達拉前的雪村民居，在上個世紀已為政治目的而遭拆除，改建為向中國共產黨致敬、形似天安門廣場的北京中路與布達拉宮廣場；大昭寺外的八廓街攤位與周邊建物，也為擴大招商募資，而遭大規模改建。

而在吉曲[2]南岸興建的「文成公主實景劇場」，為一仿造布達拉、大昭寺等佛寺建築的立體舞台，並闢建大型停車場，成為中國旅行團到訪拉薩的必定行程。據負責營運的企業[3]統計，每年春夏期間前來觀覽的遊客超過五十萬人次，周邊紛紛進駐五星級酒店、飯店、野營場、購物商場，隨著商機擴展與外地資本投入，原本的傳統農田與牧地上陸續建造起新式公寓、大樓、溫泉度假別墅區，不過短短幾年間，在衛星地圖上已不復見任何一塊青稞田或綠草地。村民的農田、土地遭強制徵收，劇場企業安排他們擔任群眾演員、舞者或劇場雜工，宣稱這提供了青年穩定的工作與薪資。他們甚至計畫在此安頓更多來自其他地區的重遷戶。

當地圖博村民或許真的收入提高、經濟好轉了，然而代價卻是失去世代耕種的土地與牛羊，得在觀光客前獻跳原本傳統節慶自娛的舞蹈來營生，他們受僱佣參與的是為了弘揚中華文化、漢藏一家親而編造的「文成公主」劇，劇情強調著「自古以來」優秀的漢文化為圖博人帶來幸福。

更大的代價是失去了自己村落的名字——尺覺林（tshe mchog gling）。尺覺林這個村名來自當地的古老寺院「尺覺札西桑丹林」，一七九〇年由第八世達賴喇嘛為他的上師而建造。「尺覺林」音譯自圖博語，意思近似於「永恆至尊的佛學院」，但官方為包裝文成公主神話，索性將村名改為「慈」覺林，將河水南岸拓寬的道路命名為慈覺林大道，建造一座具觀光商街功能的慈覺林大橋，並且宣稱一千三百多年前文成公主一行即由此地進入拉薩，編造說當時隨行的唐國人員即落腳居住在這裡。

2吉曲（skyid chu），意思是愉悅的河水，流經拉薩城南端。中國佔領後改名為拉薩河。

3域上和美集團，隸屬四川省的旅遊文化產業，除了開發經營文成公主實景劇，還有「金城公主」劇、西昌建昌古城歷史文化街區、「亞丁密碼」大型浸沒式冒險秀等觀光商品。

其實一九五二年中國成立「西藏聯合軍區」後，解放軍三〇八砲兵團[4]進駐拉薩，選擇駐軍的地方就是尺覺林村。尺覺林三面環山，向北跨越吉曲就是大昭寺，隔著河水對望布達拉，對解放軍來說是監控拉薩最佳的戰略位置。依據口述歷史《西藏記憶》[5]所述，一九五九年尺覺林佛學院參與拉薩的起義抗爭，之後所有僧人都遭逮補，寺院被據為公安學校，所有佛殿、僧舍都充作教室和師生宿舍。我在二〇〇四年前往時，尺覺林建築因年久失修，已是瓦落牆斜，本應該是佛殿的屋子裡，堆滿了廢棄課桌倚，在一陣陣颯颯冷風中，我看見被刮去菩薩圖像的灰土牆面上，依然清晰留有「高舉毛澤東思想偉大紅旗」的字跡刻痕……

當時曾想，這座不曾修復、停駐在文革時代的佛學院，若設為「圖博文革歷史紀念館」，一如柏林圍牆遺址旁的戰爭紀念館、首爾西大門監獄歷史館，或是奧斯維辛集中營紀念館等設施，應具有提醒世人及反省人類暴力的象徵意義吧。

然而，尺覺林村在極權資本中變成了「慈覺林村」，這塊土地上人們與文化的歷史傷痕被硬生生抹去，並遭官方營構的文成公主與扶貧幸福神話掩蓋。

劇情中的圖博國王松贊干布與公主攜手站在舞台上，在水泥布達拉宮布景前接受群眾歡呼，當這個畫面在中國各媒體平台廣為宣傳時，布達拉遂成為一座象徵漢藏團結的中華文化建築；而圖博千年傳承的文化、信仰與自尊，還有多少能為世人所記憶？

入侵者的荒謬劇

那年，彷彿有預感難再有機會造訪拉薩，我終於到布達拉山腳下的接待處預約參觀的時間。

過往西行日喀則、阿里地區，或往古老的桑耶、山南而去，來來去去數次歇腳拉薩，都未曾去過布達拉，或許心底隱隱認為那助長侵略者的氣焰，而且主人不在，總覺像是無理闖入的偷窺者；後來決定登上布達拉，也是為了這相同的原因——主人不在家，這些入侵者到底胡搞到什麼程度，那荒謬情境應該至少親自體驗一次吧！

布達拉，音譯自梵文potalaka，是觀世音菩薩道場之名，圖博人認為達賴喇嘛是觀世音化身，布達拉即其所居之地。第五世達賴喇嘛在此興建的建築即稱為「頗章布達拉」（pho brang potala），圖博民眾習稱「澤布達拉」（Tse Potala），意思是布達拉之山，或直接簡稱布達拉。

參觀布達拉必須跟隨官方安排的導遊，約二十多名旅客組成一支隊伍，以順時針方

4 三〇八砲兵團也屬於一九四九年最初進軍攻擊康區的軍團之一，原編制為第五十三師炮兵團，駐紮拉薩吉曲南岸，二〇一七年以後已升格為八五砲兵旅。

5 唯色，二〇〇六。

向繞轉頗章瑪坡[6]各層的拉康[7]。

十四世達賴喇嘛曾經描寫這座歷史殿堂：「這座中心建築物包括宏偉的大經堂，附有三十五座雕梁畫棟的佛堂、四間靜室和七位達賴喇嘛的靈塔——有些高達三十英尺、鑲上金塊和寶石。」強巴拉康[8]供奉身形高大、面容慈悲的強巴佛。立體壇城殿入口就是一尊震撼人心的多傑久謝[9]塑像。朗林拉康[10]中擺設宗喀巴與噶當派、格魯派世系先祖塑像，解說自十八世紀以來圖博眾教派與學說的發展。里晉拉康[11]中展示古魯仁波切[12]的八種化身。色登拉康[13]裡安置第五世、十世、十二世達賴喇嘛靈塔……。行過布達拉眾佛殿，便走過圖博佛教傳承的歷史。

三百五十年前，這座宮殿被規畫建造作為圖博王國的核心建築，除了具有政治領導的功能，同時也是這片大地子民所信仰、最慈悲的觀世音菩薩居住的殿堂。甚至更早，在九百多年前，當佛教信仰在這片高原、山谷大地上蓬勃發展，各教派相互競爭切磋、百家爭鳴之時，在瑪波山之上，布達拉所建造的這個位置，即是噶瑪巴、宗喀巴等佛學大師講經布道之地。

參觀隊伍移動得很快，也許因為成員多數是中國觀光團旅客，一開始他們還覺得有些新鮮感，驚嘆文物與建築的古老、神祕，但很快就失去耐性，不時發出抱怨：「這兒看來看去咋全都是佛像呀？」

唯獨對西斯平措[14]大殿中一幅壁畫感興趣，導遊特別指出是「五世達賴喇嘛在北京見順治皇帝的畫像」，大家七嘴八舌討論畫面裡人物座位的高低，「見證」順治坐得稍微高一點，這才心滿意足的離開。另個讓行進隊伍駐足的地方是十四世達賴喇嘛的居室，小房間裡擠滿參觀者，我留在門外，聽見屋內導遊的說明：這是十四世達賴喇嘛的睡床、他在這矮桌前讀經、在這墊兒上用餐……接著是眾人一連串的窺奇發問：就這屋兒、也特窄小？活佛真睡在這房？不是吧，太簡單啊？你說的是哪個達賴啊？是跑到印度去的那個？

6 波丹瑪坡（phobrang Marpo）近似於「紅色宮殿」的意思。為布達拉的中心建築，設有大經堂、佛殿與靈塔殿。

7 拉康，即菩薩殿。

8 強巴拉康，意為彌勒佛殿。強巴，意即未來佛，漢傳佛教稱彌勒佛。

9 中文譯為大威德金剛，源自梵文Yanm　ntaka，征服死亡之神的意思。在圖博佛教中為文殊菩薩的憤怒相，能降伏惡魔、護衛眾生，所以稱大威、大德。

10 意即菩提道次第殿。

11 中文稱持明殿。

12 中文稱蓮花生大師。

13 中文譯為佛事殿。

14 西司平措意為生死圓滿，是布達拉中規模最大的殿堂，為舉行佛教儀式的集會大殿。完整名稱為「措欽努西斯平措」，意思為西生死圓滿大殿。

眾人喧嘩而去，我才進屋，屋中同時還有個圖博家庭，穿著傳統連身長裙的中年媽媽，帶著看來正在讀中學的兩個孩子，他們自懷裡掏出嶄新雪白的哈達，一一向佛壇、書桌前獻上，躬身默禱。

丹增嘉措[15]在自傳中曾提及，「我這個小孩得到達賴五世位於頂樓的臥室。室內極寒，燈火不足……裡頭所有東西都是古老的、陳舊的；四片牆上掛的帘子後面積著數百年的陳灰。臥室一邊靠牆矗立著一座佛壇。上面放兩盞油燈，還有小碟裝的食物以及淨水，供養菩薩。」[16]他在四歲那年被迎到拉薩，此後在這座擁有近三百年歷史的城堡中度過每個寒冷的冬日。他在這古老世界裡讀經、學習、接受傳承，也像個普通男孩兒在這裡生活、遊戲、頑皮和成長。

角落走出一位工作人員，拿取佛壇上供奉的糖果，分給圖博婦人和她的子女，他們雙手捧著糖，像寶物般珍惜的放進口袋。在旁邊的我也收到了糖，我低頭道謝。剃短的髮、瘦削面容和謙恭的眼神，從動作舉止很容易認出這位工作人員是位出家人，儘管他身上穿的不是袈裟，只是普通的西褲和夾克。進門時就看見他悉心看顧著酥油燈，時不時擦拭佛壇及整理房間物什；不論身著什麼服裝、所信仰的尊者在不在，他都堅守自己的工作。屋內人們望著彼此，想說的話似乎就在嘴邊，但誰也說不出口，沉默蔓延，卻也沒有人想抬起腳步離開。

「幹啥呀你們？趕上隊伍，快！」一聲喝斥打斷我們，蓄著平頭的工作人員忽然踏入門內，目光冷峻地瞪視我們。

其實布達拉四處都有這些高壯的身影，儘管未著軍警制服，沒佩戴武器，平頭男舉止、外型仍像極街頭上執行勤務的武警。觀覽進行中，他們若不是亦步亦趨監督參觀旅客，就是駐守在佛殿廳堂門邊，銳利掃視，彷彿隨時能從經過的人群中揪出可疑危險份子。他們的存在，的確就是讓我們欲言又止的原因。

沿山勢斜繞而下的無數階梯，帶我們通向布達拉北方的街道上，回到熟悉的城市喧囂中，等繞回到布達拉廣場前，天色已經昏黯了。記得那天轉經的人特別多，男女老幼，街燈將大家的身影長長的投映在人行道上，除了遠自他鄉來朝聖的人們，竟還有人騎著自行車過來，他們擱下自行車，朝布達拉的方向合十伏身，然後又騎上車子走了。彷彿下班途中，順道過來膜拜。

後來確認那天的日期，才知道他們不是順道，而是專程來的。那天是七月六日，第十四世達賴喇嘛丹增嘉措的生日。

15 丹增嘉措為十四世達賴喇嘛法名簡稱。
16 第十四世達賴喇嘛丹增嘉措著，康鼎譯，一九九〇。

2

記憶很遠也很近

成都

當我仍有雙眼在我頭上，
當我仍有聲音在喉中，
我在墓碑中尋找他且向他說……
「每件事終將過去，你仍將活著，
你點燃生命之火。」
——聶魯達，〈人民〉

成都下榻旅館附近有不少旅行社，花幾個小時繞過一遍，詢問申請西藏旅行證的可能性，結果幾乎是零。

他們的態度幾乎一致。一開始熱絡介紹行程，拉薩、大昭寺、甘丹寺、日喀則……不限制人數，立即成團等等；發現我們來自台灣、外國的身分後，話語溫度瞬間下降，提到外國人的旅行證時，他們已作出結束對話的表情——很難說、需要十五天、一個月……這是委婉的說法。不可能，時機太敏感……也有人誠實的這樣告知。

拉薩，是所有圖博人精神的故鄉。洛薩新年裡，圖博人的返鄉之路遭強制封閉，中國人的旅行團卻暢通無阻。沒有旅行證，我依然想試試看。

從四川前往西藏自治區有二個入口，巴塘與德格，兩地都緊鄰治曲[1]河邊，官方在跨越河水的大橋附近都設有檢查關口，過去流傳著各種外國旅行者喬裝闖關的故事。只是巴塘因泥石流沖毀了大橋，已封路一個多月，唯一可以嘗試的地方只剩下德格；我們初步計畫是，從成都先到甘孜，在當地找車設法通過德格檢查站，就像十七年前一樣。

不論是否能通過，仍可以和拉薩的記憶一起旅行。幸而這不需要得到任何人的批准。

仍是布達拉

山谷間迴盪著敲擊聲響。儀式已進行到最後，天葬師俯低身子，雙手忙碌著將敲碎的屍骨與血水、糌粑調和，好讓鷹鷲們吃乾淨。

橐，橐，橐——彷彿萬物都屏息諦聽，一記一記節奏整齊的敲擊聲在黎明前的黑暗

1 治曲，母犛牛河的意思，中文稱金沙江，是長江的上游。

中聽來特別清晰。我趴臥在山腰岩石上，耳際貼著大地，聽見石鎚敲擊著屍骨與山岩，身下的土地輕輕震動。橐橐聲迴盪在大地上也敲擊我的耳膜，在我腦中響著。拂過天葬台的夜風，拂過樹梢青草，拂過將綻放的野花、我的頭髮。這就是死亡，是結束喔。在清冷夜風中橐橐敲擊聲在我心裡說，安靜而溫柔地，亡靈已然離去。

鷹鷲黑色身影像披掛僧衣的修行者，展翼自天際徐徐降下，無聲蹲踞天葬台邊，靜待儀式進行。當天葬師一揚手，它們湧上前食盡屍塊，又瞬間翩然飛逝。一如來時那樣靜默，離開時也默契地依序遠遁。

視線追隨一隻隻展翅的鷹鷲時，才恍然發現夜色早已漸褪，四周濃稠的黑暗好像被稀釋一般，眼前的景物逐漸展露出模糊的輪廓。氤氳在天際的朦朧，不知是霧氣或淡薄的雲層；貼伏在大地上蜿蜒的細流反射天光，已從最濃重的墨色轉變為銀灰。

山腳下的拉薩城仍在沉睡中。

當天際堆疊的雲層和連綿的山體逐漸分開，第一聲蟲鳴似乎就在我身後響起，我知道，再過不久逐漸明亮的世界裡將響起所有生命的喧嘩。然而，當這一切屬於白晝的生之畫面即將展開的同時，在極為清淡稀薄的光線裡，布達拉已浮現在雲霧中。棗紅與白雪顏色的身姿浸浴著溫潤曙光，她身後，層疊山影起伏曲折，柔軟如暖被。山下，在我眼前穩穩沉睡的拉薩城，依偎在她身前，被山影、光線擁抱著。

三百多年以前，她被建造於瑪玻日[2]上時，就是為了這樣被看見的吧。

不論即將消逝或繼續存在的美好與醜陋，歡欣與哀愁，光華、黯淡，或燦爛、毀壞，馨香與腐臭，沉醉或是清醒，罪惡、美德，邪佞或善良……所有物事都會看見她；所有在黎明前將離去的靈魂也看見她；在山裡、田野、河水中、空氣裡，或在城市的溝渠、屋宇裡，所有即將甦醒的，也將看見。事實上不論在這座城市哪個角落或城外山嶺，一抬眼就可以見到她的身影，藍空下，在群山環繞簇擁之間，她巍峨矗立在大地之上；有時可能覺得她漂浮於繚繞雲霧之間；有時金光穿透雲層，一道彩虹正斜映在她身後。

不論我初到達時乍然抬眼或離去前最後的回首，或是在時光流轉逐漸老去的記憶裡，她是這樣讓我看見。

洛榮

那年從當地的朋友洛榮得知拉薩附近舉行天葬的地點，於是半夜繞過天葬台前山徑的入口，從另一頭摸黑爬上後方的山岩，靜靜伏臥在樹叢後等待。洛榮再三提醒絕不可驚擾、影響儀式的進行。守候數小時，直到幾簇燈火自遠方逶迤而來，是喪家的車輛，

2 意為紅山。

他們最後停在山路口；在幽冥夜色中，僧人燃起祝禱的桑煙，家屬背負逝者遺體踽踽走向天葬台。

關於天葬的中文訊息多簡單表示是圖博高原特有喪葬儀式，文句間甚而充滿詭祕暗示。對許多人來說，光是想像肢解屍身、供鷹鷲食盡的過程，可能覺得驚怖而難以理解；然而，海拔三千公尺以上高原林木難生，空氣含氧率較低，火化不是適合當地自然環境的經濟方式。在旅途中遇見的許多圖博人告訴我，讓過世親友屍身深埋土中，任其被不知的昆蟲細菌這一點、那一點的慢慢吞噬腐化，對他們來說才是無法想像的殘忍。一位僧人曾為我說明，按佛教靈魂不滅的轉世觀點，在亡者魂魄離開世間的那刻，讓無用屍身能毫不保留供養鳥鷲，自大地而生的亦回歸大地，亡靈能毫無罣礙的離開人世，踏上轉世的旅程。

進一步請教附近天葬台位置，幾乎所有人閃爍其詞起來，「已經不舉行天葬……」為什麼不能說實話？因為那是對亡者來說重要而神聖的儀式，不是供陌生外人獵奇偷窺的場景。尤其，洛榮說，大多中國人視天葬儀式為野蠻、不潔與落後；同時止貢梯寺、喇榮佛學院等天葬台旅行團的參加者又多是中國旅客。

家鄉在日喀則的洛榮，年少時就跟著堂哥在拉薩旅館工作。因各國旅客出入頻繁，櫃檯也兼做旅行社套裝行程仲介。相對其他人員的健談狡黠，洛榮顯得特別安靜寡言，他提供的交通訊息簡單卻準確；曾多次向他請教拉薩天葬台位置，他也總是冷淡回答說沒有、不知道。

他態度轉變的關鍵，起因於一場爭執。那時旅店大廳中只有幾位客人，一旁忽然冒出響亮的話音，聊天內容大概是批評政府每年援藏經費太多，讓藏族光是懶坐著啥事都不管也有拿不完的補助，變得更懶更窮……這類的話。我衝動打斷那位年輕人，請他多了解真相後再說話。

他不甘示弱表示自己說的是事實，且拉出身邊的新加坡友人來助陣；然而這位新加坡青年卻一臉尷尬杵著，我請他告訴中國朋友實話，西藏現在的生活真的像宣傳得那麼好，宗教信仰真的自由嗎？青年只是嘆口氣說「sorry」，匆匆拉著這位大嗓門的中國朋友離開。

當時洛榮站在櫃檯後，靜默旁觀著這場爭執。只剩下我們兩人時他竟向我道謝。謝什麼呢？我本來想說。看著他臉上奇怪的笑，那好像比哭泣更悲傷的笑容，卻令我一時語塞。

透過洛榮，認識經歷文革時代的耶希喇嘛。那天在佛殿外的草地上，和耶希喇嘛及他的學生們圍坐一圈，夏日陽光暖暖照我們，有風拂面，草地上有野花。僧人們恭謹介紹他是密續佛學院的上師，耶希喇嘛卻自嘲自己沒有官方許可的「他巴證」，按國家規定，他連僧人都不是，隨時可能被趕出寺院。

我問為什麼政府不給證件。喇嘛笑答因為他不愛國。

他說出自己是反動份子，經歷十多年的關押與下放勞改，曾經修路、背石頭、挖糞池，甚至被迫違反僧人戒律去抓魚。中國不准他再回寺院當僧人，儘管他是自幼出家、修行數十年的佛學上師。世紀之交的那十多年，是中國政策相對寬鬆開放的期間，耶希喇嘛受邀到印度的圖博佛學院交流，與流亡海外的僧人一起募集國內外信徒的資金，重建這座在文革中遭嚴重破壞、歷史悠久的密續佛學院，讓年輕僧人又能坐進佛殿，朗朗念誦古老經文，傳承先祖學養智慧。中國政府對他在佛學院中的存在睜隻眼、閉隻眼。只是，即使在那樣看似平和靜好的年代，喇嘛也未曾對權力者失去戒心，他微笑告訴我們，政策隨時會改變，蟻群長久辛苦堆建的大屋，只要下場大雨即一瞬摧毀。

如同大多數圖博老人家，耶希喇嘛不說、也聽不懂普通話，我們的對話全靠學生丹增幫忙翻譯。喇嘛說，丹增是所有弟子中學習最糟的。為什麼呢？因為他普通話說得太好。大家全笑了。

這是玩笑，也是實情；紅衣僧人是圖博社會的知識分子，他們大多不說普通話，生活在佛學院中，鎮日專研佛理教法，確實也不太有說中文的需要；他們向來與漢文化零接觸，即使經受中國統治已逾半個世紀。

曲珍

在爬上布達拉又陡又長的石階上，遇見女孩曲珍。

她汗濕的臉頰和髮上紮著的布巾一樣紅豔豔，肩上扛著一只裝滿石塊的大麻袋，她粗喘著氣，腳步卻沒慢下來；之後接著有更多與她相似的年輕男女陸續超越我，他們都身扛重物，朝向更高的另幢建物奔去。那裡正依照圖博傳統工法進行整修工事，平台般的屋頂上，並列兩排的女孩們手握底端固定著石塊的長木棍，邊唱著歌，舞步一致地反覆上下敲擊屋頂，直到屋頂阿嘎土[3]變得嚴密結實。「打阿嘎」，中國這麼稱呼，並將這個日常勞動當作是一項舞蹈，放到劇場中表演給觀光客看。

當時曲珍告訴我，他們自山腳下扛一袋石塊上去，可以賺取人民幣五元，一天上下奔走石階數趟可賺取二、三十元左右，工資微薄，但他們欣然參與布達拉的修建，認為那是福報。

後來我們又巧合的在巴廓街上相遇了，她在親戚家的佛具攤幫忙，重逢的驚喜讓我們話多得停不下來，現在回想，曲珍是我那些年所認識普通話說得最流利的圖博女生之一。

3 圖博傳統屋頂的建造材料是一種帶有黏性的土，稱為阿嘎；「打阿嘎」即是透過不斷敲打踩踏，將土夯打得結實緊密。

她領我們去拜訪一座阿尼宮巴[4]，座落在拉薩城外的山谷中，曲珍要為在這寺院中修行的姊姊送東西，於是我們搭乘出租車駛向城外山區。當時上山的道路只是一條人走出來的土礫小徑，順著陡然山坡蜿蜒攀行，沿途除了野花與青草，只遇見牧童和他的犛牛群。

寺院卓然獨立於雲霧中，後山潺潺流經一條小溪，是山頂融化下的雪水；由層疊群山環抱的幽靜院落，除了一座遠遠眺望布達拉的古老大殿，只有兩排土夯木構的傳統屋子，是覺姆[5]們的經院與僧房。

曲珍領我們沿佛寺外的轉經道繞轉一圈，邊走，她虔敬指出周圍神山的名字，和甘丹寺、哲蚌寺、色拉寺的方位。轉過寶塔，然後看見了那棟位在寺院旁側的水泥屋，原本說著話的曲珍忽然噤聲不語，腳步卻沒慢下來。這奇異的建築與寺院僅隔著一條窄小的山徑，且位在較高的坡面上；我仰臉朝那方位掃過一眼，餘光瞥見屋前站著二個男人，他們都面朝我們的方向，其中一人正拿著望遠鏡看向我們。我們一致靜默的走完小徑最後路段，誰也沒有再發話。

不曾再望向那個禁忌的方位。只是猛然嗅聞到的刺鼻煙味，和水泥屋前堆成一堵矮牆般的空酒瓶，揉塑成怖慄的畫面鮮明矗在我的記憶中。

曲珍告訴我那是公安局。

翻閱官方提供給外國人的英文旅遊資訊，上面卻介紹那是一家旅館。

建物沒有任何招牌，屋前的男子都身著便服，但從他們特地跑出來查看的舉措，可斷定他們的公務身分。只是周圍數公里外都毫無村落人跡的荒遠山谷中，竟設置一座公安局派員駐守，為了什麼？

因為這裡是格日宮巴，全名「格日參丹林」（Gar Ru Bsam Gtan Gling），大概的意思是「空行母起舞之山嶺的靜慮佛學院」，文史研究者推測最早設立於十二世紀初期[6]。在一九八八至一九九〇年間，佛學院有多位尼師參與拉薩街頭的抗議遊行，她們沿八廓街散發傳單，呼籲釋放此前因抗爭被逮捕的僧人，呼喊圖博自由的口號，現場即遭到羈捕，政府派工作組進駐佛學院對其他尼師加強監視，進行「愛國教育」，尼師並未妥協，仍在寺院內張貼鼓吹自由精神的海報。之後遭羈押在札奇監獄[7]，在獄中受到殘酷刑求，遭致殘疾、重病，其中有一人遭毒打不幸身亡，她們依然不放棄抗爭、表達獨立訴求；年輕的尼師們偷偷錄下抗爭歌曲送到外面的世界，終於引起國際關注圖博的人權問題。

4 阿尼宮巴（Ane dgon pa），為女性出家人修道的佛學院。阿尼為姨母、姑母之意；宮巴即佛學院，據統計圖博全境至少有六千多座以上規模大小不一的宮巴。

5 圖博尊稱女性出家人為阿尼覺姆（Ane jomo），常簡稱為阿尼或覺姆。覺姆有佛母、后妃的含義。

6 德吉卓瑪，二〇〇三。

7 札奇監獄（Drapchi），原是圖博政府的鑄幣廠，一九五九年中國佔領後改建為監獄，多關押政治犯。因殘酷虐待受刑者，有圖博古拉格之稱。中國政府自稱那是「犯人受到人道主義待遇」的現代化文明監獄。

這幾位手無縛雞之力的弱小尼師，卻引發中國權力者的疑忌，在渺無人煙的高山深谷派駐警察，多年來持續監視廟宇中其他人的行動。中國政府卻對外佯稱這座公安局只是一處「招待所」，可見他們也自知這是侵害人權的行徑。

那天繞過轉經道，曲珍的尼師姊姊領我們進入集會大殿，步入後方的菩薩殿。尼師小心翼翼自佛壇後方拉開抽屜，讓我們看見裡面有張照片——十四世達賴喇嘛丹增嘉措的法照。似乎只有短暫一瞬又像過了許久，我在震愕中看見尼師輕輕合上抽屜，虔敬彎身。

在光線逐漸暗澹時，我們向寺院道別。走下坡道，回首看見幾位尼師依舊站在坡頂。他們身後是緋紅色的古樸佛殿，佛殿之上是無盡藍空，有一隻鷹輕巧滑過。我知道，在這幕平和靜謐的景象裡，看不見的後方存在著那棟白色水泥屋，及平頭男子的視線。

3 那個潔白如雪的地方

甘孜

唯有與他方世界相遇，有所比較，
我們才有辦法定義自己的身分認同。
——卡普欽斯基，《帶著希羅多德去旅行》

通過最後一個公安檢查站，巴士越過溪流轉入甘孜城中。車燈在黑夜中闢開一道平整路面，兩邊整齊排列的街燈瑩瑩烘映路邊的積雪。

客運站前停了不少汽車，多是來接客的計程車或等候的家人。巴士在破曉前即從成都出發，一路奔馳近七百公里，漫長的車程想必讓所有人都耗盡力氣，乘客們一臉疲倦。大家下車取了行李，便匆匆跳進那些汽車，轉眼間整條街道變得空蕩蕩，剛過晚上八點，這分布著嶄新建築的街區竟已杳無人跡。

這一帶是近年才擴展的城區，路邊都是大型賓館和酒店，招牌裝飾燈在寂寥的夜色中閃爍，場景形似成都城郊的某條街道。當然十多年前不是這個景象。

回憶間隙

從成都搭乘巴士，往西邊二百多公里就進入崇山縱谷地區。道路從平野、果園、叢生雜林間，穿過鑿山隧道，陡然攀升到草坡綿延、不見一棵林木的高山，有時還可見到坐臥天邊的晶瑩雪山。

儘管中國政府將其行政劃屬為四川省，設定為藏、漢、羌、回等多民族共居的地區，然而，這片山谷大地其實是圖博傳統的生活領域，充滿圖博的氣息——塔公、道孚、甘孜、德格、雅江、理塘、巴塘……這許多現今的行政地名，大多轉譯自當地圖博人們對這片世居土地的稱呼。反覆念誦，即能感受到那鮮明的異國風格。

有些人類學者、語言學家將圖博語歸類為「漢藏語系」，幾乎所有中國與台灣的相關研究者都採用這個論點；然而不少外國學者持不同見解，如語言學家白桂思（Christopher Beckwith），即認為圖博語和漢語是完全無關的語言系統[1]。置身當地，聽見圖博人們交談的話音——輕顫舌、喉濁音，或是鼻腔共鳴，努力模仿那陌生的發音方式，怎麼賣力依然學得僵硬。彷彿動用了出生以來從未用過的舌喉肌肉，完全親身確認是成長於截然不同文化的異國語言無誤。

語言並非唯一溝通的工具，因為問路、簡單的招呼，自然會有許多和當地人們互動的機會，儘管大多數是語言不通的尷尬微笑，然而也意外找到了幾個能相互理解的單詞、比手畫腳的趣味，偶然相遇的喜悅便自然流動在我們之間。

其實只需粗淺的觀察就會發現，這裡人們生活的樣貌和漢地有顯著差異，不只是他們慣穿的寬大楚巴[2]衣袍，或髮辮樣式、頭上的紅繩珠飾，或眼神、氣質、習慣的手勢，就連生活空間裡的氣息都不一樣。

巴士盤繞過一座座的山頭、駛入谷地，或是越過看不見盡頭的廣大草場高原，在縣城與縣城之間，走過無數鄉鎮、村野，各地的屋宇結構、服飾、語言或許有不同的面貌和風格，仍然輕易發現那一致的共同點，人們集居的聚落附近一定都有座宮巴，那不僅是供奉菩薩的寺廟，也是僧人讀經受教育的佛學院，千年以來培育出一代代圖博社會的知識分子；每個家庭至少有個兒子年幼時即進入寺院裡讀經受教育；戶戶家中佛龕都供奉著諸位仁波切[3]法照，儘管中國政府明令禁止，最中間的位置仍必定留給圖博人心中慈悲智慧的化身——達賴喇嘛。

黃昏時沿著宮巴外轉經道散步，有時加入轉經人們的步伐之間，跟著人群環繞著寺

1 Beckwith, 2008.

2 楚巴（chuba），圖博傳統衣袍，穿著時會紮上腰帶，為棉質、羊毛或是皮質襖袍。寬厚的楚巴在夜裡可作為披蓋被縟，日間只套上一隻袖子半穿，天氣更暖時把兩只袖子都綁在腰上，以配合日夜溫差大的高原氣候。

3 仁波切（rinpoche）意為珍寶，對於轉世高僧、學識淵博的智慧上師，圖博敬稱為人中珍寶，中文譯稱「活佛」，已曲解原意。

院流動；或只是坐在牆邊石頭上，在夕陽的光線裡，望著人們閉目喃喃虔誠的身影，聽見孩子們戲鬧追逐、鄰里相遇寒暄……這些細微的日常場景，彷彿讓我與這塊土地產生了某種連結。

原以為這是認識這塊土地最好的方法，後來才懂得，這純粹是旅行者一廂情願的浪漫；更嚴格地說，是無視於當地人陷於失去自由的痛苦、在極權控制下的壓抑，自我感受良好的消費著他們的文化。

停留在甘孜期間，這樣的感受益發強烈。

彆扭的真相

明豔的光線灑在街頭，眼前所有物事似乎都閃著晶亮，冷冽冬風卻像利刃刮在臉上。

路邊一長列都是形式單調的共產黨風格水泥建築，牆緣或門楣、窗稜上裝飾一些格狀的色塊圖案，略展現「民族特色」；路邊開設的服飾店、食品雜貨店、舊貨商、川式小吃餐廳，陳設各種現代工業廉價的日用貨品，及圖博風格衣飾、佛教用品、農牧工具……這些畫面與腦海記憶吻合重疊著。

自鎮中心沿「解放街」往北走，是通往甘孜佛學院的方向。解放街以及橫向銜接的川藏路，是甘孜鎮上最熱鬧的地區；過去也是如此，在大約一公里見方的T字型街區之外，就是農田與村落。現今這些青稞田已消失不見，原本的田野上建造起新的市區，分布縣政府、公安局、法院、人民大會等政府公務機關建築，以及現代住宅花園樓房和大型酒店、賓館、KTV等商業樓。

新城區樣貌像是康定，也像西寧，老實說和成都、西安等中國大城市都差不多，可說是中國特色的社會主義城市風格。不知道是不是就快過年節的緣故，許多商店拉下了鐵門，儘管是中午用餐時間，街頭行人依然稀落，多數公務員似乎都提早放假回家鄉。

傳統的鎮中心完全是另一番熙來攘往的景象。川藏路是鎮上主要聯外道路，窄小街道上車輛壅塞，自川藏路轉進的解放街上更是摩肩擦踵的人群。許多店鋪是回族人開的，路上逛街採買的卻幾乎都是圖博人，他們大多穿上新衣，為即將到來的洛薩年節採買禮品。年長者多仍穿上傳統的楚巴，不少年輕人似乎在日常中早已以羽絨外套取代了厚重的襖袍，只是女士們在羽絨外套裡還是習慣穿上傳統的連身長裙。

這裡和新城區僅相距數百公尺，卻彷彿是兩個完全不同的世界，這之間似乎存在著一堵透明玻璃高牆，紮實的將兩個世界隔開。不僅建築景觀風貌不同，人群流動彷彿也是截然斷開的，在古城區開心逛街的圖博人們幾乎不會到新城區去，相反也是，生活在新城區的人們也無特別理由要前往古城。

逛街的人們來自附近農村，甚至有遠從百公里以外牧區來的，畢竟甘孜鎮是康區北部這片高原山谷中最大的城鎮，數百年來都是農牧物品集散交易中心，也是政治與文化的中心。

在達傑佛學院[4]堪布[5]《向巴克珠傳》等古代圖博文獻中提到，十三世紀一支奉命護送八思巴法王返回薩迦的蒙古軍隊，回程時受賜封，停留在現今的甘孜、爐霍、道孚一帶，融入當地生活並在此建立家園。

圖博稱蒙古為霍爾[6]，十七世紀達賴喇嘛五世統一圖博全境，這個地區的五個主要聚落都建有防衛城堡，統稱為霍爾五部，逐漸發展出包含甘孜寺、達傑寺等知名的十三座格魯派佛學院。二十世紀初，城堡大多遭趙爾豐所率四川漢軍焚毀，各寺院也受到程度不一的破壞。

一九一八年圖博噶廈政府組織康軍，將所有四川漢軍驅離盡淨後，恢復原來各聚落世襲的首領地位「本」[7]，並將霍爾五部統合設置為一地方行政區，派遣一位行政官「霍爾基巧」[8]，統領當地軍事、行政等事務。漢文史書稱圖博地方官員「本」為「土司」，「土」指的是當地未開化民族，土司的字面意思就是「邊疆民族頭目」。現今兩岸文史研究者仍沿用土司這個名稱，強調過去中原政權對圖博等異民族的控制，然而，在一九〇五年趙爾豐等漢軍入侵前，除了蒙古的元帝國以外，明、清等國僅偶爾幾次對康區發動戰事，其實對當地干涉掌管的情況並不多。

一九三六年共產黨紅軍曾經沿著娘曲[9]進入霍爾地區，這是中國一直宣傳的偉大「長征」，實際上是為逃避國民黨軍隊追殺的逃亡之路，他們兵分數路往西、往北逃逸，其中有兩支隊伍先後逃入了康區。

朱德[10]率領的軍隊在進入霍爾地區時，即受到當地激烈的狙擊防禦。據一部口述歷史《翻身亂世》書中記載，一位家鄉位於爐霍的老者彭措表示，自小即聽過長輩提及當時入侵紅軍一路搶奪物資，甚至焚燬爐霍寺院，讓當地民眾留下惡劣印象。二十年後當解放軍入侵時，當地人們都擔心這些中國軍隊正是為當年復仇而來，可見紅軍對康區人們來說是曾經破壞家園的外敵。[11]中國政府刻意捏造歷史，不但企圖以「長征」之名遮掩紅軍逃亡的真相，也為了掩蓋紅軍逃入康區，受到爐霍、甘孜等地圖博民兵憤而抵抗的事

4 達傑佛學院（Dargye dgon pa），是霍爾地區規模最大的格魯派佛學院，中文譯稱大金寺。

5 堪布（kainpo），圖博佛教博士之意，僧人通過考試獲得格西學位，學有所成而派任佛學院管理者，或是擔任圖博政府公職。

6 霍爾（Hor），圖博原稱爐霍為「霍爾章果」，意為山谷中的霍爾。現今道孚縣朱倭鄉為昔日的霍爾哲霍；現今甘孜縣原本是霍爾孔薩、霍爾白利、霍爾瑪書等村落聚集的所在。

7 本（dpon），也中譯為「賁」，圖博的地方官員名銜。

8 基巧（spyi-khyab），相當於總督、州長的職稱。在一九四一年拉薩噶廈政府重新規劃地方行政制度以前，先後計有九位行政官受派任霍爾基巧。

9 娘曲，圖博語的意思是「魚之河」，是甘孜地區主要的水流，中文稱為雅礱江。

10 朱德（1886-1976），中共早期領導人之一，二戰時期曾任八陸軍總司令，第二次國共內戰期間任人民解放軍總司令，文革時遭批鬥，抑鬱而終。

11 桑傑嘉、唐丹鴻，二〇一五。

實，而謊稱當時紅軍獲得圖博民眾的熱心協助。

歸返逆行

在甘孜鎮靠近河邊的街道上，十四歲的少年諾布和他的弟弟正在家門前寫寒假作業，他們坐在陽光下，覷瞇著眼，計算作業本上的數學習題。暖熾光線曬在身上，調和冬風的冷冽，但他的手指摸起來仍是冰涼。諾布告訴我，曾在學校學到紅軍「長征」到了他們家鄉的歷史，老師在課堂上告訴他們，當時康巴老百姓都開心的熱烈歡迎，送去糌粑等糧食幫助紅軍，「軍民一家親」，他記得老師這麼說。

你認為呢？我問他自己的想法，沒想到諾布反問我：「你是中國人嗎？」我看著他黑白分明的大眼睛，老實告訴他雖然我也會說普通話，但是台灣人。諾布點點頭，不知他是贊同我「台灣人和中國人不同」，還是表示他也決定對我說實話。

「學校老師待我們都挺好，可波拉的話我才信。」波拉是圖博人對爺爺的稱呼。諾布說波拉告訴他很多過去的事，「以前中國人搶我們的神山和牧場，幹了大大的壞事，把寺院也破壞了。」那為什麼波拉和學校老師說的會不一樣呢？諾布搖頭說他也不清楚，但他臉上一點混淆或困惑也沒有，「波拉說以前的事中國人可以說不一樣的，我們不必管。我爸拉、媽拉也說，聽波拉才是好的。」

諾布說下學期他會升上小六，他晚了好些年才進入中國的學校上學，之前他聽隨波拉安排，花了三年時間到喇嘛的學堂裡讀圖博的歷史，也學習經文，之後才進入政府設立的民族小學就讀。問他在學校最喜歡哪些科目？他坐挺了身子毫不遲疑的答，「藏語。」

中國政府為強調圖博與漢「民族團結」，不但在教科書、研究論文上捏造歷史資料，也不遺餘力的在大眾媒體和娛樂影視上宣傳過往紅軍與圖博康巴的「和諧」美好。每隔幾年總要不惜重資，重拍以長征為主題的電視劇，過度誇張又不合邏輯地，編造一九三〇年代圖博人們以「歌舞」歡迎逃亡而來的紅軍。

在一九五九年中國完全佔領圖博以前，幾乎沒有多少漢人會深入到甘孜等霍爾地區，也就是說，漢與圖博向來的交流僅止於兵戎相向的衝突而已。

根據二〇一九年中國人口普查紀錄，霍爾地區城鎮人口每年以一至二的百分比持續增加，圖博人佔百分之七十八點四[12]，但二〇一〇年時有百分之九十五為圖博人，這十年城鎮人口雖增加，圖博人所佔比例卻變小，可看出中國政府確實著力於移民政策，在城鎮地區創造不少就業、營利商機。然而，事實上真的移居根植於此地的中國人並不多，遷徙者大多只是為了經濟活動而暫時移入，隨時又因各種情況離去，像現在鄰近農曆年

12《甘孜州二〇一九年國民經濟和社會發展統計公報》，甘孜州統計局。

節的時間，幾乎所有中國人都離開甘孜，依傳統習俗「歸家」團聚。在甘孜之後，我們走過康與安多的許多城鎮，都像甘孜的新城區一樣，呈現近乎無人的「鬼城」狀態。

二〇一九這一年圖博的洛薩新年恰好和中國農曆過年是同一天。相對於新城區的空寂，自川藏路轉進解放街這一塊傳統的中心街區，此時正是熱鬧非凡，因為這裡正是圖博人們歸返相聚的家鄉。

時光流變

如果再到圖博，第一個想去的地方會是哪裡？問過自己許多次，第一個閃入腦中的畫面，不是莊嚴得令人屏息的赭紅色寺院，不是無邊無盡、搭著車子幾天也走不完的綠色草原，不是夏日草原上的犛牛、野花，或皺眉好奇的天真孩子，也不是在藍天裡閃耀晶瑩光潔的神奇雪山……第一個浮現腦際的是，甘孜佛學院山腳下黃色的夯土屋聚落。

甘孜，潔白如雪的意思。這名字來自位於山巔上的佛學院，「甘孜札西拉卜楞林」，大致的意思是：仁波切上師駐錫、如雪潔白吉祥的佛學院；未遭中國統治以前，曾有超過三千名僧人在此學習，是康區最具規模的佛教學府之一。

山下聚落裡有一處完全木造的古老佛寺，幾位少年坐在地板上背誦經文；聚落的地下水抽取器前，孩子們提著桶子來幫媽媽汲水，附近一小塊空地是孩子們玩耍的地方，他們追逐嬉戲，摟著脖子在地上打滾，發出興奮的尖叫大笑。黃昏時，巷道裡最是熱鬧，停在巷口的菜車旁圍著閒聊的婦人們，孩童趕著牛隻羊群歸家，夕暮暖黃的光線裡，轉經的人們如水流般不斷走過。

沿著「解放街」往北，當商店招牌逐漸消失人潮變少，路面變得凹凸不平整，然後看見了樹與野地。然而記憶裡傳統的夯土石屋已經被水泥建築取代，政府似乎有意將中心商街的熱鬧向北延伸，可是眼前的寂寥只能證明計畫失敗，而回憶中那些活絡鮮騰的庶民生活景象也消失了，徒留下這些陳舊滄桑的水泥建築，儘管建成年限並不久遠。

靜默的街頭忽然出現人影，他們提著水桶橫越馬路。停水了嗎？我問。

「水管結凍了。」一名婦人轉頭回答我。

「整棟公寓水管都結凍，沒有水嗎？」問出口才醒悟自己問得多餘，就是因為整棟建築都沒有水，大家才大費周章地橫越馬路到對面來取水。然而，那是一處五層樓的公寓社區，排列成馬蹄型的三排樓屋裡應有數十家住戶，都停水的話，情況應很嚴重吧。

「會停幾天呢，過幾天能修好吧？」

「要凍到三月底呀這水管，每年冬天好幾個月都是這樣。」

好幾個月？忍不住轉頭再看一眼那批樓房，也許是沒有鋪上磚面的緣故，裸露的水泥牆經風雨侵蝕已斑剝嚴重，幾乎看不出原來的顏色。記得以前這附近並沒有這樣的公寓房，其中一位提水的少年證實了我的記憶，這些樓房是十多年前才建造，他們的老家被政府拆掉，原地改建公務機關大樓，村落裡所有住戶都被安排遷居到這裡。

以前那個傳統的公共汲水設備不見了，這個年代應該家家戶戶都裝上自來水，當然不需要再辛苦地到外頭提取地下水。然而，一整個冬天公寓水管結凍，住戶為了取水必須上下樓梯、跨越馬路，這樣的情況讓人難以想像。當地行政單位應該解決的問題，卻放任不處置，一年又一年？如果是行政運作正常的國家，這些公務單位恐怕早已遭民眾抗議檢舉。即使了解「中國已進入小康社會」這樣的文宣只是表面宣傳，然而行政機關失能的程度依然令人難以想像。

幸福在口號裡

記憶中最深刻的是從聚落轉入通往寺院的坡道——沿著窄仄曲折的坡道向上爬，每走幾步就想休息，回頭，總是有新鮮的風景跳入眼中。遠方地平線綿延著層疊山巒，黑色山巒間有潔白雪山，有時雲低低地圍繞在雪山周圍。群山環繞的那一方谷地，是人們建城聚居的地方，邊緣一道水流蜿蜒而過；當光線透出雲層，斜映入山谷，城鎮籠罩在一片金黃光暈中，而那道水流映著天光，如一卷水晶絲帶飄落綠野上。

黃土路和兩旁僧房是一致的色調，一排排平頂式屋宇錯落地沿著坡道向上延伸，這一家的屋頂就是後方上面人家的陽台。有些屋子的門前或木質窗稜旁養著幾盆花草盆栽，於是藍天下，黃色大地上被綴上幾抹綠意、鮮紅。

記得有次爬坡累了，坐在路邊喘口氣，看見一名僧人從坡道上方急急跑下來，風揚起他的暗紅色袈裟，露出他光裸臂上「雪山獅子旗」的圖案，那是一九一三年圖博建國後所繪製的國旗，一直被中國政府視為政治禁忌，公開展示這面旗子等於犯下破壞民族團結、分離國土的罪嫌。記得當時我難以置信地盯著他，該不會是刺青在皮膚上的，被公安發現了怎辦？

錯身而過之際，我的視線忍不住追向他的背影。當他回頭時，我佩服地豎起大拇指，他會意一笑，向我招呼扎西德勒[13]，腳步未曾稍停的直往坡下奔去……

終於站在記憶裡的那條坡道前——相隔十多年，過去的黃土路面已鋪上平整的水泥，在陽光下亮晃晃的。

路口立著兩塊新穎的告示牌，大概是周圍一帶最為光潔的物事了。其中一塊標著「富強、民主、文明、和諧、自由、平等、公正、法治、愛國、敬業、誠信、友善」十二個漂亮的名詞，那是胡錦濤在卸任前，召開十八次全代會[14]時公布的「中國社會主義核心價值觀」，之後他便將權力棒子完全交給習近平。習近平將這些空洞的字眼灑遍全

13 扎西德勒，意為吉祥平安。

14 十八次全代會，即中國共產黨第十八次全國代表大會，召開於二〇一二年十一月，習近平獲選新任黨總書記、軍委主席，一手掌握黨與軍隊。

中國，車站、路邊、學校、公家機關，以及商場、百貨公司等各種可以想像得到的公共空間，都布滿和這些詞彙有關的海報、立牌或雕塑。

擔心民眾無法熟記背誦，教育部要求各級學校編寫童謠、詩歌，設計教材、教案，以保證全國青青學子都能耳熟能詳。一位曾在成都就學的圖博青年，笑稱這算是當代的紅色「二十四字箴言」，多念誦不會獲得保佑，但生活在到處是思想檢查的中國，多唸幾句，心裡莫名的有些安全感。

另一塊牌子的來歷也不小，上面寫著「脫貧致富路、四好農村路」[15]，這是二〇一四年習近平提出把馬路鋪進農村的「惠民初衷」。偏遠地區農村若建有安全方便的聯外道路，當然能提高生活機能，然而眼前這條平整的路段僅數十公尺長，轉一個彎，到白塔前便戛然而止，銜接進入聚落的全是凹凸不平的碎石土路。因為那裡是馬路邊看不到的地方，地方單位只需做些表面功夫即可。

如此的「四好路」，和一整個冬天水管凍結的現代公寓，像是一則對中國社會真實現狀的寓言。

回到台灣後仍關切和圖博有關的消息，某天官媒在網路上不斷轉發一則報導，「甘孜縣攻克最後一個無電村」，扎柯鄉麥玉龍村，那是一個距離縣城數十公里、擁有八十四戶、四百一十八名村民的聚落，一直生活在無電的暗夜中。二〇一九年六月國家電網公司終於為他們架上電纜，提供電力報導描述村民如何開心的感謝政府、感激電網公司，彷彿那些電力是上天恩賜般。

暫時停在歷史悠久的白塔旁，歇口氣。想起十多年前，幾位坐在這附近聊天的老人家曾告訴我，眼前的村子叫做「坤布夏」，意思是位於佛塔邊的大房子，因為這裡正是以前霍爾瑪書國王王宮的所在，如同昔日蒙古遊牧草原的習慣，軍民以首領營帳為中心，環繞紮營，坤布夏民眾也是圍繞著王宮周邊建屋生活。另位老人說，王宮在中國人入侵的戰爭中被炸毀，上個世紀初早已成為廢墟。他們不約而同嘆著氣，儘管現在生活條件提高許多，但這王宮不在了，屬於他們甘孜人的尊嚴也不在了。

這回走在巷子裡，遇到的人們和過去一樣殷勤指點著我們甘孜佛學院的方向，但是似乎沒有人願意多聊。儘管就坐在旁邊，對我的提問，也只是緘默不語；他們或意味深長地望向我，而更多的反應是起身離去。到處都是令人不安的沉默。不禁敏感地注意到——不遠處，一抬頭就能見到，架設在高處的監視器。

15「四好農村路」是指建好、管好、護好、運營好農村公路，讓廣大農民脫貧致富奔小康。

4

不能說的祕密

甘孜、亞青嘎（亞青寺）

自從許多人搬離寨子
春天就變得空大……
那些吊腳樓，很多不冒煙
只剩下骨頭

——李田田[1]，〈孤獨的寨子〉

在甘孜附近閒晃數日，每天都到圖博司機用餐的食堂報到，詢問是否剛好有車前往拉薩。遇見的開車師傅很多，有人剛從拉薩回來，有人正打算前往其他城市，有的車上位置已滿，或是已準備休年假……就在快要放棄的時候，終於問到開設圖博服飾用品商店的老闆札西，他正計劃二天後到拉薩進貨。

問札西老闆可以搭載外國人嗎，他拍著胸膛向我們保證沒問題，他曾經載過尼泊爾人去拉薩。儘管我心裡有疑問，仍認為值得一試，就算在邊境檢查關口被擋下來也無妨。於是和札西老闆談妥價錢、付了訂金，並約定好出發的時間。

確定前往拉薩的交通後，去亞青嘎的心情輕快許多。

轉入川藏路邊一處宅院天井，開闊的空地上停滿各式汽車，像停車場，更像是汽車站，人潮聚集著彷彿喧鬧的市集，空氣中漫溢一股年節喜慶的味道。

洛薩前後期間，全家扶老攜幼前往聖地佛殿祈福祝禱，是一項傳統風俗，人們都穿上嶄新的楚巴，其中戴上珠寶頭飾的年輕女孩特別引人目光，她們將屆成年，於是特地盛裝打扮到佛菩薩跟前，為一直以來的眷顧守護表達感謝，並祈求未來的幸福。這千百年傳承的習俗至今未曾改變。

停在這裡的車輛幾乎都是專程載客來回亞青嘎之間的。亞青嘎位於海拔四千公尺左右的高原上，周圍神山雪嶺環繞，位置剛好在甘孜、白玉、娘榮[2]、薩安[3]等圖博古老聚落之間，不論從哪個方位過去，都是翻山越谷的崎嶇長路。

從甘孜縣城前往約需四個小時，應是最快的路程，儘管道路盤山迂迴，所經之地又都是毫無人煙的雪原高地，當地政府為發展觀光，多年前已修築好平整的柏油路；若是

1李田田（1994-），中國詩人，著有詩集《有只狐狸看月亮》。

2娘榮（nyag rong）意為娘曲（nyag-chu，中文稱雅礱江）流經的炎熱谷地。中國佔領後劃為四川省甘孜州新龍縣。

3薩安（tsangyang），位於治曲（中文稱金沙江）兩岸的山崖區，中國佔領後刻意以治曲為界分成兩個部分，河左岸劃屬西藏自治區昌都市貢覺縣（Gonjo），右岸劃入四川省甘孜州白玉縣山岩鄉。

過去的顛簸石礫土路，可能需要兩倍以上時程。

修行者的天地

亞青嘎全名為「亞青鄔金桑丹林」（Yachen Oryen Samden Ling），含義為蓮花生大師冥想靈修聖地，由寧瑪派大師阿秋仁波切始建於一九八五年。只擁有近四十年歷史，已是康區最知名的神聖修行地之一，在公安強制驅離修行者以前，估計曾有二萬名尼僧在此潛心靜修。

中國稱為亞青寺，從中文名稱看似乎與其他佛寺沒有差異，然而亞青嘎並非一般的寺院。「嘎」在圖博語中有帳篷的意思，得道高僧在清幽絕塵的曠遠之地落腳，隨地取材，搭起只求容身的簡易營帳或小屋修行，後來許多慕名的受教弟子、信眾們在當地建寺，以承襲其正定悟道之法。這條艱辛、又具神祕氣息的靈修頓悟之路，是千百年來圖博佛教信仰的核心之一。

爬上立著蓮花生大師塑像的山丘上，寒風颳落細雪，藍空裡雲層翻湧，遮住了遠方的雪山，一條名為昌曲的水流蜿蜒流過營地；以河水為界，覺姆與札巴[4]的學院僧舍劃分嚴明，多得無法計數的赭紅色小屋緊密排列，在遼闊大地上，櫛比鱗次地沿河畔向無垠曠野、山嶺延伸，景象有如超現實夢境。

剛到時恰好遇上用餐時間，尼師們在河邊搭設的廚房裡烹煮出幾大鍋蔬菜羹和白米飯，正笑盈盈地分送給修行者們。他們不分老少，都彎著腰身忙碌地分裝羹湯、清洗器具，或是以小小的身子搬運沉重的食物；靠近岸邊的河水已經結凍，汲水前得先敲開冰層，在颯颯冷風中，他們捲起袖子在河邊忙碌，雙手早已凍得發紅，讓人疼惜又敬服。聽不懂他們相互談笑著什麼，臉上紅通通的笑靨，令我離不開視線，為什麼那樣開心？

大經堂裡，每個角落都有伏地禮拜的修行者；正面開闊的空間聚集讀經的覺姆們，身披暗紅色袈裟坐在蒲墊上，然而就像普通學校裡的班級一樣，約二、三十位學生一班，經師引導著他們誦讀經文。發現有一班許是自修時間，三五成群正圍坐著，在各自的筆記本上謄寫，靠近時才發現他們年紀很輕。我坐到附近的地板上，鄰近的尼師睜大眼望向我，又低頭掩嘴偷偷笑，臉上稚氣未脫。

「在讀經嗎？」我問。他皺起眉搖頭，「普通話不會。」他的臉色變了，望向我的眼睛不再是好奇，而是厭惡。不僅是他，周圍同時投來許多不悅的目光。

因為打擾了他們，或是說了普通話的緣故？答案很可能是後者吧。識趣的趕緊離開大殿時，不禁這樣猜想。

過橋通向彼岸，是商店區與官方行政中心，人員都放年假返鄉去，這些厚重的水泥

4 札巴（Drakpa），圖博一般的僧人。

建物全都拉下鐵門，只剩塑膠垃圾孤魂似的在冷風中飄飛，一座荒棄的空城。越過這片醜陋的行政區，更東邊才是僧侶的佛學院與宿舍。向北是朝聖者轉經的大佛塔，窄仄通道裡，信眾扶老攜幼的沿著轉經筒快速走著，人人手握念珠，低語的喃喃嗡聲匯聚成一道誦音的細流，在耳際、在時光裡不輟的流動。

人潮穩速移動著，不論湧入多少人，也不會發生推擠捺搡的情況，即使出現扶杖難行的老者，也被眾人半抱半扶的簇擁著向前。只要踏進轉經的甬道中，就沒有人會被撇下不顧。

佛塔旁的空地，夏日時應該會鋪滿青綠的草，現在是積著雪的黃土地，散置著幾塊石頭，有一些朝聖者家庭圍坐休憩。拉姆也在那裡，與家人一起吃點心聊著天。她是亞青嘎中唯一與我說話的女孩，「十五歲——」她介紹自己以及妹妹，「卓瑪十三歲。」我說自己的圖博名字也叫卓瑪，是許多年前塔公佛學院的喇嘛為我取的。卓瑪羞赧低頭，拉姆爽朗的露出白牙笑著，兩位少女都有雙晶亮的黑眼睛，襯著紮在髮辮上的綠松石更翠亮。

其實最初拉姆也不搭理我，聽見我說來自台灣後，她才湊近說話。她好奇地頻頻發問，台灣人們是不是也信佛教、去寺廟是不是自由、廟子多不多……聊著聊著拉姆忽然嘆氣，說雖然喜歡身上的新衣裳，但是她更歡喜穿上紅色僧服、進寺廟學佛經。問她是否想到亞青嘎出家，她想都沒想就點頭，接著又沮喪的搖起頭，「太難了欸現在！寺廟想進，說的是國家要讓進才進的嘛，國家的話不聽，家裡人麻煩多得很……」

她解釋自己的名字拉姆，是仙女的意思，是村子裡的喇嘛為她取的。

讓我想起，許多年前有個女孩也這樣介紹自己，她在拉薩某個青年旅館工作——那是我第一次自格爾木乘卡車翻越圖博高原到達拉薩的第二天，陷入高燒昏睡，連續幾天她為我打來熱呼呼的茶、量體溫，囑我吃藥前要先喝保溫瓶裡的甜茶。

其實拉姆是圖博人喜愛為女兒取的名字之一，這些年在旅途中曾遇見好多位拉姆。東邊的康區在雪山下的小村落亞丁，有個跟著媽媽來工作、為觀光客牽馬的小拉姆，她說自己已經八歲，小小的個子還沒有石砌的灶窯高，卻早學會升火煮茶，會自己紮辮子，懂得幫媽媽拉韁繩，適時發出「叱叱」聲警告馬兒不可偷懶乖乖前行。

越過喜瑪拉雅山脈，在尼泊爾的波卡拉也有位拉姆，她是流亡藏人第二代，在湖邊的觀光商店外兜售紀念品，她眉宇間凝結著對生活的憂煩是如此明顯，但一提及家族父祖輩曾和中國軍隊作戰的故事，眼中總不由流露自信光采。

然後是在圖博的極西之境，神山岡仁波齊峰的轉山道上，為躲避驟然而至的風雪，暫歇在一處背風的岩峰下，我遇見另一位拉姆，她和家人遠從康區北方的嘉黎來朝聖，超過七十歲的高齡，得伏臥在犛牛背上才能完成行旅，看來十分虛弱的她，臉上仍不時微笑，反覆叮囑孫兒在我的杯子裡添上酥油茶。

我還想起，與岡仁波齊隔著國界的拉達克，在那片高聳群山間有位為剃度準備的拉姆，那時她和亞青嘠的這位拉姆是差不多的年紀，他們都虔誠信仰圖博佛教，也一樣有著晶亮黑眼眸和長長的烏黑的髮，只是，拉達克的拉姆擁有選擇信仰和未來的自由。

虔敬與箝禁

拉姆為了在白玉縣城裡上中學，這幾年暫住城裡的親戚家，但家鄉在靠近治曲山谷的薩安，這個地方位於亞青嘠往西繞過神山的百公里外。薩安音譯自圖博語，意思是像圍牆般的堅固，因為懸崖深谷、險峻的地勢，對圖博人來說就像是天然的禦外城牆，清國時漢名音譯為山暗、三岩，於是現今被錯誤的解釋為生活困苦的意思。

拉姆說家族中的阿尼拉[5]在她尚未出生前就到亞青嘠修行，後來幾位阿尼拉、阿姊拉也都跟著剃髮成為覺姆，直到現在，家族所有成員每年會一起來朝聖，也探望他們；她最敬愛的阿嫫拉[6]離開人世前，生命的最後時刻也是在這亞青嘠修行渡過的。亞青嘠對他們家族來說，是非常重要神聖的地方。

拉姆回憶自己小時候儘管貪玩，但就是喜歡聽覺姆們念經，不知什麼原因，坐在佛殿角落聽著聽著便忘了時間、忘了自己，心裡一片舒坦。「可幾年前……」拉姆忽然壓低聲音，她的堂姊德欽和同鄉的覺姆們都被趕出修行地，他們的棲身小屋被政府強制拆除，他們像犯人一樣被載上車，拘禁在一個誰也不知道的地方，強制他們脫下袈裟，換上軍人般的迷彩制服，強迫他們跳舞、大聲唱讚美共產黨的歌；即使回到家鄉後，當地的公安、婦女會仍派人監視他們的言行，禁止他們再回到任何佛學院。

姊拉德欽還告訴她，那些中國公安在羈押期間要求覺姆們做立正、踏步等士兵操練的動作，甚至出言恐嚇他們。儘管德欽大多聽不懂那些話，然而只從他們的表情、語氣也能感到強烈的侮辱。「相信會有這樣的事嗎？」她咬著牙問，中國人怎麼能做出這樣壞的事？

我無法回答。只能充滿歉意地握住她的手。面對眼前生活在暴力統治下的年輕女孩，我不過是個無能為力的成人，能說出什麼勸慰的話語？不論當時或是書寫的現在，我都找不到可以回應拉姆的話。

我知道自二〇一六年中國政府公告勒令部分修行者離開，第二年夏天，公安大隊領著拆遷工人與怪手器械進駐，數千所尼師宿舍在那個夏日裡被夷為平地，他們被官方安排的巴士強制載走，被集中關押在某官方設施，強迫接受「愛國教育」，每隔一段時間就會在網路上獲悉新的拆遷消息。

中國政府在數年間強行介入控管亞青嘎，勒令修行者離去、強制拆屋、逮捕驅離、

5 圖博對姨母、姑母的稱呼。

6 阿嫫拉，圖博人稱奶奶、外婆等年長女性長輩為嫫嫫、阿嫫。

拘禁監控，這一連串手段已是駕輕就熟，因為之前在色達的喇榮嘎已先行操作過。

打造獵奇觀光景區

中文稱喇榮嘎（larung gar）為啦榮寺，原為十九世紀圖博佛教修行者苦修冥想聖地，晉美彭措仁波切在文化大革命後與弟子在此創立喇榮五明佛學院（Ngarig Nangten Lobling），傳承寧瑪派大圓滿教法，二十一世紀以後在此修行的尼僧曾逾萬人以上，是當時圖博規模最大的佛學院。

晉美彭措仁波切因曾到印度參與達賴喇嘛法會，回國後遭整肅軟禁，官方藉故派軍警進駐驅離修行者。從二〇〇〇年派員進駐實行愛國教育、二〇〇一年大規模拆除僧舍和修行小屋，到二〇一八年間，每隔一段時間就藉故拆遷建物、驅逐僧尼，每次都有上千名修行者受害，若遇僧尼拒絕配合、抗爭，便以挑釁滋事、煽動暴力等罪名拘捕判刑。

為完整掌控整座喇榮宮巴，政府在二〇一七年直接調派黨職官員強制接管五明佛學院、啦榮寺院，這些官員原本擔任甘孜州公安局副局長、共黨書記、統戰部副部長等職位，而原本應該主掌佛學院寺管會的堪布[7]，在教學、財務、僧團管理等行政事務上只能擔任象徵性的副職；甚至規定寺管會成員五分之三以上必須是黨職幹部，而非僧人[8]。官方為近一步深入控管僧人，實施「網格化」監督系統，亦即一名公安固定監督數十位僧人，於是公開招收數百名公安、寺管人員，提供公務人員職薪待遇，除了負責監視各僧團組織的僧侶、尼師，也控管所有進出佛學院的親友、訪客。

這些加強控管的措施，一方面限制佛學院中修行的尼僧人數，監視他們的思想言行，同時將喇榮嘎創建成一座觀光化的「修行天堂」——以環境衛生、消防安全等理由拆除僧舍，原地建造寬闊的停車場、花園酒店、觀光飯館，取「幸福甘孜」為名，吸引中國觀光客前來消費。為免去遊客在四千公尺高山上登山跋涉的辛苦，營運景區觀光巴士做為代步工具，並計劃將建設山谷電梯或索道設施，讓遊客能輕鬆穿梭「景區」，遊覽圖博尼僧的修行屋、轉經佛塔、天葬台等「奇觀」。

這次旅程將結束前，在北京聽聞亞青嘎又遭到封鎖，過了數月，看見網路國際媒體提供最新的衛星照片[9]，近一半的覺姆修行屋消失了，那片區域變成鋪上綠色塑膠布的平地。完全炮製「建設」喇榮宮巴的做法，官方表示將在空地建造更多酒店、公園、停車場，並發布人事調動，將白玉縣的統戰部長調任亞青寺寺管會的領導。依亞青寺管會二

7 堪布（mkhen po），圖博佛教中高等佛教學位，噶舉、薩迦等教派通過十三年以上密集高等佛學訓練有成的學者。格魯派教法為通過中觀、般若、戒律等五門學科訓練的博學高僧，通常具擔任佛學院院長等職的導師。
8 人權觀察，二〇一八。
9 Dans, Brice Pedroletti, 2019; Lewis, Craig C., 2019; 自由亞洲電台，二〇一九。

〇二一年度人員給薪數字估計，在寺管會工作的公安、監管人員應超過五百人以上，其主要工作內容是：管理寺院財產、商業活動，控制僧尼定員、情報預控、輿情監控，以及教育僧尼愛國守法等。[10]

正在書寫的此時，亞青嘎繼啦榮嘎之後，已被改造成為另一座偷窺異文化風情的觀光景區。

10〈甘孜州亞青寺管理委員會二〇二一年部門預算公開說明〉，中國甘孜州人民政府網站。

5

如果想回家

崗托

誰曾說人到此為止
到此為止？
只有希望長著透明的雙膝
血流不止
——胡安．赫爾曼[1]，《界限》

一個左旋，卡車輕快地轉上江邊道路。水岸蒼鬱的山岩，層層覆疊著延伸到天際。正月的高原天空是一面藍色光潔的鏡。

當治曲江水赫然出現在前方，一路沉吟冬日雪景的愜意戛然而止。不由得手腳內縮，下意識將自己藏起來。隨著乘坐的卡車逐漸駛近河岸，緊張得心臟狂跳。眼睛景物

1胡安．赫爾曼（Juan Gelman, 1930-2014），阿根廷詩人。

依稀熟悉——西藏自治區的邊界就在眼前。這次也能夠無事通過？

自山壑間蜿蜒而下的河水，在冬天安靜的陽光裡流淌平緩，和記憶中夏日的滔滔奔流很不一樣——二十年前也是靠窗的位置，當時刻意拉低暗紅色毛線帽緣，盡量壓低身子，又忍不住頻頻偷覷窗外。江邊短短數百公尺的距離，卻彷彿怎麼走也走不完。

這條河流在關於圖博的記憶中是道鮮明的界限。多少次在河的東岸徘徊，尋找可以安然通過的方法。中國政府以她為界，西岸是西藏自治區，外籍旅行者必須在此止步，除非獲得官方許可的旅行證件。

從一九五九年中國入侵拉薩，便限制外國人士入境西藏，當然最初整個中國都是對世界封閉的，當一九七八年推動改革開放後，逐漸允許外國人前往境內各地，唯獨前往西藏自治區依然必須通過特殊申請手續，並禁止自行移動，必須聘雇官方核可的導遊人員隨行。

為什麼中國當局超過半世紀持續堅持這些管制？是此前西藏自治區最高領導黨委書記的說法：為顧及外國旅客可能無法適應高海拔環境，入藏申請是對異國旅人的體貼和幫助？[2]或如國際媒體記者的理解：當局為防止境內民眾受到海外「藏獨」勢力的影響？或者一些圖博知識分子的看法：避免讓中國破壞圖博傳統文化、剝奪信仰自由的真相流出世界，影響了國家形象？或是因為境內民眾爭取自由的抗爭從未停歇，政府因此加強監控出入者言行？

不論官方心態為何，從上個世紀的八十年代開始，在治曲東岸即徘徊著無數國際旅人，喬裝打扮、搭便車或徒步，企圖闖越邊境的檢查關卡，旅人間也謠傳著各式各樣奇想怪誕的闖關傳奇。

途中曾遇見將髮鬚染黑的英國人、把臉塗黑的日本女生，以及剃髮、換上覺姆僧服的法國婦人，或許是為模仿他們的心中偶像，如大衛－尼爾（David-Néel）等被喻為探險傳奇的歷史人物；其中有人如願抵達拉薩，有人失敗，不論結果如何，這些躲避檢查的妝扮遊戲本身就頗為有趣。根據那些年在圖博的旅行經歷，發現當地公安其實並不勤快，這些受發派到荒僻地區的公職人員從不想多惹事，流傳在旅行者口耳間，被公安局囚禁、押解遣返的故事，大多欠缺真實性。

然而，自二〇一二年以後，全中國使用晶片身分證，建立國家大數據，之後關卡檢查就不再有趣，連意圖闖關的旅行者都難見蹤影了。

河水靜靜

這條河流，圖博人稱她治曲，母犛牛河的意思。

2 二〇一九年西藏黨委書記吳英傑於國際記者會回答詢問外國人入藏限制的說詞。

圖博北方高原上，無數細涓水源與融化的雪水，在巍峨山脈間逐漸匯聚，匍匐往下，一路向東蜿蜒。對世代圖博子民來說，她行過之處即滋養鮮綠豐美水草，一如犛牛奶，撫育大地生靈萬物。中文名稱則是「金沙江」，當漢人見到這條河水時，她已以千鈞之勢鑿山穿谷而出，取這名字是因為急流挾捲的黃沙在陽光下閃著金光？或者是她的上游與眾支流裡富藏的金、銀礦物？

人們為周遭自然山川的命名，也象徵他們和那條水流、那座山脈的關係——「治曲」被圖博人視為生養萬物的大地母親之泉，是他們世代賴以生存的水；「金沙江」對漢人來說，卻是吸引他們離鄉遠走、遷徙異地的淘金之夢。

治曲發源的高原上，有另一道向北逶迤流淌的水流——瑪曲[3]，瑪曲、治曲水系流經的大地，正是圖博傳統領域的安多與康區，目前在行政上劃屬四川、雲南、甘肅、青海等省分，基本上並不像西藏自治區受到嚴格的隔離，那些年在康與安多地區的旅行，一路走走停停，隨意盤桓來去，直到抵達位於省界邊境德格，客運站裡再也沒有繼續往西、越過治曲的巴士了。彷彿到了世界盡頭，政治力砌起一座無形的高牆。

普通話流利，加上熟悉圖博當地情況，在過去的旅途上，我們確實數次順利攀越這座無形高牆，抵達拉薩——從青海的格爾木出發，當台灣人身分被發現，遭趕下臥鋪巴士後，轉而在公路邊尋找可以搭乘的順路卡車。也許只是需要更多的時間和耐心，那些年待在德格、巴塘等地也遇見類似情況，每天到街上逛逛，和司機師傅們閒聊，結果探聽到一輛中型巴士正召集前往江水對岸的旅客。

我記得自德格成行的那天，是連日多雨後忽然放晴的夏日早晨，在富含水氣的光線中，山野格外清艷，風很涼，從開著的窗不斷拂來，我的手心卻緊張得冒汗。我記得成功越過邊界的那刻，看見藍天裡掛著兩道彩虹，在青山之上，一道色彩清晰豔麗，另一道淡淡的霓光彷彿它的倒影，巴士裡忽然響起嘹亮的歌聲，從同行的康巴少年清亮的高音開始，大家都跟著哼唱了起來。

乘客幾乎都是當地的圖博人，直到巴士平順穿越河岸、通過檢查站，攀向另一座高山，他們彷彿知道我的心事，一路上都興致剛昂地唱著歌……想想，這已是近二十年前的記憶了。

兩個崗托

一九一三年，十三世達賴喇嘛圖登嘉措發布獨立文告，圖博軍隊向東逐漸收復被清國漢軍佔據的土地，並數次跨越治曲，與當時的四川軍閥來回對戰。一九一四年博、英、中召開西姆拉會議談判，儘管之後袁世凱政府拒絕承認談判內容，圖博噶廈政府也

3瑪曲，圖博安多草原上最重要的水流之一，意思是孔雀河，她也是黃河的上游。

想東進，收回康與安多的失地，不過，當時博、中仍以治曲為國界，雙方暫為休兵。

今日中國也以治曲為界，兩岸各設有一座檢查站，雖然只是行政區域的界線，但檢查站的警戒與嚴密程度彷如國界海關。橋這一邊的崗托屬於四川省，駐守著邊防武警隊。口氣兇惡的迷彩服軍人加上武裝崗哨和巨大的攔路鋼柵，氣氛肅殺。他們花了不少時間查驗我們的證件，崗警威嚇盤問，把札西老闆嚇得臉色煞白，縮著手腳，一句話都說不出來。

終於放行後，我們穿越水泥橋，另一頭的崗托檢查站屬於西藏自治區。此處一如過往的閒逸氣氛，只有三位執勤公安，一位躲在辦公室裡避寒風，一位坐在路邊滑手機，由最年輕的公安來執行公務——隨著儀器查驗民眾身分證的結果，負責把橫擋路面的細竹桿拉起或放下。

我的證件讓電子讀取器毫無反應，年輕公安只看了一眼就搖頭：「這……應該過不去。」他讓我進辦公室去讓主管定奪。

「還有沒有別的證件？」主管劈頭就問。我愣了一下，在中國常聽見這種問法，好像每個人都有好幾種身分證件，這張不通過，還可以換另一種試試。見我搖頭，他直接做出判決：「你過不了。」

「按規定，外國人沒有西藏旅行證沒法通過，現在這個時候更是……欸……」

他敏感地煞住話，低下頭閃避我的視線。我知道他閃避的原因。二〇一九是中國建國七十週年，也是圖博起義六十週年紀念。這六十年間，圖博境內爆發多次大規模抗爭行動，如一九八九拉薩抗暴、二〇〇八圖博之春，都在起義週年紀念的洛薩新年發生，政府以防止境外「黑惡」勢力滲透為由，宣布將加強控管外籍人士進出西藏自治區。

我知道原因，依然很想聽聽他們怎麼說。

「為什麼?台灣人也需要旅行證嗎?」

「你們台灣還沒有回歸嘛，就跟外國人一個規定，港澳同胞嘛不需要旅行證，他們早回歸我們中國。」

「是嗎，台灣沒有回歸就是外國人的意思?」

他糾正我，「不是外國人，是要跟外國人遵守一樣的規定。」

桌上有本A4大小的文件資料，紙張已陳舊泛黃、邊緣翹起，沾上褐色的不明汙漬，他一面翻一面唸著：「外籍旅客不得自行前往西藏自治區，必須經過相關單位核准，以有計劃、有組織……」和我在旅行社聽過多次、在網路上查詢過的官方說詞一模一樣。

我決定裝傻到底，「十幾二十年前我也來過西藏旅行，那時沒有這麼麻煩，中國不是已經開放很久了?」

他放棄跟我解釋，主動幫我撥起電話，「你直接問問上級好了，他們准的話就讓你過去，不然我也沒有辦法。」

接通的手機彼岸傳來一個年輕女性的聲音，桌上的文件標明這個號碼是屬於一位出入境管理單位的主管。

我大致說明情況。對方毫不猶疑地表示，我的身分不可以再往前，自行進藏違反中國法規，必須即刻返回。她清晰明快地說出官方說法：「快過年、而且就要三月了，正是敏感的時刻；就算平時，沒有加入政府核可的旅行團，誰也不可能進去。按中國國家規定，台灣人必須經過西藏自治區旅行局、出入境管理單位、相關地區公安局，還要經過對台事務辦公室的批准……」

她直接提到過年、三月是敏感時刻，入藏有特別限制，而且對台灣人比其他外籍身分的限制要更多、更嚴格。其實剛到達成都時，我們已向幾家旅行社諮詢過入藏證申請的可能；有的說核發至少需要二週，有的說得等上一個月，有一家直接告訴我實話：過年期間絕對申請不到。

這次一抵達甘孜，我們立刻到州公安局出入境管理大隊詢問入藏證的申請，那是距離崗托邊境最大的一所公安單位。接待我們的主管聽見提問，先是一臉不解，彷彿從未聽過西藏旅行證似地，隨即熱情地對我保證：「按中國國家規定，所有國籍的旅客都可以在中國各地自由的旅行，呵呵更何況是來自台灣的同胞，不需要特別許可，去西藏或哪裡都沒有問題。」

這位甘孜州主管的回應完全超乎我意料之外，不知他是真的不懂西藏旅行的身分限制措施；還是嫌麻煩，故意不說明真相；或者連他自己也認為「封鎖西藏」的做法欠妥當，無法在台灣人面前承認？

「對台灣旅客限制這麼多？好不容易安排的假期，又好不容易到了這裡，這不讓過去，唉，實在是太不近人情……」

「你們到了中國就必須遵守中國國家規定。」電話中的這位當然無法逃避我的「客訴」，以字正腔圓的北京腔，連珠砲的糾正我「不近人情」的批評——

「台灣人申請麻煩歸麻煩，但你們還算是好的，多等個十來天說不定能等到證件核發。比起那些個海外藏人可好太多，他們不論等多久也沒指望。上面規定了，藏人是一概不准，等多久都沒用，即使是國內其他省分的藏人，也都必須經過嚴格審查……哎，總歸就是沒有合法證件，就不能過去。」好像發現自己說了不該說的話似的，她急急結束通話。

因為末尾那幾句「海外藏人是一概不准，等多久都沒用……國內藏人，也必須經過嚴格審查……」我猶然掩不住驚訝的握著手機。

過不過，誰決定？

網路上圖博人傳出的求救與抗議的確是真實的訊息，到了每年的新年和三月份「圖博抗暴紀念日」前後，西藏自治區便遭到封鎖，不論是境內或外國籍身分，不論要返鄉與家人團聚或朝聖，只要是圖博人，行動都遭受嚴格審查與限制。

在這同時，中國人在圖博地區旅行卻是毫無拘束，既不須向公安局提出申請，也不用受制全程跟隨旅行團，甚至得以長期停留。中國青年在拉薩等圖博城市開設酒吧、咖啡廳蔚為時尚，形成專屬名稱「藏漂」，標榜為一種追尋靈魂自由的生活方式。

現在中國的禁令，既不同於二十世紀初，圖博政府為阻擋帝國侵略者的間諜窺伺打探，對歐美設下的禁止令；也不是為了保障當地圖博民眾的安全，更無法因此促進他們的福祉。單純只是以「維穩」為藉口，是唯恐當地民眾嗅聞到外面世界自由的空氣，鼓起追尋的勇氣？或是為了防止內部反抗的聲音傳到境外，以遮掩暴力極權的真相？

望著無法繼續前行的道路，那看不見盡頭的遠方，在那氤氳著霧氣的蒼鬱林野後，冬日的治曲正無聲流淌過的大地，是多少海外圖博人在象徵團聚的年節中無法歸返的家鄉？

6 此路不通

崗托

嚴酷的時代改變了我，
如同改變一條河，更換了我的生命。
讓生活流入另一河道……
——阿赫瑪托娃[1]，《安魂曲》

無奈地從卡車上卸下背包，我們向札西師傅告別。師傅的臉色比我們的還難看，崗托公安對我說話至少好聲好氣，對他卻是冷峻警告；前兩天對我們拍胸膛掛保證的老闆，竟縮著肩膀站在公安局角落，像是聽訓的小學生。

崗托駐警最初告知會安排車輛遣返時，我不禁好奇他們怎麼安排，會派警車將我們

1 阿赫瑪托娃（Anna Akhmatova, 1889 - 1966），俄羅斯詩人。

「押回」二十多公里外的德格縣城？對於普通的外籍旅客，公安當然無需如此大費周章。

公安只需坐在路邊，一一詢問前來查驗證件的車主：你上哪去、車上有幾個人？一旦確知方向適當，車上還有空位，駐警就會說：「帶上他們倆？」應該是問句，但聽起來很微妙的更像命令語氣。

於是，我們被攔下，被阻斷去路，被擱在崗托檢查站外，等待善心有緣的車主來認領。

當檢查成為日常風景

找車的情況並不順利。大部分人應是怕麻煩，但又無法開口拒絕，畢竟中國民眾不太有勇氣直接對公安說不。他們表面上不動聲色，盡量閃避警員目光，假裝忙碌地左右轉轉身子，趁下一位旅客查驗證件的時候趕快閃人。

河岸邊冰點以下的空氣，讓人們都吐著白煙說話，為了取暖，他們在大鐵桶裡燒著木料、紙張、廢棄物來烤火。那位靠在牆邊滑手機的公安，一如我們剛到時的模樣，依然沉浸在手機畫面裡，數小時之間從未抬起頭過。派出所室內也不比外頭暖和多少，斑駁的水泥屋和老舊門窗對冷風沒有太大遮擋效果，之前與我們對話的主管一逕縮進座椅，靠向他兩腿間放置的小型電暖器，專注投入在手機播放的電視劇情中。

年輕公安跟我們聊著德格歷史悠久的佛學院，和他景仰的上師。而認真執行勤務的身分查驗機器，其實僅是比手掌大一些的晶片感應器，它被安置在門前的一張板凳上，人們將證件貼近後，會亮起綠燈，若不亮燈或閃現紅燈，即是需要扣押查證的問題人士。

想起之前我們曾通過的河對岸，那裡本來只是動物稽查所，現已改為武裝特警隊，駐守人員眾多，簡陋的辦公室後方建有長排的數層宿舍樓，武力裝備也驚人，他們應是鎮壓抗爭的主力，不過日常所負責的工作，也僅是對過往路人進行身分查驗。

這些穿上迷彩軍裝、口氣兇惡的軍人們乍看頗為嚇人，多看幾眼後發現，他們大多只是二十歲出頭的年輕人，仍稚氣未脫，將證件遞還給我時，熱情地附上一句：旅途愉快。他們面部輪廓線條較為柔緩，膚色較白，很明顯地來自東部的中原地區，不是當地圖博的孩子。大老遠跑到這荒僻的異地當兵，他們會像官方宣傳的認為是榮譽，或是犧牲、艱苦、必須忍耐的事？

從成都機場到市區，再進入圖博地區，這一路上到處都是檢查設施，搭車、購票、出入公共場所，就連搭乘巴士到半路上，都得下車排隊接受查驗。尤其在圖博地區檢查站似乎特別多。

瀘定是自成都平原通往山區的起點，歷史上也是自中原通往康區的門戶，清國時即在西邊不遠處設下打箭爐關口，作為漢、博界線；現代的特警檢查站也設在瀘定高速公路的交流道前。

寬大的八線道公路邊，有一座像是貨櫃的長形簡易屋，門應該設在了我們見不到的另一頭，但是有扇小窗，開在一般人搆不到的牆面高處，地上放置個小鐵架，供民眾墊高。旅客們全都在窗前排隊等候查驗身分，不論是從大巴士、賓士車或卡車走出來，所有人都排成一列，秩序地、靜默地、乖巧地緩緩順著隊伍向前移動。每感應過一張證件，機器就以清亮的電子女聲宣布：「通過。」一個人踩上鐵架，便響起一聲「通過！」

人們上去、下來，它持續而規律地喊出：「通過、通過……」前方的人們檢驗後離開，後方則不斷會有新的民眾加入，時間流逝，安靜的長龍隊伍似乎從未變短。人們往前移動的速度和電子語音節奏一致，遠遠看，高速公路彷彿是一架巨大的輸送帶機器。

終於輪到我，我踏上鐵架，將台胞證湊上前……沒有聲音。換面再試一次，機器依然毫無動靜。當然不會有聲音，閱讀器無法辨讀卡式台胞證。

輸送帶因為我卡住，可是窗內一點動靜也沒有，探頭一看，一名特警正坐在機器旁，他低頭滑手機，渾然不覺有任何異狀。屋裡電視機播放的綜藝節目持續喧騰，四、五位特警圍坐聊天，他們都忙自己的事，沒有人注意到閱讀器忽然啞了。

大家都沒事，我也沒事的默默走下鐵架，好讓輸送帶得以繼續運行。腦中浮現歐威爾的小說——如果以電訊傳輸高塔取代風車、將沉默排隊的人們換成羊群、揮動警棍的公安換成能站立的豬隻，那我們就置身《動物農莊》了。

一路走回巴士，聽見身後仍不斷傳來那電子女音，喊著：通過、通過……

巴士持續前往達澤多[2]，在城鎮外的公路上忽然停下，旅客魚貫下車，往公安局的哨站窗前排隊，眾人有序地一一前進，而我和尹的證件依然無法讓電子閱讀器有任何反應。一旁負責監督的公安小伙，臉上神情從百無聊賴變得狐疑，然後是煩躁，他命令我們繞過公安局大門進入小屋，在紙本上登錄資料。

上面已有前人填寫——名字、證件種類、字號、出生地、前往地點、旅行理由，最後一項是無法通過的原因，前人寫下：吸毒、偷竊、搶劫……這才終於解開我心裡的疑問，公路上這麼多檢查原來是為過濾出犯罪前科者。我猶豫了一下，在這欄空格中填入「台灣人」。

2 達澤多，圖博語音譯，意思是達曲與澤取交匯的口岸，清國譯為打箭爐，城鎮西邊設置博、漢交界關口。清國趙爾豐率川軍佔據後，定名「康定」，中國入侵後亦沿襲稱之。

在極權政治下

在南蒙古（中國稱內蒙古）首府呼和浩特城區裡，位於通往大召寺[3]前的人行道上有座挑高的建物，外觀像是雙層巴士，白色輕結構的建材看來簡潔而時尚，窗子被嚴密的窗簾遮蓋，完全看不透裡面的情況，只有一名武裝公安在路邊站崗，旁邊高架著數支朝著不同方向的監視器，以高科技與神祕感造就絕對的威嚇力。

離開治曲邊界後，我們到達一座名為阿壩的圖博小鎮，那位於峻嶺圍繞的曠遠高原之上，在小鎮主要的街道邊也有武裝特警哨站，而且街道兩邊各設了一座，兩兩相對，數名武裝警察就在附近馬路上來回巡邏。與南蒙古或其他地區相較，中國政府在圖博地區所展現的公權暴力顯得原始而直接。

事實上，極權政府「馴化」異議者的技法向來簡易。歐威爾在《一九八四》已為世人預示——只需要一個禁閉的小房間、站在房門口的武裝警衛、一套威嚇的語言，我們之中的大多數很快就會放棄自己，丟掉原來的信念，屈服在權力威嚇所塑造的恐懼氛圍下，甚至不需要太多具體的暴力。

春節期間的西安古城，人們擠著登上古蹟鐘樓，眺望燈會布置的街景。城樓下裝飾得萬紫千紅的花壇前泊著一輛裝甲車，車上高高架設著衛星監視設備，下方站立著荷槍警戒的特警。即使近在咫尺，那鋼盔與槍尖閃耀的光線總映入眼角，然而人們毫不以為意，依舊與親友同伴自在談笑、攝影玩樂，彷彿已把這些當成公共空間中必然存在的設置。

中國地鐵、火車站、客運站入口都設置行李X光檢查機、身分證件檢查哨、搜身的金屬感應檢查，和人臉識別系統；敏感地區如東突厥斯坦（中國稱新疆），或如北京、重慶等重要城市的地鐵車站甚至設有瞳孔識別裝置。這些侵犯人權的檢查以維護社會秩序和國家安全為理由，逐漸普及在公眾社會中。

民眾一開始可能因繁複檢查、大排長龍而感到不便，時間久了，已習慣忍耐，車站門口人潮壅塞變成日常的風景。政府反覆洗腦，強調穩定秩序的重要性，民眾不自覺地將犧牲個人的隱私與便利視為理所當然。

美國人權運動者夏庫爾[4]一直強調民眾必須保持對權力身分的清晰知覺：「人們會適應任何事情。你對所承受的壓迫知覺越少，你的寬容度就會越來越大。過了一陣子，人們就會認為壓迫是正常的普通狀態。但是為了變得自由，你必須非常清楚自己是奴隸。」

中國社會的情況即是如此。一開始只是搭乘遠程交通設施前，讓大件行李接受檢

3 蒙古大召寺，為圖博格魯派寺院，始建於十六世紀蒙古王阿爾坦汗主政時，一五八六年第三世達賴喇嘛曾受邀到此講經傳法。「召」音譯自圖博語，釋迦牟尼佛之意；蒙古也稱「伊呼」（Ih Juu），意思是大神殿；中國稱無量寺。

4 夏庫爾（Assata Olugbala Shakur, 1947-），非洲裔人權運動家，支持以武裝爭取黑人權利。

查；之後搭地鐵時，隨身小背袋也必須通過X光機，隨時應要求打開行李，接受翻檢個人隱私物品；只要進入車站，就必須先脫下外套，接受金屬感應棒在全身前後揮動探測，甚至戳打你的身體，允許人臉識別機拍下你的面容，撥開瀏海，讓瞳孔識別機確認你的身分。

進入新冠肺炎防疫年代，一切監視審查更被視為理所當然——在個人手機下載容許官方任意監控行跡的應用程式，由政府大數據決定你可否出門、返家或送往隔離拘禁……在維護集體秩序、社會安全的方針下，人們一步步向政權讓出個人權利，容許政府增設一項項觸犯個人隱私的公共規定，適應著自由度愈來愈緊縮的社會環境。

退讓沒有底線，除非我們認知自己正被侵犯，站起來向極權者說「不」。

7

天路黯影

達澤多（康定）

克利有幅以「新天使」為名的畫作。
畫面裡的天使看來正想離開他所注視的事物……
風暴不停的把他颳向他所背對的未來，
他面前的瓦礫已越堆愈高，聳入雲霄。
這場風暴，就是我們稱為「進步」的東西。
——班雅明，《歷史的概念》

車行穿入狹窄的山谷腹地，達澤多城區街道沿著地勢高低迴轉，暗夜中，路邊擠簇的建築物，在街燈投映下使街道更顯窄小。

一踏出溫暖的豪華汽車，冬夜寒凍的空氣立即竄入鼻腔，也只覺得清涼。車主劉先生幫忙自後車廂取出背包，我們向他致謝，從崗托一路熱心搭載，真的幫了很大的忙。

「沒事沒事！」他擺擺手，「要願意的話，直接拉你們到成都也行，怎麼樣，拉你們去成都嗎？」我們連聲道謝婉拒，向他揮手道別，看著他上車繼續趕路。車身很快旋過彎道，一下子就消失在夜色中。

我們從背包裡拿出保暖衣物，從頭到腳都迅速包裹起來。客運站大門緊閉，一片漆黑；手機螢幕上顯示的時間是凌晨四點，估計要等數小時後，才會有巴士可搭，於是決定先往市中心方向走。

從甘孜到邊境崗托，再回到達澤多，經歷一千多公里的路程，漫長奔波的一天，像是一場夢境——前一日清晨即收拾背包離開旅館，與札西師傅碰面，乘上他的卡車兜轉轉，先接了其他約定的乘客才算真的上路。一路往西，直到崗托邊檢站被攔下，已過了午後三點。等候邊境駐警找到願意搭載我們回返四川的劉先生時，天色已經黯下。再坐上車一路奔馳，當我們抵達達澤多，已整整在路上度過近二十四個小時。

遇見真相

劉先生自稱是工程包商，一路自昌都趕過來，晚上也要繼續趕夜路前往成都。他的自我介紹只到這裡。他身邊的年輕人應是他的助理兼司機，小伙子喊他「哥」，兩人相處氣氛親近熟絡，似乎不只是老闆僱員的關係，還有類似一起拚鬥、革命情感般的兄弟默契。

車上還有另一位中年乘客，小伙子喚他「爸」，在他們對話間提及山東老家，讓我想起這輛車子掛的車牌也是屬於山東的。爸爸穿著整齊講究，應是特別趕在過年前遠道來探望許久不見的兒子。從他們對話的內容得知，他們急急地趕夜路、必須在第二天一早返抵成都的原因，除了工作，也因為這位爸爸要趕上清晨返回山東的高鐵車班。

一路上幾乎全是年輕人負責開車。他手握方向盤，猛噴著煙。與其說開車是他的工作，這輛豪華進口車更像是他的玩具。暗夜中疾駛在曲折起伏的山路上已具挑戰，加上路邊密集分布的測速攝像機，更增加了這項遊戲的難度。每當導航語音發出「已嚴重超速」、「前方有監視攝影」等警示，他立即敏捷的煞車降速；一通過拍攝點又馬上踩下油門，高速奔馳。小伙子有時還會在驚險挑戰過關的時刻，對自己握拳慶賀，一路駕駛得興致勃勃。

車上大多數時間是沉默的。爸爸熟睡，另兩人偶爾低聲交談幾句，總以愉快的低笑聲作結，大多時候只是隨著不斷播放的流行歌曲各自哼唱，各自噴煙。

剛上車時為免氣氛尷尬，我主動攀談幾句客套話，但除了車主的姓氏和職業，沒有獲得更多的回答。他們既不問「怎麼被檢查站攔下、出來旅行多久、為什麼要過年了還旅行……」這類基本閒聊話題，似乎也沒有意願開口分享自己的事，就連一般民眾遇到台灣人總忍不住發出中國經濟發展的「幸福感嘆」也沒有。在十多個小時裡，除了上車、下車時招呼，我們之間幾乎沒有什麼交流。

直覺這緘默氣氛是他們刻意保持的，於是我也禮貌配合，閉眼假寐，任憑身體陷入柔軟舒適的皮質沙發，順著車體在迂迴山道上平穩滑行，並在溫度適當的空調裡保持和緩的呼吸。

在將睡未睡之際，曾聽見他們低聲提到江達、貢覺、波羅幾個地名，不禁讓我的耳朵敏銳覺醒，攫住幾個有關工程施作的關鍵字，拼湊一下前後話語，大致猜測出公司業務應該是與水電站建設有關。這才恍然明白他們刻意謹言的原因。中國所有水電建設都屬於國營企業，官方完全將施工視為重要機密，媒體僅發布哪些水電工程計畫通過，或是慶賀順利完工、投入發電等好消息而已。

他們提及的地點恰好都在治曲流域，位於西藏自治區與四川省邊界，自崗托檢查站往南一百多公里下游的地方。根據中國政府「西電東送」政策，規劃在治曲上游興建十三座水電站，據稱總發電裝機量等同於一座三峽大壩，其中波羅、葉巴灘二處水電站都位於他們提及的地區，而葉巴灘水電站更是其中規模最大的一座。

就在二、三個月前，葉巴灘電站的上游數十公里處發生嚴重山體滑坡，阻斷了治曲水流，形成巨大堰塞湖。這趟旅程出發前，我在台灣透過網路得知當地災情，時不時看見當地民眾上傳洪水氾濫的驚駭畫面。預知網路上這些影像和訊息很快都將消失，於是隨時筆記水患發生的過程。

二〇一八年底，最初官方媒體宣稱一切都在控制中，但是不久堰塞湖傾瀉而出，當土石流往下游衝去，政府依然宣布已掌控情況；一個月後竟然又發生二次坍方，創下歷史性規模的巨大洪流造成更嚴重災情，自堰塞湖四溢的滾滾濁流狂洩數百公里，一路沖毀古蹟寺院、無數田宅民居，將南邊連接巴塘與芒康的「金沙江大橋」也衝垮，致使「川藏南線」路斷。

官方持續進行疏散居民的動作，治曲沿岸包含西藏、四川、雲南三個省分，其中十多個縣市都成為災區，總計三萬名以上民眾失去家園，無法估算的家屋、農田和牧地遭沖毀。中國媒體廣為報導已妥善安置災戶，讚揚武警官兵救災迅速，稱許相關單位應變得宜……滿紙讚美聲，就是聽不見災民的聲音，更看不到他們的真實處境。

這十三座水電大壩沿著治曲河道上下排列成串，每座電站之間平均距離不到一百公里，密集度高，高海拔的河岸山體又都位處地震帶，多年前即有地理工程學家、地質學家提出警示，水電站截流、改道、築壩等工程，都可能誘發山體更易發生坍方場陷。[1]

當二〇一八年十月初真的發生土石洪流災害時，一位曾提出警示的中國地質專家楊勇接受法國媒體訪問[2]，謹慎表示，由於現場封鎖無法勘查，難以斷言，只說山體滑坡也許與電站施工有關，但亦不能排除過多降雨為肇因。而中國國內所有環境工程與地質專

1 包括地質專家范曉、楊勇，及工程師王維洛、原水利部副部長矯勇等人曾接受媒體專訪或公開撰文表示擔憂（嚴昊，澎湃新聞 2014.07.26。蘇南，觀察者網 2017.11.10。王維洛，BBC 中文網 2008.05.28）。

2 楊眉，法國國際廣播電台（RFI），2018.10.12。

家都是一片噤聲，唯有政府發出單一聲音斷然宣稱：洪災都是無法控制的氣候自然因素所造成。

一身俐落的國際品牌休閒服，開著價值台幣五百萬的進口車，一路銜著每包售價約四百元的香菸，劉先生應該是搭上中國工程開發浪潮而崛起的新富階級吧。

半夜在海拔三千公尺高的山路上飆車；為了提神，菸一支支接續不斷；終日奔馳直到午夜十二點才下車，進入餐廳裡，劉先生說這是整天唯一吃到的一餐，卻只能站著囫圇吞下一碗麵……他們對這一切似乎習以為常。尤其與光鮮外表極不協調的是，瀰漫在這輛豪華汽車始終無法消散的菸味中，混雜著濃重汗臭與體味的腥氣，讓我想起十多年前在鄉野巴士裡底層農民工身上的氣味，二者竟如此相似。

相隔近二十年，中國都會景觀的確是改變巨大，但繁榮華美只是表象，只要隨手撥開金玉的外層就會發現，不論收入多寡，社會體制沒有改變，人們生活的條件、存在的尊嚴也都和過去沒有太大差別。

沿千年時空而行

就著昏暗街燈，轉入沿河西街，河岸邊成蔭的垂柳讓黑夜更暗了。我們小心避開結冰的地面，趑趄前行。儘管在黯夜中，仍聽得見原本在夏日時滔滔的水流聲已變成隱約的潺潺，街頭一片死寂，幾乎所有商家都大門緊閉。

走在暗夜大街上是少有的經驗，感覺詭異又奇妙。當然最先想到的危險是惡人，然而如今到處都是監視器，加上嚴格的證件檢查，做了壞事恐怕連影子都逃不了；接著想起圖博地區看守家園的狗隻，以前到處能見到牠們，待人走近就霍地衝出來呲牙狂吠，警告生人勿近，現在牠們也不見蹤影了。

回想第一次造訪達澤多是在上世紀末，位於河谷間僅只有二條成Y字型街道的小鎮，商街上僅有數排新舊雜陳的水泥樓屋，但是不論走到哪裡，一抬眼就能望見天空裡陡峭的蒼青山岩。

達澤多位於圖博康區的最東邊，被高大的山脈綿延圍繞，從久遠以前便發展成為康巴[3]和中原物資交易往來的重要地點。圖博人稱她達澤多，意思是達曲、澤曲這二條河水交會的口岸，清國時的漢文名稱即音譯為發音相似的「打箭爐」、「達折渚」，後來更名為「康定」，就和東邊數十公里外的「瀘定」一樣，從字面就能讀出入侵者的心態——平定康地、靖定瀘河。

瀘定的地名源於架於河上的「瀘定橋」，因一七〇六年四川巡撫入侵之後，在奏章

3康巴，意即圖博康地區的人，音譯自圖博語，圖博人稱博巴，安多人稱多巴。

中將「嘉絨曲」[4]誤稱為瀘河，康熙便誤將新橋命名「瀘定橋」；其實移居此地的漢人習稱「大渡河」，從稱呼上就可看出當時漢移民遷徙渡水的心境——江水自叢山峻嶺轟然奔流而來，人們要平安渡河不是容易的事。這也是嘉絨曲自古成為圖博與中原地區天然屏障與界線的原因。

康定之名則源於一九〇四年，四川漢軍入侵圖博康區，壓制當地反抗人民後屯軍墾殖，陸續更改各地名稱以標誌勝利——「康定」就是第一個，其他還有巴安、里化、定鄉、寧靜、泰寧等充滿征服意味的名稱。追究起來，其實這並非滿清政府或漢軍首創，畢竟二千多年前的漢武帝劉徹已開創先例，大軍往西域征戰，並一路定下「安夷」、「破羌」這類地名。

中共在一九四九年建國後，即率軍西進圖博的康與安多地區，佔領後對康區制定的行政單位名稱，似為符合共產黨宣稱尊重少數民族文化的主張，大多採音譯自圖博原本地名的方式。例如：以巴塘取代巴安，巴塘在圖博語的意思是「聽見綿羊叫聲的草原」；用理塘代替里化，理塘意思是「銅鏡般的草原」；把定鄉改為鄉城，因鄉城的發音近似原本的圖博地名「卡稱」，有「念珠般成串的聚落」的含義；以及把寧靜縣改成芒康縣等等。

唯獨在邊界上的康定、瀘定名字被保留下來，也許在新統治者眼中這兩地具有政治象徵，必須模糊人們對邊界的歷史認知；後來更積極地，乾脆抹去這塊土地上的圖博歷史，對「打箭爐」這個舊稱刻意編造出新的說法——三國時代諸葛亮七擒孟獲的故事中，將軍郭達率軍到這裡造箭；或是為紀念射箭技法高強的郭達，將箭射入小鎮北方的高山，所以稱打箭爐。這兩個說法裡都提到歷史中的具體人物諸葛亮，諸葛亮是漢文化裡婦孺皆知的英雄人物，多數中國民眾未多加思索便接受了。

只是毫無史料可佐證諸葛亮等人與當地有關，「七擒孟獲」是出自《三國演義》虛構小說中的一則傳說，更遑論郭達只是這部小說中的虛擬人物，在史實紀錄中並不存在。在交通不便的千年前，中原人士跑到遙遠不明的西邊異族高山中去鑄箭，不但距離遙遠，更需攀越險峻高山、跨越峽谷大河，單憑現實情況推理，即知其欠缺真實性。

然而，目前當地官方已根據這個虛假的傳說，將城鎮北方的一座山峰更名為「郭達山」，硬生生將神山下一座圖博的護法神廟更名為「郭達廟」；將埡口上圖博民眾祈福的經幡旗竿，瞎掰為郭達所鑄的箭。尤其荒謬的是，將圖博神山信仰的傳說改成「漢藏」聯姻的愛情故事，更將山坡上原本為祈福寫就的「六字真言」改寫為中、英、圖博文對照的「康定情歌」；並且在城裡設立一尊朝天射箭的郭達雕像，供作中國旅客到此一遊的紀念攝影處，徹底將達澤多這座圖博邊境城鎮的歷史更改為純粹「漢式」的。

4 嘉絨曲是當地圖博人慣用的簡稱，原名為「嘉絨莫嘉額曲」（rgyal rong rgyal mo mgul chu），意思是穿越女王的炎熱峽谷頸部之河（Burnett, 2014）。

殖民主義繼承者

其實一週前才剛到過這裡。

那天從成都搭乘前往甘孜的巴士，大約午間時分停在達澤多城郊，司機宣布下車用餐。只花半天車程就抵達，這是十多年前難以想像的速度。司機還告訴我，當天晚上八點就可以到達甘孜縣城，他自豪地說：「今年才剛開通的高速，你運氣好都給趕上啦！」

當時站在路邊，看窄小坡道上熙來攘往的車輛駛過，新舊水泥建築混亂的塞進狹小的谷地，稍遠一些山壁露出光裸的褐黃色岩土，一陣風掠過，便颳捲一場飛沙走石，那些型式呆板、工法潦草的建物顯得更加蕭瑟。

當巴士沿著公路行駛，驚見城區擴張好幾倍，當地政府竟然推行把達澤多建設為成都「後花園」的計畫——順著河谷，往南邊坡地炸山挖石，密集建造起以「坐攬山景」為促銷特色的現代大廈；又沿嘉絨曲河谷往北，將山坡上一座座古老村落，改建為豪華度假別墅。隨著開發，城區塞滿高樓大屋，當地圖博人們的生活空間被推擠出城外更遠的地方，就算是能留在城市邊緣，也被迫改變為受消費掌控的生活方式。

並不久遠以前的過去，就在我曾經造訪的十多年前，當時如果沿著城中的河邊街道散步，很容易遇見騎馬路過的康巴牧人，他們帶著羊毛、皮貨來趕集或是上街採買，在達達蹄聲中，你會瞥見他們身著寬大袞袍的自信身影，那繫著紅頭繩的長髮飛揚在風裡——這已僅存在記憶中，像是久遠以前的風景。

這樣說並非一逕認為保持傳統才是對的，而是：在所謂社會「進步」變革的過程或結果，當地人們的意願是否得到尊重；而他們看重的傳統價值、風俗與生活方式，是否能在官方推動的發展中得到妥適的維護。很顯然中國極權政府不會顧及這些，證據就在我們眼前——城鎮周圍的山坡、谷地與草原，原本是圖博人們世代生活的家園和牧場，現在當然已經不再是，那裡已經由外資企業開發成新的大廈、豪華旅店、別墅區、礦業廠，或是成為一座座發電廠的蓄水壩底。

現代中國在圖博地區開發的做法，似乎按照半個世紀前的《西康疆域溯古錄》[5]所提「奪康獻策」來執行：「以利交通、以移川民、澤以教育、以啟實業。」

這本書建議當權者先完成交通建設，再遷徙四川漢民過來，然後對當地康人施行漢文教育，積極發展各種經濟事業。成書的背景在上個世紀初期，清國政權結束後的軍閥割據時代，作者是四川軍閥劉成勳[6]的幕僚胡吉盧，而他的奪康之策應是仿照清國時趙爾豐的平康三策：首先派兵入侵；再設行省、改土歸流；然後是開發與漢化[7]。

5 胡吉盧，一九六三。
6 劉成勳（1883-1944），二十世紀初的四川軍閥，在一九二五至一九二七年間曾短暫入侵康區雅安等地。
7 趙爾豐，一九八四。

作者胡吉廬在書中表示，一九一一年康區人口不超過十萬人，他建議以四川的「人海戰術」奪下康區：「吾川人使入康，舉其經濟力，以為經營，期以十五年，可移二百萬人入康，在吾川七八千萬人中，少此二百萬人，誠太倉之一粟。而西康既有此二百萬人，益以番眾之三十或四十萬人。」

他計畫在十五年內移入二百萬的四川人口，二百萬雖然對四川來說只是滄海一粟，但是能夠輕鬆超越康區圖博人口的成長。只是軍閥劉成勳一心只想奪回四川，胡吉廬為鼓勵他，甚至以立下歷史功績來勸誘：「誠於此際，啟其籃篳，妥為規劃，則他日範於折多山頂之第一銅像，捨公其誰？」

幸而劉成勳不到二年即兵敗下野，非但攻不回四川，連「川康邊境」都守不住，否則今日我們恐怕會在折多山口上看見他自立的雕像了。

作者特別強調開發康區的原因，不僅為擴張，也得以解決四川人口過剩的問題：「以苦人滿，山巔水隙，開闢無遺，有此西康一隅，以為宣洩，既可以為吾川人之尾閭，而抑彼番眾，使沐文明……西康片土，即天予吾川人以自由發展之奧區也。」他認為圖博的康區正是上天賜給四川人的禮物，可作為宣洩四川爆滿人口的「尾閭」——尾閭是人體的尾椎、靠近肛門的部位，這兩字實在用得太過誠實。胡吉廬計畫著利用康區的土地，「排泄」出四川過多的人口，順便控制康區原本的「番民」，讓他們「沐浴」在大漢文明之中。

目前圖博地區開發的現況，顯然與百年前四川軍閥的計畫不謀而合，想必中國政府領導人的想法，也與當時劉成勳、胡吉盧等人沒有什麼差別。

8

異化世界

娘曲喀（雅江）、理塘、巴塘

有產階級和無產階級呈現出同樣的人性自我異化。
但前一階級在這種自我異化中感到自在和自我強化……
無產階級感到被消滅了，這意味著他們不再存在於異化中；
它看到了自己的無能為力和「非人」存在的現實。
用黑格爾的話來說，就是屈辱……
——馬克思、恩格斯，《神聖家族》

巴士司機讚美的新高速公路，正是中國官媒大肆宣傳的「天路」。在海拔三千公尺高的大山上炸山、挖洞、立鋼筋柱、灌水泥，將原本順著山勢曲折盤繞的驚險山路，以開隧道、架大橋方式，將路徑截彎取直。官方自詡利用新科技工法，破除萬難創造的宏偉天路，是對康區圖博人們的德政偉業。

以前光是自成都到達澤多就要花上一天時間，如果出發得早，又順利的沒有遇上落石坍方或零件故障等意外，天黑前就能到達；運氣不佳，耗在路上的時間就更長了。而甘孜、理塘、阿壩這些地方更是深入重山群嶺，自成都出發，得花上二、三天車程，現在當天即能直達。

而交通暢捷令物資運輸便捷，經濟得已發展，生活品質也會提升；只是便利的交通真能讓當地圖博民眾的生活、經濟也跟著改善，享受到這些豐富的物資？

工具人

在甘孜縣城一家大型超市裡打工的曲登，在成都完成了會計專科學業，流利的普通話讓他容易融入城市生活，可是要找到正式的專業工作卻非常困難。

完成學業後，他在成都的建築工地打了幾個月的臨工，一邊投履歷尋求面試機會，最終還是撐不下去，「那裡的薪資比甘孜好些，但是開銷大，付了房租就沒有剩下多少。」他只得選擇回到家鄉，儘管甘孜縣城是家鄉一帶最大的城鎮，仍無法提供什麼工作機會，更沒有可發揮他所學專長的工作。

「現在超市的工作怎麼樣？」我問。那是甘孜城裡規模最大的一家連鎖超市，他在店中負責點貨、整理貨架、協助客人選購。一開始他語帶保留地說還好，收入尚可以維持生活，臨別之際他還是忍不住說出實話，「不好，這工作薪資太少，沒有未來。」

在社會各角落和曲登相似情況的年輕人並不少。位於達澤多北方約七百公里的若爾蓋縣，在縣城一家賓館擔任櫃檯接待員的拉姆措，剛從碌曲師範學院幼教專科畢業，她在準備幼教老師執照檢定考的同時，先在賓館裡打工，工作時間從早上十點到午夜十二點，但即使休息時段，她也是睡在櫃檯後方的小房間，像是值班的狀態，一整個月都未曾休假，幾乎天天住在賓館裡，以換取一個月人民幣二千五百元的收入。

「喜歡幼教工作嗎？」我問。「還行吧。」她聳肩說自己挺喜歡小孩。「幼教師資的考試困難嗎？」她露出尷尬的笑容說專業科目都通過了，但是還必須補考普通話檢定。在中國，普通話能力檢定是所有師資考試的基本項目。拉姆措和曲登情況相似，在家鄉裡都是少數能有機會接受專科教育的孩子，普通話溝通流利，但是閱讀和書寫能力仍和一般中國人有段距離。沒有通過普通話檢定，拉姆措倒不是非常沮喪，「幼教老師拿的錢也不多，這個賓館主任說以後嘛、客人多的話，錢還是會加的。」

圖博地區每座城鎮的超市賣場或旅館櫃檯後方，可能都有個像曲登、拉姆措的年輕人，他們的學歷、擁有的資源和選擇性可能比曲登更少。當然，並不是只有圖博的年輕人對未來有嚴重挫敗感，中國社會年輕人也因低薪、找不到適合工作而感到迷茫失落。尤其中國在軍權統治下，政治運作不透明，社會資源分配不均，那些城市與交通開發建設的最大受益者是政府官員、大型企業等社會高層「食肉者」。官方大肆宣傳生活正在變好的「美夢」下，大多數民眾卻是入難敷出的窘境，只能在貧困線下掙扎求生，期待能撿拾食肉者剩下的碎屑。

據中國統計局調查，二〇一八年有超過八百萬人次大學應屆畢業生湧入社會，儘管政府宣稱就業率有八成、九成的漂亮數字，但是其中僅有百分之三的人每個月能夠拿到五千元人民幣以上的收入，高達百分之七十的人薪資只在貧困線上下。這還是在疫情爆發前、經濟發展相對穩定的情況，在經歷數年間社會封鎖對經濟的衝擊，加上畢業生人數逐年增加的壓力，就業情形想必更加不樂觀。

而中國大城市嚴格的戶口制度，以及資源分配嚴重不均的現實，確實讓圖博等少數民族年輕人在移動與尋求機會上，比一般中國人受到更多的限制，尤其是反方向的遷移是受到政府鼓勵的，具有絕對優勢的東邊城市漢族年輕人可輕易遷往少數民族地區求職，參與勞動市場的競爭。

哲學家馬庫色審視現代工業文明社會中新的控制形式時，提醒我們，「發達工業文明的奴隸是受到抬舉的奴隸，但畢竟還是奴隸，因為決定奴隸制度的……是人成為單純的工具、淪為物的狀態……這個社會在自己製造（同時遏制）的各種增長的需求推動下，正在按照自己預定的方向自我擴張和自我延續。」[1]包括台灣及世界上許多高度發展的工業社會，一般民眾都在媒體行銷、社會教育等國家機器控制引導下形塑價值觀與

1 馬庫色，二〇一五。

消費習慣，不自覺成為變相的資本奴隸；然而，並非每個社會都鋪天蓋地地向民眾灌輸「現在比過去更幸福」、「國家更強大，我就更幸福」的概念。與一般資本主義社會不同的是，中國社會所有人心裡都明白，政府所宣傳的「幸福」並非真相，那些官方宣傳的美夢，在他們身上實現的機率更是微乎其微。然而難堪的是，沒有幾個人能公開說出口。

國家級扶貧政策

中國當局在東部各省大幅推動經濟發展的同時，對圖博、東突厥斯坦（中國稱新疆）、南蒙古（中國稱內蒙古）等地也以建設發展的名義，大舉施行鼓勵移民、開礦設廠與水利建設、加強普通話和愛國教育等政策，試圖改變當地人們的生活方式、價值觀與精神認同。

一九八六年成立「扶貧開發領導小組辦公室」，直接隸屬於國務院，雖然單位名稱只是個小組辦公室，但是自一九九八年起，這個單位的領導多是由溫家寶、李克強等國家副總理來兼任，可見其擁有全國開發規劃的決定性權力。

以圖博情況為例，這二、三十年來在政府推展開發工程下，儘管人們的生活型態確實產生變化。大量移民和工程建設，讓大多數城鎮村落中商鋪增多，生活機能提高；建造穿山隧道、跨河大橋的高速公路，更便利的連結都會；運輸交通早以汽、機車取代馬匹、犛牛；水泥大廈、樓房取代岩塊木造的夯土房……。然而，不管表面的生活型態有多少改變、政府如何大肆宣傳政策推動的成果，二〇〇八年以來自康區與安多不斷傳出的抗爭訊息，只證明這些無法對圖博社群傳統精神產生根本性的影響，於是官方不斷在這些地區加強駐紮軍警，提升監控設備。

而中國關於「扶貧」計畫的具體做法十分直接，先調查各地經濟情況，選定窮困地區，以列出「國家級貧困縣」名單。近年國家「認證」的貧困標準是，每年每人平均收入低於人民幣二千三百元的情況，而依世界銀行統計，二〇一八年度中國人均生產總值（GDP）則為人民幣六萬四千六百四十三元，足足是政府所訂貧困標準線的二十八倍之多，這個數字呈現中國社會貧富差距懸殊有多麼巨大。

依據中國西南財經大學中國家庭金融調查與研究中心對二〇一五年國民財富分配的調查[2]，結果吉尼係數為〇．六（吉尼係數介於〇至一之間，愈高表示社會財富分配情況愈不均），此研究結果顯示，中國社會國民所得分配不均的程度高於歐盟各國二倍以上，而實際情況當然比這嚴重許多。

大型資產企業都屬於國有企業，鉅額獲利都只掌握在政府與少數權力者手中，舉最

2 西南財經大學，二〇一六。

簡單而顯著的例子：中國五大電能集團全都屬國營企業，其中參與金沙江水電站開發工程的華能集團，註冊人民幣三千多億資本額，業務內容不僅包含開發水力、火力發電、交通運輸等重大工程，也擁有控股子公司。而前國家總理李鵬自一九七九年擔任電力副部長以後，他的子女、部屬等毫不避嫌地持續掌控中國水電集團近三十年時間。他的兒子李小鵬、女兒李小琳甚至被民眾戲稱為「亞洲電王」、「電力一姊」。

是誰的「中國夢」？

二〇一九的年節，配合習近平在元旦以「中國夢」為主題的演講，不論走到哪，大城小鎮都鋪天蓋地的一片歡鑼喜鼓之聲，宣傳著實現全民已達幸福小康的生活，並朝向復興中華民族的世界理想持續發展，然而，圖博地區的真實情況絕非如此。

達澤多，即中國行政劃為甘孜州首府的康定，據官方紀錄，二〇〇八年時已大致完成擴張城區的建設，然而經過十年，直到二〇一八年七月才脫離「國家級貧困縣」的行列，達到每人每月平均所得在二百元人民幣以上。平均是二百元的話，表示有些村落經濟情況仍在貧窮線以下，屬於急需扶助的「貧困村」。顯然經過二、三十年對大西部地區的加強建設，城鎮外圍的村落經濟情況並未隨著一起好轉，生活條件依然停留在上個世紀的階段。這些建設措施只是徒然擴大貧富差距罷了。

不管是城市或鄉下，在過去二十年來消費物價漲了十倍以上，例如街頭餐館裡一碗普通的湯麵，在十多年前大約只要人民幣二元，現在已超過二十元以上；儘管基本薪資也漲了十倍，例如餐館雜役的薪水自每月二百元增至大約二千元左右，然而民眾生活品質並非「漲」了十倍，因為勞動時間一樣過長，沒有休假，工作選項稀少，居住地點受到嚴格限制，也就是說中國的經濟政策只是讓金額數字變大，權勢者愈富，而一般小民經濟景況與過去並無太大差異。

二〇二〇年中國「兩會」閉幕當天，國務院總理李克強回覆記者提問時，脫口承認：「我們人均年收入是三萬元人民幣，但是有六億人每個月的收入也就一千元……」[3]意即中國近半數人口每月僅一千元收入，不過按照官方調查，貧困村的農牧民每月人均收入不到二百元，或許不致挨餓受凍，但是在這物價高漲的時代，他們該如何應付孩子升學、醫療、交通等基本開支？

儘管每隔數年，扶貧小組即調整一次貧困縣名單，大致上仍多位於中西部，尤其圖博等「少數民族」地區佔了半數以上。依據扶貧小組的統計資料，二〇〇〇年在五百九二個貧困縣中有二百五十七個屬於少數民族地區；十二年後，貧困縣的總數不變，但少數民族地區竟然增加到三百七十五個。這不禁令人狐疑，新增的一百一十八個

3 邱國強、繆宗翰，中央通訊社 2020.06.15。

少數民族貧困縣，在二〇〇〇年時經濟情況並不列在貧困名單內，為什麼在政府致力發展經濟的十二年之後，反而成為了貧困地區？

這些數字說出了這些年來中國經濟建設的真相——殺雞取卵的模式，破壞自然環境的工業開發，造成水患、泥石流等自然災害，及各種人為汙染的惡果，直接影響民眾的經濟生活和生命、財產安全；其次，缺乏長遠眼光、整體規劃性的建設，地方官僚短視急功的做法，加上習於貪汙、虛報數字，徒讓農牧民更加窮困而已。

「扶貧計畫」實施二十多年後，在習近平定為實現「全國脫貧」的二〇二〇年，西藏自治區已成為最為貧困的地方，全部七十三個縣市的經濟情況都處於貧困標準線之下。而與達澤多相同隸屬於四川省的甘孜州、阿壩州地區，也就是圖博文化的傳統領域，在二〇一八年以前，全部都被列為國家級貧困縣，似乎是愈扶愈貧。

處在現實中看不見未來的情況下，官方卻強調展示著富裕繁榮的模範，就連作為前國家總理李鵬的女兒、出身中國水電家族的李小琳，也能公然謊稱自己「只享受沒有背景的成功」。事實上，象徵中國夢的「李小琳們」的存在，就像通往圖博的便捷高速公路，像在草原上矗立的一幢幢豪華星級酒店、旅客手中昂貴的電子產品，以及無遠弗屆、用來監控民眾的網路電訊……目睹愈多科技便捷的建設、華美物事的存在，對圖博人與其他少數民族來說，更像是戳破官方鼓吹「中國夢」的一根刺。

9 然後我們目睹

巴塘

黑夜已逝
傷心的臉孔剎那化為鎖孔與彈孔
溫柔的人轉身
離開自己
——楊智傑[1]，〈在火中〉

中國自豪宣傳的「川藏公路」上有座小山城，貼靠著一條澎湃的水流座落。當地人稱河水為「娘曲」，意思是魚河。

娘曲從圖博高原上的巴顏喀拉山脈發源，朝南蜿蜒向重山峻嶺間衝撞出一渠渠險仄峽谷，到了這裡也在大山裡割出裂痕般的一小片谷地，成為當地人交通必經的河岸渡

1 楊智傑（1985-），台灣詩人，著有詩集《深深》、《野狗與青空》。

口；自渡口發展出的聚落，人們稱她「娘曲喀」。當局近年安排大量外地人遷入，讓小村變成小鎮，又變成密密塞滿高樓的縣城雅江，這個名稱是隨著娘曲的中文名「雅礱江」而來。

上個世紀末初次來到時，發現山坡上有座寺院，赭紅色建築背靠蒼青的山壁，俯瞰下方窄小的河谷，山下是追著開發的滾滾人聲；山上是平靜的裊裊梵音，二處相隔僅百多公尺。四周圍繞繁茂的樹林與花草，轉經的人們循序走過；坐在佛殿前石階上，迎面而來的山風裡有清脆鳥鳴，有轉經道上祈願的腳步窸窣，以及偶爾推動大轉經筒時「叮呤」的一串鈴響。靜靜坐在石階上，恍惚能感覺山腳下奔流的江水轟隆隆撞擊著大地。

二〇〇二年循路再訪，發現佛殿大門緊閉，山上沒有轉經的民眾，也不見誦經的紅衣僧侶，記憶中的人們似乎都憑空消失了。石階前覆上落葉與塵土，似乎好一陣子沒有人來過，只剩下呼呼響的山風，刀刃般無情地一把把削下落葉。第二天我立即離開了，前往一百三十多公里外的理塘。規模龐大的理塘佛學院竟也是一片清寥，所有佛殿都關閉鎖上，白塔旁、轉經道上也不見任何朝聖轉經的民眾，寺院彷佛一座空城。這已不是寧靜，而是肅殺。

那些以為看不見的，卻看見了

佛學院外寬闊的草原上有放牧的羊群和嬉戲的牧童，在矮牆下坐著一位少年僧人。我出聲提問，他搖頭表示聽不懂我說什麼，然後移開視線低下頭，抱著膝頭的身體變得僵硬。

他整個身體表達的是希望我離開，不要打擾他，但是我不知哪來的衝動，無禮的兀自發問——為什麼呢，大家都到哪去了，娘曲喀寺院裡沒有人，這邊理塘宮巴也是，到處都沒有人，發生什麼事……

我轉頭看他，他一逕低頭不發一語，好半晌，聽見他吸鼻子的聲音，肩微微顫抖，我才發現他正流著眼淚。我手足無措地看著他，「為什麼呢，為什麼難過？」我慌亂得自言自語，愚蠢地發問，但我只聽見自己的聲音和草原上颯颯的風。他依然什麼都沒有說，伸手一把抹掉臉上的淚，一動也不動的坐著。彷彿我並不存在。

二〇〇二那年的旅途頗長，走過康區娘曲喀、理塘、巴塘、札木多[2]，沿著中國人總是自豪宣傳的「川藏公路」到達拉薩後，往西轉向日喀則、薩迦，繼續往西到阿里地

2札木多，意思是札曲和木曲交會的水岸，圖博康區最重要的行政中心，清國漢譯為查木多，中國佔領後定名為昌都。

區、神山岡仁波齊，之後返回拉薩又北行前往袞本強巴林[3]、拉卜楞等安多地區，最後再次回到康區的玉樹才結束旅程。初夏在娘曲喀、理塘遇見的疑惑，旅途中一直把它收在心裡，將圖博大地轉了一圈，回到家時，季節已轉換為隆冬，橫梗在心裡的它變成一則做不完的功課。

回到台灣，坐在電腦前只需按幾個鍵，開放的網路世界瞬間提供了直接而明確的訊息；身在圖博當地，卻對當下發生的巨大災厄一無所知。

二〇〇二年四月，就在我到達娘曲喀的二個多月以前，受到當地民眾景仰的上師丹增德勒仁波切遭警方拘押，政府指控他是當時發生的一連串爆炸事件的主謀。然而，國際特赦、世界人權觀察等國際非政府組織經過一至二年的調查後，都認為這些指控缺乏明確證據。[4]

丹增德勒曾在印度接受佛學教育十三年，返鄉後從草原上的帳篷佛學院開始，十多年來在娘曲喀、理塘地區建造了八所佛學院，其中包含女性修行者的覺姆宮巴以及醫學院，每所佛學院容納修行者數十至百餘位不等，而最大的寺院有七百位僧侶。丹增德勒曾在達蘭薩拉求學的背景，加上屢次為土地遭政府強佔開礦的牧民發聲，令當地民眾更加難以置信官方的控訴。他們聚集街頭為他爭取公開審判，卻遭軍警以武力鎮壓，有近百位陳情民眾遭到毒打逮補，甚而以妨害公共秩序等罪名遭判刑拘禁。

丹增德勒所主持的佛學院、寺廟、孤兒院、老人福利院不久即被勒令關閉，連他自幼修行的理塘宮巴也受牽連遭暫時關閉。年底，在一場祕密審判後，以「製造系列爆炸、煽動國家分裂」的罪名，丹增德勒遭判死刑。[5]

恍然明白那天在街上詢問宮巴為什麼關閉時，圖博人聽見「宮巴」二字便急匆匆閃避，終於讀懂當時他們眼中閃現的疑懼和慍氣，當權者的暴力將恐怖、憤怨播植人們心中。我也明白了那位少年僧人的眼淚，和他拼命壓抑的憤懣；雖然面對的是陌生人，然而聽見以「普通話」這加害者語言無知的提問，他們心裡該是如何感受？

明白的瞬間，我的臉熱辣辣地彷彿挨了記耳光。

軍用山路

這一次我們進入巴塘縣城以前，在本來清寂的山路遇上軍用卡車，它們列隊如蟻，一長列沒有盡頭。巴士自動靠邊慢下車速，讓它們先通過。

3 袞本強巴林（Kumbum Jampaling），是十萬獅子吼強巴佛學院的意思，簡稱袞本宮巴，中文稱塔爾寺。位於安多地區措溫布（青海湖）旁，是安多最具代表性的佛學院，中國佔領後將此地劃為青海省湟中縣。

4 Amnesty International, 2003; Human Rights, 2004.

5 二〇〇五年在國際人權組織頻頻關切、境內數萬圖博人表達抗議的壓力下，改判無期徒刑。二〇一五年丹增德勒仁波切在成都監獄中圓寂。

抵在車窗前數著迷彩軍車的數量，超過一百輛後不禁疲乏放棄。二十多年前也曾在青海通往拉薩、荒漠的唐古拉山路上見過這超現實的畫面，不論看過幾次都叫人咋舌。當軍車一輛輛自巴士窗外掠過，鄰座幾位中國青年旅客不斷發出驚喜的呼聲，認同政府的大多數中國人，或許心中會油然升起強烈的自傲與安全感吧。那麼圖博人呢，當他們在自己的家園中見到大批從中國來的軍用汽車是什麼感受？

一九五〇年代，解放軍一邊開鑿通往康區的山路，軍用卡車也開始不斷在這條路上行駛；到了現代，這條公路也是諸多中國自駕遊旅客的炫耀之路，或騎著自行車宣稱自我實現的挑戰之路，然而我們可能忘記，或是從未有機會知悉，比解放軍更早，在上個世紀初，清國趙爾豐等人所率領的四川漢軍，已來回穿梭在這片山谷。這條路，當初就是漢軍為擴張與侵略，由東向西開鑿出來的軍事之路。

二十世紀初依然是競求擴張的帝國時代，先是英軍翻越喜馬拉雅山入侵拉薩，康區隨即也受到清國川軍的攻擊，圖博無辜地被扯進了這場國際殖民競賽中。

清國原本長期遭受西方各國武力殖民的痛苦，當時卻以防止英帝國覬覦圖博為理由，計畫派兵到康區屯墾，乍聽「屯墾駐防」好像不是壞事，然而具體執行的內容卻是：炸神山，開金礦；強佔牧場，開墾農田；干預寺院運作，限制僧侶人數，甚至關閉佛學院。康區各地王族、寺院隨即組織民兵，發動抗爭，剛好給了趙爾豐等四川漢軍將領剿匪鎮壓的完美藉口。承受帝國掠奪的被害者瞬即轉身成為躍躍欲試的加害者。

這次，仍選擇在巴塘老城區的旅店落腳，附近依稀能見到過去的城鎮樣貌，隔著巴久曲的水岸，對面是一片青稞田，記得十幾年前田邊錯落著圖博傳統的夯土石屋，現在都由新的水泥樓屋取代，然而屋宇間依然能見到隨風飄揚的彩色經幡。當地人稱這溪水兩岸的聚落為「夏瓊」，意思是大鵬鳥，因為環繞著河谷的群山稜線起伏柔緩，遠遠看去有如鵬鳥展開的羽翼。過去不管置身小城何處，抬眼都能見到天際邊的蒼青山巒，它們環抱著聚落與寺院綿延，現在溪水北岸的城區密布著高樓大廈，視野都被遮蔽了。

旅店櫃檯前是一個笑眯眯的圖博女孩曲珍，她聽見我問曲德宮巴[6]的位置，雙眼更是笑得閃亮，「你咋曉得這名字啊？他們內地來的只知道康寧寺，這只有我們藏族人才說的呀！」她指點捷徑——出門順巷子走、到路口先左拐再右轉……「看見很多大樹就是了，不太遠。」最後仍熱情地追在我身後喊：「撿小路走，別走大馬路呀，遠得很！」

百年前的疼痛

曲德宮巴位於巴塘城鎮的中心位置，昔日巴塘聚落原是圍繞著佛學院發展的。一九

6曲德宮巴（Chode dgonpa），十八世紀仿照拉薩哲蚌寺的洛色林佛學院規制建寺，正式名稱為噶丹彭德林（Gaden Phendeling）。

〇四年清國計畫屯軍之際，英國也派遣駐成都的領事霍西，前往康區勘查收集情報，當時他在報告中這樣描述曲德宮巴：「巴塘佛學院位於平原西部，靠近巴曲河水左岸，此處恰是巴曲與另一條溪流的交會處。寺院規模很大，裡面建有許多氣勢宏偉的建築，外圍環繞著白色高牆，還有一排高大茂密的柏樹、柳樹。寺院中有兩座金頂佛殿、無數的佛塔，建築規制與理塘寺院頗為相似。估計這座寺院有一千三百至一千七百名僧人。」[7]

百年前霍西所見到氣勢恢宏、規模龐大的寺院建築群，現在已經不存在了，歷經百年前川軍入侵焚毀、一九五〇年代中國解放軍轟炸、文革破壞，在數次重建又遭毀壞後，寺院原址已被武警中隊、巴塘縣醫院、中學、公安局、縣工商局等單位佔據，直至一九八七年才收回約五分之一的土地，由圖博民眾籌資重新修建，就是我們現在所見的「康寧寺」，只剩下臨靠街邊「回」字形建築的規模，侷促地塞在各公務大樓之間。現在駐寺修行的僧人數量也大不如前，據官方統計只有三百位左右。只有轉經道旁的幾棵老柏樹還在，需雙人環抱的粗大樹幹，讓人想像著百年前寺院興盛的光景。

一九〇四年霍西奉命前往康區勘查，到達巴塘時，自印度北上入侵圖博的英國將領楊赫斯本[8]，已經率領「遠征軍」到達拉薩，強迫圖博噶廈政府簽署《拉薩條約》；霍西這項「商務」考察，顯然就是配合著英軍入侵拉薩的進程，在東圖博地區搜集相關情報。他在巴塘時曾特地前往與昌都交界的治曲河邊，當他試圖繼續前進時，遭到隨行的清國官員阻止，治曲東側的巴塘是他所能到達的最西點，因為在經得圖博政府同意前，就連清國官員也無法隨意跨越這道邊界。

以「勦辦兇徒」為由，趙爾豐率四川綠營軍隊入侵，裝備著德國設計的最新式漢陽八八步槍，對付只有刀矛、火繩槍與石塊等傳統武器的圖博民兵，相差懸殊的武力，必定造成圖博民眾慘烈犧牲。

當時清國官員聯豫的奏書無意間揭露了康地遭戰爭嚴重破壞的情況，他在計畫到拉薩赴任前，上奏報告，「理塘、巴塘一帶已是十室九空。」擔心沿途找不到交通協助，幾乎寸步難行，因此請求改走海路，意圖借道印度，但遭英國政府拒絕，只得勉強穿越康區，輾轉耗費半年多時間才抵達拉薩。[9]試想，圖博原本已是高山曠野人跡較少，而聚落裡「十室九空」，那又是一個什麼樣的景況？

一位美國傳教士謝爾敦[10]，他與家人目睹巴塘戰後的景象：「巴塘寺院是一片廢墟，不僅寺廟焚毀了，全境到處都有焚燒的痕跡，有些屋子只剩下光禿禿的泥牆矗立。人們生活窮困，多數家庭失去依靠，因為成年男子多在清國漢軍發動的攻擊戰爭中被處決。

7 Hosie, 1905.

8 楊赫斯本（Francis Younghusband, 1863 -1942），中國文獻多譯為「榮赫鵬」，英國殖民官，一九〇四年由他率領英軍入侵圖博。

9 聯豫，一九七九。

10 謝爾敦（Albert Shelton, 1875 - 1922），在中文論述中多譯為「史德文」。

荒涼和貧窮無處不在。」[11]

謝爾敦一行到達巴塘時，距離川軍入侵已過了整整一年的時間。依據謝爾敦的描述，被炸毀的佛學院在一年後依然是廢墟，整個巴塘沒有一點恢復的跡象，甚至軍隊對圖博人的屠殺依然在進行。他提到原本將近二千名僧人的寺院裡只剩下二百位左右，大多數的僧侶不是遭殺害便是被驅趕，而且「漢人軍隊進行粗暴的懲罰，不論是真的兇犯或無辜民眾，圖博人的境遇都差不多，每天大約有四十至五十人遭受處決。」圖博民眾生活在死亡威脅的恐懼中。他的妻子芙洛拉在多年後也撰寫目擊的情景：「每天都有人被砍頭，巴塘的街道上躺著許多屍體，狗有時會吃。沒有人敢碰觸或埋葬這些死者，因為擔心會被漢軍發現是亡者親友，恐怕因此受到牽連也遭處決。」[12]

霍西所見山野田園的恬靜景象，僅只是在兩年前而已，當清國漢軍走過，一切都乍然消失。巴塘已成為另一個地獄般的世界。

這個繼續轉動的世界

站在在數年前才擴建完成的曲德宮巴中，水泥鋪設的廣場反射著刺目的陽光，寺院已和十六年前的模樣不同，除了主要佛殿外，其他擴建的札倉[13]、僧舍都是一字型的長排水泥建築，也許室內採光比過去的土屋要好，不過設計形式竟仿如公務或學校的共產黨制式大樓。中國宣稱的「漢藏合一」建築，其實是不倫不類，失去了圖博傳統韻味，和百年前的模樣更是相去遙遠。

一九〇五年冬初，川軍入侵康區，四川軍閥、民國政府在之後的年代都相繼宣稱統治，曲德宮巴曾被命名為丁寧寺、康寧寺，由外來的權力者取名「寧」，可約略閱讀出這幢寺院所在的土地，曾走過多少殺伐征戰、不安寧的歲月。一九四七年旅居康區的法國醫生米戈[14]即認為：「中國的控制只是名義上的」，儘管當時中華民國設置了西康省，由軍閥劉文輝擔任省長，但米戈目睹當地康巴完全忽略中國政府，只遵從自己聚落的領袖；中國貨幣在當地也毫無用處，駐紮的中國官員甚至必須以物易物來維持生活所需。米戈在他的旅記中表示：「走出達澤多等於告別了中華文明，開始過另一種完全不同的生活……中國和圖博間真正的邊界位於達澤多，或達澤多更東邊一些。」[15]

當今中國的統治顯然比過去的入侵者更強大，尤其二十一世紀西部大開發的政策扭轉高山天險的阻遏，共產黨的統治已具有絕對影響力，儘管如此，二〇一四年三月

11 Shelton, 1921.
12 Shelton, 1923.
13 札倉（Dratsang），圖博佛學院的經學教育組織，依不同的學習性質或地區做劃分，例如來自康區的果芒札倉；學習密宗為「居巴札倉」、醫學院為「曼巴札倉」、經文與邏輯學為「參尼札倉」等。
14 米戈（André Migot, 1892 - 1967），法國醫生、作家，一九四七年他獨自穿越西藏東部和中國，研究圖博佛教文化。
15 Migot, 1954.

二十九日，也就是中國「西藏百萬農奴解放紀念日」的第二天，午後三點多，一位尼師以自焚表達對當權者的抗議，就在我們走過的轉經道上，在曲德宮巴前那株目睹百年流光的柏樹下，她將汽油澆在自己身上，點火燃燒。

中國官方封鎖當地所有電信通訊，多日以後海外流亡圖博人僅獲得的訊息是，那天她被送往醫院，未知生死，與她同行的三位尼師也被警方帶走，從此下落不明。

後來獲知她的家鄉在治曲對岸，一個叫做「西松貢」的聚落。她的名字叫卓瑪，意思是度母，是守護萬物生靈的慈悲女神；她的父親叫尼瑪，意思是太陽；母親叫旺姆，也是位護祐眾生的女神名字。在他們世代務農的古老家族中，有好幾位長輩在一九五〇年代抵抗解放軍入侵的戰鬥中犧牲，或被捕入獄。卓瑪的家鄉雖然被中國政府劃歸為西藏自治區的芒康縣，對圖博人來說，數百年來一直是屬於康區巴塘的一部分，而在曲德宮巴的歷史中，即有三位轉世仁波切先後出生在卓瑪的家族。

巴塘、理塘是現在中國思想控管最為高壓嚴密的地區之一；百年前趙爾豐等川軍入侵時，則是最早受盡戰禍之地。在解放軍入侵的一九五〇年代，這裡也是圖博發動抵抗中國軍隊入侵的第一個地方，當年理塘宮巴引領對抗解放軍的槍聲響起，巴塘、娘曲喀、傑塘[16]民眾紛紛集結，加入反抗陣營，隨後康與安多、衛藏等其他各地也陸續響應，全面加入游擊戰。儘管在人數、資源、武器裝備都遠遠不如的情況下，他們仍組成一支民間軍事隊伍——「楚溪岡竹」[17]護教起義軍。卓瑪的家族祖輩正是這百年歷史的見證。

這次自德澤多搭乘駛往巴塘的巴士，我們沒有在娘曲喀停留。巴士沿著河谷穿過隧道，跨越娘曲河上的新大橋，駛向通往理塘的公路。窗外，隔著河谷是娘曲喀小鎮建設後的樣貌，偪促山谷中塞滿密集得驚人的大廈叢林，而在那些高聳建築後面，我無法望見的地方，是寺院坐落的位置。

沒有再去看過寺院，但我知道她依然是關閉的。二〇一〇年春天，在柏林布蘭登堡門前的巴黎廣場，為圖博爭取自由人權的抗議活動中，我看見人群中被高舉的丹增德勒法相，和全世界年紀最小的失蹤政治犯——第十一世班禪喇嘛確吉尼瑪[18]在一起，他們成為世界關注人權的重要目標之一，標誌著中國境內人權惡劣情況的象徵。二〇一五年七月，歷經十三年冤屈囚禁，丹增德勒在獄中病逝；六歲時在中國失蹤的確吉尼瑪，在他三十歲生日時依然下落不明。

而我們還存在的這個世界仍繼續轉動。其實與十幾、二十年前並無太大差異，只是康區小鎮裡多了大廈高樓；只是中國實踐了西部大開發計畫——公路、鐵路往西開通，

16 傑塘，意思是舒適美麗之地，昔日為巴塘的一部分，接受巴塘第巴的領導。中國佔領後被劃為雲南省德欽縣。

17 楚溪岡竹（Chushi Gangdruk），意為「四水六嶺」，原是圖博的安多和康二個地區的合稱，組織最早即由這些地區的民眾所組成。四水指治曲（金沙江）、札曲（瀾滄江）、那曲（怒江）、娘曲（雅礱江）；六崗指察瓦崗、芒康崗、麻則崗、木雅繞崗、色莫崗、澤貢崗。安多與康區正位於這四條河流以及六座山嶺範圍。

18 更登確吉尼瑪（Gedhun Choekyi Nyima, 1989 -），第十四世達賴喇嘛於一九九五年認證為第十一世班禪喇嘛，中國官方立即祕密拘禁他與父母，至今依然下落不明。

將礦藏、電力往東邊送去；只是現在已是人手一台手機，聯繫、購物、娛樂、收看新聞，手機成為生活必需品，也成了政府監控人們、檢查思想的工具。

10 山上有鬼

巴塘

在我眼裡，他們並沒有死
至少他們沒有完全死
他們已化身為書了
——卡特，《詞語》

巴塘旅館前院有一片草地，周圍栽植不少花樹，受冬風無情颳掠，植物蔫黃無生氣，唯獨門前一棵柏樹森綠著。

正值淡季，旅店裡除了我們沒有其他客人，工作人員也只有主管澤仁、曲珍，和負責清潔工作的尼瑪，此外還有尼瑪兩個唸小學的孩子。陽光好的時候，全都坐在院子裡曬太陽，尼瑪織著毛線陪孩子做寒假作業，有時鄰居或同鄉的親友會來串門子。氣氛不像是旅店，倒像是尋常人家。

這一天索朗師傅過來的時候帶著一大袋橘，曲珍端出甜茶，大家剝著橘子吃，一邊閒聊。曲珍介紹這是她家的舅舅，他經常載客跑遠途，旅遊旺季時會從旅行社接散客，是司機兼導遊。我問能到通往芒康的大橋去看看嗎，沒想到索朗師傅直率拒絕上門的生意：「那橋去不了，檢查站早早就擋人了！」

「是不讓外國人過去嗎，因為『抗暴』六十週年敏感期間？」幾天前我們才在德格邊境被擋下。

索朗師傅明顯愣了一下。是因為我說「抗暴」，而不是「解放」？一九五九年三月圖博民眾起義失敗，對中國來說卻是解放成功。

他說明通路封閉的原因跟「入藏證」無關，水泥橋在一個月前遭泥石流沖毀，現在暫時以簡易便橋代替，只准許軍警與公務人員通過，就連一般當地民眾也會被擋下。

「你能過得去嗎？」我問。

「我？」索朗師傅呵呵乾笑兩聲說：「當然過不得。」

「那鸚哥嘴可以去嗎？」

索朗師傅不答反問：「你們不是來旅遊的吧？」

「當然是來旅行的。」換我呵呵乾笑，「不像來旅遊，那我們像是來幹嘛的，鸚哥嘴石刻群也不能去嗎？」

索朗師傅上下打量我們，「那種地方只有做調研的才去。」

「那是幹啥的地方呀？什麼石刻群，我都沒聽過。」曲珍好奇地輪流望著我們。

索朗師傅轉頭跟曲珍說明，說的是圖博話。曲珍睜大了眼，臉上的微笑瞬間退去，有些擔心地：「你們去那兒幹啥呢？沒啥意思的，別去了唄！」

「為什麼？」

「就光禿禿的山溝沒啥好看，路也爛得很——」曲珍欲言又止。

「我想去看看，聽說那是一個跟歷史有關的地方，沒有意思嗎？」我說是在書裡看到的資訊。

「那……山上有鬼。」

有鬼？曲珍正色看著我，一點也不像是開玩笑。

政治操作性「古蹟」

沿著東西橫向的巴久曲河岸，往東南方向沒多久便離開了巴塘城區，經過空曠的田野、茂密林樹，逐漸深入峻谷。鸚哥嘴在昔日自巴塘通往理塘的路上，新公路開闢後，這條崎嶇山路現在只是條鄉道。

陽光躲在雲層裡，山谷裡冷風颯颯地吹，讓人忍不住縮著脖子，耳際都是獵獵風響，一開口話音似乎就飄散在強風裡。索朗師傅指著那塊大岩石要我們看，上面刻著的六字真言和菩薩像已經模糊不清，這裡的山體都屬於鬆軟的砂岩地質，易發生落石，下大雨更容易山體滑落、泥石流成災，可想而知百年前路況艱險的程度，岩壁上的六字真言雕刻就是為來往行人祈福的。路邊有座新立的石碑，上面標示著「四川省重點文物保護單位」字樣，下方落款是四川省人民政府，時間是二〇〇七年七月。決定開發為觀光景點已有十多年，這個地方依然是氣氛蕭瑟，可見真的像索朗師傅說的，這是沒有人想來的地方。

圖博稱這樣的祈福雕刻石為「曼札」，來自於梵語曼陀羅的意思。它還有個半博半漢的名字，叫做「瑪尼石」，「瑪尼」是六字真言的簡稱，瑪尼石也就是經文石的意思，在圖博的山野間、路口、水邊都可見到。在高山山口上甚至會將曼札堆得像座小山；在拉達克的列城皇宮下，曼札堆疊成一座長達百公尺的牆；在拉薩的藥王山上，則有座以曼札疊成的立體壇城。相形之下這幅巨石雕刻僅是普通的曼札而已，既然是隨處可見的尋常物事，為什麼官方還特別將這裡設為文化保存之處？

官方在意的當然不是這塊年代不明的瑪尼巨石，而是還要再往前一段距離，越過橋到河水南岸，再徒步爬上一小段碎石山徑的地點。現代官方稱這個地點為鸚哥嘴，說是地形陡峭尖狹，像鸚哥嘴型，然而這一帶儘管河道彎折，並不特別像鳥喙形狀，其實在清國文獻裡原來錄寫的地名是「紅亭子」。

這附近的石刻字跡清晰多了，以漢文刻就的「鳳督護殉節處」、「孔道大通」等字樣，這裡正是一九〇五年清國欽差大臣鳳全遭到起義反抗的圖博民眾處決的地點；四川漢軍入侵後，在城郊山壁上刻下紀念文字。答案揭曉，由於是難得的漢人痕跡，現今官方特別規劃為史蹟景點，儘管距今不過百餘年而已。

僅幾塊官方的紀念石刻文字，既無藝術價值、也說不上有文化性，稱是石刻群、文物都未免過分；周圍荒煙漫漫，景色並不特別優美；唯一特別之處，是它的「政治性」吧。清國官員鳳全和他帶領的五十名士兵在這裡被殺，是標誌著圖博民眾起而抵禦外來政權的起始點。

往日模糊的痛楚

對這段史事，圖博方面留下的文字記載不多，僅曾任噶廈政府官員的夏格巴在其所撰史書，提及當時康區僧民的傷亡情況，應該就是當時巴塘等地方政府回報拉薩中央政府的官方紀錄——曲德宮巴有三百二十二位僧人被拘捕，並且當場遭到處決；一九〇六年趙爾豐率兵圍襲鄉城的桑披宮巴，有一千二百一十位僧民慘被殺害[1]。

清國這一方則存有不少漢文紀錄，如《清實錄》、《東華續錄》的官方令旨和奏文，以及四川總督錫良、趙爾豐等官員的奏議公牘，說明當時清國中央的態度，和地方

1 Shakabpa, W. D., 1967.

官的謀劃、行動；除此，還有當時經歷事件現場的第一線官員，於事後作憶述，如：駐守打箭爐廳的文官劉廷恕撰寫《不平鳴》，擔任理塘糧官的查騫書寫《邊藏風土記》，以及充任趙爾豐幕僚的傅嵩炑所記錄《西康建省記》等，都以自己的角度提供過程細節。

西方歷史學者將此事件定義為「巴塘起義」[2]，但漢文史料的編撰者自有其立場，絕不可能公平看待圖博民眾被迫以武力對抗強權的事實，筆調一致地將保護家園的民眾視為「凶逆匪徒」；將圖博僧民的抗爭視為「夷亂」、「番變」；刻意忽略康地各聚落明確的政治自主性，以及其精神信仰和民族情感的認同，而將當地與圖博拉薩政府的聯繫，歪曲為「勾結」、「陰謀」。在這樣的立場下，斬殺「叛變」的巴塘民眾變成理所當然的事，大肆屠戮以全面壓制，更是值得讚許的軍功了。

這當然不是一場實力對等的戰爭。巴塘和康區各地村落並無正式武裝，只能以弓箭大刀、火繩槍等傳統武器，阻擋擁有新式槍砲彈藥、訓練有素的四川新軍。一九〇五年農曆二月，提督馬維麒的先鋒軍已前往攻擊噶達[3]，噶達距離打箭爐只有六、七十公里，早前欽差大臣鳳全先在當地強設金廠後才前往巴塘；年初巴塘民眾起義襲擊墾場的同時，噶達民眾也對金廠發動攻擊。馬維麒的先鋒軍花了三個月時間奪下噶達，大軍隨即向巴塘進擊。巴塘第巴[4]獲得消息，立即派遣民兵前去阻擋，在川軍必經途中的險峻山谷布下埋伏，然而阻撓的武器也僅是「砲石雨下」。川軍並沒有受到太多耽擱，揮軍直抵巴塘，而最後抵擋入侵的只有更多無辜又憤怒的僧民大眾。

《東華續錄》中成都將軍綽哈布在巴塘戰事底定後，向清國朝廷呈上奏報，表示川軍攻破曲德宮巴，院中僧人眼見不敵，只得率眾渡河，於是「我軍追逐江幹，槍斃、淹斃者一百餘名……經此懲創以後，蕩滌瑕穢。」[5]把對圖博僧民的殺戮當做是清掃穢物一般。

時任理塘糧務的查騫，後來記錄第二批由趙爾豐率領的川軍，「盡搜殺茹溪七村夷，驕戮數百人……將首惡七人，剜心瀝血，以祭鳳全。」[6]以痛快感慰的語態，描述趙軍對巴塘民眾的屠殺。長年任職糧台的查騫是不算品級的低階小吏，職務上和康區圖博民眾多有互動，能直接獲得當地實際訊息，他在文中提到趙爾豐下令捉拿倡議反抗的領導者，村子裡年紀超過七、八十歲的長者紛紛跳入金沙江中自盡。圖博社會的年長者多受眾人敬重，想必當時在趙爾豐威脅追緝下，許多老人家不願受辱，為保護年輕人而選

2 Coleman, 2002.
3 噶達位於圖博康區娘曲流域，距達澤多約一百三十公里。清國入侵後改稱泰寧，軍閥佔據時改為乾寧縣，現位於道孚、雅江二縣境內。
4 第巴，為地方首領、親王的含義，漢文獻慣以「頭人」、「土司」等輕蔑性字眼稱呼。五世達賴喇嘛統一圖博後，拉薩政府派遣兩名官員管理巴塘，並以世襲方式承續領導權。
5 朱壽鵬編修，一九六三。
6 查騫，一九九五。

擇自我犧牲。

巴塘被奪，圖博人並未輕言放棄。理塘第巴因拒絕協助漢軍運送糧草，遭囚禁大牢，他設法逃出，前往鄉城的桑披宮巴求援，組織民兵以游擊方式偷襲，截斷漢軍糧草兵器的輸運。一九〇五年才剛入冬，趙爾豐震壓巴塘的反抗後，便以追緝理塘第巴的藉口，攻擊東南方的稻城、鄉城。桑披宮巴建於山岩上，城堡固若金湯，以險峻地勢據守，儘管守備武器落後，仍讓趙軍苦苦圍攻半年之久，幾乎糧盡力竭，最後因為水源被截斷，寺院才被攻破。

各漢文文獻記錄趙軍攻入桑披宮巴後，屠殺僧民的人數並不一致。在《東華續錄》中記載軍隊攻入的當下便屠戮了六百多人，之後又逮捕斬殺數百人，而一如曲德宮巴的命運，寺院遭到砲轟焚毀，趙爾豐下令將「寺內佛像銅器，改鑄銅元，經書拋棄廁內，護佛綾羅綵衣，均被軍人纏足。」[7]

錯亂的歷史評價

漢文紀錄雖多，但因各自書寫立場相異的緣故，對某些關鍵點也有不同說法，例如：曲德宮巴、桑披宮巴等康地具象徵性的佛學院，是被誰焚毀破壞的？

以曲德宮巴為例，在《東華續錄》中載有成都將軍綽哈布的奏報，提到：「喇嘛本踞丁林寺為巢穴，及是勢不能支，舉火自燔，率眾渡河，拆橋而遁。」文中的「丁林寺」即是曲德宮巴當時的漢文名稱，綽哈布表示：僧人走避戰禍前自行燒掉寺院；然而，《趙爾豐奏議公牘》中卻記錄，在趙爾豐到達巴塘前，提督馬維騏已經「火焚丁林，馬踏七村」，而現代的中國文史工作者任新建就其搜集的資料，描述得更為詳細：「馬軍攻不進，以炮轟擊，大殿中彈起火，全寺焚毀。」[8]可見不論是因為砲彈轟燃，或是引火焚燒，在趙爾豐正式的報告公文中，都是首批川軍將曲德宮巴焚毀的。

趙爾豐的現場報告和成都將軍提交北京的奏章為什麼會不同？真相又是什麼？

先依他們的出身背景來看，成都將軍綽哈布隸屬於滿洲正黃旗，四川總督錫良是蒙古鑲藍旗，他們身為滿人、蒙古人，必定深知對於篤信圖博佛教的清國皇族來說，焚毀圖博佛教寺院的嚴重性，為免擔負「毀寺滅教」的罪名，他們有充分動機捏造寺院被焚毀的真相，以避開責任。

馬維麒是雲南回族人，趙爾豐屬於漢人八旗，兩人對於進攻時焚毀圖博寺院，絕不會感到禁忌不安，反而可能將其譽為戰功；事實上趙在康七年間的做法，確實與馬維麒沒有太大差別——持續攻掠，當地反抗越是激烈，寺院遭破壞的情況就越嚴重。

7 曾國慶，一九八九。
8 任新建，二〇〇九。

而圖博僧人抵擋不了川軍，不得不避走他處，也沒有理由去放火燒掉每天讀經學習和生活的寺院，畢竟寺院中供奉視為至聖無上、有數百年歷史的菩薩塑像和寶貴經書；尤其在生死交關下，迫不得已離開家園，僧人們必定抱著再度歸來的期望。

屠戰桑披宮巴後，四川總督錫良立即上呈獎勵奏章，獎賞的諭旨直等到一年後才頒下，且語態含糊，僅簡略表示趙爾豐督兵轉戰尚稱合乎機宜，賞賜「武勇巴圖魯」的名號。「巴圖魯」音譯自蒙古文，有「英雄」之意，專門頒賜戰事有功者，但到清國統治後期已給得太頻繁，事實上當時趙的官階仍是「從三品」道員，不升不降。一九〇八年，當十三世達賴喇嘛訪問北京，揭穿川軍在圖博地區的殘酷暴行後，趙爾豐剛剛受封的駐藏欽差大臣職位，便馬上被摘去，儘管他多年來又是戰功彪炳，又忙著奪地屯墾開礦，不斷建立「功業」。

清國當時對於趙爾豐的功過，評斷已有些晦澀難明；在他死後一百多年，中國對他的評斷更加尷尬不清。

中國文史工作者任乃強稱許趙爾豐：「凡旬月間，改流數十萬方里地，勢如拉朽振聵。」[9]一方面褒讚他是「開疆拓土」的英雄；同時也有譴責他作風殘暴的批評，趙爾豐擔任四川總督時，無情下令開槍屠殺「保路運動」的抗議群眾，讓他在史上留下「屠夫」之名，加上多年戮殺反抗強權的圖博民眾，顯然與中國共產黨標榜工農兵無產階級革命精神牴觸，遭評為手段血腥的舊勢力劊子手。[10]

尤其進入二十一世紀後，中國政權在圖博地區鋪天蓋地宣傳「藏漢和諧」、「藏漢原本是一家」，怎能標榜百多年前屠殺圖博人民的行徑呢？然而，不將趙爾豐佔領康地的功勳詮釋為致力於「統一祖國」的歷史典範，又覺得可惜。於是，精神錯亂一般，讓趙爾豐同時擁有祖國英雄、血腥屠夫兩種歷史定位了。

銘刻生命的記憶

然而，圖博女孩曲珍說她從未聽說趙爾豐。

簡單向曲珍說明鸚哥嘴曾經發生過的事，她驚訝的睜大眼，說自己從未聽過。她在縣城公立學校讀到國中，不記得課本提過這些，學校老師也未曾說過。我忍不住問：「那學校教什麼，漢人來到巴塘、康地的時候怎麼樣，和你們圖博人關係好嗎？」

只是一百多年前發生的事而已，卻已經被刻意掩蓋。因為無法明確作出歷史定位，討論起來也尷尬，官方乾脆把它蓋起來不處理？

9 任乃強，一九四二。
10 四川省政協文史資料和學習委員會，二〇一五。

曲珍聳聳肩說學校沒說什麼特別的，她偏著頭回想，「還算行唄，誒，我也不知道怎麼說，就是那個……那詞要怎麼說，大夥團結嘛一起使勁掙錢、把生活搞好嘛。」

「妳是說提升經濟嗎，課本裡說漢人到這裡來，大家生活都變好，漢藏一家親？」曲珍說的應該是一九五〇年代共產黨來了以後的事，不論教課書或是電視劇都重複強調，紅軍來到康地宣揚解放革命，「藏漢關係」從此更緊密和諧。

對對對！曲珍直點頭，臉上露出漂亮的微笑，說自己畢業好些年，很多學校的事都記不住，然而她記得課堂裡教唱的歌，「藏族和漢族，是一個媽媽的女兒……老師教了大夥要唱那歌兒，節日更要唱，穿著新衣唱。」

「現在還會唱嗎？」

曲珍隨口哼兩句：「藏族和漢族是一個媽媽的女兒，我們的媽媽叫中國……」停下來掩嘴笑，「下面歌詞記不得，普通話的記不得，給唱藏文的行不？」

曲珍歌聲柔和，但我聽得出旋律是以圖博民謠的曲調為基礎，編寫成渲染國家情懷風格的共產黨式歌曲，高亢、昂揚，讓歌者張開手臂揚首高唱著。她為我解釋歌詞意思，其實就和中文的差不多——月亮和太陽是一個媽媽的女兒，他們的媽媽叫光明；藏族和漢族是一個媽媽的女兒，我們的媽媽叫中國。

我記得這首歌，在網路上看過。那是在色達喇榮宮巴修行，卻遭到軍警強行驅離的覺姆，她們簡單的修行小屋遭強制拆除，被拘禁在政府的愛國訓練營。在那像是教室般的空間裡，她們排排立正站著，一起唱這首「一個媽媽的女兒」。她們面無表情，只有嘴一張一合唱出歌詞。

沒有告訴曲珍這個故事。因為感覺太荒謬，不知從何說起。甚至荒謬得無法稱讚曲珍唱歌好聽，儘管她確實有副好嗓子。

「你那天為什麼說鸚哥嘴那山上有鬼？」我換了話題。

「呃？我說了嗎？」曲珍為難的避開我的視線。

記得當時曲珍似乎脫口而出，索朗師傅馬上給了她眼色，示意她別再說，並把話轉到別的事情上。多少明白他們感到警戒，現在公開討論「藏漢衝突」的話題，應該有些危險吧。

「是不可以講的事？」院子裡只有我和曲珍在，應該可以私底下問清楚吧。

「不會，跟你說也沒啥事——」曲珍朝我一擺手，露齒笑了，那笑容既明亮又坦率，「你已經知道的，剛才你也說了，以前那裡死了很多中國人。」

曲珍說小時候聽過家裡長輩提到以前曾和中國人打仗，她不知道是什麼時候發生，只知道是很久以前，連她爸拉都未出生以前的事。她聽說當時他們康巴被打死了很多，中國人也死了不少。曲珍還說，他們的習俗是，親人過世前一定請僧人來唸經，不只是長輩這樣認為，他們年輕人也有相同的觀念。她說，「為過世的家人唸經嘛，我們活的人才能安心，不會著急他們的靈魂不平安，可中國人就不願念經，不管這些個是吧——」

沒有人為那些死去的中國人念經，那些淒涼枉死的魂魄，依然在這世間遊蕩。曲珍說，這些鬼魂既可憐又可怕，老人家常叮囑他們別隨便靠近那地方。

儘管官方極力掩蓋，這段歷史仍然在民間傳言中，像幽靈一樣，飄盪在一代代相傳的口耳之間，比史實的存在更真實。

「巴琡本布」，吃人漢魔

曲珍告訴我另一個嚇人的傳說，是巴琡本布。說是打仗的時候有些漢軍特別殘忍，聽說發生抓到圖博俘虜、烹煮了吃人肉的事。巴琡本布，意思就是吃人肉的官。

翻找漢文獻，並沒有這樣令人驚嚇的紀錄。不過，趙爾豐那些年在康區的征戰從未停歇，從巴塘開始，理塘、稻城、鄉城……一九〇七年跨越治曲掠奪察卡洛[11]；一九〇八年往北將刀鋒伸入德格、札曲卡[12]；一九〇九年，兵分數路，往西北入侵類烏齊、丁青，往南侵佔芒康、波密、桑昂曲宗[13]；一九一〇年派軍深入更南邊雅魯藏布流域的察隅……漢軍的刺刀毫不留情地一步步深入圖博。

記載中有場戰役尤其令人怵目驚心。

一九〇八年冬日，程鳳翔發動對桑昂曲宗的「冷諸宮巴」圍攻，寺院裡聚集自他處退守的民兵，和更多為躲避戰禍的當地民眾。經歷十數日猛烈槍炮轟擊，依然久攻不下，漢軍竟趁晦暗夜色，以煤油灌入寺院的門牆，引燃大火，頓時焰光四起，照耀黑夜有如白晝。戰後呈給趙爾豐的通報，描述戰況：「既見敵人于樓頭棄械求救，亦無法援手，令其穴逃，乃火勢兇猛，時不容緩，以至墜樓折腿斷臂者數十人，未至天明，灰燼一爐。」[14]

結果，冷諸寺院中一千多位無辜圖博僧民不是跳樓喪生，就是活活被焚而死。拉薩噶廈政府再度遣使向清廷表達嚴正抗議，趙爾豐為庇護程鳳翔，以其誤解密令來狡辯，程鳳翔沒有受到任何懲處，在趙爾豐鼓勵下，他更加但大妄為。

趙爾豐的官方報告中有另則紀錄——一九〇九年九月，趁左貢宗駐守軍隊北援昌都戰區，程鳳翔率軍突襲田妥宮巴[15]，自拉薩派駐當地的軍官益喜達杰堅守到最後，不幸被俘。程鳳翔將他縛綁到刑場，脅迫他投降並拷問軍情，益喜達杰堅拒不降，怒聲斥喝。程鳳翔命令搬來煮茶的大銅鍋，架在廣場上，燃起柴火，直到鍋內的水沸騰滾燙，將宜

11 察卡洛，意思是鹽井，中國佔領後改為西藏自治區芒康縣鹽井村。
12 札曲卡，為札曲河岸的意思，圖博的札曲，即中國的瀾滄江，流到中南半島稱湄公河。中國佔領後，將札曲卡劃為四川省石渠縣。
13 桑昂曲宗，圖博地名，緊鄰印度，位於中國今日所佔的西藏察隅縣內。
14 趙爾豐，一九八四。
15 田妥宮巴，漢文獻中記為「吞多寺」。

喜達杰丟進沸水翻滾的銅鍋中，烹煮至死。[16]

巴塅本布的名號，也許就是這樣開始流傳的。並非漢人軍官真的吃了人肉，而是將圖博俘虜活活燒死烹煮的殘酷做法。

美國傳教士謝爾敦在一九一四年間駐留康地，他曾接受一位駐守巴塘的漢人軍官請求，前往乍丫[17]軍區協助醫療戰爭傷患，謝爾敦休息時，發現廣場上安置一只巨大的銅鍋，詢問之下得知，那原是佛學院廚房裡煮茶的大鍋，但被漢軍拿來做為刑求、處決圖博俘虜的工具。他將此駭人聽聞的訊息寫錄書裡：「十多天前，四川軍隊指揮官在乍丫一帶抓到四十五至五十位圖博俘虜。指揮官為了讓圖博人害怕漢軍，所以他決定特別處置一些人，以達到警示的效果。俘虜中有三個人被綑綁著手腳，一個接著一個，輪番被丟入大鍋中，讓他們的頭保持在水面，鍋下方燃起柴火，慢慢將水加熱到沸騰。」[18]

謝爾頓描述親眼目睹，銅鍋附近的石頭上散落著光禿禿的人體骨架，一位士兵偷偷告訴他，肉已經全被狗吃掉了。他還聽士兵轉述，除了生烹而死之外，還有其他刑求的手段，例如，把油澆在俘虜身上，活活燒死；將俘虜四肢分別綑綁在四隻犛牛身上，硬生生將身軀撕碎；也有留下活口的時候，將俘虜手臂切斷後再釋放，讓他們回去告知其他人「漢軍來了」。

除了謝爾敦的紀錄外，一九一八年受北洋政府參與圖博與漢軍停戰和談的英國外交官台克曼，在他的回憶錄中也提到類似的事件，「所有我們知道的折磨酷刑——凌遲、剝皮、烹刑、分屍等，都用在這裡的圖博俘虜身上。」[19]

以殘酷手段作為恫嚇的川軍將領，不僅是程鳳翔。謝爾頓所述事件當時，程鳳翔已離開圖博地區，前往北京充任總統府侍衛武官，對照漢文資料，虐囚的指揮官應該是彭日升，他時任川軍標統，駐守範圍包含乍丫的札木多（今稱昌都）地區[20]。彭日升原本是程鳳翔麾下一名哨官，跟隨征戰多地，因戰場表現猛狠，被拔擢升官；一九一一年武昌革命後，趙爾豐在成都遭革命軍處決，彭日升依然留任康區，只是轉換到北洋政府軍閥體系，以其過往資歷，擔任與圖博軍隊作戰的先鋒位置。

儘管在漢文資料中除了程鳳翔烹煮俘虜之外，並沒有留下更多虐囚記載，不過流傳在圖博子民中的恐懼卻十分真實。

當時也曾是趙爾豐川軍中一員的劉贊廷，後來在所著《波密日記》中描述，他們曾追逐圖博的軍隊，直到一個深入雅魯藏布江峽谷、遺世獨立的小村寨墨脫，他發現：

16 趙爾豐，一九八四。
17 乍丫，圖博政府行政規劃隸屬於昌都地方，中國佔領後設為察雅縣。
18 Shelton, 1921.
19 Teichman, 1922.
20 朱麗雙，二〇一六。

「人民三十餘戶，逃亡一空，僅有三五老人，召來訊問，云懼怕大兵。」[21]

那是一個群山環繞、地勢險惡的荒野之地，直到二〇一三年才建造通往外地的公路，那裡森林無盡蔓延，雲霧繚繞，沒有指南針便無法認清方向，這樣一個僻遠如世界角落的地方，圖博村民一聽說漢軍將至便紛紛逃亡，只剩下幾位放棄逃亡的老者，連劉贊廷自己也覺不可思議。他還提到行經其他地區，甚至有村民自行捧著麥糧吃食來貢獻，對於當地小民的深切恐懼，劉贊廷卻一廂情願認為是敬畏漢軍。

對圖博人來說，巴蝦本布這名號很可能就是中國軍隊的象徵。過去人民聽說巴蝦本布的軍隊來了，不是嚇得倉皇逃走，就是蒐羅家中禽畜糧食趕緊奉上，這慘烈的故事儘管沒有文字記載，卻刻印在祖孫口耳相傳的生命記憶中。

殘忍的目的，是為了讓對方未戰先懼，失去為生存戰鬥的勇氣；殘暴是為了讓人們心生恐懼，逃離世代居住的家園，為求生存，被迫選擇流離失所。百多年前發生在圖博康地的事，一九五〇年代又再次發生在所有圖博人身上，直到二十一世紀依然有人因為中國政權的壓迫，不得不冒險翻越喜馬拉雅山，走上流亡之路。

想起去鸚哥嘴時，索朗師傅為我們指了方向後，仍兀自站在公路邊。我回頭看見他對我搖頭，「你們去，我這兒等。」說完便緊抿嘴，轉開視線。只是半天的相處，我已熟悉他這樣的神情，只要稍微提到與漢人有關的話題，他像是恐怕心裡的聲音會蹦出來般，警戒的縮起下顎，緊緊閉起嘴。

21劉贊廷，二〇一四。

11 如果川食堂在圖博

得榮、噶達（道孚縣協德鄉）

我敲了敲石頭的前門。
「是我，讓我進去。
我想進到你裡面，
四處瞧瞧，
飽吸你的氣息。」
「走開，」石頭說。
——辛波絲卡，〈與石頭交談〉

抵達得榮前的最後一段路都是沿著河岸走。

不論是從現在被劃入雲南省的傑塘北行，或是自東邊的鄉城、從北方的巴塘過來，都必須繞過高聳山脈，再轉入定曲河谷迂迴前行。經過一整天攀高轉低、蜿蜒盤旋的荒漠山路，眼前乍然出現偎著陡峭山壁、潺潺流淌的溪水，山青水綠的新鮮景色不禁讓人驚喜。

相對於圖博高原的雪山地景，得榮谷地海拔僅二千公尺左右，緯度也偏南，在冬日也較易見到綠意盈盈畫面。得榮，這個名字音譯自原本的圖博之名，意思是「峽谷農地」，名稱已直接呈現地形特徵，在陡峭連綿的群山中，定曲河水鑿刻出深谷峽谿，沿著山坡陡然向上闢建的梯形農田與屋舍，是自古人們辛勤打拼的生活痕跡。

搭載我們自巴塘南下的索朗師傅說，圖博稱村落為「措瓦」，措是生活，而瓦是人的意思。圖博對家鄉聚落的概念是「人與生活」，和我們農耕社會對家鄉的印象，較強調土地與家屋的想法很不一樣。從對生活起居領域稱呼的差異，就可以看出遊牧與農耕社會的生命價值觀截然不同。

途中我們聊了許多，原本寡言的索朗，沒想到熟悉後變得特別健談，我們分享不少彼此文化習俗間的差異。

索朗說圖博高僧、仁波切圓寂後，在舉行荼毗[1]儀典前，會載運法體行過生前祈禱的菩薩殿、教導的佛學院，弟子與信眾會跟隨陪伴走過最後一程。我想起，這與古希臘歷

1 荼毗，音譯自印度梵語「jhapita」，也譯為闍毘，原意為焚燒，圖博佛教中仁波切等高僧圓寂後的火葬儀式稱為荼毗，之後將建塔供奉舍利與遺骨。

史學家希羅多德描述遊牧民族斯基泰人[2]的國王葬禮相似，也是將屍身放入墓穴前，以馬車載著屍身巡遊王國全境，為亡者進行類似巡靈告別的儀式。[3]而定居社會的喪葬習俗，是停棺家屋或設置於定點的靈堂，各地親朋好友前來悼念，最後葬於家族墓地。處理生命離開人世最後的儀式，也呈現了遊牧與農耕社會對生活空間思考的差異。

峽谷移民

從得榮往南到治曲南岸、現在中國稱為德欽縣的傑塘地區，都是崇山縱谷地形，過去是由世襲的巴塘第巴家族管理，而巴塘第巴接受拉薩中央的派令，不過這僅是形式上，隔著大山的各聚落其實保持相當程度的自治獨立。而這一切在趙爾豐軍隊入侵後，都受到嚴重的破壞與侵奪。[4]

當然，舊有的封建社會絕非合乎現代人權價值的完美制度，只是當時的漢軍侵略和現在中共的佔領，都徹底毀壞了舊制度，卻無法建立更合乎公平正義的新體制，掀起戰爭只為了搶奪權力與利益，建構另一個剝削民眾的霸權社會，尤其更糟糕的是以異族殖民的姿態。

在講究開發的現代中國，隱在群山中的得榮似乎被忽略了，直到一九八四年才築好聯外公路，是全中國最後第二個通行公路的縣城[5]；二〇一七年農村才設置安全飲用水系統。也就是說在那之前，得榮山谷裡的許多村落不通公路，也沒有自來水設施。

小鎮的中心街區有座廣場，靠河岸的牆上掛著「感黨恩、聽黨話、愛祖國」的紅色大字。商街依著河道延伸，河邊幾株瘦弱的行道樹胡亂伸展枝葉，街上的店家索性把衣物掛在樹上晾曬。冬陽乍現的閒暇午後，商街前聚集更多出來曬太陽的人，連旅館附近的川食館老闆也蹲在路邊抽菸。

這家餐館從早餐的油條、小籠包開始賣起，白日裡供應水餃、湯麵，和酸辣粉、冒菜等四川特色料理，直到午後七、八點晚餐時間以後才打烊。店中擺設簡單，四、五張方桌配上塑膠腳凳，是中國城鎮裡常見的普通食堂；廚房空間特別窄小，爐前只容一個人旋身，所有菜色都是在那個一坪左右的小空間裡做出來的。而廚房上方以木板隔開的夾層，就是老闆和他的妻子晚上休息的地方。

在康地旅行總能認識幾位來自四川的廚師，大多是夫妻倆經營家庭餐館，把孩子寄養在老家。曾經在芒康遇到一家四口，他們背著棉被、鍋盆，手腳並用地攀爬過二、三

2 斯基泰人（Scythians），西元前七世紀到前三世紀期間，活躍於歐亞草原的遊牧民族，也被譯為斯其提雅人、西古提人。古波斯當時稱他們為薩加人。

3 希羅多德，王以鑄譯，一九九九。

4 Norbu, 1986.

5 最末一個建設對外公路的是，深入雅魯藏布峽谷原始森林內的墨脫縣，圖博人稱「貝瑪岡」（pad ma bkod），「蓮花生大師陣法」之意，中文多音譯為白馬崗。

公里碎石山岩，繞過坍方的道路，要前往林芝去開一家四川餐廳。記得那還是這個世紀初，正如火如荼的推動西部大開發，在康區通往拉薩的通路上炸山輾谷，到處都是開挖的工程。那家的年輕媽媽告訴我，幾年前他們一家遠從四川樂山搬到雲南大理，之後聽說林芝機會多，於是又上路去闖闖看。

圖博地區經歷大開發，二十年過去，地勢再高再遠的縣城裡也是高樓林立，市場中蔬果豐盛，薪水漲了十倍，物價、租金的漲幅更超過十倍以上；只是生活品質依舊，除了過年的幾天假期，終年沒有休假，每天從早餐賣到晚餐，自己的三餐趁著空閒隨便吃，晚上也躺入無法站立的小隔間裡湊合睡。

「如果真忙得吃不了飯，應該高興得笑囉，表示生意好，多賺錢了嘛！」眼前這位老闆笑瞇著眼睛說。

食堂老闆的老實話

客人少的時候，老闆和妻子在廚房旁的客桌上收拾青菜或包著水餃。他自稱老徐，說他們夫妻倆待在得榮已經是第八個年頭，「搞這吃的生意就更久，足足有二十多年囉！」

徐老闆嘆著氣說自己闖蕩夠久，年紀也差不多了，早就開始規劃退休生活，他已在家鄉買好新屋，兒子也娶了媳婦，就等他們夫妻回老家抱孫子，舒服過日子。他說之前本來在康定做，更早以前在瀘定、雅安也都開過餐館，那些地方房租愈漲愈高，生意才剛好起來，房租就漲得讓他吃不消，只得一直往西跑。得榮雖然地方偏了些，前些年間政府搞了水電站、修路工程，到這裡來發展的漢人多了，夏天旅客也增加不少。然而我們說話的當時，街道上來來往往的幾乎全是圖博人，有結伴上街的年輕人、牽著孩子的夫妻，或是紅衣僧人，不論是不是穿著圖博傳統裝束，他們黝黑的膚色和輪廓分明的臉型，十分容易辨認。

街上漢人並不多呀？餐館大叔聽了我的疑問，有些尷尬的呵呵地笑，說因為就快要過年，工人們都回老家嘍，從城裡來玩的旅客也少，就連當地店家也都準備關門返鄉，像他和妻子也是過兩天就會趕回老家眉山過年。

「街上開店的都是漢人嗎？」

「就是！沒有我們漢人啊，這些藏族都沒飯吃了。」這位大叔配合感嘆的語氣搖頭。

「咦，為什麼沒飯吃？」

路上經常可見中國政府的宣傳標語：「聽黨話，順黨意，念黨恩，跟黨走」、「沒有共產黨就沒有新中國」、「漢藏團結是一家，緊緊在一起」等等。我倒是第一次聽見「圖博人沒有漢人就沒飯吃」這種說法。

「這是肯定的嘛！他們成天只會念經，到寺廟裡拜神，其他的一概不會，這些飯菜他們哪裡做得了？要是沒有我們漢人來開餐館啊，他們都沒得吃，要餓死啦！」

徐老闆一副理所當然，但是這些話遠遠偏離真相，建立在誤解和偏見上。

圖博自有傳統的飲食習慣，過去在熱鬧的城鎮裡或著名佛學院附近，當然也有圖博茶館、圖博式餐廳；尤其是在公路上的巴士休憩點，如果有川味食堂，就一定也有圖博餐館，賣著甜茶、糌粑、酥油茶，都是圖博的日常飲食。川味菜香辣美味，儘管能吸引人嘗鮮，不過千百年來已吃慣糌粑素樸的滋味，圖博人並非天天都要吃爆炒的料理或紅通通的辣湯。

當中國廚師因為租金上漲，不得不把川食店搬得離家鄉越來越遠，圖博傳統的茶店、餐館當然更難以承受激烈的競爭，中國政府逐步推動開發的過程中，高消費的城市旅客湧入圖博觀光，房價與租金上漲，圖博傳統餐館也逐漸消失在熱鬧的街頭。

見我只是微笑不語，大叔接著向我訴苦：「但是這些藏族人全不知道感謝，他們一個個呀……」湊近我壓低了聲音說：「都是白眼狼。」

白眼狼？

徐老闆性格溫和，圓圓的臉總是帶著笑意。連續兩天在他店裡，發現用餐的幾乎是圖博客人。不論是否熟客，他都殷勤接待，對熟客更是熱情，有時贈送開胃小菜，和圖博客人也經常有說有笑。昨天我和隔壁傳統衣飾鋪子的圖博婦人聊天時，他愉快地加入我們的對話。現下他忽然撇嘴蹦出罵圖博人的話，彷彿換了一個人似的，我一下子以為自己聽錯了。

「你別瞧他們都衝你笑嘻嘻，沒啥事都好好的，一有個事就翻臉，啥都沒得說，連命都要豁出去，對你狠著幹咧……哎呦老實告訴你，他們就是白眼狼沒錯，全信不得！」說著，他狠抽一口菸，將菸頭憤憤丟進一旁的水溝。

據二〇一七年官方人口調查的紀錄，得榮縣全境有近百分之九十五是圖博人，設籍在此的漢人僅六百多人，佔所有人口比例不到百分之三；也許在得榮做生意、工作的漢人不只這些人數，只是並未在此設籍，他們應都與徐老闆一樣，抱著賺了錢就走的心態，沒有久居的打算。不僅在這個偏狹的山區是這樣比例懸殊的情況，康地區除了最東邊的達澤多、瀘定等市鎮以外，幾乎所有地方的圖博人口都佔百分之九十以上。

自上個世紀初，川軍的槍砲輾壓了圖博東境後，便積極遷徙漢人來此開礦屯墾，一百多年過去了，不論中國政府如何強調「藏漢團結」，扎根定居在這塊土地上的漢人依然為數不多，族群之間的連結也十分薄弱。

徐老闆是典型的例子，表面和當地圖博人相處親近，心底卻認為他們難以溝通。在官方媒體灌輸下，人們大多留有文革時代「下鄉」到偏遠少數民族地區是奉獻的想法，明明是來賺錢討生活，卻認為是「援藏服務」，當地圖博人該感謝他們；然而，「徐老闆們」同時也感受得到圖博人被統治的憤怒，只是並不想認可圖博人遭受到更為嚴重的政治壓迫，畢竟在生活中面對國家暴力政權，得憋抑著氣不敢發聲，是不分民族，所有人的日常。他們窘迫的內在，已沒有餘裕轉換立場，去體會圖博人等異民族受到政治、宗教迫害的遭遇，更無法理解雙方在文化與價值觀上最基本的差異。

對徐老闆來說最容易的方法，就是將圖博民眾的憤怒，當作是天生就不講道理、無法信任、隨時可能翻臉的民族特質，而且心中隱隱擔憂著哪一天他們的憤怒會整個發洩在自己身上。就像二〇〇八年圖博起義，在拉薩發生數起漢人被襲、商鋪被燒的事件，儘管成千上萬抗爭的圖博人從未以暴力攻擊他人，卻遭無辜逮補，或葬身於軍警子彈，這並無法獲得中國普遍大眾的關注或同情，甚至會更強烈地將圖博視為仇恨的對象。棲身圖博之地，他們認為自己才是受害者。

康「定」的血跡

自得榮返回達澤多途中，特別繞到一九〇五年「康巴起義」的另一個關鍵現場——噶達。

百年前的那個春天，巴塘墾場遭憤怒群眾襲擊，安本[6]鳳全和兵員被殺，幾乎同時，噶達也爆發當地民眾攻擊金廠、砸毀漢人所建關公廟的衝突。噶達位於達澤多北方一百多公里遠的山谷中，儘管相隔著七千多公尺高的雪山，首批趕來的川軍選擇鎮壓的第一個地方就是噶達。

我們在距離達澤多約八十公里的路口先下了巴士，越過馬路，在路邊等待轉向北行的車子。自中原深入康區的山路在這裡分岔成兩條，一條向西延伸到巴塘，另一道向北通往爐霍、甘孜；這個路口是前往圖博的必經之地，海拔三千三百公尺左右的山路邊，四周幾無店家，但在二十年前就有數間簡陋的修車廠。幾乎所有巴士都會在這裡暫歇，加水、打氣、檢查車況；車廠後方設有凌空架在河岸上的簡易廁所，途經乘客大多需要在這滔滔的江水上解放，因往後幾不會再有休息站。二十年後，沿路已分布大型賓館和餐廳，對於觀光業發達的現況，一點都不令人意外；倒是那時的車廠、廁所居然仍如往昔，一點改變都沒有，時光彷彿在它們身上暫停了。

從這個路口往北，狹仄的山谷豁然開朗，草原向四野延伸，以前只有幾處人家的小村落，現在已發展成商店林立的街道。約五十公里外就是噶達，中國佔領後更名為具有殖民意味的「協德」鄉。

噶達是圖博人的稱呼，這地名源於當地一座特殊的佛學院——噶達強巴林（garthar jampaling），含義是「未來佛的解脫聖境」，建造於十八世紀初，清國為迎請七世達賴

6 安本（Ngang pai），音譯自滿語 amban，「大臣」的意思。雍正與準噶爾戰爭後，駐拉薩安本較具有實權；後來清國與圖博關係穩定，駐拉薩安本僅具有傳訊的使臣功能而已。

喇嘛格桑嘉措到康區駐錫所設立。

歷世達賴喇嘛都駐錫聖地拉薩，而格桑嘉措為什麼會遠從拉薩來到圖博東部？漢文獻統一的說法是，雍正為保護年輕法王避開戰禍，並請他到康區為當地祈福；真實情況卻更接近「狹持」。

當時清國派軍入侵蒙古準噶爾王所轄的安多地區，因準噶爾向來以格魯派達賴喇嘛的保護者自居，統領東突厥斯坦草原和圖博高原，掌控清國與俄羅斯、中亞地區的貿易，並不完全順服清國。清國和準噶爾打得如火如荼，戰勝後以軍隊「護衛」達賴喇嘛到鄰近中原地區的噶達，清國既然「護守」所有蒙古部族奉以精神領袖的達賴喇嘛，自然也掌握控制蒙古的關鍵。

滿清雍正最初為噶達取了一個具帝王意味的漢名「乾寧」，後來才改稱「泰寧」；以滿、博、蒙、漢四種文字書寫的佛學院名稱「惠遠寺」匾額，高掛在大殿門楣。這是康區唯一的皇家寺院。規模不算大，赭紅色的覺康[7]居中，佛殿與札倉、僧舍等建物以矩形圍繞四周，連建築規制都與北京的皇家寺院相似。

一如昔日景象——佛學院周遭是廣大田野，地平線遠方層疊群山環繞著，即使夏日，也能見到天邊最高的山頂上覆著晶瑩白雪。

二十年前造訪時，除了大經堂，其他建物幾乎都已歪斜傾頹，佛學院其實在文革時經歷了嚴重破壞，且年久失修，一九八〇年代才由當地僧民籌資慢慢重建覺康與佛殿。

近年因其不平凡的歷史象徵意義，受到中國政府特別關照，不僅建築嶄新亮麗，面向馬路的牆面頗為壯觀地豎立了一百零八座白塔，即連通往寺院的道路都鋪得平坦光潔。

寺院在官方維護管理下，自豪宣稱「無一僧人去過印度」，且堪布喇嘛是首位由中國政府認定批准的轉世仁波切，惠遠寺已成為受官方表揚的模範「愛國寺院」之一。

然而，噶達強巴林過去並非如此易受馴化。格桑嘉措駐錫期間，當地農牧、砂金所得的稅收都屬於寺院財產，他返回拉薩後，雍正同意仍繼續由拉薩政府直接管轄。也就是說，康地都由地方親王、領袖統轄，但唯有噶達和另一處盛產砂金的娘絨[8]，是直接受拉薩中央管理。

一九〇三年四川總督錫良建議「先興礦業」，就是看中噶達的砂金。一九〇四年八月英國軍隊已翻越喜馬拉雅山攻入拉薩，清國為防備英軍，應允巴塘的屯軍計畫。錫良立即派鳳全率兵協助四川商人李金元在噶達設置「泰寧金廠」，這是川人在康地開設的第一家金廠，不但收益稅金都回繳四川政府，原本在此地生活的圖博農牧民、佛學院僧人也都遭到驅趕。其實鳳全始終沒有按照中央意旨，越過治曲到昌都上任，一直留在打

7 覺康，意為：釋迦牟尼佛殿。

8 娘絨，意思是娘曲（雅礱江）的谷地，清國文獻稱「瞻對」。娘曲河谷盛產金砂，向來提供拉薩三大寺院菩薩金身塑像所用，成為鹿傳霖等漢官意圖搶奪的目標。明明是建議出兵奪佔，鹿傳霖卻在奏書以「收復」一詞合理化戰爭目的。（《大清德宗景（光緒）皇帝實錄》，一九七八）

箭爐與巴塘，專門處理搶佔土地、開金廠的事。

一九〇五年噶達與巴塘先後爆發民眾起義，不僅鳳全和所有漢兵都在城郊遭憤怒群眾追殺，為報復英軍入侵拉薩、殺害圖博士兵，巴塘、察卡洛[9]和德欽等地十多座天主堂也接連遭當地民眾焚毀，多位外籍傳教士與信眾遭到殺害。[10]

法國傳教士遇害的消息傳回北京，慈禧震驚，急忙下令：「所有被困之法教士等，務即嚴飭各員，趕緊設法出險，認真保護，是為至要。」[11]慈禧緊張的是外籍人士的安危，對鳳全等死去的官兵僅略提到「查察情形」，畢竟皇室兩次流亡，都是外籍人士被害而引起帝國聯軍入侵。

酥油茶與川菜館

「康藏一帶，氣候酷寒，僅產稞麥，故僧俗皆以糌粑為食，佐以酥茶……糌粑制法，以青稞炒熟磨為細粉，調和酥茶，以手摶食之。」趙爾豐的川軍麾下有一名隊官陳渠珍，晚年時寫下自己曾隨川軍入侵圖博、兵敗北逃的經歷，他在書中描述圖博的日常飲食：「酥茶者，以紅茶熬至極濃，傾入長竹筒內，濾其滓，而伴以酥油及食鹽少許，用圈頭長棍上下攪之，使水乳交融，然後盛以銅壺，置火上煎煮。食糌粑時，率以此茶調之。且以之為日常飲料。」他仔細描繪製作糌粑、酥油茶的過程和飲用方式，並強調：「藏民嗜此若命，每飲必盡十餘盞。」[12]

陳渠珍隨軍攻擊康區已是百多年前的事，今日許多圖博人的日常用餐仍近乎相同，沒有太大改變；而早在他描述以前，這已是圖博人延續千百年的飲食習慣。即使是在物資豐饒的這個年代，如果受邀到圖博人家作客，仍將被引導進入煨著爐火的小屋，那是他們日常圍坐一起、吃喝聊天的地方，桌上即使堆滿餅乾、饃饃、水果、各種飲料和點心吃食，他們依然殷勤的在客人碗裡不斷倒入酥油茶，添加糌粑。

十多年前，乘車途中常見到圖博人隨身帶著保溫瓶。路途遙遠，路況又不佳，停車休憩時，如果路邊有圖博茶館就進去買壺酥油茶、吃碗糌粑，如果沒有，就在路邊選塊舒適的草地，像野餐般，大家圍坐著，分享保溫瓶裡的茶，和著糌粑吃，就算一旁的川菜館把菜炒得火辣香噴，他們也不太會選擇進去。

像阿里地區這般地域廣袤的大草原，路邊茶館經常設在帳篷裡，帳中擺設和一般茶館差不多；靠牆相對的長排座椅上鋪著毛墊，椅前設置長型矮桌，中央爐子上不斷燒著熱水，即使下著大雪，帳內也烘得暖呼呼。外地旅客捧著泡麵解飢，圖博人依然是啜飲

9 察卡洛，位於札曲（瀾滄江）江畔，中國入侵後劃定為西藏自治區芒康縣鹽井鄉。
10 Coleman, 2014.
11《大清德宗景（光緒）皇帝實錄》，一九七八。
12 陳渠珍，二〇一八。

酥油茶、捏糌粑吃。

二〇一九年的旅途中，在公路邊已找不到圖博茶館。巴士上的圖博旅人，和其他中國人一起進了川菜食堂。行車時間已大幅縮短，巴士較少在自然山野間駐車休息，就算停車也多泊於規劃好的休憩場地，一旁建有嶄新豪華旅店、餐廳，地價租金應不是一般提供茶水、糌粑的茶館可以負擔的。中國政府以物價、經濟發展取代了過去的槍砲彈藥，將圖博民眾驅離他們世代生活的空間，驅趕至社會的邊緣角落。

一百多年以前，趙爾豐的軍隊壓制康區民眾的抗爭後，傳教士遭殺害的法國當局也願意息事寧人，接受清國給付鉅額賠款，並在城鎮中心地區重建教堂。傑塘、察卡洛的教堂在原來舊址上重建；巴塘的新教堂則建造在被川軍處死的第巴府苑原址，鄰靠著向西慢慢流去的巴久曲，距離被趙爾豐焚毀的曲德宮巴不遠的地方。

現代，獲中國政府同意得以重建的曲德宮巴，規模只剩下五分之一。天主教堂當然早就不見了，現址被一座國小校園取代，周圍聚集愈來愈多類似徐老闆所經營的川味食堂。巴塘一如得榮街頭，喝酥油茶、吃糌粑的圖博茶館已不見蹤影，到處都是巴蜀燒烤、邛崍鮮炒、川府麻辣等中式餐館的招牌看板。每年隨著夏日一起湧入的中國旅客，紛紛坐入這樣的餐館，香噴噴吃著熟悉的家鄉料理。每次看見他們，不禁會想起百年前的漢人軍官陳渠珍。

陳渠珍在書中描述酥油茶的味道是「腥臭刺鼻」，入侵圖博的軍旅期間，他常與同儕把酥油茶當作酒宴遊戲的處罰，他描述受罰時勉強喝下酥油茶的經驗：「予勉呷一口，即覺胸膈作逆，氣結而不能下。」他寧願接受罰錢，也不敢再喝一口。然而，陳渠珍同時也語帶浪漫的回憶，這段徙轉圖博大地的經歷，正是他最懷念的美好青春歲月。

眼前這些年輕旅人和陳渠珍是如此相像，熱切的珍愛著自己的「青春」，卻毫不自覺自己正跟隨著侵略者的腳步，恐怕也不會知道自己青春的腳步所踩踏的土地，曾經浸染的鮮血。

輯二

時間的女兒

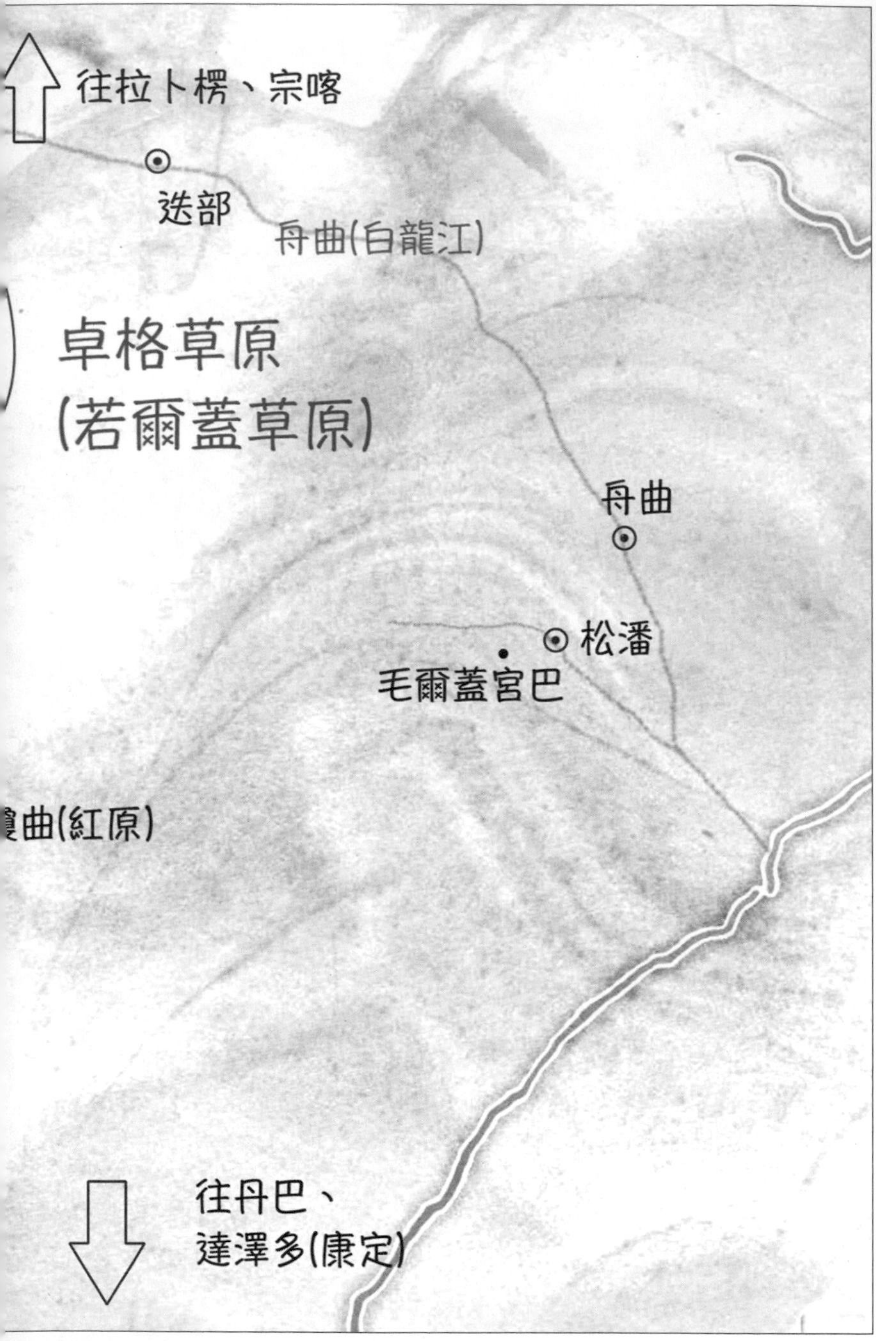
往拉卜楞、宗喀
迭部
舟曲(白龍江)
卓格草原
(若爾蓋草原)
舟曲
松潘
毛爾蓋宮巴
曲(紅原)
往丹巴、
達澤多(康定)

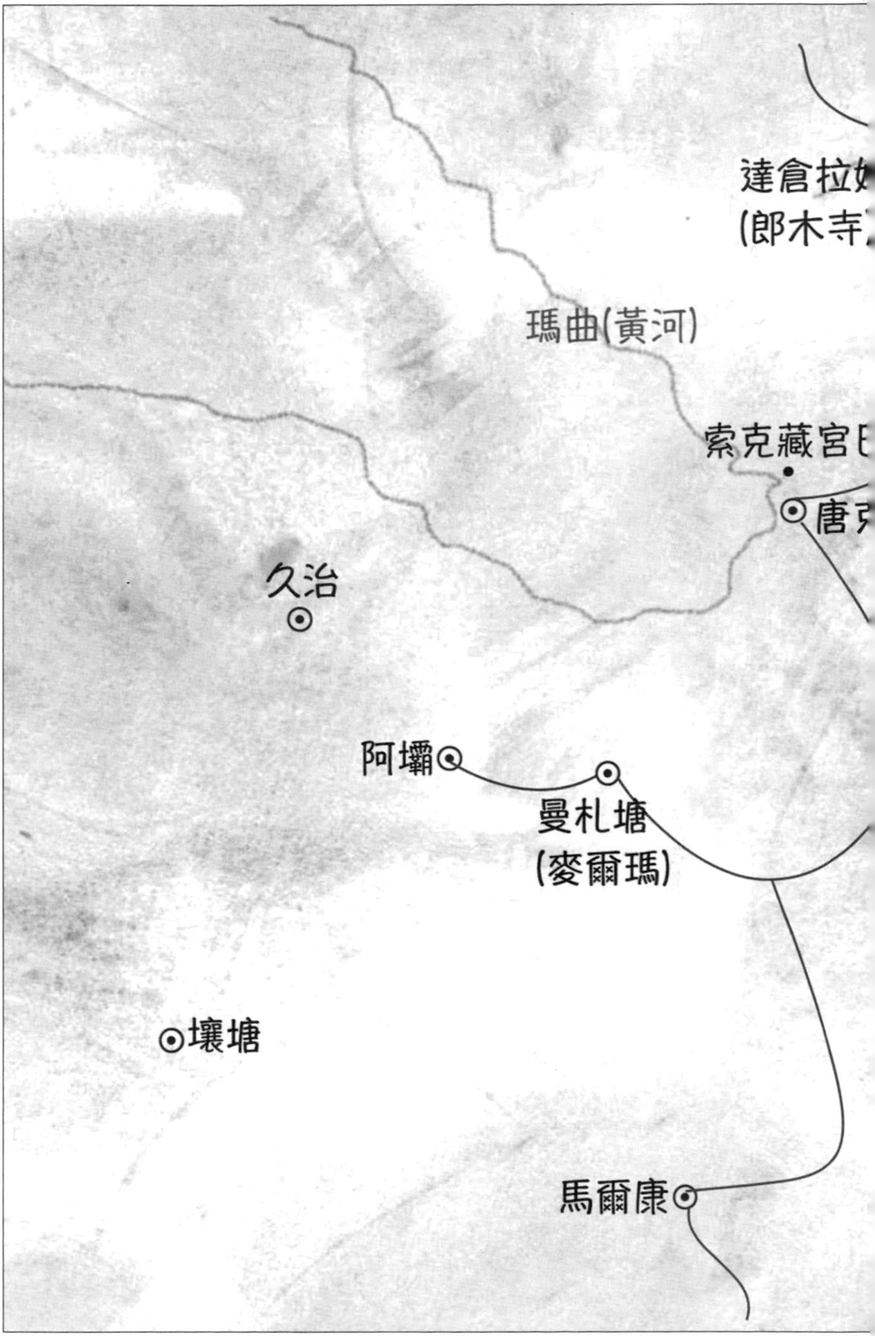

達倉拉
(郎木寺
瑪曲(黃河)
索克藏宮
唐
久治
阿壩
曼札塘
(麥爾瑪)
壤塘
馬爾康

12 邁達斯的手指

丹巴

治事最少的政府最好。
政府的存在，充其量不過是謀求便利的權宜之計，
但是大多數政府經常帶來不便。
——亨利・盧梭，〈公民不服從〉

巴士開動的時候，窗外仍是一片漆黑。

我們搭上從達澤多開往丹巴的第一班客車。車廂平穩搖晃的節奏中，也輕輕晃動幽黑沉靜的空氣，人很快陷入沉睡，然後，似乎將碰觸到某個夢境邊緣的一刻，巴士倏然停止。半夢半醒間似乎能感受到四周的騷動，所有人好像都在收拾行李，匆忙下車，一種逃難的氣氛。

我被喚聲叫醒，可能是司機或車站人員，他站在車內走道上，大聲對我們喊。一時沒有聽懂，但好不容易攀著他的吼叫，掙扎爬出幽渺溫暖的夢境。睜開眼，發現車廂已

經空了。

巴士停在施工中的隧道口，機械引擎的噪音巨大得像是在整修這個世界，而不只是一座山谷。

工作人員把我們轟下車，他激動地揮舞手臂，要所有乘客擠上二輛破舊的廂型車。只有九人座的廂型車，卻要塞進二十多個人以及無數行李，人們推擠上車搶奪位置；但搶到位置的人也不會更舒服，所有人都和貨物一樣被硬塞疊入車廂。最後工作人員必須朝我們背上用力推搡，才好不容易闔上車門。

塞擠唯一的好處，就是不管車行如何顛躓，失去重心也不至於跌傷，僅是摔撞到別人身上或行李中。這般狼狽的難民氣氛，讓人恍惚回到二十年前的中國，只要是人多的地方總是又搶又擠又落魄。

因隧道施工，大型車輛無法通行，只得採取接駁的方式。穿過這一段黑暗山洞，我們在隧道另一端出口，換上另一輛巴士繼續前行。

水泥敷面美人谷

完全露臉的陽光讓所有睡夢消融無蹤。我睜大眼，吃驚地看著窗外景象，公路沿嘉絨曲河谷蜿蜒北行，兩岸的山壁不是岌岌可危的裸露砂岩，就是敷上厚厚的水泥壁面；

隨處可見規模大小不一的施工路段，似乎到處都在防堵落石、修補公路，場面怵目驚心。即使是如此危險的地形，途中還是看見數處發電水壩的工程設施。

嘉絨曲，圖博語含意是「女王山谷的河水」，現在中國稱為大渡河，過去因為河中發現砂金，湧入的漢人淘金客稱她「金川」。對圖博來說，嘉絨曲水域連接著安多與康，東部緊鄰中原地區，據《丹巴縣志》紀錄，嘉絨人與古代圖博王國有關，七世紀古博王國攻破吐谷渾[1]後，相繼征服党項、白蘭、附國、嘉良夷[2]等地，並從衛藏選出軍士家族遷移駐守嘉絨曲流域。[3]

嘉絨曲往南將流向瀘定、雅安，之後轉向四川的樂山地區流去，與中原地區的岷江相會。儘管嘉絨曲的水量與流域面積大於岷江，可是以中原漢族為中心的思考模式，至今中國地理學界依舊視岷江為主幹正源，把嘉絨曲當成岷江的支流。

為發展觀光，政府將丹巴一帶山谷取名為「美人谷」，回想二十年前走過的記憶，山路的確崎嶇險峻，然而夏日裡以遠方蒼青山脈為背景，山谷中綠樹蔥鬱，途中偶爾遇見模樣質樸的傳統碉樓聚落，畫面令人欣喜。

因地勢高度落差與豐富的水量，政府規劃在嘉絨曲建造二十二座水電站，光是自達澤多（中國稱康定）往北到丹巴這段不到一百五十公里的距離，就有四座之多。狹長型的丹巴小鎮沿山谷地形分布，目前已是新、舊建築雜陳。河流近在左側，但無法輕易看見河岸，刻意繞過高樓大廈，看見的也只是水泥塊堆疊的髒汙岸邊，垃圾堆積，一架怪手停在水邊不知在挖著什麼。

陰暗的車站裡只有拉客的計程車司機，他們看見我們，彷彿發現獵物般立即圍擁過來，「關心」我們想去哪裡，熱情推銷當地景點，一如二十年前混亂的景況。原以為大規模修路是最近的事，在鎮上經營小吃店的卓瑪卻告訴我，十多年來都是這樣，頻繁落石的公路一修再修，飛沙走石、轟隆鑿山的器械聲都是他們的日常。

我們到達的數月前因強降雨引發嘉絨曲上游附近山洪暴發，泥石流沖毀數百公里範圍的道路、村莊和城鎮，洪水泛濫影響到汶川、雅安、都江堰等地區，造成三十多人死亡或失蹤、數萬人受困的災情。

這個地區發生如此巨大災難並非第一次，二〇〇三年丹巴、二〇〇九年在達澤多，都曾因為土石流災害造成五十多人死亡或失蹤的悲劇。達澤多之所以發生泥石流災情，除了驟然大雨的天候因素，也無法排除人為的疏失，當地的長河壩水電站在施工過程中不但嚴重破壞天然林地，挖出的數萬公噸廢土全都隨意堆置河床附近，大雨一來便造成水道阻塞，形成堰塞湖；一旦堰塞湖坍方，挾帶水泥石塊的泥流沖入城鎮，即引發毀滅

1吐谷渾，西元四至七世紀間建立於措溫布（中國稱青海湖）南方高原的王國。

2党項、白蘭、附國、嘉良夷，都是分布於措溫布南邊草原、康區山谷的眾多遊牧民族與小王國，位置相當於現在青海省、四川的西北和雲南北部。

3丹巴縣誌編纂委員會，一九九六。

性災難。

一座湖水的記憶

二〇〇三年時曾經搭上自拉薩開往尼泊爾邊境的巴士。當時通向尼泊爾的「友誼公路」前半段正在整修中，車子得繞行一般鄉道，那是連結拉薩到日喀則的舊公路，從曲水往南越過雅魯藏布，沿著羊卓雍措的北岸走一段，再向西到達江孜。

羊卓雍措的名是直接音譯自圖博語，意思是「高地牧場的翠玉湖泊」，這個名字描述出這座湖水的特色，翠綠如玉石，湖面海拔四千四百四十一公尺高，不規則形狀的湖岸周圍遍布沼澤與濕潤水草，是當地牧羊人家的天然高山牧場。

我們的巴士一登上康巴拉山口，就能見到那一彎翠綠湖水，遠處雪山堆疊連綿直到墨藍色天際，最高的那一座諾金康倉，高七千一百九十一公尺的雪峰，頂端已經伸進雲裡。車從山口一路向下彎行，經過一座小村莊後，開始沿著湖岸走，巴士裡也開始一陣騷動，旅人們紛紛拿出相機，趴在窗上拍照，湖岸在左，大家就擠到左面去，轉一個彎，大家又很有默契地全移到另一邊，巴士裡頓然有了觀光的氣味。

羊卓雍措的湖形蜿蜒曲折，沿著湖岸的公路長達五十多公里，景色寧靜優美，每一處轉彎都讓人期待。記得當時巴士上有位德國青年攀著窗子以望遠鏡眺望，不知道他有沒有見到大名鼎鼎的黑頸鶴，我倒是看到了各式各樣的水鳥，綠橘色的水鴨在水面忽上忽下，草地上羊群密集，偶見蹲在湖邊洗衣的女人，稍遠處有幾戶矩形土牆的傳統民家，更遠一點的草原上幾位圖博牧人策馬而過。

也見到那煞風景的水電站引水設備。時任中共國務院副總理的李鵬在一九八五年宣稱「將羊卓雍措水電站作為禮物，獻給西藏人民，以慶祝西藏自治區成立的二十週年紀念」，當時因十世班禪喇嘛公開阻止，暫止了工程計畫。然而在他圓寂後又迅速開工，一九九七年時，水電站就已完工開始運作。中國政府建構進水涵洞、輸水鋼管等設備，抽出湖水，注入雅魯藏布，利用兩地間八百四十多公尺的自然地勢高度差，進行水力發電，再把電力輸送到拉薩等城市地區。

羊卓雍措原本是一座封閉的內陸湖，既沒有流出的河川，也沒有流入的溪水，每年春夏季節高山融化雪水與降雨是唯一的水源，與湖面熱蒸發造成湖水量減少，兩相保持平衡，維持了羊卓雍措的湖水面積，一旦建造水電設施，持續引出湖水發電，必定會造成湖水逐漸減少。

第十世班禪喇嘛當時反對建造的原因，除了圖博傳統信仰文化對於神湖的敬意，也因為水電設施將造成湖泊及周圍生態環境無法回復的破壞。當時有些西方環境科學專家即悲觀猜測，二十年後這座美麗的湖水恐將面臨乾涸的危機，較為謹慎的日本學者則估計湖水乾掉的時間大概是五十年以內。

現在二十年過去了，湖水沒有乾涸，但是湖水面積確實縮小了。二〇〇四年以前因全球暖化、冰川融解，湖水量沒有太大變化，然而依據西藏氣象局觀測資料顯示，從二〇〇四年到二〇一〇年，這期間湖泊面積逐年減少，與歷史最高值一九七二年時的面積相較，減少了百分之十一．五二，工程師計算出湖泊以每年減少八．五九平方公里的速度在縮小中[4]。

中國政府在建造羊卓雍措水電設施當時，為說服班禪喇嘛和國際大眾，提出「抽水蓄能」的方案，意思是並非一直將水引出，有時也會從雅魯藏布抽取河水送回湖泊，以減低人為造成的環境衝擊。但事實上這個方案一直只是個「說法」，從未實際執行過。曾經擔任中國首任國家能源局局長的張國寶曾公開表示，「西藏羊湖水電廠是以抽水蓄能電廠名義建的，但建成後實際沒有足夠的電源可供抽水，仍是一個只發電的水電廠。」[5]

那年臨時起意在中途下了巴士，決定留在鄰近羊卓雍措最大的城鎮——浪卡子。坐上農民的拖拉機到山上的桑丁宮巴去，她被建造在可以俯瞰湖水的山坡上。站在凌空的土牆上，眺望晴空、牧場和藍綠色的湖水，張開雙臂——自湖上襲來的大風讓人思緒翻飛。桑丁，圖博語的含義即是「飛天冥想」。

一個世紀以前，入侵圖博的英國軍隊曾經在羊卓雍措湖邊駐紮，一位隨隊的《泰晤士報》記者描述湖水在陽光下呈現幽深的綠松石顏色，湖岸邊則棲息許多羽毛色彩斑斕的紅腳鷸。[6]英方將領楊赫斯本，在湖岸附近的浪卡子和圖博政府代表進行談判，儘管有翻譯官員，可惜雙方想法差異巨大，溝通不太順利，圖博官員無法理解英國以蠻橫的戰爭方式，脅迫兩國通行商務的道理何在；而當時崇尚殖民帝國主義的英國，在擴張欲求下，當然不願理解圖博為何明知武力差異懸殊，仍拒絕接受英國的商貿談判。

在這場失敗的談判之後十年，也就是一九一三年，原本攻擊圖博的英國，成為協助圖博自漢軍手中收回失土的友邦。在指揮掃蕩圖博境內所有的漢軍以後，流亡印度的第十三世達賴喇嘛圖登嘉措，自大吉嶺啟程返回拉薩，途中曾在這湖岸的桑丁宮巴稍作停留。

圖登嘉措的隨行者中，有一位身分獨特的布里亞特籍僧侶阿旺多傑[7]。在圖登嘉措年少學經時，多傑是他的辯經老師和練習辯經的對手；他實際接掌圖博政權時，在英國與中原漢軍的戰爭威脅下，派任多傑喇嘛為特使，代表出訪俄羅斯和歐洲，以尋求援助。滿清敗亡的那年，多傑特地自俄羅斯南下，穿越大漠、山脈和戰亂中的拉薩，兼程趕赴

4 王維洛，二〇一七。
5 張國寶，二〇一五。
6 Fleming, Peter, 1961.
7 阿旺多傑（Agvan Dorzhiev, 1854 - 1938）於哲蚌寺學經多年後，獲拉然巴格西學位，相當於佛教哲學博士。圖博人習稱他為參寧堪布（Tsennyi Khenpo），辯經上師的意思。

邊境的帕里宗迎接圖登嘉措，隨行一起到達羊卓雍措，他們在這裡討論了圖博獨立的未來與計畫。

那也是他們在這人世裡的最後一次見面。最後的道別以前，多傑接受了達賴喇嘛交付的最後一次任務——北上和剛宣布獨立的蒙古簽署盟約，相互承認彼此為獨立國家，儘管之後因為礙於國際政治現實壓力，無法承認。

之後，多傑喇嘛遠在貝加爾湖畔的家鄉布里亞特遭共產蘇聯併吞，在一九三〇年代，圖登嘉措圓寂後不久，蘇聯所有佛寺都在史達林「大清洗」運動中被破壞，數十萬僧侶遭關押，而多傑受控叛國罪，在拘禁中圓寂。一九五九年，年輕的新任達賴喇嘛在中國解放軍的槍砲逼迫下，只得帶著他的子民南下印度，在達蘭薩拉建立臨時政府；同一年，湖邊古老的飛天冥想寺院也遭到摧毀。

相隔半個世紀，我看見的桑丁宮巴是在一九八五年以後一點一點重新建造起來的建築，不知道規制是否和過去相同，不過，寺院中清寂的氣氛必定和過往不同，據說上個世紀初最興盛的時候，經院中曾有二百多位僧尼修行，現在僅只剩下十分之一而已。

留宿在浪卡子，當時鎮上有一所初中學校、一處正整修中沒開門的政府招待所、二家旅社、三間油條豆漿店，還有五、六家川式小吃餐館，以及二、三十戶農舍，天黑以後整座城似乎只有一盞黃色路燈燈泡亮著。羊湖水電廠並未試圖改善這裡的公共設施，儘管官方宣稱它提供了西藏自治區城市一半的電量需求，但湖岸旁的浪卡子聚落卻依舊留在暗黑裡。

不知道小鎮現在是否有些改變？例如每週至少會有輛固定的巴士，讓鎮上就學寄宿的孩子們可以在假期順利搭車返家，無須茫然地站在路口等待路過的卡車？然而，即使小鎮生活變得繁華便利，依然讓人擔心這塊土地的未來，不論是五十年或更久以後，在湖水乾掉以前，眼前這些豐美的水草、著名的黑頸鶴、現在快樂嬉戲的彩色水鴨們、樸實的土磚屋子和羊群，都會因為湖水水量變化、生態平衡破壞，而在這片土地上先行死去，逐漸消失。

攔水於國門

二〇一九年初夏，中國雲南地區經歷六十年以來的歷史高溫，久旱不雨的情況造成境內十二條河水斷流、七座水庫乾涸的災情，最南部的西雙版納州甚至因缺水而宣布停課。

流經西雙版納的主要河水，中國稱為瀾滄江，中南半島稱她為「湄公河」，是被中南半島各國稱為「母親河」的命脈河川，她發源於圖博高原，圖博人稱「札曲」，意思是「山岩之水」，從名稱就可以看出河水奔竄於高山巖石間的險峻模樣。札曲天然激險的流勢，在中國政府眼裡就像流動噴灑的黃金般，自上個世紀已開始規劃建造水電大壩。從康區札木多[8]的北方開始，光是在圖博康區內的河段就規劃建造十五座發電水庫，在札曲中下游則興建有十一座大壩，自一九九五到現在總計已完成了十二座之多。

二十多年來下來，東南亞各國對於湄公河生態環境明顯惡化，漁獲、物種減少，以及旱災極端嚴重的情況，持續向中國表達抗議。然而，中國政府不但不理會，更持續往上游、高海拔的山區，也就是圖博地區積極推展水電工程；同時信貸援助中南半島各國政府，尤其是發展船運疏濬工程，以及建造當地水電大壩。二〇一三年承諾投入百億資金，提供各國水資源產能合作，二〇一八年也宣布提供七十億人民幣低息貸款，相信這些優惠能令中南半島各國政府不再激烈抗議，回頭發展著各自的水壩事業。

札曲、瀾滄江、湄公河，都是這道河水的名字，是她流經各地的人們對她的稱呼。自圖博高原開始，蜿蜒高山縱谷、平原城市，在大地上經歷四千三百五十公里流程後注入大海，儘管流經不同國家而擁有不同名稱，她依然是「一條」河流；人工水壩攔截，卻讓她斷裂成數十段。

在人力強制操控水流情況下，水文、氣候，及在河流與沿岸生活的物種都會受到影響，各地洪期、旱期將變得更加難以預測。政府與權力者若只在意經濟開發的金權遊戲，那麼最弱勢的物種，及依靠傳統農漁生活的底層民眾，恐怕都將被擠壓到難以生存的境地。

中國全境依水系規劃十三大水電基地，包含瀾滄江、金沙江、黃河上游等，近一半是屬於圖博境域的水系。對圖博第一大河雅魯藏布也已擬出開發計畫，因受到國際環保人士質疑，及下游印度、孟加拉政府抗議，開發計畫與實際工程進度仍保持祕密狀態。

二〇一四年忽然宣布建成藏木大壩，是雅魯藏布水電計劃第一座完成的項目，目前是西藏自治區內規模最大的發電水壩，位於雅魯藏布中游的加查地區，距離印度、不丹邊境只有數十公里距離。據悉計畫將在此段水域建造五座水電大壩，再加上帕隆藏布等支流水域，目前至少規劃有三十九項水電工程，其中有二項是位於地勢極為險要的雅魯藏布大彎道、南迦巴瓦峰附近。

雅魯藏布河水向東流經七七八二公尺高的南迦巴瓦峰，因陡峭山勢，原本轉向北方的水流又大迴轉繞向南邊，地勢瞬間下降二千多公尺。中國企圖藉此自然高度差來蓄水發電，甚至計畫建造自南迦巴瓦峰西側貫通到東側的隧道涵洞，引水改變原本雅魯藏布的自然流向。然而，爆破挖掘工程、蓄水承載等，對地殼山體所造成的壓力，和處於地震活躍地帶的危險性，及高峰懸崖千年冰川可能解體的危機，都令國際許多學者專家表示擔憂[9]，專研喜馬拉雅生態人文的澳洲學者甘布林博士（Ruth Gamble），即直言抨擊

8 札木多（chab mdo），意指「東部地區的西邊門戶」，即康區的最西邊，也是圖博與中原國家間的最後一道防線。中國佔領後定為「西藏自治區昌都市」。

9 王維洛，二〇二二。

此構想太過荒誕：「這完全是瘋了。」[10]

然而，其一「西藏大古水電站」已於二〇二一年三月完成首次機組發電，二〇二二年正式完工，雖是政府一再標榜的重大工程，但官方媒體並不公開慶賀，反而低調地只在水力發電工程學會內部發布新聞，新聞主題十分含蓄——完成世界「海拔最高的生態魚道」，彷彿建造的是一項生態工程，而非世界海拔最高的碾壓混凝土重力水壩，甚至在整則新聞中，刻意避而不提「大古」水電站名稱，僅只以英文單字DG代號來稱呼[11]。

當願望實現

從「三峽大壩」開始，在中國全境建造十幾萬座水壩；在戈壁沙漠上開鑿八百公里長的渠道，匯集河水引到荒蕪的石油城[12]；深掘喜馬拉雅高山引水涵洞，只為發電獲利……施行一個比一個更令人匪夷所思的工程計畫。

中國目前五大發電集團都是國營企業，他們分享了所有水電基地的開發項目，同時營運著國內外的金融投資業務，以及土木建築、鋼鐵、水泥等與水電開發工程相關的產業，已經成為每年滾動著數百、數千億資金的龐大產業鍊。對中國權勢者來說，發電大壩是一條最初從慾望啟動，便難以停下的不歸路。

希臘神話中，邁達斯（Midas）國王因緣際會下，獲得酒神戴奧尼瑟斯賜予他實現一個願望的機會。嗜財如命的他許下心願：只要他碰觸的所有東西都會變成黃金。他滿心歡喜回到王國，在宮廷花園裡他躍躍欲試伸出手，所碰到的石頭、圍籬、玫瑰果然都一一變成金子，就連餐桌上的食物、身上衣物、床與被褥也是，自此他擁有世界上最豐盛的財物。同時，他的世界也變得堅硬而冰冷。他想安慰難過的女兒，一伸手，沒想到連女兒也變成僵硬的金子。

邁達斯國王的希望變成詛咒。他以為將變得富有，卻失去生命的香氣、柔軟與溫度。他失去了最珍貴的一切。這就是中國水電大壩的故事。

10 Doman, Mark、Shatoba, Katia 和 Palmer, Alex，澳大利亞廣播公司中文網（ABC）2021. 05. 29。
11 水電九局，中國水力發電工程學會 2022. 09. 08。
12 名為「635」工程，自額爾齊斯河發源地阿爾泰山南麓建造近兩千公里長的渠道，引水注入位於戈壁灘西側的石油城克拉瑪依市人工湖，供這座城市使用。這嚴重影響下游哈薩克斯坦的巴爾喀什湖與俄羅斯的鄂畢河，其水量與生態環境，自計畫之初即受到兩國嚴正抗議，中國仍祕密建造，低調的僅以號碼為工程取名。目前還有其他類似的工程，例如鑿地下渠道運水到哈密工業區的「505」工程。

13 是出太陽的時候了

麥爾瑪

他的鮮血
永遠不會被沖走
它只是持續的
每天都有點變紅
——布羅德斯基[1]，〈維克多．哈拉[2]的手〉

進入阿壩縣城之前，巴士先經過了麥爾瑪[3]。

一條公路蜿蜒，二旁排列陳舊的紅瓦水泥建築，牆面斑駁褪色都是相似的樣式，形似官方定點遷置牧民的安居房。地圖上標示聚落為麥爾瑪鎮第一大隊、第三大隊……，連名稱都有共產公社的味道。行政名稱雖然是鎮，模樣看起來卻只是牧區的聚落。

剛過正午的時間，亮晃晃的日光下，並沒有什麼人影，路邊一長列整齊的街燈最為醒目，每支燈柱上都掛著鮮黃色的宣傳看板，原以為一如中國各地，是一些賀歲應景的吉祥話，仔細看才發現是各式政治標語，「掃黑除惡、淨化社會」、「國家好、民族好、大家才會好」、「法網恢恢、盜賊難逃」、「向貧困宣戰」等，所有字句都是博、中雙語對照，一旁醒目標上五星紅旗，以及鐮刀與槌頭組合的中共黨徽。

當我發現這條路每隔數百公尺就出現一組監視攝影鏡頭時，兩輛黑色的巡邏警車剛好迎面錯身而過。

這條路雖是省道，但這一段經過的只是普通村落，架設廣角球型監視器的位置既不是交通要道、十字路口或重要軍事機關，周圍只有民居，和一家小雜貨店而已。

阿壩的日常

車行滑過，眼角陡然跳入一幢氣派的機關建築，是鎮政府大樓，附近就是公安局，親眼見到實體，發現比網路新聞照片中的龐大許多。這些年來在照片中見過多次，總是在相似的乾荒街景中，出現一簇人型的火焰，或是黃土地上一尊焦黑難以辨識的身

1布羅德斯基（Chuck Brodsky, 1960–），美國音樂家、創作歌手。

2維克多・哈拉（Víctor Lidio Jara Martínez, 1932 - 1973），智利詩人、民權活動家。

3麥爾瑪，位於瑪曲南方、圖博人稱為「曼札塘」的草原上。中國佔據後劃入四川省一九七四年改制為人民公社，一九八四年後恢復為鄉，二〇一七年改為麥爾瑪鎮。

軀——。二〇一八年三月七日，四十四歲的牧民才闊，在麥爾瑪公安局附近街道上點火自焚。這一天是拉薩起義抗暴的五十九週年，也是「圖博之春」阿壩血腥日的十週年。這相同的地點，四年前十九歲的女孩才貝吉、五年前三十歲青年貢確才旦、六年前二十六歲的僧人覺巴，在一句句「圖博要自由」、「達賴喇嘛永駐世間」的吶喊中都化為火焰。

回到台灣，書寫的這個時刻，再度在網路媒體上看見這條街道。二〇一九年十一月二十六日午後四點，二十四歲的青年雍登以自焚表達追求圖博自由的意志，在被軍警押送到醫院的路上過世。

他的家在麥爾瑪第二大隊，父親名為索多，母親是次廓吉，他曾是格底寺僧人，還俗後以放牧維生……，除此再沒有更多關於他的事。在中國政府切斷電訊情況下，外界能獲知的訊息並不多；不過，在這般嚴密封鎖下，還是有人冒著被逮捕入獄的危險，將雍登自焚抗爭的消息與照片傳送出來。

雍登是第一百六十三位圖博自焚抗爭者，是阿壩地區第四十四位獻出自己的身體，向世界傳達圖博不屈服於中國統治的意志的人。

阿壩的現實日常是，大批中國軍警、國保與統戰部人員進駐，包圍封鎖佛學院，人們都須接受思想檢查，言行受到監視，家鄉土地被掠奪，敬愛的上師與親友莫名遭到汙辱拘捕，歷史被竄改，語言文化發展被箝制，信仰的自由被剝奪……當人們面對這些尊嚴受到踐踏的威逼脅迫時，很可能激憤得想結束自己的生命，然而，僅憑一時激憤恐難以完成自焚抗爭的行動。

事前所需的準備太多。

首先在政府以記名方式嚴格管制煤油、汽油的情況下，無法輕易購得燃料，很可能必須分批，一點一點地購買。而在軍警環布的街頭，須冷靜觀察適當的行動地點和時機。為確保能夠當場焚燒身亡，點火前先喝下汽油，並在周身以鐵絲纏上易燃的棉花，以免落入警方手裡，成為政府利用作為汙衊抗爭訴求的宣傳品。尤其困難的是，這些周密的準備與計畫，都必須在祕密的情況下謹慎進行；而且，在做下決定的期間，必定也考慮到自焚後，將對身邊親友帶來多大的傷痛，以及他們會受到如何嚴重的官方騷擾與懲罰。

自焚者留下的遺言，也許能讓我們稍微貼近他們的想法——「圖博要自由」、「圖博人們要團結」、「傳承圖博的語言、文化」、「不要恐懼」、「讓達賴喇嘛歸來」……，這些都不是仇怨控訴。

他們呼籲愛、希望與堅強，提醒圖博社群不要放棄對自由的期盼。[4]

4 唯色，二〇一三。

二〇〇八年三月在充斥中國官媒發布拉薩街頭抗爭影片的網路上，出現了來自阿壩的照片——路邊群眾包圍成圈，畫面近處是一個年幼孩子蹲踞的背影，儘管看不到他的面容，但是從他的身體姿勢，可知他和我們一樣，正盯視著路面上數具以白色哈達包裹的屍身。

數天後網路傳送出阿壩民眾中槍屍身照片，在此之前中國政府宣稱警方沒有開槍，此時官方媒體才承認有四位民眾傷亡，宣稱警方為自衛而使用槍械。之後出現三百多位格底佛學院僧人遭到捆縛拘捕的畫面，細索繞過僧人胸前，將他們的雙手反綁在身後，每位僧人都由兩名荷槍特警押解魚貫走出寺院，眾人依序整齊移動著，彷彿一場排練已久的舞台演出。

不論行走、站立、跪下或是被押上卡車，僧人們都得將頭壓低、曲著身子，有時被押彎近九十度的程度；他們胸前都掛著一面牌子，上面以中文譯音寫著名字，以及「分裂國家」、「聚眾衝擊國家機關」等不同罪名，景象與他們半個世紀前在文化大革命中受整肅的先祖所受遭遇竟完全相同。

他們被逮補，因為在三月十四日那天走上街頭，揚起雪山獅子旗[5]，呼喊爭取圖博自由，其中有些人激動地揮舞旗幟衝向公安局。這讓人不禁聯想到歷史的肇因，那幾天正是圖博遭中國軍隊佔領、失去國家主權的四十九週年——一九五九年三月十日，遭中國解放軍砲轟之際，第十四世達賴喇嘛和噶廈政府官員被迫離開拉薩，流亡印度。

過往每年到了這天，人們無法公開表達悲傷，僅暗自在家點上酥油燈，默默紀念過去先祖的犧牲，為未來的民族命運祝禱。

希望的無窮拷問

事實上，二〇〇八年引爆阿壩民眾集聚抗爭的近因，是地方政府下達最後通牒，勒令必須在佛殿頂端掛上五星紅旗。這個褻瀆神聖信仰的命令，多年以來僧人們一直想方設法，堅持著，委婉地拒絕執行。

這場在政治高壓下反彈的抗爭，不僅在阿壩爆發，數日前，在拉薩、康區的甘孜、安多的若爾蓋、拉卜楞、芒拉[6]、巴彥[7]等地的僧侶也都紛紛走上街頭，表達追求圖博自主、爭取宗教自由的訴求。三月十四日，阿壩街頭響起槍聲的這天，拉薩警察也在街頭對平民開槍，而甘丹、哲蚌、色拉三大佛學院和曲桑覺姆宮巴[8]，已遭武警部隊包圍封

5 一九一八年第十三世達賴喇嘛正式頒布為圖博國旗。
6 芒拉（mangra）魯倉佛學院（Lutsang Gompa）僧人抗議。其位於圖博安多的措洛地區，中國佔領後劃為青海省海南州貴南縣。。
7 巴彥（bayan）古老的德查佛學院（Ditsa Gompa）僧人遊行要求自由。位於圖博安多的措夏地區，中國佔領後劃為青海省海東市化隆縣。
8 位於拉薩色拉寺北方的覺姆佛學院。

鎖，斷絕水源和食物。

之後圖博各地民眾湧上街頭，他們揮舞旗幟、呼喊口號，快速走過大街，激動的人們向公安部隊扔擲石塊，砸毀警方車輛、推倒土牆，或爬上高處，掛起雪山獅子旗；在前方等待他們的是防暴裝甲、軍用卡車和坦克，和握有現代槍械武器、催淚瓦斯的特警部隊，以及正瞄準他們的子彈。

非政府組織「國際聲援圖博運動」根據中國官方報導，核對自圖博民間發出的訊息，整理出自二〇〇八年三月十日到六月底期間，圖博境內至少發生一百五十九起抗爭，包含以拉薩、日喀則為中心的衛藏地區，和圖博西部的薩迦、位於喜馬拉雅山海拔五千公尺的定日[9]，以及中國行政規劃為甘肅、青海、四川省分的圖博安多、康區各地，抗爭遍及圖博全境。其中在安多地區的阿壩、碌曲、瑪曲，康區的甘孜、道孚、江達、色達等地，都發生警察開槍射殺平民，造成無辜民眾死亡的事件[10]。

「人權觀察組織」歷經兩年時間調查，訪談當時在現場的外國目擊者與圖博流亡難民，做出報告指出，二〇〇八年圖博民眾抗爭擴及十八個縣級以上地區；而據中國官媒報導的資料，在三月十日至二十五日的二週期間，已有一百五十多起抗議事件[11]。中國公布三月十四、十五日二天，在拉薩計有二十一人死亡，數百人受傷，指稱這些傷亡都是受到圖博暴民攻擊所致，而對警方開槍所造成的圖博民眾傷亡卻隻字不提；達蘭薩拉流亡政府則依據圖博當地民眾傳送出的訊息，表示當時至少有二百一十人死亡，上千人受到重傷。[12]

根據中國官方判決報告，拉薩發生的政府大樓和商店縱火、搗毀等攻擊案件，為少數「暴民」挾怨報復、趁隙為非，且是受到海外分離組織的煽動指揮。在強調漢藏民族唇齒相依、和諧團結的同時，官媒又反覆播放民眾破壞公物的畫面，造成一般圖博民眾受到中國整體社會的歧視排擠。

人權觀察組織就其收集的證據，認為在爆發示威期間，中國政府隔離、驅逐所有國際記者，之後公開的事件訊息又太少，難以證明示威者是在公安鎮壓和平抗爭後才轉而變得暴力，或是在警察安全部隊干預前就已訴諸暴力。然而，即使確實發生數起民眾暴力事件，相較於軍警的武力裝備，大多數抗爭者仍只是手無寸鐵的民眾。

軍事鎮壓之後是持續的拘捕、封鎖、監控，警察進駐寺院、聚落，強迫施行一連串羞辱式的愛國教育。圖博民眾以卵擊石般的抗爭，依然有如野火燎原般蔓延，在各地此起彼仆地延續長達數個月時間，直到十多年後的現今，即便街頭軍警、電子監控系統密

9 定日（Tingri），位於喜馬拉雅山北麓，是通往珠穆朗瑪基地營的入口。爆發抗爭的協格爾佛學院（Sherkar Chode Monastery）建於十三世紀，曾有四百多位僧人，但在文革期間遭完全毀壞，目前仍在重建中。

10 International Campaign for Tibet, 2009.

11 Human Rights Watch. July 21, 2010.

12 Department of Information and International Relations, CTA, 2010.

布，仍不時發生獨自一人的公開示威。

這些抗爭都提出了具體訴求，如保存母語和教育問題，尊重保持圖博傳統文化，或抗議觀光、挖礦、水壩等開發工程，及拒絕政府強制徵收土地等等，所有的抗爭也都無一例外地，同時表達爭取宗教自由，以及讓達賴喇嘛回到圖博的訴求。也就是說，要求中國政府與圖博流亡政府對話，這是圖博社會長久以來最基本的共同期望。

二〇〇八年舉行北京奧運，中國和圖博的關係成為當時國際關心話題之一。五月八日聖火在珠穆朗瑪峰上點燃，象徵性地繞過衛藏地區後，六月二十一日回到布達拉宮廣場前，又在飄揚的五星紅旗包圍下點燃之後，七月間，達賴喇嘛的特使團受邀到達北京，進行第七次會談。

依據特使格桑堅贊的回憶，儘管此次會談與中方仍然無法達成任何共識，但從會談前中國即展現前所未有的積極態度，要求特使團對達賴喇嘛所提倡的「高度自治」做詳細說明，並願意聽取意見。雙方在奧運會舉辦後，即當年的十月和二〇一〇年時，又進行兩次會談，中國卻回復過往強硬指控、拒絕溝通的態度，閉口不談「圖博自治」，只願討論達賴喇嘛的「個人」議題，此後更無任何會談的意願[13]。

自二〇〇二年舉辦第一次會談到二〇一〇年間，中國當局與達賴喇嘛的特使共進行過九次會面，雙方鴻溝從未有過任何突破性進展。中國對圖博的宗教箝制有時因應其國際需要，偶有鬆弛，然而直到今日，依然堅持指控達賴喇嘛與流亡政府是意圖分裂中國的「黑惡勢力」。

反烏托邦異世界

二〇一九年五月，全球熱播的影集「權力遊戲」在萬眾期待下推出終映大結局，全世界所有觀眾同步收看、熱烈討論之際，唯獨中國版權公司於播映前一小時以技術故障為由宣布停播，且至今從未放映過。

儘管此前這齣劇集在中國擁有廣大劇迷，經歷多次官方審查、連續播放八個年頭都毫無疑慮，甚至連習近平、當時的總理李克強都曾在公開場合引用劇中台詞，唯獨終集遭到禁播，原因是什麼呢？

有些媒體猜測禁播可能是為報復中美貿易戰，不過，堂堂的市場大國僅拿最後一集來開刀，未免有些小家子氣，且這對美國經濟絲毫談不上影響。如果著眼最終劇情——所有軍事獨裁者都遭致失敗，受到懲罰，最後各國領袖平和地坐下來，一起「投票」選舉出領導者，以聯邦的民主制度作結，或許這才是觸碰中國當局敏感的禁忌，不宜播放的主要原因。

13楊眉，法國國際廣播電台（RFI），二〇一六。

兩年前在獄中過世的異議人士劉曉波，即因提出「在民主憲政的架構下建立中華聯邦共和國」、「取消一黨壟斷執政特權」等內容的「零八憲章」，而被以煽動顛覆國家政權罪名獲刑十一年。在獄中他因病過世，政府既不允許公開舉行葬禮儀式，其好友也無法參加，更不許埋葬立碑；匆匆進行火化後，即將骨灰拋灑大海。可見中國官方如何忌諱碰觸到聯邦、多黨、公民權利、選舉等字眼。

改編自小說家愛特伍[14]作品《使女的故事》的反烏托邦影集，因虛構美國成為宗教極權國家的情節，在中國並未受到禁播。劇情演繹在國家政策下，所有女性都異化為繁衍子孫的工具——主教夫人的職務是教養孩子、有生殖力的使女是懷孕生子機器、中年嬤嬤負責監管使女、無生育力的廚娘擔負所有勞務；不論階級的所有女性都禁止閱讀、思考，不可具備專業能力；違規者與異議分子依個別罪行，處以絞刑曝屍、剜目斷肢，或遭拘禁在汙染地區勞動，凌虐直至死亡。

這些情節駭人，但在現實中並不讓人陌生，過去實施一胎化政策的中國，以罰款、強迫墮胎、結紮來控制人口成長；為掌控輿論，以軟禁、跟監、栽贓、關押、刑求等方式，將異議分子從社會中抹除；以無所不在的電子系統監控民眾，剝奪言論自由；沒收私人財產，任意詮釋操控律法……《使女的故事》中虛構的基列國，一個權力無限擴大並集中的國家機器，正如現實世界的中國。

因提出「聯邦多黨」政策，遭囚禁至死的劉曉波；「七〇九大抓捕」跨越全國二十三個省分，傳喚逮捕人權律師王宇、滕彪、王全璋等人及其親屬，計達上百位法律工作人士；許章潤、許志永、張千帆、張雪忠等知名法學學者因公開提倡憲政、公民權利，遭罷去大學教職、軟禁跟監，或被判刑拘禁；多所大學馬克思學會的學生邱占萱、沈雨軒等，因支持工人團體爭取勞權，相繼遭祕密逮捕後失蹤，之後更發生「被退學」、「被病假」的情事。

相較中國漢人主流社會人權思想受箝制的情形，擁有高度自我文化尊嚴的其他民族知識分子，受壓迫的狀況更為嚴重——學者伊力哈木[15]、肉孜[16]，及曾擔任教育廳長的沙吾提[17]等三百一十二位維吾爾知識精英，相繼因其著作和傳播文化知識的工作，遭以「煽動顛覆國家」等罪名監禁。[18]

圖博同樣經歷著嚴峻的情勢，理塘寺高僧丹增德勒仁波切沉冤入獄，因長期受苦刑

14 瑪格麗特．愛特伍（Margaret Atwood, 1939 -），加拿大小說家、詩人。

15 伊力哈木．土赫提（Ilham Tohti），著名的維吾爾學者，曾任中央民族大學經濟學教授，二〇一四年遭羈押判刑，至今依舊下落不明。

16 肉孜（Yalqun Rozi），維吾爾族裔作家、講師和學者，曾受新疆當局指定領導維吾爾文化教科書的編輯出版，宣揚分離思想，刑期十五年。

17 沙塔爾．沙吾提（Sattar Sawut）被判死刑，緩期兩年執行，罪名是編寫了在新疆地區使用了十餘年的教科書，當局認為其內容宣揚恐怖主義、分裂思想。

18 維吾爾人權項目（UHRP），二〇二二。

虐待而病逝獄中；甘孜的布絨朗寺普布澤仁仁波切被誣陷「持有非法武器」遭關押[19]；安多的德查寺高僧次成嘉措因教導民眾圖博文，遭控顛覆國家罪，在獄中受酷刑身亡[20]；噶瑪寺的堪布洛珠繞色遭多次逮補，官方以「政治問題」等不明罪名羈押，目前下落不明[21]；左貢寺洛桑丹增仁波切遭以「追隨達賴分裂集團」罪名，遭判刑十年[22]……，一長串寫不盡的受害知識分子名單，仍在增加中。

《使女的故事》中有不少情節令人感到似曾相識——一座專為教化使女的「紅色感化中心」建成，開幕儀式上，使女階級全都穿上紅色長袍，垂首低眉，整齊列隊廣場上，在拉遠的鏡頭中，恍然像一群正接受「愛國教育」的圖博僧侶。

權力者高踞巨大廳堂，對一片噤聲端坐的眾人發表演說，這一幕不禁讓人想到定期召開全國兩會的「北京人民大會堂」，場面肅穆，少數民族代表們身上卻是五顏六色、不倫不類的改良式傳統服裝，所有與會的代表對權力者所提法案一致鼓掌通過。或者我們可能想到了東突厥斯坦的某個日常場景——維吾爾民眾被羈入以鐵絲網高牆圍起的教育營，對外國記者鏡頭露出過度燦爛的僵硬微笑，說感謝國家感化教育，給予新生機會。或是亞青嘎覺姆被迫接受愛國教育的改造教室，她們像軍人一樣踏步，隨中國公安發號施令，口中囁嚅唱出「藏族和漢族是一個媽媽的女兒，我們的媽媽叫中國……」等歌曲。

劇中，一名外表柔弱的紅衣使女，忽然引爆藏在身上的炸彈，霎時哀號四起，令權力者自豪的紅色感化中心在瞬間灰飛傾滅，場面令人驚駭——這是向極權者說「不」的一種方法。

虔誠的佛教信仰，與達賴喇嘛「非暴力」的倡導，顯然深刻影響了圖博人們，於是世人看見，他們選擇了另一種說不的方式。

19國際西藏郵報，2009. 04. 23。
20自由亞洲電台（RFA），2012.01.23。
21達賴喇嘛西藏宗教基金會，2014.05.13。
22丹珍，二〇一四。

14 日常之遇

阿壩

昨天我見到階梯上
有一個不在那裡的男人
今天他又不在那裡
噢，真希望他走開
——英國童謠

「呃你們這個，說不定不讓住……」旅館櫃檯的女孩臉色為難的交還我們的證件。外國旅客不能入住嗎？我問。

「不是不能……唉！」她長長的嘆一口氣，皺起眉頭，看著我們的眼神像是看見麻煩，「因為這個時候，我們也不能做決定，不曉得上面是不是讓你們住下……」情況似乎頗為複雜，她困惱地思索適當的用語，話音越來越小，後面幾個字像是自言自語。

「上面？什麼意思，你是說要問你的主管，經理嗎？」

女孩偏頭思索著，半晌才做了決定，她拿起話筒，「我問看看。」

阿壩：一個特別的地方

若以警察數量作為評定標準，阿壩很可能是中國當局認為最特別的。除了基本的公安單位配置外，還駐紮數支特警大隊，在城外山上設有槍砲射擊演習場，在河水南岸的新開發區開闢容納數萬人的軍警專用住宅大廈園區。當地朋友告訴我，有時還會自外地調撥數支武警隊，參加當地軍警維穩聯合演習。

阿壩位於圖博嘉絨谷地的最北端，往北銜接高闊廣袤的瑪曲草原，東北方與卓格草原相鄰，對於以成都為中心的四川省來說，阿壩是遠隔高山崇嶺之外的邊陲地；從圖博人的地理觀點來看，阿壩卻是康區山谷地與安多草原區的銜接地帶；而依佛教信仰的角度，阿壩扮演圖博東部文化傳承的中心位置。

小小的城鎮就座落三座擁有悠久歷史的佛學院：著名的格底宮巴[1]，由宗喀巴弟子格底仁波切創建於十五世紀，逐漸發展為嘉絨地區規模最大的佛學院，曾有超過二千五百

1 格底佛學院（Kirti Gompa），中國稱格爾登寺院。原是達倉拉姆格底佛學院（Taktsang Lhamo Kirti Gompa）的分院，但逐漸發展擴大，已超出母寺的規模。

名僧侶在此修行；往東約四公里，位於洽唐街另一頭的賽格宮巴，是覺囊派[2]最代表性、歷史悠久的第一大寺；在賽格宮巴北方，順著山坡往上不到二公里距離，穿越一大片整齊的青稞田和傳統民居，就會看見氣勢宏偉的朗依宮巴，據稱始建於西元十一世紀以前，是苯教[3]在圖博東部最具歷史與規模的佛學院。

等待旅館櫃檯女孩說電話的時候，我環顧周圍。從旋轉門一踏進這間酒店，就踩在厚軟的毛織地毯上，隨著撲面的溫暖空氣，每一步都能感受到織毯綿密柔軟的觸感。挑高寬敞的接待大廳懸著巨大水晶吊燈，壁飾、傢俱擺設古樸雅致，兼具圖博傳統風格和現代感。從裝潢講究程度，猜想這家酒店應是三星級以上等級……不能接待外籍旅客嗎？

女孩以圖博話和對方交談一陣，放下話筒後，為難的神情消失，篤定地宣布：「你們先過去登記吧。」

「過去？去哪裡登記？酒店主管的辦公室嗎？」我依然搞不清楚狀況。

「到城關派出所。」

「派出所？妳說哪裡，公安嗎？」我以為自己聽錯。

「是，是公安。他們說了讓你們先過去他們那裡。」

「去那裡做什麼？」

「登記呃，就是公安要求……」她重複說著，話忽然停在嘴邊，黑黝黝的眼睛無奈的看著我。

我也無奈地笑起來。發現我們倆陷入滑稽情境，一問一答全在原地打轉。她努力解釋，但能給的說明非常有限；我認真聽她說出的每個字，明明是中文，卻怎麼也無法理解。「去登記，就能在這住下嗎？」我問。

「欸，這不好說……」她露出尷尬的笑，「我們決定不了，看派出所那邊怎麼說吧，他們說了才算。」

我終於有點明白，能不能住下得先到派出所登記，由公安來決定。派出所很近，與旅館僅相隔百公尺距離。沒問題，我說。放下行李，帶著證件前往公安局報到。阿壩確實是個特別的地方，由警察來負責旅館的入住手續。

走出旋轉門，街頭寒冷的空氣隨即竄入鼻腔。海拔近三千公尺的阿壩鎮，冬日即使照耀著明亮陽光，室外依舊是零下五度的低溫。

公安局很好找，不只招牌嶄新鮮明，人行道上還設有牌樓標誌，貼心提醒路人不要錯過；門前停著輛白色鎮暴車尤其醒目；看向馬路對面，不得了，竟還有配槍的特警站崗。

2 覺囊派（Jonang），十三世紀於拉孜的覺默囊（Jomonang）山谷崛起的教派，廣傳到安多與康區，十七世紀覺囊派寺院多改尊崇格魯派，時輪金剛教法為圖博佛教重要傳承之一。

3 苯教原為圖博原始信仰，在佛教從印度傳入並興盛後，苯教受其影響，發展為揉和傳統薩滿儀式與佛學理論的宗教。

上一次到阿壩已是二十年前，街頭景物和過去的記憶相比幾乎沒有變化，只是一切都變得陳舊斑駁，彷彿時光在阿壩悠悠流逝，帶走所有的光華青春，殘留下歲月的塵土——馬路、人行道、商店建築，所有東西都罩上一層灰，甚至連人們也是，明明是上街頭採買的歡喜新年，大家卻都悶窒著一張臉，步履倉皇。

唯獨公安局是亮麗的。臨街是一整面玻璃窗牆，從外面看不太清楚辦公室內部；相反地，從室內望出去，玻璃牆潔淨光透，街上移動的車輛與人群都異常清晰。午後明豔的陽光射進來，灑落辦公桌、電腦、地板上，斜映在低頭研究我的身分資料的公安，以及他身後的牆面。公安以閒聊口氣問我來到阿壩的目的——來旅遊嗎、咋不夏天天氣好時來呢、要待幾天呀、現在太凍啦、七月花開草原可美……我應和著他，視線忍不住望向那扇玻璃窗景中流動的人群，畫面太清楚了——這條街就是洽唐街。

在我們到達阿壩前一個多月，一位剛滿二十歲的圖博青年在這條街道上自焚。報導說他的名字叫珠闊，尚未還俗以前，他曾是法號確吉堅贊的學習僧。或許是為了讓世人確知他以生命抗爭的理由，他選擇在「世界人權日」的前一天，安靜地走到公安局前的馬路上，為自己點燃火焰。

而到了世界人權日當天，另一位少年僧人桑吉嘉措也獨自走上這條布滿公安、武警的街道，他高舉達賴喇嘛的法像，一路大喊著「圖博要自由」、「達賴喇嘛歸來」，彷彿是為前一日的珠闊喊出遺言。在眾人目睹下，十七歲的他被衝上來的警員猛踢倒在地，有人說他曾經試著要站起身，遭到一陣毒打後，少年癱軟的被丟進警車中，從此再也沒有人知道他的下落。

二〇〇八年在抗爭中多位民眾在街頭遭警方射殺，之後每到新年祈福法會時，阿壩人們默默聚集，為那年犧牲的亡者祝禱。二〇〇九年原定進行的祈福儀式突遭取消，僧人洛桑札西在身上澆灌汽油後，點火自焚，此後十多年間自圖博境內接續傳出民眾以自焚抗爭的消息。在這條洽唐街上，發生近三十次以燃燒自我訴求爭取自由的抗爭事件。

抗爭者中有八十歲的長者、中年人，也有二十多歲的青年，他們可能是僧人、農牧民、學生、汽車修理師傅或工匠，是某個孩子的父親或母親、或某位老媽媽最心疼的孩子……從傳出海外的訊息描述中看起來，他們是普通人，和我們一樣是在日常為普通事物開心或煩惱的人，然而，他們卻做出異常而決絕的犧牲。

中國公安部門宣稱他們是危害社會安全的恐怖份子，他們的家人、親友都遭拘禁調查，即使經歷火焚後倖存，他們仍要接受法律制裁。[4] 一位法國民族學家認為，「自焚獻身」是當前圖博人對政府表達抗議僅存的唯一方式，他表示和平抗議會受到武力鎮壓，試圖表達想法的作家、知識分子和藝術家會被逮捕，即使聯繫境外，發送信息或照片，

4 唯色，二〇一三。

也可能面臨最高十年的監禁，圖博人除了自焚以外，已沒有其他表達方式[5]。一位英籍圖博學者認為：「這是一種文化行為，其背後沒有政治的商議策略，但是更重要的，是為保護西藏的身分、文化、語言和宗教[6]。」有位甘孜的計程車師傅告訴我：「他們是英雄，為我們藏族人獻出了自己的生命。」在阿壩北方草原上遇見的一位高中女生說：「他們的名字是禁忌，不能說出口，但在我心裡已喊過無數遍，永遠不會忘記。」一位圖博知識分子則在書中標誌：洽唐街在圖博人心中真正的名字是「英雄街」[7]。

被巧遇

阿壩小鎮有一條東西橫貫的主要街道，從格底佛學院的前方延伸到賽格宮巴，商舖沿著街道兩邊開設，以街區為中心向外延伸分布著聚落和農地。

南邊名為「阿曲」的水流也是東西走向，她從北方的神山「年保玉則」[8]發源，往東南流經阿壩後，繼續往南流去，最後注入康區最東部的嘉絨曲。阿曲河谷地勢平緩，往昔即分布農田與聚落，城鎮開發集中在河水北岸至洽塘街南邊的區域，開闊的柏油路邊分布著酒店、餐廳等新建築，來自中國移民的生活圈也多聚集這裡；近年擴展到河水南岸，大興土木，闢建新的政府機關大樓與軍警宿舍。

靠近客運站的賽格宮巴，寺院內一片闃靜無聲，鄰側隔著一小塊空地，即駐紮一支武警部隊。客運站泊車場後方，停靠數輛軍用卡車和裝甲車，看來是將部分停車場直接充作軍事用途。那天我們到達時，透過車窗看見幾名身著防彈背心的武警，正忙著自軍用卡車上卸下器械。

二十年前並沒有這些軍事設施。

二〇〇八年抗爭運動那年，賽格宮巴有一百多位僧人遭逮補；之後政府對寺院強制施行愛國教育，引發數次抗議，尤其在二〇一五年圖博新年法會中，佛學院不顧政府發布禁令，公開舉行為達賴喇嘛八十歲大壽祈福祝壽的儀式。數千名僧俗大眾簇擁下，與真人等高的達賴喇嘛法像被安置在高高的法座上，彷如親臨法會現場。祈願儀式的畫面在國際網路流傳，雖然未聽聞與會民眾因此受到懲罰的消息，整整四年過去，在二〇一九的新年期間，我只看見高牆內毫無人跡，一片空蕩蕩。

自城關公安局沿著洽唐街往西走，遇到另一所公安局後向右轉入一條窄巷，就是格底宮巴。眼前混亂塞滿陳舊的建築、攤販、車輛……令我一時反應不過來，過去原本是

5 Buffetrille, Katia, 2012.

6 Barnett, Robert, 2012.

7 唯色，二〇一五。

8 年保玉則，音譯自圖博語，意思是「玉石之山」。地處巴顏喀拉山東段，山峰都在四千公尺以上，瑪曲（中文稱黃河）和治曲（長江）兩大水系於此劃分開來。

一片遼闊的土地，連接向遠方的農田與土丘，現在竟變成破碎的水泥地。佛學院前方，沿著轉經道曾設有一整排看不見盡頭的金色轉經輪，以綠色田野與曠渺遠山為背景，襯著黃色土牆、緋紅色佛殿……現在它們也已不知所蹤，換上一座漢式的巨大山門，笨重無當的建築上，彩漆已脫落，露出斑駁灰敗的水泥壁面。

二〇〇八年三月十六日阿壩數千民眾走上洽唐街，人們拉著「爭取自由」的布條、揮舞雪山獅子旗；警方朝群眾開槍，造成無辜民眾死傷，包括僧人、老者、婦女、青少年[9]，這引起更巨大的怒火與反抗，當局下令封鎖寺院大門及所有對外的通道。所謂的「封鎖」，是築起鐵架高牆，加上荷槍實彈的部隊嚴格駐守，將寺院當作監獄，圍堵封禁。數月之後，拆下圍籬鐵架的同時，一座嶄新的公安局赫然矗立在寺院大門前，直到今日。

走入寺院，沿著一條荒涼的水泥道，通向大經堂，路兩邊是樸質依舊的札倉院落，夯土石砌的傳統建築和這條道路明顯格格不入。光禿禿的水泥路上立著嶄新燈柱，其中有數根金屬柱特別高聳，每一根頂端都安裝有衛星接收器以及監視攝像鏡頭，這些鏡頭架在成網格狀的金屬架上，算一算一根柱子上竟有十五顆左右，每顆鏡頭上下高低分別朝向不同的角度，相信能夠捕捉整個寺院中所有角落的景象。

午後，整條路上靜謐無聲，只有陽光在冬風中閃耀。大經堂前只開了旁側的小門，不見紅衣僧人，轉經朝聖者竟也寥寥無幾，已近年節，應該會舉行祈願法事，大家都上哪去了呢？正納悶著，一位男子走向我，請託我以大經堂為背景幫他們拍照，他們同行只有兩人，一男一女，都是壯年模樣，都穿著仿皮外套，有著輪廓鮮明的圖博人的臉。

拍過照，男子主動攀談，問我是旅遊或朝聖、從哪裡來。我簡單回答從馬爾康，是來旅遊的。男子質疑地上下打量我，你們不像本地人呀？我說我們之前是從成都、馬爾康一路旅行。你們家鄉哪裡呢？他追問。我沒有閃避的回答：「台灣。」「喔呀！」他一聲應答，點著頭。

那你們呢，是哪裡來的？我問。他似乎沒想到我會提問，愣了一下往旁邊一指，「我們啊，就這一帶的人。」

是阿壩當地人嗎？我問。「是啊是啊，就是阿壩這兒的人。」說著他轉移話題，跟我介紹眼前雄偉的大經堂是最近才新建，指向經堂前方搭著遮陽棚的巨型廣場，說也是剛完成的，大型法事都在這裡舉行，「遮風擋雨妥當得很，幾千個人進來都不成問題。」一連番讚嘆：「很大很漂亮啊是吧？你們慢慢逛啊。」他向我點頭示意，轉身趕上與他同行的女子，兩人往寺院大門的方向離去。

是做什麼的呢？望著他們的背影我不禁感到疑惑。

9 政府尚未封鎖電訊網路前，阿壩民眾將死傷消息和畫面在第一時間傳送外國親友，有八位死者的明確訊息；後因當時傷者或失蹤者亡故，流亡圖博社群統計此次抗爭有二十三人死亡；中國官方媒體僅承認警察槍擊造成四位民眾傷亡。之後因政府封鎖通訊，死傷人數未能做最後確定。

圖博人特地到了寺院，卻不轉經，也不進佛殿見菩薩，僅只走到大經堂前托人拍張合照就轉身離開？自稱是阿壩當地人，以在地口吻向我介紹佛殿，為什麼卻又像是外地遊客、請人幫他們用手機拍照呢？

疑惑在第二天解開。在市場前竟然遇見了那位同行的女子，一樣的皮外套和髮型，令我一眼就認出她。

女人和二位身著墨綠迷彩制服的武警在一家火鍋餐館前聊天談笑，正值晚餐時間，他們像是等待著其他人到來，將要一起聚餐的模樣。某一瞬我們四目相對，她迅即閃避視線，假裝不認得。儘管短暫，我仍捕捉到她第一反應的愕然，她心虛的眼神讓我確定，前一日我們在佛學院中是「被」巧遇了。他們可能是國保[10]或武警便衣，跟監我們到寺院，藉機攀談，確認我們到阿壩來的真正意圖。

小鎮特警知多少？

酒店為我們安排三樓的房間。從房間窗口望出去，在一大片櫛比鄰次的民居屋宇之上，突出一座佛殿金頂，那正是格底佛學院的方向。

這是阿壩當地朋友推薦這家酒店的原因，和佛學院只隔著幾間房，從窗口就可以望見。佛學院後方是積雪的黃色山巖，視線往上移，看見綿延起伏的山稜線，清晰劃開冬日透明般的藍色天空。

窗子正下方，一座空曠場地，底邊有座籃球架，籃球架前有支旗桿，上方飄著五星紅旗。想起櫃檯女孩的體貼說明，「二樓太吵，早上七點他們就集合喊口號，你們應該會給吵醒。」

他們喊口號？

我記得女孩嘆口氣才說，「這旁邊就是一個特警隊。」

趴在窗前認真算過，這支特警部隊規模近百人。集合按著三餐整點，其他時間偶爾有人出來抽菸跳跳走走，場地大多維持空曠狀態。一天準時的三次集合——晨間七點，升旗子、唱國際歌、喊口號；正午十二點，開飯前，排隊立正敬禮喊口號；黃昏七點降旗子，再唱一次國際歌，之後晚餐。場地周邊樓屋其實是特警辦公室、宿舍，隱身在普通民居之間。這些建築外觀就如一般圖博民房，如果沒有那些集合時的哨音和「殺殺殺」的口號呼喊，誰也看不出來。

自集合場越過二、三座屋頂就是格底佛學院建築，特警部隊等於直接駐守在寺院旁，不禁猜想四周這些看似普通民居的屋子，是否也都屬於警方單位？不知道在這個小

10 國保，全名為「國內安全保衛」，於一九九八年所定名稱，屬於公安部，專職偵查打擊宗教「邪惡」集團、民族分裂勢力等政治維穩工作，二〇二〇年更名為政治安全保衛。

城鎮安排多少公安部隊。

從二〇〇八年四月開始，圖博地區大幅增加公安以及特警的招收名額，依當年度官方招考公開資訊，光是阿壩與甘孜地區總計招考一千〇三十九人，是四川省其他地區的三十倍以上[11]，這和當年三月圖博全境發動「圖博之春」的抗爭有關，阿壩與甘孜兩地民眾抗議激烈，需大規模武裝警察進駐彈壓。媒體登載二〇〇八年三月甘孜爆發群眾示威，當地駐警開槍造成十四名民眾身亡，引發群情激憤，之後大批警力進駐；一位甘孜旅館的服務員告訴我，當時尚未建有足夠軍警設施，有段時間金犛牛、康巴溫泉賓館等觀光旅店都成為軍警部隊的駐所。

不論是甘孜、阿壩或其他圖博地區，入駐部隊從那時起就沒有離開小鎮，甚而增建公安局，在周邊建立軍事設施。尤其是阿壩，不論到市場採買、客運站等車、坐在餐館裡吃飯，或只是閒逛的走過路邊，都會遇見穿著制服的軍警人員，更不用提那些蓄短髮、身形精壯的「便衣」。因為遇見的頻率太高，就算他們身著便服，也讓人很快就辨認出來。

那天強巴佛殿[12]前舉行祈福法會，殿前的迴廊裡，男女老幼緊靠圍坐著，他們垂首合十，靜靜諦聽仁波切領著僧人們的誦經。漸漸習得敏銳的眼睛，注意到牆邊角落的短髮男子，他們或站或緩步徘徊，各有不同的高矮身形和長相，但都一致擁有鷹眼般視線。

記得在甘孜佛學院旁觀僧人們的辯經課，也遇見過類似情景。

甘孜佛學院依山而建，改建為二層水泥樓屋的札倉（學院樓），前方依然保留昔時傳統圖博屋宇結構的大平台。平台居高臨下，站在上面凌空眺望，能將谷地中整個甘孜城鎮擁入視野，視線盡頭是天際陡然而起的雪山，層峰疊疊相連，在雲影掩映間，色彩明暗隨光線變化，暗影有時如潑墨漸層暈開，而積雪的峰頂似永恆般，總在陽光下閃耀晶瑩光澤。辯經課就在平台上進行，約二、三位僧人一組，在一株株大樹下認真答辯起來。

爬上二樓陽台為辯經僧人取景，午後陽光斜映，大樹的葉早已落盡，錯綜嶙峋的枝枒漫空伸展，有些已偷偷冒出新綠；金黃的光線篩過枝條隙間，落在僧人紅色衣袍上，他們正舉臂、擊掌，自信提問……。一回頭，赫然看見身後某間屋裡——煙、電腦、平頭男，僅是眼角匆匆一瞥，卻是清晰的畫面。在本來應該是僧房的屋裡，竟出現抽菸男子的身影。

一直到我走下陽台、階梯，沿著坡道走出了甘孜佛學院，來到小鎮街頭，那個在桌前面對電腦螢幕翹腳的身姿，仍像尖刺般鑿入眼底，牢牢印在意識中。我當然明白，監視僧人的公安組織已公然進駐寺院中。

11 二〇〇八上半年度，四川涼山州員警新招名額是三十一人、自貢市四十一人、攀枝花二十八人。

12 強巴，即未來佛，漢傳佛教稱彌勒佛。

來到甘孜古鎮街頭，在熱鬧的街頭出現一個特別的設置，像是巨大的鐵箱，又可說是小型鐵皮屋。它橫梗在人行道上，路人走過必須繞下馬路，迂迴前行。那設置像是某些觀光城市的旅遊資訊中心，這裡的用途卻是為了監視民眾。正式名稱是「城市管理服務處」[13]，簡稱城管，除了以巨大的公安、特警系統控管民眾，設置在各社區角落中數量龐大的城管單位，可說是公安的外圍組織，既扮演政府耳目，也是直接落在民眾身上的棍棒。

它臨街的三面牆上都設有透明玻璃窗，可以瞧見裡面的景況，安置著桌椅、電腦，陳設像是普通的辦公室。每回路過都會看見幾位城管歪躺在辦公椅，坐姿不雅地叼著菸聊天，有時公然打起撲克牌。他們頭上的警帽總是歪戴著，沾上明顯汙漬的不合身外套斜披在身上，鬆垮或過短的長褲也是皺巴巴。對街固定有二、三名人員在路邊執勤，大鐵桶裡燒著廢紙箱雜物，他們站在鐵桶邊取暖，呵呵談天玩鬧，時不時爆出狂笑或咒罵或作勢踢打同伴。站姿也都很相似，把身體重心歪向一邊，吊兒啷噹地一手叉腰，而另隻捏著菸頭的手，似乎隨時準備好兇悍的指向你。所有人經過他們時都低頭加快腳步，盡量避免眼神接觸，以免惹上麻煩。

一次見到路上發生汽車小擦撞事故，原本道路擁擠，車行並不快，一發生碰撞，緩慢前移的車流便戛然停住，頓時喇叭聲四起，當兩名城管悠悠往肇事地點走去，塞住的車流竟神奇地動起來。尚未等到城管走近，兩位發生事故的司機早已眼明腳快的自行

「和諧」走人。當下不禁想起這條主要幹道好像就叫做「和諧路」。

另一次是光線明亮的早上，剛從旅館走向解放街，遠遠聽見紛亂粗嗄的吼聲，路人邊張望著，邊快速往旁避開。透過人群，我看見前方幾個城管正將一個圖博人壓在地上。混亂中看不清他的長相，但能確定他是圖博人，因為他身上的傳統楚巴裘袍，以及在拉扯中掉到地上、那綴著羊毛的氈帽。

我一定是停下了腳步，因為前方的城管正衝我揮著警棍怒喊：滾，走開！愣愣往後退，我看見一大群黑衣特警跳出剛停下的白色防暴車，然後，幾乎就在一瞬間，我看見已經癱軟在地的他猛然被抓起來，丟進車裡。街上還有不少行人，有些人是自街邊商鋪裡跑出來看熱鬧，現在大家都回到原來的位置，繼續走自己的路。

他是誰？發生了什麼事？為什麼被抓？沒有人發問，也沒有人竊竊私語，四周竟是一片死寂。這窒息般的凝肅氣氛，令我不禁瑟瑟顫抖，但我已不再驚訝，因為到處都是監視器。

13中國城鎮都有城管單位（農村地區也設農管單位），人員多為臨時聘僱；二〇一七年立法將城管納入正式公務員系統，人員須經正式招考與特定訓練，但各地執行情況不同，人員素質也差很多。

15 說「不」有幾種方式

馬爾康

看慣了草原的眼睛
流慣了淚水的眼睛
綠色的——帶鹹味的
——茲維塔耶娃，〈眼睛〉

遇見那位跟監的女子後，儘管未曾再遇到奇怪的攀談者或警察騷擾，然而清晨總在武警的口號中醒來，不禁警醒著不該嘗試聯繫熟識的僧人朋友，即使到寺院裡也避免與人攀談，擔心引起不必要的麻煩。這樣草木皆兵的氣氛裡，每天都猶豫著是否該提早離開。

然而，在敘述離開阿壩的經過以前，我必須回溯抵達前的一個插曲——自丹巴前往馬爾康的路上，我們遇見來自阿壩的嘉陽傑。

從達澤多沿嘉絨曲北行，經過丹巴、馬爾康，這一路都是陡峭驚險的峽谷，過了馬爾康的山谷之後，景觀將逐漸變得開闊，山嶺向遠方退去，綠樹與岩石消失，眼前會出現廣袤的草原與地平線。馬爾康即處於如此地形的交界上，文化也是——東方的漢文化、近代自北方而下的回教文化，以及長久世居此地的嘉絨圖博人，都在馬爾康相會。

到達之前，我們預想馬爾康城鎮必定變化劇烈，已打算睡一晚便迅速通過，直接前往阿壩。然而，沒想到會遇見嘉陽傑，與他對話的當下，我確知原本已大致寫就的書稿又必須擱置一旁，重頭再寫。

意外的對話

「那幾天從麥爾瑪到阿壩那一片全都封鎖，抓了很多人，不只是才闊拉[1]的家人親友，賣給汽油的店舖老闆也給抓住調查，販賣許可證被沒收，店也關了。」他所說的才闊拉是居住在麥爾瑪鎮的中年牧民，二〇一八年在拉薩抗暴紀念日當天自焚，以向中國政府表達抗議，和爭取圖博獨立自由的意志。

巴士抵達馬爾康，所有乘客都快速離開汽車站時，嘉陽傑和我們一樣並不著急，只是徐徐往車站外走去。我向他詢問前往市區的方向，請他介紹適合的旅館，他忽然用英

1在名字、稱謂後綴加「拉」字，是禮貌尊稱，就像中文裡的先生、小姐，例如：嘉稱拉、阿媽拉、阿姊拉。

文問我們從哪裡來，語態從容有禮，交談後知道他還俗以前曾經在印度佛學院學習兩年，自幼即在格底宮巴出家為僧。

馬爾康汽車站位於城郊，我們一路沿著河邊走，一面說著話。話題天馬行空，從這一年冬天的天氣、達蘭薩拉的饃饃，到分享韓國、台灣、圖博不同的過年習慣，到有趣的旅行體驗，也聊到台灣的選舉……。後來回想，遇到嘉陽傑，以及和他的談話是這次旅程中少有的、能與當地人們自在的對應相處，彷彿回到十多年前的行旅境遇，既無需猜測擔心對方的身分，也沒有禁忌避諱的話題。

後來才明白，這都是因為他的緣故，從一開始他就想毫無遮掩，無所憂懼地告知我們真相。

我問他，中國政府強調自焚是反人類、反社會的極端自殺行為，就和恐怖攻擊一樣。那麼他和一般圖博人的看法呢？他猛烈地搖頭，「不，不是的，才闊拉他們是犧牲自己，我們博巴都知道，他們自焚，是為我們做了崇高艱難的事，心裡只有尊敬他們……」

自二〇〇九年二月二十七日在阿壩發生圖博境內第一起自焚抗爭，這十多年間，圖博境內有一百五十九位民眾相繼以自焚表達爭取圖博自由的訴求[2]，尤其二〇一二年的十一月，在這個月裡竟超過二十位民眾自焚抗議。以熊熊火焰燃燒自身的決絕、壯烈，被中國政府指控為「恐怖」行動，員警在抗爭現場會毒打攻擊自焚者；而為防止自焚抗爭的消息傳出，會立即搶走抗爭者遺體，即使是在送醫途中，也會追捕攔劫而去。

對於屢屢發生的自焚抗議，政府採取的因應措施，是在敏感地點加設派出所和員警崗哨，在圖博各佛學院外，巡邏的員警隨身配備小型紅色滅火器；阿壩、甘孜等地公安甚至備有類似捕犬用的長竿網具，為即時「捉捕」自焚者。政府同時也加重相關刑罰，對於協助送醫或保護遺體的親友，以教唆自焚、故意殺人、陰謀顛覆政府、破壞民族和諧等罪名判刑入獄；而傳布自焚抗爭訊息與畫面，罪名是勾結境外分離組織、洩漏機密、煽動顛覆國家。

在二〇〇八年圖博之春的抗爭運動後，格底佛學院完全陷入軍警的監視，光是在佛學院周圍就設置有四座特警軍營。嘉陽傑告訴我，許多年輕僧人被強迫還俗、遭驅離寺院；愛國教育的工作組直接進駐寺院，他們隨時可以闖入僧舍翻箱倒櫃搜查，隨意羈捕僧人。佛學院中原本有二千五百位左右的僧侶，現在已不超過千名，所有留下的僧侶都被錄名造冊，一有風吹草動，便以拘禁調查名義將人羈押，每次發生抗爭後總有好幾位僧人不知所蹤。

嘉陽傑因為曾經去過印度，被警方視為重點監視的對象之一，儘管他從未參與抗爭遊行，他的幾個學生卻無故遭強迫還俗，他認為都和自己的海外經歷有關。他之前為探

2 International Campaign for Tibet, 2022.

望生病的老母親，自印度返回安多，在二〇〇八年抗爭運動後，護照被沒收，他再也回不去印度。之後他決定向佛祖交還誓約，還俗、結婚生子，過著普通人的生活，漸漸地他身邊親友們不再受警方騷擾威脅。只是他的阿媽拉一直到過世前都為此傷心。

他口氣平淡地說著自己的故事，但是一提起自焚抗議的「英雄們」，他卻難掩激動。是的，他直接稱呼才闊他們為「英雄」。他認為自焚者並非逞個人私利，不但沒有違反佛教中不可殺生的律令，完全是為了利益眾生而自我犧牲。他的話讓我想起二〇一一年格底仁波切在美國國會公聽會的解說：「他們認為自焚是表達對共產黨抗爭的最佳方式。在他們即將結束寶貴生命的最後時刻，寧願自焚身亡，也不願意傷害到任何一個漢人及他們的財產……」[3]

半世紀，抗爭未輟

自中國軍隊入侵拉薩，一九五九年拉薩群眾憤然以肉身抵抗，這半個多世紀以來，圖博社會持續有人站出來對中國權力者說「不」。從一九八七年至一九八九年間在拉薩連續爆發的群眾示威，是規模較大、影響極深遠的抗爭行動。

掀起抗暴運動的契機，其實與國際主張和平的情勢有關。一九八七年九月，第十四世達賴喇嘛受邀至美國國會演講，對解決圖博問題提出「五點和平計畫」[4]，建議與中國開啟對話，受到美國社會及政界人士廣泛支持。三天後中國政府立即採取報復舉措，在拉薩「西藏體育館」舉行一場公審，在被迫參與的圖博群眾面前，判決二位政治犯死刑，隨即公然處決其中的格桑札西。當國際情勢燃起圖博廣大民眾的希望時，中國政府的粗蠻激起民眾的憤慨，為向世界展現爭取自由的意志，圖博人不斷走上街頭表達抗議。[5]

自一九五九年中國統治圖博後，由宗喀巴在一四〇九年創設、具悠久歷史的孟蘭祈願大法會[6]即遭禁止，那是每年在圖博新年重要的祈福儀式，自年初三開始到初十一，包含哲蚌、色拉、甘丹等主要寺院的成千上萬僧侶，都聚集在拉薩大昭寺供誦經文，舉行宗教儀典。一九八六年才剛恢復舉辦法會，一九八八年三月五日便爆發激烈抗爭——法會上，在中國當局特別邀請的各國記者面前，群眾忽然高舉雙臂吶喊：「圖博是獨立自由的國家！」儘管驟然再次取消法會的舉行，會讓中國當局失去顏面，一九九〇年政府為防止民眾在法會中群聚，發動示威遊行，還是再次宣布停止舉辦。

3 唯色，二〇一三。
4 內容包含恢復圖博的佛教信仰、停止對圖博地區移民政策、釋放羈押的政治異議分子、保護自然環境，以及雙方立即展開會談，使圖博成為自由、和平的地區等主張。
5 董尼德著、蘇瑛憲譯，一九九四。
6 孟蘭祈願大法會（Monlam Chenmo），也音譯為莫朗欽波。

一九八七年持續二年多的抗暴運動中，官方並未公開當時圖博民眾傷亡及被拘捕的實際人數，而根據《紐約時報》報導：曾擔任《北京青年報》的記者唐達獻，提供其在公安局看到的一份祕密報告，抗爭中有四百五十多人死亡，二千七百五十人遭拘捕，其中六百五十人以上為僧侶。[7]和後來二〇〇八年抗議的情況近乎相同，這些走向街頭、呼喊口號的民眾，當然知道前路最終將通向囚禁和死亡；他們之所以一無反顧，並不只因一時的悲憤情緒，其內在更為堅定明確的意志是，願意犧牲自我，以爭取圖博自由的未來。

位於拉薩東北郊的札奇監獄因酷刑虐囚而惡名昭彰，在國際間被稱為圖博「古拉格」，關押許多遭逮捕的無名示威抗爭者，以及中國視為最難以改造的「頑劣」政治犯——身陷牢獄三十四年的僧人班旦加措，他自二十八歲入獄，反覆遭羈押，最後出獄時已近六十歲，他在自傳中記錄遭監禁期間，政治犯受到飢餓、酷刑、精神虐待的真實經歷。

另一位是在一九八八年抗爭中遭誣陷殺人罪的西藏大學學生洛桑丹增，遭中國政府以殺害武警罪名判決死刑，因指控毫無實證，且現場有太多證人指證其無辜，中國受到國際壓力改判為無期徒刑，他在札奇獄中仍多次為人權尊嚴抗爭，受到圖博人們敬重，身陷牢獄二十四年後因身體情況惡化，保外就醫才獲釋。

據「圖博人權與民主中心」調查指出，至二〇〇一年六月為止，西藏自治區各監獄、拘留中心和勞教所關押有二百五十二名政治犯，其中有一百二十九名政治犯被監禁在札奇監獄，包括二十六名女性政治犯。[8]

公開主張圖博獨立精神的政治犯，在獄中依然冒著生命危險，違抗獄方各種政治性要求，例如：拒絕在「解放紀念日」儀式唱中國國歌、拒絕詆毀達賴喇嘛等圖博僧人，或堅持以圖博傳統方式過節；當有人遭獄卒毒打，其他人會高聲鼓譟抗議，質疑其正當性；甚至在外國官員訪問監獄時，冒險遞交陳情信……。這些抗爭行動令他們承受更嚴酷的身心凌虐，甚而有人遭毒打而亡。[9]

先行者

札奇監獄中曾有十四位覺姆隱密錄製歌曲，暗中將磁帶轉運出去。那些溫和堅毅、充滿希望的歌聲在國際間傳送，世人們得以知悉札奇監獄中政治犯遭苦刑虐待的真相，以及圖博人們不放棄追尋自由的吶喊。

當中國政府獲知情況，惱羞成怒地再度延長這些「歌者」的刑期。其實因為歌唱、

7 The NewYork Times 1990.8.14.
8 Tibetan Culture and Human Rights 2001.08.21.
9 班旦加措，二〇〇三。

喊口號、拒絕服從政治要求，獄中的政治犯經常在未經審判下延長刑期。其中阿旺桑卓[10]因參與遊行被捕，總刑期竟被延長至二十三年。她被關入札奇監獄時只有十三歲，是獄中年紀最小的犯人，然而這並不是她第一次入獄，九歲時她因參加街頭示威而遭拘捕；她的父親、兄長也因參與抗爭而被羈押，父親也曾被監禁在札奇監獄。二〇〇二年因阿旺桑卓健康情況極度惡化，中國迫於國際壓力而提早將她釋放，出獄時她僅二十三歲，她的年少歲月都是在監獄中度過。

〈除了天空什麼都看不見〉是阿尼拉們錄製歌曲的其中一首，這裡自英譯的歌詞節錄一小段：

我們被囚禁的朋友啊，
我們將尋向喜樂。
被毒打也沒關係，
我們相連的手臂不會分開。
東方的雲層暫時飄移在地平線上，
是出太陽的時候了。

歌詞中的「喜樂」、「太陽」，都象徵著他們心中的尊者達賴喇嘛，而「東方的雲層」則暗喻中國政權。他們即使承受毒打、飢寒、過度勞動、性暴力等極端苦刑虐待，歌詞中仍無怨懟、控訴；他們保持清醒心智，沒有被痛楚、暴力威脅的恐懼或仇怨之念而淹沒，反而唱著歌謠，鼓勵世界。

他們的目光一直落在希望的遠方，自由來臨的那個時刻。

深刻記得嘉陽傑訴說的最後一段話，他告訴我，雖然持續受到監視，欠缺行動自由，此前境內圖博人仍多少能獲知國際消息——二〇一一年突尼西亞民眾發動的茉莉花革命，以及二〇〇七年緬甸僧侶發動的藏紅花起義[11]。前者推翻了長期統治二十三年的極權政府，而鼓舞民眾群起走上街頭示威的開端，就是一名二十六歲青年布瓦吉吉的自焚抗爭。緬甸的起義行動，是由僧侶、知識青年與婦女帶領，以和平的方式進行「公民不合作運動」。

他說，挺身走在圖博社會最前面，告訴中國暴力統治是錯誤的，告訴國際社會圖博需要自由的真相，本來就是他們僧人的責任，因為他們就是圖博社會的知識分子。「身為老師，無法保護年輕弟子學習經文、佛法知識的權利，只有慚愧。」他說自焚者不僅

10 阿旺桑卓（Ngawang Sangdrol, 1977 -）目前流亡海外，在「國際聲援圖博」組織中擔任人權評論員。
11 茉莉花革命之名源於茉莉是突尼西亞的國花；藏紅花革命，是以緬甸僧人袈裟顏色作為運動的象徵。

是僧人，還有很多像才闊拉那樣的普通民眾，甚至是年紀很小的學生，他們是為了眾人犧牲自我的先行者，整個圖博社會對他們只有感謝和尊敬。

在心裡咀嚼嘉陽傑的話，發現我們已走到了城區附近。

馬爾康城外這條沿著河岸的大馬路是新修的。城郊的汽車站附近，空曠的人行道上，除了我們沒有其他人，馬路上也只有偶爾幾輛急馳而過的汽車，我們可以毫無禁忌地說話。然而一靠近城區，不禁敏感地注意起附近走過的人，我甚至開始抬頭尋找監視攝影鏡頭的位置。

嘉陽傑似乎也是，他的話漸漸變少，走進商街附近，與人群錯身時，我們自動拉開了距離。

抗爭的理解

一九八一年發生在北愛爾蘭梅茲監獄[12]的抗爭，由被控持有槍械而遭判刑十四年的政治犯桑茲[13]發起，他提出恢復「政治犯」的身分處遇[14]、拒穿一般刑犯囚衣等要求，在獄中發動絕食抗議，於六十六天後死亡；在他之後有九位同志持續絕食，直到器官衰竭而亡。

抗爭者依照計畫，以一至二週的間隔，一個個陸續加入絕食的隊伍，從桑茲禁食開始直到第十位絕食者死亡，這場抗爭持續了近半年的時間，期間每隔數週就會有一位絕食者死去。儘管當時英國政府毫不為所動，一逕堅持不受要脅的立場，在國際間卻受到愈來愈多冷血傲慢的指責。

北愛爾蘭共和軍自一九三九年起以暴力襲擊對抗英國政府，到一九七〇年代後期雙方民眾已逐漸疲倦，桑茲等人絕食至死的抗爭，讓所有愛爾蘭民心再次凝聚，在絕食過程中，他曾當選愛爾蘭下議院補選議員；桑茲過世消息傳出，在北愛及歐洲多地連續數日爆發激烈的群眾示威抗議。在喪禮舉行的那天，超過十萬名民眾走上街頭，守在移靈路線上為他送別、致敬。

一開始即計畫絕食至死，在天主教信仰中原是極具爭議的行為；然而絕大多數的愛爾蘭人民都清楚，桑茲與其他同志們並非觸犯「不可自殺」的律法，而將他們視為殉身烈士。羅馬與愛爾蘭天主教會公開宣稱他們的死亡是犧牲，是為了整個愛爾蘭群體的尊嚴，是為完成一個艱鉅目標而奉獻自己。因為他們試圖挑戰的對象，是巨大、強悍且粗

12 梅茲監獄（Her Majesty's Prison Maze）位於北愛爾蘭貝爾法斯特近郊的監獄，一九七一年至二〇〇〇年間羈押被控武力襲擊罪名的政治犯人。

13 鮑比・桑茲（Robert Gerard Sands, 1954 - 1981），愛爾蘭共和軍成員，家族居住在天主教徒相對少數的地區，因遭多次新教徒暴民襲擊破壞，舉家遷移。桑茲認為戰爭是解決民族問題的唯一方法。

14 桑茲等人要求恢復五項權利：不穿囚服；不做監獄安排的工作；和其他囚犯得以交流的自由；每週接受一次外訪、一次信件和包裹；重新獲得抗爭前所擁有的早釋權。

暴得難以撼動的英國強權。

美國紐約、伊朗的德黑蘭，以及法國巴黎等十多個城市中都有以鮑比．桑茲命名的街道，在美國康乃狄克州設立了他的紀念館，古巴哈瓦那也設置十位絕食抗爭者的紀念碑。儘管保守人士批評，桑茲等人絕食至死的抗議是一種恐怖主義的政治要脅，但絕對沒有人會對他們絕食抗議的原因感到困惑。

對於圖博境內民眾相繼自焚抗爭，國際間不僅驚駭愕然，對選擇以自焚表達抗議竟紛紛表達感到「不解」，並轉移了焦點，討論起「自焚抗議」方式的合宜性，及應該如何勸阻圖博人繼續做出如此壯烈的犧牲[15]，反而忽略追究問題的根源——如何影響中國政府繼續以不合理與殘忍的方式統治圖博，或是中國統治圖博其實缺乏正義與合理性。

澳洲、歐洲等國家議會及國際人權組織、NGO團隊多次關切中國人權的情況，但是自二〇〇九年發生第一起自焚以至今日，在這十多年間，除了口頭呼籲，聯合國或任一國家政府都不曾針對中國侵害人權的行徑給予實際而具體的制裁。而從歐美各國與中國在這些年間巨幅成長的經貿數字，多少可知其適當噤聲不語，能獲得的好處。

「我知道你們能把這些事告訴更多人，先謝謝你們。」這是嘉陽傑跟我說的最後一句話。

我看見他快速通過行人穿越道，到馬路另一邊去。整齊短髮，和一般常見的黑色羽絨外套，他的身影很快的在人群中沒去……我們沒有留下彼此聯絡方式，就連一聲道別的招呼都省略，因為我們都知道再見的可能微渺。然而，他臨別致意的眼神，我可能永遠也忘不了。

馬爾康果然變化很大，和曾經造訪的記憶已完全不同。高大建築樓房密集，車聲人聲鼎沸，和從商店流出的音樂聲喧騰共鳴，商街上開設一家家四川餐館、旅店、服飾店、手機門市，看起來就和成都街頭沒有什麼差異。馬爾康，我記得當地友人曾告訴我，這個名字音譯自圖博語，是「酥油房子」的意思，馬爾康最初是建造在河谷間、點亮著酥油燈祈福的菩薩殿，是當地圖博人們對平穩生活的祈願寄望之處。

然而，在人群川流不息的街頭上，已難以辨認出誰是懷抱祈願的圖博人。為了不受騷擾脅迫的平穩生活，多數圖博人早已學會——盡量隱身沒入中國人群中。

15 西方某些宗教學者如波士頓大學普羅特羅（Stephen Prothero），批評十四世達賴喇嘛未譴責自焚的做法，認為不直接告訴圖博人停止自焚行動，就等於鼓勵他們採用這種極端的抗議方式。

16 雪落下

卓格草原（若爾蓋縣）

歷史不斷重寫，
由真相部負責每天偽造歷史。
為了穩住政權，
這項工作和仁愛部所負責的鎮壓及諜報活動都必須存在。
——歐威爾，《一九八四》

走下巴士的時候天還沒有亮，雪卻飄了下來。

暗夜前方只亮著巴士車後燈二束暖黃光線，雪花飛舞旋轉，閃爍瑩亮。目送那光線遠去，逐漸變小，最後消失在遠方……黑暗吞噬所有的存在，整個世界陷入濃鬱的暗夜。什麼也看不見。

站在伸手不見五指的黝黯中，黑似乎讓冷更冷。清晨搭第一班發出的巴士離開阿壩，我們的目的地在北方，通過卓格草原到達倉拉姆[1]去，然而汽車站裡沒有前往達倉拉姆的車，也沒有任何北行的車班，我們只好搭上開往南邊馬爾康的車。

大約一小時車程後，在七十多公里外的路口下車，等待願意搭載我們的車。夜風颳在臉上銳利如冰刃，睡意陡然凍醒，冰寒彷彿能鑽進骨頭裡去，不一會兒雙腳已凍得麻木，即使從背包裡翻出所有禦寒衣物包裹在身上，還是聽見自己牙齒嘎嘎顫抖的聲音。

唯一可以做的事就只有等待，思緒反而清澈起來。記起以前在圖博的旅行，練就最好的功夫就是等待的能力。等待被泥流沖斷的公路修復、等待忽然故障的汽車修好，或是在路邊等候一輛聽說會出現的卡車……，以及懷抱希望和「不確定」共處。就像現在這樣。

卓格，時間的故事

當眼睛逐漸適應黑暗，濃鬱厚重的夜色好像被稀釋了般，可以看見一道灰色路面劃開墨色大地筆直延伸，消失在模糊的遠方；看見夜空裡幾顆星子泛著微弱的光芒，然後才有了遠近空間感——我們正置身在曠野中，稍遠座落有幾幢矩形的屋宇；遠處地平線上，顏色鬱濃的是匍匐大地的山體，那上方，也許是雪、是雲或是嵐氣，氤氳的灰白

1 達倉拉姆，為虎洞女神的含義，中國行政規劃為郎木寺縣。

色，像紗一般籠著灰黑的天空。

不曉得等了多久，在熹微晨光中出現一輛紅色汽車，在路邊為我們停下。我們提著行李、抱著希望一起靠過去。對了，站在路邊等待的還有一位中國人，儘管他身穿便服，但從那蓄著平頭式的短髮以及習慣直挺的身脊，一眼就可以辨認出是個軍警人員。

他是和我們從同一輛巴士下來的。聽見他和車主說話，普通話的標準口音，更確定了我的猜想。他要去紅原，那距離這個岔路口只有三十公里遠。車主毫無猶豫地決定讓我和尹上車，「達倉拉姆遠得很，你們上來吧。」他們說。

車上的兩位圖博青年要到北邊的瓦切鎮去，那是前往達倉拉姆的必經之地，搭他們的車走一段之後，我們可以繼續在公路邊攔車北上。上車不久，雪大了起來，從天空成團落下，像是大片羽毛一般；當天光漸漸亮起，窗外仍是一片朦朧的雪景，道路上也積著雪。除了偶爾經過小鎮、村落、山丘上的赭紅色寺院，或是一處加油站，大多數在路上見到的仍是覆上白雪的曠野，遠方是起伏平緩的山巒，坡上的黑點是犛牛、白點點是綿羊。有時犛牛群就近在身邊，車子必須停下來，等牠們緩緩從身邊通過。

冬日雪景和夏季時一望無盡的豐盈綠色大地，是完全不同的景色，然而，十七年前在夏日裡走過草原的記憶鮮明浮現——「曲貢安走？」意思是你要去哪，是圖博安多話，一位當地阿媽拉教我的，我現學現賣地在巴士上向鄰座的乘客打招呼。鄰座是位牧人，他有些詫異的轉頭：「拉卜讓浪走。」意思是去拉卜楞。我指著自己也說，「拉卜讓浪走。」知道我遠從外地來，牧人熱心介紹：「雅克——」是犛牛的意思。他平攤手掌伸出窗外，一副導遊架勢，「我們的。」指向草原，「羊群，我們的。」他轉臉看著我，正色揚起下巴，「卓格，我們的……」

我們所在的這片草原，牧人們稱她「卓格」，字面意思是「犛牛喜愛的」，現在中文稱為若爾蓋，也是音譯自這個名字。

當地人們可能更傾向認可另一個典故，那是和古博王國有關的。西元八、九世紀時，博國派駐東境巡守對抗唐國的大將噶爾益西達傑，受人們景仰，其家族子孫卓巴格登，人們習慣簡稱他「卓格」，他負責掌管南方的這片草原，於是這區領地即以他的名字稱呼。

阿壩正位於卓格草原的最南緣，再往南便是甘孜、爐霍的高山峽谷之地。如果朝向西邊、北邊而去，那裡將連接色達阿須草原、石渠色須草原，繼續再向西、北方延伸，可以連向果洛草原、措溫布湖岸四周，直到瑪曲（黃河）、治曲（長江）、札曲（瀾滄江）等水系發源的山脈冰川，到了這裡還不是圖博高原的邊界，得繼續往西，連接向高海拔、人煙稀少的羌塘高原，直到西境阿里地區，以及現今屬於印度的拉達克。這整片綿延萬里、廣袤得令人難以想像的草原，圖博、蒙古牧人千年世代生活其間，隨著季節與水草遷徙移轉，所以世人稱為「圖博高原」，中國則特別以其新定的中文行政名稱——青海和西藏，叫她「青藏高原」。

草原上的人們流傳著不少先祖自西邊高原遷徙而來的故事，例如：色達的阿須王族，世代口傳著先祖徙自北方果洛草原的歷史。而位於圖博地區最東邊的卓尼王國，其領地轄有現今的甘肅省卓尼、迭部以及舟曲各縣，屬於古博王國與中原地區接壤之境，當地人們口耳相傳著祖輩是自卓格草原東來的，是古博王國大將卓格的後人。語言學家考證比對，發現通行於拉達克北方的巴爾蒂語（Balti），和圖博東緣地區方言有許多相似之處，兩者都保留不少古圖博語彙。[2]專研古圖博語的日本學者山口瑞鳳也提出類似見解，他比對當地口傳歷史和傳說，大膽推論巴爾蒂人最初可能是從數千公里遠以外的圖博東部移居而去。[3]

最近一次大規模遷徙發生在一九五〇年代，中國解放軍入侵圖博的安多與康地區，也包括這片無際的草原，強制實行土地財產國有、成立人民公社、關閉佛學院、拘捕僧人。堅拒不從的牧民們攜家眷、趕牛馬，往西奔行萬里，一路抵禦沿途追殺的解放軍，穿越高寒羌塘無人區，翻越國境線，奔赴拉達克。草原上的萬里遷徙令人難以想像，然而流亡的圖博倖存者、當時參與追擊的蒙古軍人，確實都向世人留下了真實證言。[4]

這段歷史中國政府極力企圖掩蓋，刻意宣傳另一則遷徙神話——「紅軍過草地」，即中國共產黨的逃亡血淚史，其重要場景之一也位於卓格草原的東南地區。

一九三五年，為躲避國民黨軍隊圍剿，紅軍往西逃亡，最後被迫在松潘向西竄入卓格草原。因不諳高原的地形氣候，紅軍士兵饑凍交加，半途中死去不知凡幾，倖存者在迭部附近奇蹟地戰勝了守株待兔多時的蔣介石軍隊，竄出了草地，到達陝西，幸運的逃出升天。

儘管只有三百公里左右的路途，所經之地也不算是高寒無人區，而是圖博的傳統牧場，但經過反覆吹捧渲染，故事在逐次添加情節的轉述下愈形誇張，現今在各電影戲劇節目或觀光文宣中，紅軍當時彷彿跨越極地千萬里，已發展成為史詩般可歌可泣的情節。

中國佔領之後，為了紀念這段關鍵歷程，將原本稱為「瓊曲」的圖博傳統牧區，設立為紅原縣，象徵屬於共黨精神的「紅色草原」；更將這片完整的卓格草原硬生生分割成數塊行政區域，劃入甘肅、青海、四川三個不同省分。理由很簡單，對共產黨具有重大象徵意義的草原，並沒有乖乖聽話變成「紅色」的。

2 Bashir, 2016.
3 山口瑞鳳著，許明銀譯，二〇〇三。
4 唐丹鴻、桑傑嘉，二〇一五；楊海英著，吉普呼蘭譯，二〇一七。

切割與隔絕

位於松潘谷地和草原邊界上的「毛爾蓋札西廓羅宮巴」[5]，十四世紀時由宗喀巴的弟子創建，中國稱為毛爾蓋寺。當時紅軍為逃避追擊，冒險進入高原，搶奪攻佔這幢佛學院，於是佛學院被定為「毛爾蓋會議遺址」，將她和紅軍勝利的歷史意義劃上等號。

二〇一二年官方特別在寺院前建造一幢公安局，並固定安排二十多名公安駐守，隨時對僧人進行愛國法治教育和思想檢查。第二年又在佛學院外的轉經路旁大興土木，新建一幢規模更大的建築，提供派駐前來「維穩」的特警和武警內衛隊作為宿舍。

官方之所以加派警力，是因為二〇一三年的抗爭。那年對圖博來說是具有特殊意義的日子——十三世達賴喇嘛頒布「圖博獨立宣言」[6]的一百週年。一月十八日午后，一位圖博牧民青年珠確（Dunchok）在紅原縣城團結廣場上的公安局前，以自焚表達對中國的抗議。儘管軍警環伺，他毅然點燃自己，並重複唸誦著「嘉瓦丹增嘉措欽」[7]。現場目擊者傳出證言，珠確自焚前，對在場的圖博同胞只留下一句遺言：「請不要恐懼。」

第二年夏季，在這相同地點舉行的演唱會上，圖博青年歌手格白在演唱中遭公安拘捕。那天他演唱的作品〈你覺醒了嗎，圖博人？〉歌詞提醒圖博人要珍視自己的語言、文字與傳統文化，呼籲不同世代必須團結一致。

中國不斷擴大軍警設施與編制，小題大作地將僧人、作家、教師、歌者等文化人士當作掃黑對象，逮捕定罪。中國權力者可能將這些宣揚傳統文化尊嚴的思想，等同於主張叛國的分離主義、破壞社會秩序的暗黑勢力，擔心圖博民眾之間的團結將凝聚民族精神，反對中國的統治。

除了拘捕囚禁知識分子、文化人士，也故意在各地採取分割行政區域的措施。就像將卓格草原劃分到三個省分，達倉拉姆也被一分為二，割裂屬甘肅、四川兩個不同省分。

達倉拉姆，意思是「女神所在的老虎洞窟」，對圖博人來說是一處結合了宗教、自然靈性與傳說的地方。「郎木」和「拉姆」都譯音自相同的圖博語，「女神」之意。因附近山谷湧出千年不輟的泉水，與高山融雪匯聚往東流去，成為滋養豐美水草與森林大地的河流，當地圖博人稱「舟嘎藏布」，含義是「來自聖地的靈泉」，也簡稱「舟曲」，中文名稱「白龍江」即大略譯自圖博名稱的含義。[8]

當地一座擁有六百多年歷史的格底佛學院（是阿壩格底佛學院的母寺），她成為草

5毛爾蓋札西廓羅宮巴（mu ger tashi khorlo gongba），意思是毛爾蓋「吉祥法輪佛學院」。
6一九一三年十三世達賴喇嘛，率領圖博民眾驅離所有入侵漢軍，結束多年流亡，回到拉薩，向圖博大眾發布獨立宣言，其中提到「為了保護和維持我們國家的獨立，每一個人都要自覺努力。」
7「嘉瓦丹增嘉措欽」意思是：尊者達賴喇嘛請護佑我。丹增嘉措，為十四世達賴喇嘛法名。
8舟曲往東南流去，下游進入四川的廣元市，被稱為嘉陵江。

原上精神與信仰的象徵，是圖博子民心中的神聖之地。數百年以來周圍牧區以寺院為中心，自成一完整獨立的聚落。中共解放軍入侵後，以舟曲的細流為界，左側是四川，右側商店則屬甘肅，來往僧人是一致的紅色僧袍；相隔僅數公尺寬的水流，千百年以來都是說著相同語言、風俗文化的圖博居民，然而官方卻謊稱「因省籍不同，兩岸擁有相異語言，不同的生活習慣與住屋形式」。

河水兩邊所屬行政單位相異，對居民來說真正不同的是，交通、教育、經濟等系統管理和資源分配的方式。當地民眾生活的移動方向，都自然趨向於各地所屬的行政中心，而非傳統的宗教信仰中心。在生活的物理條件及空間移動慣性改變的情況下，削弱聚落之間以宗教精神為中心的傳統聯繫，甚至以利益製造相互猜忌紛爭。這應該就是中國當局的目的。

17 走過歷史的草原

唐克草原

讓我們從容遺忘。我體會
他沙啞的聲調，他曾經
嚎啕入荒原……
——楊牧，〈有人問我公理和正義的問題〉

發現不對勁的時候，我們的車已滑向對面車道。聽見前座的圖博大哥低喊一聲，車身失速的向前滑行，忽地又原地快速旋轉，倒著向路邊滑出去——我聽見自己的聲音驚喊出來。

幸而車身底盤卡在路邊一塊石樁上，確定車子不再動彈後，我們小心翼翼地爬出車子。發現路旁就是陡坡，這時才感到膽戰心驚，如果車身沒有被石樁卡住，一路衝滾下山的話，後果難以想像。二位圖博大哥前後檢查車子的狀況，打電話聯繫救援，為維持車身穩定，另一位已將行李都從車上卸下來。

接下來該怎麼辦呢？

站在路邊時，發現雪已經停了。草原的風強勁，乾冷而清新，陽光透出雲層，照耀四野一片雪白晶瑩，遠方，在天空和大地的邊際，低矮山巒起伏。望著這片被白雪覆蓋、一片潔淨開闊的天地，腦中也一片空白。想不出辦法，奇異的是，也竟然沒有擔憂或慌亂。

一輛小客車駛過來，沒有人舉臂招手，車子主動慢慢降速在前方停下。是一對老夫妻載著讀中學年紀的孫女，他們搖下車窗探問我們的情況。圖博大哥和老先生交談了一陣後，轉頭對我們說，「你們坐他們車吧。」就這樣，向兩位大哥道謝，我們又上路了。

兩位老人家都不會說中文，孫女幫我們翻譯。聽說我們要去達倉拉姆，他們表示正前往若爾蓋縣城，那裡是去達倉拉姆的中途，可以順道載我們，只是他們要先繞一段路到唐克。她用流暢的普通話說明，他們要幫親戚送點東西……沒等她說完，我們毫不考慮的連連點頭：「沒問題沒問題，我們也想去唐克！」

他們封閉了開闊的草原

唐克，原本是一處鄰靠瑪曲河邊的牧區聚落，正是當地政府近年大規模開發觀光，設置「黃河第一彎」景區的地點。汽車往西轉入通往瑪曲方向的岔路，這幾天應該下了不少大雪，積雪被清理到路邊，已堆成近一公尺高的冰牆，遠處隨著山巒起伏，雪或深或淺落在土黃色大地，層層疊疊像是暈染的水彩。現在就連路面也被鋪上一層白雪，為了安全，爺爺降下車速，屏息的謹慎前行。

在白茫茫天地間，先是看見路邊有幾幢像是農舍的屋宇，之後出現愈來愈多的水泥建築，猜想已進入唐克鎮。之前曠野的公路上渺無人煙，沒有遇到什麼車輛；進入城鎮中心，除了偶爾幾個人影走過，大街竟仍然是一片闃靜，大多店家都緊關上門。

「好安靜呀。」我低嘆出聲。坐在我身邊的孫女尼瑪說，冬天通常沒有旅客，大街上的店家都提早關門，回鄉過年。她問我們怎麼不夏天來呢，「夏天草原漂亮得很，花都開了，來得人特多。」每年夏季天天都開來一輛輛大巴士，載進來大批遊客，她皺起眉，「車多人多，草原上吵得很呀——」

對中國文化來說極具象徵性的黃河，發源於圖博高原，從巴顏喀拉山脈北方流入中原地區前，整個上游水域都位處在海拔三千五百公尺以上。圖博人稱她「瑪曲」，意思是孔雀河，因為瑪曲水流並不是黃沙滾滾的渾濁，而是清澈碧綠，在陽光下閃耀光澤，有如孔雀羽毛的顏色。

瑪曲順著高原地勢東流不久，遇到高峻的阿尼瑪卿山[1]便曲折繞道，蜿蜒到卓格草原

1 阿尼瑪卿山（Amne Machin），意思是山神瑪卿本拉（Machen Pomra），是安多人們最崇敬的神山。

時，不曉得已經扭轉過幾道彎。顯然「第一彎」的名稱只是吸引漢地觀光客的噱頭——利用對「黃河母親」煽情式的孺慕想像，促銷觀光。

幾乎所有中文書上都介紹：瑪曲，也就是黃河上游自古即收治為漢、唐等中原國家的領土，文獻裡稱為河西九曲、河源九曲，有時也簡稱為「河源」或「河曲」。文史研究者最常提到的例證是《資治通鑑》等史料記載——西元七一〇年唐睿宗李旦將河西九曲賜給了與圖博和親的金城公主，作為陪嫁「湯沐邑」[2]，數年後因圖博「挑釁」才又派兵搶回來，屯軍駐紮。按照這個說法，如果這片草原大地當時原本由中原統轄，那麼直到一千三百年後的今日，草原上為什麼不見中原漢民族千年生活的痕跡，依然只是圖博傳統牧民生活的天地呢？

二十多年前，我曾經在阿壩找了輛出租車，往西翻越山谷到青海的班瑪縣，那位於瑪曲流域以南，算是河西九曲的最南緣了。

當時搭乘漢人師傅開的車，他剛從軍隊下崗，到阿壩開業不久，樂意剛開張就接一筆包車走長途的生意，順便也探一探陌生的路段。阿壩與班瑪雖然分屬四川與青海不同的省分，卻是鄰近的兩座縣城，從地圖上看，直線距離僅一百多公里，但沿著河谷攀行的山徑崎嶇顛躓，車子盤上繞下的走一整天，在夜幕降臨之際才到達。

途中只經過幾處村落，見到最大的建築物就是古老的赭紅色佛殿與佛塔。其間曾在一處村子外暫歇，師傅下車伸伸腿，村裡人們都好奇的跑出來，除了孩童，所有人不論男女全都披著深紅色衣袍，像是寧瑪派修行者模樣。他們圍著我們發問連連，語言不太通，來回對話好半天，我才明白他們誤以為我們是來賣東西的包袱商。小孩子們開心的繞著黃色出租車跑，男人們也圍著這輛嶄新的車打量，在上面輕拍一下又以指節敲兩下，像是撫摸馬身般疼惜的來回輕撫，然後比手畫腳問——這東西要賣多少錢？

在班瑪的車站招待所住下，剛放下行李，正想出門找晚餐，幾位公安已經來敲門。原來招待所是由當地政府經營，想必是我一在櫃檯登記證件，工作人員馬上就通報公安局了。公安查驗我的台胞證，要求我前往公安局做正式備案紀錄，勒令當晚不得離開招待所，並且在隔日搭乘最早一班巴士離境。

第二天清晨一打開房門，就看見二名公安站在房外，為確保我遵守規定離開，他們已早早前來等候，說是要送我到車站，其實是為親眼盯著我上車離境。公安局長跟我說明，之所以採取這些舉措，是因我違反中國政府規定，闖入尚未開放的地區。儘管在二十一世紀初，中國許多地方早已如火如荼投入觀光開發，希望遊客越多越好，而班瑪卻仍處於「外人不得進入」的封鎖狀態。

事實上班瑪不僅在過去受到管制，就連現在也不算是完全開放。二〇一二年十二月三日，世界人權日一週前，就在我曾經落腳的旅店街口，僧人洛桑格登為呼籲圖博團

2 為國君、皇后、公主等收取賦稅的私邑。

結、不放棄希望，而點火自焚。當天為阻止他的遺體被軍警搶走的幾位民眾都遭到拘捕，其中五十七歲的牧民瓦秀多周遭判刑十年，至今依然被關押獄中，音信杳然。據說那年過冬、直到第二年新年以後，整個縣境通訊都遭截斷。

其實封鎖在圖博地區並不是特別的事，一旦發生自焚等抗議行動，當地出入交通立刻遭到管制，電信、網路也被封禁。如此戒備森嚴的原因，並非如二十多年前那位公安大叔的解釋——當地設施不夠進步，社會不夠文明，不適合對外開放；而是當地住民全都是圖博人。這是中國政府無法承認的事實——許多地方的圖博人只使用自己的語言，堅持自己的傳統信仰和價值觀，和內地中國人近乎毫無交集，也無往來。

另一個更為關鍵、讓政府更難說出口的深層因素是，歷史。

溯古的遊牧之地

位於圖博高原最東邊的舟曲、岷縣、臨潭等地，與中原地區相鄰，目前在中國行政區劃屬甘肅省；依漢文獻記載，一千三百年前，中原的唐稱這些地方為宕州、岷州、洮州；而最早受中原統轄的紀錄，是在二千三百年前，秦國入侵後設為隴西郡。這些地方都位處隴山以西，原本是吐谷渾、党項、白蘭等遊牧民族放牧與生活的領地。[3]

對中原政權來說這些民族並沒有差異，更沒有興趣去探究這些民族的異同，《史記・匈奴列傳》載：「自隴以西有綿諸、緄戎、翟、獂之戎……」即大略統稱為「戎」；而隋唐當時的紀錄簡稱他們為「羌」。而對於更為西邊、地勢更高的河源九曲草原上生活的人們，就更不可能是農耕社會的中原政權涉及的領域。

日本學者鈴木隆一做出考證，在圖博統一各部族、建立軍事強國以前，河西九曲正是吐谷渾王國的核心地區。[4]當時吐谷渾可算是這片草原最強盛的王國，六世紀中期所建都城「伏俟城」，就位於措溫布（中國稱青海）南岸，圖博稱作「洽卜恰」，意思是二條河水相遇的地方，中國佔領後，依這個含義取了「共和」這充滿政治意味的名字。

《魏書》和新、舊《唐書》都描述，吐谷渾在四世紀初自遼東遷徙而來，和前燕慕蓉、北魏拓拔、南涼禿髮都同屬鮮卑族。《唐書》試著探究圖博民族的起源，以推測語氣介紹圖博也應屬南涼禿髮的後裔，但這個臆測沒有什麼具體根據，只是將圖博歸類為唐人較熟悉的吐谷渾、北魏等草原民族族裔。

五世紀時吐谷渾發展出成熟的政治體制、軍事制度，成為漠南草原上的領導，吐谷渾國王即自稱可汗。西元六〇八年，隋國君王楊廣為搶奪通往西域、河西走廊的掌控

3《後漢書・西羌傳》，2012；《舊唐書・地理志》，2010。
4 鈴木隆一著、鍾美珠譯，一九八五。

權，率軍入侵吐谷渾；國王伏允[5]戰敗，率部眾遷移到南方的草原，七年後伺機返回復國。六三四年，唐國李世民也為搶奪絲路門戶，大舉進攻吐谷渾，逐殺伏允，相繼扶植新王慕容順、諾曷鉢繼位，為確保穩定掌控吐谷渾，把一位宗室女封為弘化公主嫁過去。[6]

吐谷渾國力不弱，自主意識也強，從來不輕易向中原或北方大國臣服，李世民扶植的新政權馬上受到挑戰，吐谷渾原來的王儲尊王[7]在遭到唐攻擊後並未降服，反而帶領吐谷渾大部分臣民投靠圖博，幾年後返回吐谷渾，與圖博軍隊合力趕走唐所支持的傀儡國王。尊王受圖博分封為「阿才王」[8]，也擔任圖博的軍事重臣，子孫世襲王位，數十年後一位子系就在「石堡城」戰役中擔任主帥，率領草原大軍追擊唐國軍隊。[9]

在敦煌發現的圖博古代文書中，記錄松贊干布[10]在位時曾發兵合併吐谷渾[11]，對照《通典》記載，「其贊普[12]弄贊，雄霸西域……自大唐初，已有勝兵數十萬，號為強國。」[13]其中贊普弄贊即是松贊干布，推測他稱霸西域約發生在西元五九三至六〇〇年間。其實早在松贊干布的父親論贊弄囊執政時，圖博已發展成威懾西域的強國，當時中原由隋文帝楊堅統治，之後唐建國的同時，圖博國勢已更為強大。正因唐李世民發兵入侵吐谷渾，造成吐谷渾部眾與周圍其他遊牧民族的危機感，令他們選擇依附圖博以尋求保護。

學者山口瑞鳳根據古代圖博文獻資料，認為圖博先民是由木氏、色氏、董氏、東氏等主要部族所構成，隨著王國擴張，逐漸納入更多外圍族群，其中包括圖博高原東部的吐谷渾（圖博稱阿才）、党項（圖博稱木雅）、白蘭（圖博稱松巴、霍爾）[14]等。換句話說，中文所稱的河西九曲，也就是廣袤的瑪曲流域，以及南邊的色達阿虛草原、石渠色須草原，一直延伸到目前中國行政規劃的馬爾康、甘孜等山谷地區；在這些區域過著放牧農耕生活的人們，是圖博的始祖部族。

5 慕容伏允，吐谷渾王，曾與隋國光化公主和親。六三四年伏允戰敗出亡，《資治通鑑》一九四卷稱其為部下所弒；《新唐書・李勣列傳》、《舊唐書》一九八卷則述其自殺。

6《資治通鑑》一九四卷，二〇一〇；《新唐書・西域列傳》，二〇一〇。

7 尊王是吐谷渾王伏允的次子，被立為太子，唐所扶植的慕容順為伏允長子，年少作為人質在中原的隋國成長。

8 阿才（Va zha），漢文獻對吐谷渾王也有類似發音的稱呼，如《魏書》中稱「阿豺」；《資治通鑑》、《宋書》中則記載四一一至四二四年的吐谷渾王名為「阿柴」。

9 王堯、陳踐譯註，二〇一二。

10 松贊干布（Songtsen Gampo），意思是胸宇深廣正直的神王，他統一圖博高原各族建立博王國，也被稱為「墀松贊」，《新唐書》以不雅字眼音譯為：棄宗弄贊、棄蘇農。

11《敦煌本圖博歷史文書》內容可分為三個部分：〈大事紀年〉、〈贊普傳記〉、〈小邦邦伯家臣及贊普世系〉。文獻是以古圖博文字書寫，譯解難度高，巴考（Jacques Bacot）、拉魯（Marcelle Lalou）、石泰安（R. A. Stein）等國際學者已翻譯研究一些成果，學界目前對古圖博文獻的研究仍持續中；中譯本《敦煌本吐蕃歷史文書》為中國的文史工作者王堯等人所作，因是現代譯書，這裡以「圖博」取代具貶義的「吐蕃」。

12 贊普（tsenpo），字面意思為「神人」，如同中原稱「天子」的含義。漢文獻以音譯，刻意避開「神人」意思，音譯突厥的「可汗」也是相同情況。

13《通典》，〈邊防六・西戎二・吐蕃〉，二〇一六。

14 山口瑞鳳著、許明銀譯，二〇〇三。

也就是說，一千多年前、甚至更久遠以前，這片高海拔的山谷與草原大地一直都是圖博等民族遊牧生活的領域，圖博稱為「多康」，即安多與康。

文獻中更多的大地故事

《後漢書．西羌傳》大致描述隴西地區的特質：「河湟間少五穀，多禽獸，以射獵為事。」河湟，指的就是圖博稱為瑪曲的黃河上游，以及圖博人稱為「宗喀」[15]的湟水河谷，這些地方並不適合種植五穀，當地民族以游牧狩獵為生，與中原農耕社會截然不同。

漢發動戰爭，遊牧民族被迫徙往更西邊、海拔更高的措溫布等鹽湖地區，這些新掠奪來的土地頓時空下來。《後漢書．西羌傳》說明漢國因應做法：「遂因山為寒，河西地空，稍徙人以實之。」特別安排中原人民移居此地。

《舊唐書．地理志》也作類似的說明：「廣威後漢燒當羌之地，段熲破羌斬澆河大帥即此也。漢末，置西平郡，此地即南界也。」即漢末將宗喀和瑪曲沿岸設為西平郡[16]，並把這個地方當作漢國境的南界，與遊牧民族的生活區域做區隔。也就是說漢國當時武力拓展僅到宗曲河谷一線，以南全是遊牧民族的領地了。

對照現在的情況，西寧、平安都位於平坦的宗曲河岸，是漢族人口較為密集的地區，圖博農牧民則依然生活在宗曲以南的山谷，那裡多屬海拔三千公尺以上的高原與峽谷地形，當地圖博牧民仍維持遊牧與農耕合併的生活型態，與完全定居的農業社會有極大差異。

漢文獻有關這些地區最早的記錄，可溯及二千多年前，漢武帝劉徹西征拓疆，除了在現今的西寧、平安一帶設立西平亭，並將鄰近措溫布的湟源規劃為臨羌縣，把樂都叫做破羌縣，不僅如此，在南邊設立狄道縣，位置相當現今的甘肅省臨洮縣一帶，恰好位於圖博高原和黃土高原的分界上，有道河川流過，圖博人稱為碌曲，意思是「神賜予的泉水」，中文則稱洮河。

碌曲往北注入瑪曲，流勢平緩下來，匯聚成黃沙滾滾的大河繼續東流，就是中原所稱的黃河；自南方蜿蜒而來的碌曲，上游穿行在陡峭山陵間，形成地勢險峻的谿谷，自古成為遊牧民族和中原農耕社會間天然的界線。山谷以西的廣闊高原，就是圖博安多的拉卜楞地區。

冷兵器時代，碌曲河谷周圍自然成為激烈的戰場。當地流傳的民謠：「北斗七星高，哥舒夜帶刀。至今窺牧馬，不敢過臨洮。」詩歌中讚美的「哥舒」，就是唐玄宗李

15 宗喀，意思是宗曲的河谷地區；中文稱宗曲為湟水。
16 包含現今中國劃定的青海省西寧、樂都、化隆等地。

隆基所重用的外籍傭兵哥舒翰，約一千三百年前，臨洮是唐國守住草原民族入侵的邊境基地。詩人王昌齡二十七歲曾隨軍出征，當時所寫〈塞下曲〉：「飲馬渡秋水，水寒風似刀。平沙日未沒，黯黯見臨洮。」詩人見證風蕭蕭秋水寒的肅殺氣氛，其中的「秋水」即是碌曲。

在狄道縣之南又設有羌道縣，位置相當於現在甘肅的舟曲縣附近。舟曲（中文稱白龍江）自達倉拉姆一帶發源，往東流經寬闊草原與嶙峋山岩，到了現今的舟曲縣，地勢陡然平緩，水流驟向東南轉折後，注入中原地區的岷江。舟曲所處位置與臨洮相似，也是位在遊牧民族和中原農耕地區的分野位置，從舟曲縣往西越過陡峭山林，就是我們現在搭乘汽車奔馳的卓格草原。草原和中原農區之間僅隔著寬度不到百公里的原始森林，直到中國軍隊佔領以前，過去數千年來，臨界線的兩邊是截然劃分——圖博與漢，完全不同的文化與生活型態。

西平、破羌、臨羌、狄道……檢視這些漢文地名，可知在受到漢軍武力攻擊前，安多一直是遊牧民族的生活領域。

漢國對這些異民族十分陌生，只能以「羌、狄」泛稱；使用「破羌」如此具敵意的名稱，可合理推測漢軍是通過艱辛惡戰才拓廣新疆域。而這些古老地名的所在，正是上述鈴木隆一與山口瑞鳳等學者，根據古代圖博文獻所考據的範圍。

唐克空寂的城街應該是新築的，官方資料說明因應旅遊發展，唐克在二〇一一年由鄉升格為鎮，然而街頭到處可見斑駁牆面的建築，已明顯陳舊，加上大多數商家都緊掩大門，更像是一座被棄置的廢城。

海拔平均高度在三千六百公尺，年平均氣溫是攝氏一點三度，一年有一半以上是雪落冰結的季節。在地方政府發展觀光前，除了數個圖博牧民村以外，就是雁鳥、犛牛與羊群生活的世界。即使現在，在城區一條主要馬路之外，便是無際無邊的曠野，這片曠野在夏季時是綠色的水草，冬日則成為一片無垠雪原。

不禁臆想，一千多年前唐與博在此地的戰爭，即使唐軍得勝，該如何策馬追逐遁入這片高海拔雪原曠野中的圖博騎兵？

18 戰場古今

唐克鎮

就像清洗石頭的水
清潔我們的風
就像把我們聯繫在一起的火焰
它活在我們體內
使我們成為更好的人
——維克多．哈拉，〈歌〉

汽車穿過唐克鎮沉寂的大街，向右旋過街角，又再度駛入曠野，覆著白雪的無垠大地再次展現眼前。

儘管沒有看見河水，我知道瑪曲就在我們的左側，在草坡下方不遠處靜靜流淌。遠方，在天與地的交界處有晶瑩的雪山起伏，那是瑪曲自天邊蜿蜒而來的方向。

這條闢建在草原上的柏油道路，超過想像的筆直平坦，儘管一年當中大多時間都是如此空曠，但為了夏日數月的觀光人潮，想必政府用心修護，畢竟它通向「黃河第一彎」景區，成為每年為政府、企業帶來大筆觀光收益的「淘金」之路。

途中經過幾處修建中的工地，應是渡假酒店、購物商場之類的設施。為了增加觀光收益，徵地與開發工程都持續進行中。經過一處聚落，沿路邊一字排開的民居，顯然是政府安排搬遷的圖博「牧民定居房」，每間屋舍的樣式、結構、建材都一樣，簡陋的水泥建築上裝飾著褪色的黑、橘方塊花紋，說是象徵民族風格，卻顯得不倫不類。

二〇一五年時遭到強迫拆遷的當地牧民，趁四川省「地方兩會」[1]召開期間，前往成都抗議——五年前地方政府以綠化名義強迫徵收他們的屋舍、牧地，實際上卻將土地提供私人企業作為觀光商業用途，失去土地的他們，被分配移居到品質低劣的牧民定居房。

牧民採取合法申訴途徑，提出的文件到了官方卻石沉大海，回應只有閉鎖的大門和傲慢的靜默。齊聚在政府部門前表達抗議，卻遭以「糾眾滋事」罪名逮捕，民眾抗拒拘捕，過程中發生拉扯，於是又被羅織「煽動暴力」、「反政府暗黑勢力」等更嚴重的罪名，至今依然有民眾被拘禁獄中。

現代，在販賣優美風景、中原祖國母河情懷的草原上，正上演著實力相差懸殊的土

1 四川省地方兩會，是在成都召開的四川省人民代表大會、政協委員會的會議。

地戰爭。

詩人的見證

回溯歷史，人類為擴張領域而發動戰爭，侵軋輾壓弱者，手段方式不同，宰制的慾望本質卻是一樣的。這片草原的邊界上，數千年來即是中原與草原民族交手頻仍的場域，近一千三百年前，古代唐與博國最激烈的戰鬥之一也在此發生。

「君不能學哥舒，橫行青海夜帶刀，西屠石堡取紫袍。」李白在詩作〈答王十二寒夜獨酌有懷〉中，對即將遠赴邊疆的友人提出勸告，希望他不要學哥舒翰，為求取功名而殘忍屠城。

詩中提到的戰事地點「石堡城」，古博國稱「鐵刃城」，曾多次出現在《資治通鑑》、《唐書》等文獻。關於石堡城的具體位置，學界曾根據《新唐書》：「石堡城……又西二十里至赤嶺，其西吐蕃」的內容，加上法國學者石泰安認為赤嶺是措溫布（青海）南方的日月山，中國研究者於是推斷石堡城位於日月山東側一帶，目前中國官方多採行這個說法[2]；然而，日月山周邊地勢屬高原平坦地形，和史料所述「其城三面險絕，惟一徑可上……」[3]的險峻環境頗有差異，此推測後來遭不少研究者質疑。

著寫於清光緒年間的《洮州廳志》曾指出：「惟一石堡城，在城西南七十里，今名羊巴城，半在山上，下臨洮水……城中有八稜石碑，系唐天寶八載所豎。碑文為《石堡戰樓頌》，意即哥舒翰攻吐蕃後紀功之作。」[4]說明石堡城即是臨靠洮水、半山腰上的羊巴城，只是文中提到的八稜石碑在當時已不存在，所記錄的碑文也來自前人所抄錄；二十世紀初，石碑在臨潭縣一個農村中被發現[5]，其位置十分靠近《洮州廳志》所指的地點，那屬於安多地區拉卜楞所轄的的卓尼地區，現在是甘肅省臨潭縣的羊巴村，這裡也鄰近古代唐與博國經常發生戰爭的洮州。近年學界考證那附近應該就是石堡城的位置[6]，那正好就在卓格草原與中原的交界上，也就是我們現在行經草原的東北方。

李白贈詩給友人的那年，才剛發生哥舒翰奪取石堡的戰事。

唐國多年搶攻石堡城都失敗，那年玄宗李隆基派遣哥舒翰統領數萬大軍，不計代價要從博國手中奪回。詩人高適也曾在那個時代前往邊境從軍，他描繪另一場和哥舒翰有關的戰役：「遙傳副丞相，昨日破西蕃。頭飛攢萬戟，面縛聚轅門。鬼哭黃埃暮，天愁白日昏……」，其中副丞相即是位居高位的哥舒翰，西蕃自然是指古博王國——頭顱在

2 嚴耕望，一九四五。
3《資治通鑑》二一六卷，二〇一一。
4 包永昌編，一九七〇。
5 一九〇九年時由德國人類學者勞弗爾（Berthold Laufer, 1874 - 1934）自發現石碑的農人購下，現存美國菲爾德自然史博物館（Field Museum of Natural History）。
6 李宗俊，二〇一一。

萬支刀戟間飛落，軍門前綑繫了成堆的臉容，簡直是鬼哭天愁，大白天卻像是光線昏黃的夕暮。[7]高適描寫的慘烈戰況有如世界末日。

從史料中只能看見交戰勝敗、死傷數字的記錄，而抒發心境的詩人作品，倒是相當寫實的呈現戰爭現場。

李白在詩裡直言哥舒翰是為求一己功名，西屠石堡，刻意使用「屠」這個字以呈現戰況慘烈。只是遭屠殺的不是敵軍，而是數萬名唐國士兵，唐雖然在這場戰役中獲勝，根據《資治通鑑》記載，哥舒翰當時率軍連攻數日不下，命令兩位副將簽下生死軍狀，經歷三天日夜持續猛攻，犧牲數萬名兵士性命，才奪下石堡城；但是敵方遭俘虜的人數，包含將領也只有四百多人。[8]

關於當時唐軍隊人數，不同文獻提供了相異的數字，《資治通鑑》記為六萬三千人；新、舊《唐書》則表示哥舒翰募集十萬兵眾去攻打石堡城。不論是六萬或十萬軍士，以數萬人對上古博國四百多名守軍的比例，著實誇張，訊息傳回國內引起群情嘩然，眾人應該都無法認同如此犧牲無辜的做法。可是，李隆基在得知取勝消息後，立即擢升哥舒翰，官位三級跳，並特別授予邊域掌兵大權，擁有從各地調度兵馬赴石堡城屯田駐軍的權力。可見哥舒只求戰功，是因為他的君主李隆基，並不在意死傷多少。

或許英雄所見略同，在李白對哥舒發出譴責的同時，杜甫所寫樂府詩《兵車行》，則對連年烽火戰役表達批判：「武皇開邊意未已，邊庭流血成海水。」[9]杜甫藉著批評古代不斷開拓疆域、發動戰爭的漢武帝，諷諭當時好戰不休的李隆基罔顧人命。

一如李白「西屠石堡」的寫實描述，「血流成海」的比喻也非詩人妄語，因為不只是西元七四九年這場勝仗令唐國軍士犧牲慘烈；依據記載，李隆基為奪下石堡城，過去近十年連番遣將發兵都無功而返，且每一次都傷亡嚴重。

儘管漢文史料對唐戰敗多輕描淡寫，如《資治通鑑》紀錄：「隴右節度使皇甫惟明與吐蕃戰于石堡城，為虜所敗，副將褚詡戰死。」只約略提及一名副將的犧牲；但敘述博國軍隊的攻擊卻用「屠」這個動詞：「吐蕃屠達化縣，陷石堡城。」暗示了戰況的慘烈。

圖博這一方的記載提供了具體細節，《敦煌圖博文書》〈大事紀年〉寫錄其中一場戰事：「及至雞年（玄宗天寶四年，七四五年）……唐廷元帥馬將軍引廓州之唐人斥候軍至。王甥吐谷渾小王、論莽布支二人攻擊巴堡寨，引軍追擊來犯之唐廷斥候軍……唐軍大半被殲。」意思是唐大軍來襲，贊普派遣吐谷渾王和大將論莽布支前往前線迎戰，

7 高適，〈同李員外賀哥舒大夫破九曲之作〉。
8《資治通鑑》二一六卷，二〇一一。
9 明末王嗣奭《杜臆》：「舊注謂明皇用兵吐蕃，民苦行役而作，是也。此當作于天寶中年。」認為〈兵車行〉一詩為諷刺唐玄宗對吐蕃的用兵。

勝利擋下敵人攻勢後，追擊潰逃唐兵，結果有一半以上的唐軍都遭殲滅。[10]而對於朝廷眾官一致讚揚的哥舒勝仗，一逕保持清醒的詩人杜甫，忍不住發出批評：「崆峒小麥熟，且願休王師。請公問主將，焉用窮荒為。」[11]當時他寫詩送給即將前往邊境、擔任哥舒翰幕僚的高適，即在詩文中借問將軍──既然已經擋住每年秋天敵人的劫掠，邊境田裡的小麥都能有收成，仍繼續對那樣窮荒之地大動干戈，到底所為何來呢？

答案當然是因國君李隆基的堅持，只是各部史書都未交代他執著石堡城的原因。或許可猜測是為搶下險要之地，掌控制敵先機；然而，在奪下石堡城之後，持續興兵征戰、深入圖博領地的做法，便難以為他罔顧子民性命、窮兵好戰找到託辭。

令李隆基跳腳的國書

文獻中有二段君臣對話，也許能回答杜甫的提問，解釋李隆基執著於石堡城的心態。

這二段對話發生在哥舒翰血攻石堡城的二十多年前，在《資治通鑑》、《舊唐書》中都有記載。其中一段發生在西元七二七年，大臣張說勸說息兵止戰，讓李隆基接受博國的請和，他的說法是：邊境各地因十多年來的戰事連連，已不勝負荷，儘管唐軍常勝仗，仍得不償失，如果休戰，可以舒緩邊境百姓的壓力。當時的博國向來自視為強國，給唐國送去的國書是採用對等語態，李隆基對文書中傲慢的言詞經常感到憤怒。李隆基對張說停戰的建議當下未置可否，但是明顯無意再討論，只告訴張說，會和守邊大將王君㚟商議。張說完全摸熟李隆基心思，他退下後跟身邊官員說，王君㚟有勇無謀，如果唐與博國和好，他還能建立什麼功業？張說認為自己的意見一定不會被採納。之後王君㚟受到李隆基召見，最後的決議果然是深入敵境、持續征戰。[12]

過了兩、三年，博國一場敗仗後遣使表達希望停戰，李隆基表示：博國向來對唐的國書都是採用平等語態，態度傲慢，讓他耿耿於懷，他就是想懲罰博國，怎麼可能答應和解？當時在廷上奏事的皇甫惟明勸說：贊普年紀「稚幼」，怎麼可能寫出那樣態度倨傲的文書？他推測是唐國邊境守將自行竄改了博國國書的內容，這些官兵為了能夠打勝仗、立功勳，故意激怒李隆基，才有上戰場立功的機會。

這裡所提的博國國君為墀德祖贊，依據《賢者喜宴》、《西藏王統記》等圖博文獻

10 王堯、陳踐譯註，二〇一二。

11 杜甫〈送高三十五書記〉。浦起龍《讀杜心解》說明這首詩是杜甫為高適送別贈詩，「送高入哥舒幕也……且設為商榷之詞，以諷窮兵之失，其味油然而長。」

12 《資治通鑑》二一三卷載：「吐蕃自恃其彊，致書用敵國禮，辭指悖慢，上意常怒之……」《舊唐書》〈吐蕃傳〉亦有類似紀錄。

記載他出生於六八〇年，一歲時即位，由太后墀瑪蕾主政。不過在皇甫與李隆基對話此刻，墀德祖贊已是四十九歲。皇甫這些話顯然不是事實，而且哄勸李隆基的意味十足，兩國文書內容與帝王年紀大小怎會相關，而邊臣守將竄改國書、欺君罔上會是多大的罪？李隆基卻沒有直接戳破。

皇甫趕緊進一步提出意見：持續征戰既勞師動眾，又耗費國庫，只是讓將領們建立功勳而已，對國家益處不大，邊城人民更是辛苦疲累；他建議趁此機會遣使臣到博國去探望金城公主，或可成為兩國休兵、開啟平和的契機。李隆基聽了以後就順勢下台階、接受他的意見，馬上派遣皇甫出使博國，談休兵立盟之事。[13]

張說和皇甫的這兩段話只相隔兩、三年，李隆基為什麼會有完全不同的決定？因為和皇甫惟明對談的不久前，剛發生石堡城被信安王李禕率領唐軍奪下的戰役，這應該就是令李隆基態度轉變的關鍵原因。再加上博國主動向唐求和，幾年來因為多次敗仗和博國國書而受辱的自尊心，已因此得到些許平衡吧。

收復，或侵略？

其實這些年裡，唐與博國從黃河上游、河西走廊直打到中亞地區，一直是烽火頻仍，皇甫惟明雖促成和平盟約，也只是暫時休兵，不到三年，李隆基又怒令拆毀赤嶺的界碑，兩國在邊界上鏖戰得腥風血雨，將石堡城搶過來又奪過去。

在這兩段君臣對話中，都明顯看得出李隆基對博國滿懷怒氣，似乎不管唐軍打過多少勝仗，只要一次敗仗就能令他氣得牙癢癢。博國不像其他遊牧民族尊他為「天可汗」，令李隆基極為介懷，兩國多年來回戰爭，已頻繁得讓大臣們不得不運用各種話術，來嘗試安撫李隆基休兵。在兩段對談中也一致透露真相——其一是：與博國長期征戰，讓百姓痛苦，對國家無益，絕非划算的武力行動。另外是：因為不論是石堡城或河源九曲，原本都不屬於唐國領地，對唐國的戰略利益也不算大，並非一定要取得的地方。

事實上，在《唐會要》中已說明：唐設置振武軍的石堡城，原是「吐蕃鐵仞城」，西元七二九年唐國派兵奪取以後，才開始駐屯軍隊。[14]《新唐書》也記載：「初，吐蕃據石堡城，數盜塞……城險，賊所愛，必固守。」[15]直接說明：最初是博國據守石堡城，從那裡多次掠奪唐的邊境。

然而，千年以來，所有漢文歷史論述都錯將石堡城當作唐國屬地，這個誤會應是

13《舊唐書》〈吐蕃傳〉載此談話發生於七二九年（開元十七年）；《資治通鑑》二一三卷所記則晚一年，即七三〇年。

14《唐會要》七十八卷：「振武軍。置在鄯州鄯城縣西界吐蕃鐵仞城。亦名石堡城。開元十七年三月二十四日。信安王禕拔之置。四月。改為振武軍。」

15《新唐書．太宗子列傳》，二〇一〇。

從《資治通鑑》開始的。《資治通鑑》頗為詳細記錄七二九年這場戰事的過程，其中「初，吐蕃陷石堡城」這句話，暗示石堡城原本屬於唐，卻遭博國「攻陷」。

只是接續對於戰況和結果的描述又和這說法矛盾，「諸將咸以為石堡據險而道遠，攻之不克，將無以自還，且宜按兵觀釁。」內容提到諸軍官提醒主將李禕：石堡城地險，且距離基地遙遠，如果無法確保一戰就攻克，恐將難以安然退兵。李禕沒有採納建議，執意帶兵猛攻、深入敵境，最後竟然出乎意外的擊潰博國軍隊，結果「拓境千餘里。上聞，大喜。」[16]

如果石堡城原本屬於唐境，應該與其他的屯軍防線得以連結呼應，不至於會有進軍太過深入、唯恐退兵不及的憂慮；尤其勝仗的結果，不該是「開拓」一千多里領土，而是「收復」失土才是。作者在描述間還是不小心洩漏了真相。

李隆基數十年間大張旗鼓興師征戰的目的，不是保國衛民，也不是為了收復故土，目的就只是擴張與競爭，尤其因為介意博國「不敬」的國書。說到底，全是為了他個人面子的戰爭罷了。

現代土地戰爭

唐克草原的牧民失去土地並非偶發的單一事件。其實現代的中國這類案件層出不窮，因為開發的「大手」在這個世紀大張旗鼓的伸進圖博地區。

自唐克往東，隱於群山峻嶺間的降扎、迭部[17]，原是寧靜清幽的山谷村落，在發現當地富含鈾礦，自一九六七年政府設廠開採後，環境已遭到嚴重破壞，山谷成為荒地、大量動物死去，許多村民染患癌症和不明疾病。

中國政府陸續在迭部、降扎等處設置開採點和加工廠，知曉開採將造成嚴重汙染，沒有正式為工廠命名，僅祕密的以「792礦」為代號。因移入大量礦場職工，迭部工廠周邊逐漸發展成為一小型城鎮。一九九八年一位當地礦場倉管人員孫小弟，發現企業違法大幅爆破開採，並私下轉售汙染設備，及排放未妥適處理的輻射廢水，他將收集的證據提交中央政府單位，然而官方不但沒有回應，反而火速將他革職。

孫小弟持續透過各種管道向外界傳遞訊息，二〇〇二年中央政府被迫宣布關廠，名義上廠區轉賣給私人企業，實際上「792鈾礦企業」股東仍由原來的地方官員擔任。這個消息在法新社等國際媒體上揭露後，孫小弟在二〇〇六年獲頒國際「無核未來獎」，但他和家人在中國已遭到祕密拘禁，直到現今鈾礦場仍暗自營運，甚至在附近的占哇等地區擴大開採。[18]

16《資治通鑑》二一三卷，二〇一〇。
17迭部（thewo），意思是「大拇指」，山神在群山間以大拇指按出一塊平坦區域。
18自由亞洲電台（RFA），2006. 12. 04。

自唐克往北，位於拉卜楞佛學院南方的阿木去乎[19]，二〇一二年十一月間，兩位牧民先後在納合迪金礦廠區以自焚表達抗議——三十四歲的次仁頓珠留下「圖博要自由，禁止開礦」的遺書；而貢確次仁只有十八歲，他在火焰中呼喊「圖博要自由、人權」。第二年的十二月，僧人次成嘉措在阿木去乎佛學院前自焚，他在遺書中清晰傳達家園遭汙染、圖博人失去自由與尊嚴的苦楚：「六百萬圖博人民的苦難向誰訴說？黑漢人暴虐的監獄，奪走了我們黃金白銀般的寶庫，使百姓們處於苦難中，想起這，不禁流淚不止……」[20]

事實上，當地政府與企業合作設廠開採金礦已近二十年，未適當處理的洗金水氰化物對當地河流、土地環境造成嚴重汙染，牛羊動物因不明原因死去，人們更是莫名染患重病。

在二〇一六年的「世界環境日」，牧民們群聚在金場外表達維護生態環境的訴求，卻受到武裝軍警的包圍及暴力驅趕，數位牧民被安上「勾結境外反華勢力」的罪名而遭到拘捕。

阿木去乎牧區的北方，是以繪製佛教唐卡而著名的熱貢地區[21]，有一處霍爾加村，村民多年來持續向當局要求取回過去租借給磚廠的四十畝共有土地；二〇一九年時，二十四位村民代表被官方控為黑惡勢力組織，軍警單位以「掃黑除惡專項鬥爭」的名義，拘捕群聚表達意見的村民，其中有九位人士遭判處三至七年的重刑。越是在村中具有威望、公信力的人，遭到的判刑就越重。

身為經濟相對弱勢的族群，加上對信仰、傳統價值觀的堅持，圖博民眾一為自己權益發聲，即被扣上破壞民族和諧、分離主義、暗黑破壞勢力等大帽子，使得他們承受更巨大的恐懼與苦楚。

19阿木去乎（amchok），音譯自當地圖博地名，意思「敬奉佛法僧三寶」。其位於桑曲（中文稱夏河）、碌曲（洮水）流域之間的廣大牧區，一九五八年極力抵抗解放軍入侵，中國以軍機、砲彈轟炸，血洗式屠村。

20唯色，二〇一三。

21中國佔領後劃為青海省同仁縣。

19

雪原有歌

索倉宮巴（黃河第一彎）

白雪皚皚高原上
有慈悲之父的神湖
圍繞這綠松石一樣的魂湖
是身體燃燒的傳說
——格白，〈我們有的是苦難〉[1]

沿著唐克草原坡勢起伏迂迴，我們的車轉過一個大彎道後，在土坡後方，眼前景象再度開闊——遠遠地看見了索倉宮巴的佛殿金頂，被土牆、深紅色屋瓦層層簇擁，在雪坡天地間靜靜閃耀著光澤。

擁有三百多年歷史的古老僧學院，是這片草原上牧民聚落的中心之地。

天邊雲梯？

爺爺把車直接轉入通往佛學院中的山徑，車窗外，佛殿與各經學院錯落有序地沿著山坡分布。索倉宮巴俯瞰遼闊的瑪曲水域和草原，後方層層起伏的山丘環擁著整座僧院。沿山路蜿蜒，經過赭紅色的佛殿和樸素的僧舍，我們的車子停在一處黃土岔路旁，抬眼便能望見大經堂矗立在路的前方。旁邊的岔路是一條上坡的小徑，坡地上分布幾間更加簡樸的水泥僧房。

在這樣平靜的天地間，二〇〇八年圖博各地掀起「圖博之春」的抗爭中，擁有古老歷史的索倉宮巴僧人們，也在三月十日那天一起走出寺院，大聲為圖博的自由獨立吶喊。

原本等在路邊的兩位紅衣僧人湊上前來，奶奶搖下車窗，熱情地要招呼，但更急切的冷風狂烈襲來，冬日的草原河風不是開玩笑，颳得僧人紅袈裟張狂飛揚，大家都吼著嗓子說話，但聲音瞬間就飄散在風裡。爺爺趕忙下車去，打開後車廂，他們一一搬出物品，三人親暱的握著手說話。

1 摘錄自圖博歌手格白（Gaepe）的作品歌詞。格白家鄉在阿壩的朗依宮巴附近，他的歌雖遭政府明令禁止，卻在圖博民間廣為流傳。歌詞取自高峰淨土的英譯、推特網友@lotusseedsD從英譯轉譯的中文。

我打開筆記本，翻到旅程出發前整理的資料，在標注「卓格草原」的那一頁，找到了貢確索南的名字，名字後註記著他曾是索倉佛學院的僧人——二〇一三年七月二十日晨間八點多，是一個如常的夏日早晨，約是所有僧人一起上完早課的時間，貢確索南在大殿前點火自焚。目擊者說，火焰中他雙手合十，唸誦著嘉瓦仁波切[2]祝禱祈請經。

那年他十八歲，年輕的生命選擇在光華璀璨的那一刻凝止。

當天寺院為他舉行了超度法會，為防止他的遺體被之後聞訊趕來的軍警搶走，當地民眾在瑪曲河邊趕緊為他進行水葬。這個訊息與畫面被傳送到國際各獨立媒體的同時，憤怒的當局先後逮補了二十一位僧俗民眾，包含貢確索南的母親和上師，其中有三位僧人至今依然失蹤……

身邊的尼瑪好奇地探頭問我看什麼，我看著她明亮的眼睛，一時不知該怎麼回答，思索了一下決定直接把筆記本給她。

尼瑪翻看著，笑容在她臉上消失。筆記裡有一百五十四位人名，從二〇〇九年第一位在阿壩自焚的格底宮巴僧人洛桑札西，到二〇一八年十二月自焚的確吉堅贊。沉默許久以後她說：「這裡面，有些的我知道，很多的人我不知道，沒有聽說……」想必中國政府在境內極力封鎖了這些以命抗爭的消息。

尼瑪向我借了筆，在貢確索南的名字旁寫下圖博文。她說，這是貢確索南的圖博名字。

「那天他的葬禮……不會忘記的，我們唐克的人全都參加……」算一算尼瑪那年應該只有十歲。我等待著她會再告訴我什麼，但她停下話，靜默不語，雙手鄭重地捧著筆記本還給我。

然後她指著山的方向告訴我，「翻過後山，爬到山坡那上頭，瑪曲的水呀，不管從哪兒看都是好看的。」可是，中國政府在更高的山頂上建造了觀景台，宣稱那裡有鳥瞰「黃河九曲第一彎」景觀的最佳視野。

她皺起了眉，「這草原呀山呀那麼大，我都不懂，那些人怎麼還特地花大錢買門票、搭那個電扶梯呀什麼的，急慌慌地全趕到那頂上，擠在那一小塊地，又急慌慌地趕下來坐車走了，不知道他們瞧見了什麼？」

尼瑪建議我們一起爬到寺院後邊的草坡頂去瞧一瞧。她說小時候經常陪奶奶來宮巴見菩薩，天氣好的時候都會爬到草坡上玩，她記得夏天裡遍地都是野花，這兩年不知道是不是旅客多的緣故，山上的花少了許多。

現在山坡上已堆覆厚厚的積雪，我們沿著小徑，往側邊的坡稍稍爬上一些，迎著冷峻狂風往下俯瞰，視野豁然開朗——遠處開闊的瑪曲水岸堆積著白雪，蜿蜒河水映著天光，折射瑩亮的光線，岸邊有幾戶牧人村落，紅屋土房上飄揚著彩色經幡。同時也難以

2 圖博人對達賴喇嘛的敬稱。

忽略那長達幾公里的人工棧道梯子的存在，從水邊一路曲折延伸到我們右後方，直通向遠方山頂上的圓弧形觀景台。

所謂的觀景台，像是以塑膠鐵皮草率搭建的低廉建築，它的正下方連接一條外觀形似巨大毛蟲的長形物，末端直通到山下停車場。這醜怪的綠色金屬蟲子即是可與門票一起收費的「坡道電梯」，二〇一七年時當地政府為廣增觀光人潮流量所建造，並為它取了個「天邊雲梯」的響亮名號。

瑪曲在歌聲中流淌

沿瑪曲河水兩岸分布有無數蜿蜒細流和湖泊，高海拔、低緯度的自然條件，形成獨特的高原濕地，是黑頸鶴等水鳥與野生動物的棲息地。近年深入濕地開設「花湖風景區」，闢建公路與黃河第一彎連結，在水草豐盛的區域搭設近十公里長的棧道，直通向公路，供遊人可以直接走入濕地，近距離觀察水鳥。

而在草原的東緣地區，原本是山石嶙峋的原始森林，過去半個世紀裡慘遭恣意砍伐，這幾年政府又著手將這僅剩的山林地開發成騎馬遊山的「樂園」。

對於中國在圖博地區的觀光開發政策，多年前中國歷史教授沈衛榮，以雲南省中甸縣更名為「香格里拉縣」的事件為例，批評為發展旅遊、迎合旅客取向而消費圖博文化，是一種「賤賣傳統的行為」。他認為這是將西方視圖博為淨土的神話想像橫向移植到中國社會，即中國主流族群對其他民族抱持偏見的「內部東方主義」[3]。他不諱言中國從過去對圖博文化的鄙視、到現今虛幻的美好想像，都是文化隔閡與誤讀；尤其中國政府目前似乎要將整個圖博高原都建設成國家級的自然保護區，一個巨大的香格里拉。[4]

沈衛榮儘管批評圖博地區的觀光政策，然而他依然是配合官方，持續以學術用語建構「強大中華」的長江學者。他自居圖博學專家，發表各種關於圖博傳統文化、語言學論述，然而，對圖博正遭受經濟殖民的戕害卻視而不見，尤其在他呼籲正視古圖博佛教文化時，竟忽視圖博年輕學子遭強迫學習普通話的教育體制，被剝奪學習母族歷史、文化、語言的自由。[5]由冰雪妝容的瑪曲草原，清幽、潔淨而遼闊，即使冷風冽冽颳得臉麻愣，依然讓人捨不得移動腳步。

在草坡上，尼瑪點開了手機，將耳機的一只分給我，示意我戴上。耳機中響起以札念[6]伴奏的圖博歌謠，熟悉的曲調令人輕易聯想到草原、雪山和迎風飄盪的彩色經幡；有

3「內部東方主義」（internal orientalism），立論延伸自薩義德所定義的「東方主義」，即相對於東方的西方帝國殖民立場，內部東方主義為發生於東方內部的偏見。

4 李元梅，二〇一八。

5〈伽羅博士：中共在西藏推行的是殖民統治〉，法國國際廣播電台（RFI），二〇二一。

6 札念，圖博傳統彈唱伴奏的弦樂器，意思是「悅耳的聲音」，有六弦、八弦、十六弦等種類，六絃琴最常見。圖博歌者撥彈古老的曲調，即興發揮歌詞。

著明朗高音的男聲則讓我想到格白，正要問時，尼瑪已經告訴我：Gaepe，他的名字。是的，沒錯，就是那位在瓊曲演唱時突遭羈押的阿壩青年歌手格白，總是以高亢嗓音，無畏的唱出圖博人心聲的歌手。尼瑪為我大致翻譯這首歌的意思，我稍做潤飾：

在新世紀，這個世界上，會說不同的語言是好的，
但如果失去阿媽拉的話語，博的語言就會在我們這一代斷絕。
在學校，學生吸收珍寶般的知識，有現代思想是好的，
但如果失去傳統，博的文化就會在我們身上消失。
歡樂的舞台上，歌唱光榮是美好的，
但如果我們喝太多酒，就會毀了我們自己。
古博王族的後代不曾消失，
農牧民們生活在高山河谷、草原各地，穿傳統衣飾是美麗的，
但如果不再團結，我們將會一起毀滅……

草坡上，我們靜靜看著遠方瀅瀅反射天光的水流，誰也沒有再說話。

同一道水流，在圖博人眼中她是瑪曲，是孔雀河，她晶瑩水花滋養的大地，是千年世代生活的家園；在漢語文獻裡，她被叫做河西九曲，是寒風秋水的殺戮沙場，是在戰

場中爭奪的領土；到了現代，被中國冠上黃河第一彎、花湖的名稱，她成為地方政府滾動經濟、創造漂亮收益數字的觀光商品。

再次坐上爺爺的車，汽車掉轉了方向，沿著我們來時的路而去。我轉過頭，在格白的歌聲裡，望見索倉宮巴的金色屋頂離我們越來越遠。

20 大風吹

卓格草原、松潘（若爾蓋、松潘）

歷史是謊言。
也可以讀作：歷史是廢話……
又能讀作：歷史是麵糰。
——高行健，《靈山》

從阿壩到達倉拉姆，穿越卓格草原的這段路程約三百五十公里，並不算迢遠，但欠缺公共交通工具，只能靠運氣，在路邊攔便車一段一段輾轉前進，這天旅途確實漫長。

因無法預計途中狀況，我們決定天亮前就出發，在阿壩漆黑的大街上，找到一輛前往客運站的出租車，趕上第一班出城的巴士；之後在安曲草原上遇見二位圖博青年，搭載我們一段路；經歷一場有驚無險的雪地事故，巧遇尼瑪和她的爺爺奶奶，中途繞轉到瑪曲河邊的索倉宮巴，數小時後在若爾蓋縣城外與他們道別，我們繼續在公路邊等待。搭載我們最後這段路程的是，獨自出門旅行的次仁先生。

機緣巧合的真心

次仁先生已年逾七十歲，他自我介紹是退休公務員，家鄉在松潘[1]，他預計前往拉薩的女兒家過年。他計畫先開車到拉卜楞寺訪友，之後再北上蘭州搭乘飛機進入拉薩。穿著整齊的襯衫、毛衣和防風機能外套，說一口流利的普通話，如果忽略他線條鮮明的臉部輪廓，聽著他幾乎不帶方言口音的語調，會覺得次仁先生是來自某個東邊大城市的中國公務員。

老先生十分健談，聊風景、天氣、路況，就是巧妙閃開可能扯上政治禁忌或宗教的話題。聊到要在拉薩過年，他會不自禁地揚起下巴，笑得滿足得意，除此，他還主動告訴我們幾年前曾去過印度旅行。

「好玩嗎，去了印度的哪些地方？」我問。

他愣一下，沒有馬上回答。我先打破尷尬，「是德里，還是南邊的孟買？」

「欸就是德里，就是那些個觀光地點唄，沒啥特別。」他最初提及印度旅行的笑容消失了，明顯不想繼續這個話題。

1 松潘，唐時稱松州，為圖博王國自高原進入中原地區的門戶之一，赤松德贊時攻佔為圖博領地。中國佔領後劃定為四川省松潘縣。

圖博佛教徒到印度，大多會造訪菩提伽耶等佛教聖地，及流亡者在印度重建的佛學院，也許會拜訪在印度生活的親屬故知，甚而會到流亡政府所在地達蘭薩拉朝聖。訪親、朝聖是人們一般會進行的旅程，然而如此人之常情卻觸犯官方禁忌，大多數圖博人回國後並不能公開提起。

次仁先生將話題轉到家鄉附近的黃龍、九寨溝，那是享有盛名的自然景觀，每到夏季便擠入大批觀光人潮，他說曾發生人被推擠落水的事故。是怎樣的秩序混亂呢？我問。「人多嘛免不了熱鬧，但大聲嗆呼就不怎麼好，對吧？九寨溝畢竟是我們藏族的神山聖水……」似乎感受到敏感性，他又迅速轉移話題，「欸，治安確實比過去好。宵小扒手沒有啦，整體來說是進步，國家越來越好。」

我不放棄地試著把話題接回去，「那去九寨溝還是要避開旺季囉？」次仁先生從照後鏡裡對我笑了一下，沒有正面回答，只叫我們看外面的雪，「這兩天雪下得大，雪堆得真高啊，這天氣就是太冷。來年你們得夏天來，那草綠得很喔。」

我們正途經花湖風景區，立在路邊的牌樓和看板字樣花花綠綠，一派熱鬧，但是景區沒有旅客，空寂一片，以簡易材料搭建的幾座觀光小屋，像是顏色鮮豔的廢棄工寮。整條路上一個人也沒有，倒是看見一架挖土機，正在河灘上挖砂石，旁邊一座巨型看板矛盾的寫著「退牧還草，守護生態」。

「松潘呢，夏天去也好玩嗎？聽說整個松潘古城都重新裝修？」我問。

「你說那新建的古城牆和商街啊？都建有好些年囉，也是，挺有意思……」次仁先生虛應地點頭，又轉開話題，「你們今天去不去拉卜楞呀，我可以順道拉你們一起，大家路上聊天有伴不是挺好？」看得出來他並不想多談整修的松潘，這次我不再追問為難他了。

二十幾年前，曾路過松潘。那是座只有一條馬路的山谷小鎮，毫無古城史蹟的味道，模樣和康定、丹巴沒有太大差別。二〇八年經歷汶川地震，松潘也是災區，政府索性在老鎮北邊建造新城，將當地居民和政府機構都遷過去；將原址倖存的房屋也拆除，引來外地資金，重建一座新的觀光商城，築起仿古城牆，造出古代漢式商街的樣子。

同時連歷史也一起改編，大量添加漢文化的色彩，盡力抹去圖博痕跡，強調「中共長征」的故事，連草原和寺院都變成了共產黨的「紅色」風格。唯一留下與圖博有關的符號，就只剩下文成公主和親的故事。

初登場之地

一千三百多年前，古博王國在漢文獻中首次出場的地點，就是松潘。

松潘位處於圖博高原的東緣地區，西邊是平均海拔三千公尺以上、廣袤無際的卓格草原；東邊是九寨溝的雪山和原始森林。沿著松潘附近的河谷向北，可以直接進入陝甘中原地區；向南則切入成都的平坦地形，如此地緣關係，讓松潘成為西元七世紀時，古博王國與唐首次交手之地。

古博國一登場，就率領草原民族的聯合大軍，豁然包圍當時被稱為「松州」的松潘，此後二百年一直讓唐國備感威脅。他們曾揮軍攻入長安，令唐王室倉皇逃亡，立了新的傀儡國君和朝廷後，又風一般忽然離去。儘管和其他遊牧民族一樣，都對中原帶來強大武力威脅，但圖博不像《史記》、《漢書》所載的匈奴那般驍勇；也不像《唐書》描繪的突厥那樣強大傲慢。在宋國史官筆下，博國的形象從未變得明確合理過，總被描述成一個原始落後、不知來歷，行動唐突的角色。

關於西元六三八年博國大軍包圍松州，兵臨唐國城下的第一場戰爭，不僅現在被中國政府利用作為「藏漢和諧」的宣傳，事實上，這件史事的真相在最初的文獻裡就已經大幅走調。

戰事背景得從六三四年講起。贊普松贊干布派遣使官到唐國送禮物，要求二國聯姻；唐國派使臣回禮致意，但一口回絕和親提議，在此同時唐與北方的突厥聯軍，兵分多路，大舉入侵位於博國北方的吐谷渾，追殺不願乖乖聽李世民話的國王伏允，扶植新的國王慕容順。

吐谷渾王國轄有措溫布以南的草原，以及隴右、河西之地，位置剛好在唐與博之間，且掌握中原通往西域絲路的必經要道，在博與唐的競爭裡，扮演關鍵角色。吐谷渾在五世紀時崛起，與中原的西魏、隋都曾和親結盟，有時又是對立的激戰狀態，或和或戰之間，吐谷渾和隋、突厥保持微妙的三角關係；而在博與唐崛起後，吐谷渾同樣居於其中，形成新的三角平衡。

六三五年，李世民暫時打破這平衡狀態，如願控制吐谷渾，只是維持不久，傀儡王慕容順即位半年後遭暗殺，唐派軍隊鎮壓混亂，支持慕容順的兒子諾褐缽任新王，為鞏固新國王地位，安排宗室女弘化公主與之婚嫁。博國聽聞消息，以「吐谷渾阻擾博、唐和親」為理由，在六三八年秋日揮軍北上，先擊滅諾褐缽的軍隊和唐國駐軍，再與草原上白蘭、党項的兵士集結，大軍逕直往東包圍唐國。

博國騎兵軍團來勢洶洶，一路過關斬將，轉眼就兵臨唐境，讓唐國軍臣根本應變不及。大軍包圍松州，威脅：「公主不至，我且深入。」李世民調派軍隊，兵分三路前往救援，先鋒隊斬殺千餘名博國軍士，讓贊普受到驚嚇，於是派人送禮謝罪，再度請婚，這次李世民點頭答應。這是漢文獻的版本。[2]

稍微整理漢文獻的邏輯：博國率領大軍一路平定吐谷渾，結合白蘭、党項等地軍隊往東進攻唐國，如此大費周章發動戰爭的目的，只是為娶唐國公主；而攻擊吐谷渾，也只為處罰他們阻擾博與唐和親；在二十萬大軍包圍松州之際，唯因前線有千名兵士被

2《新唐書．吐蕃列傳》；《資治通鑑》一九四、一九五卷。

殺，贊普嚇得趕緊撤兵。唐國最初毫不考慮就拒絕博國結親要求，大舉調派全國兵力打了勝仗後，卻改變主意同意和親。

以上敘述，博國出兵意圖和停戰原因不僅不合邏輯，唐國在戰勝後驟然改變決定、願意嫁公主的行為，更是前後矛盾，不符常理。尤其，在唐軍大勝情況下，並沒有趁此自博國手中奪下吐谷渾，反而平白無故地把公主送給率軍前來叫陣挑釁的「番王」，情節荒誕得有如鬧劇風格。

賠了公主又貢賦

依照美國學者白桂思（Beckwith）的考據，認為文成公主其實是「條約公主」，因唐國松州戰敗，被迫依協議嫁至博國[3]；其他多位國際學者如尤巴克（Uebach）及鮑爾斯（Powers）、山口瑞鳳等，也持類似的看法[4]。

山口瑞鳳不但認為松贊干布的軍隊在六三八年「包圍唐的邊陲地區松州，強迫唐下嫁公主。」[5]對照敦煌發現的古代圖博文書〈大事紀年〉中內容，認為在松州戰役中，唐與吐谷渾因戰敗，而對博國納貢賠償，只是此段留下的紀錄不完整，缺漏幾個字。美國學者道特森（Dotson）所作〈大事紀年〉英譯本，按照前後文意適當補上缺漏，完成完整的句子，意思便十分清楚。如下文，括號內即為補字：「……贊普墀松贊往北征途，與吐谷渾、唐（作戰），（唐）與吐谷渾二地納賦。」[6]

對照中國的王堯教授所作中文譯本：「……贊普墀松贊巡臨北方，吐谷渾與漢屬之……與吐谷渾二地納賦。」

比較二者，除了王堯刻意將「征途」譯為沒有戰爭意味的「巡臨」、將「唐」譯為「漢」[7]，及多添「屬之」二字的差異外，二段譯文近乎相同，而道特森補上的文字確實也符合王堯缺字譯文的上下文意。並且，不僅〈大事紀年〉中有相關紀錄，同為在敦煌發現的古代圖博文書〈歷代贊普傳記〉中，也出現松贊干布在位時親自北征，結果「迫使唐人與吐谷渾歲輸貢賦，由此，首次將吐谷渾人收歸轄下。」[8]明確記載博國遠征並且勝戰唐國的文句。

松潘之戰，唐國其實戰敗，這才能夠合理說明博國為何忽然停戰退兵，及唐會在博

3 白桂思著，苑默文譯，二〇二二。
4 尤巴克著，謝維敏譯，二〇一一；Powers, John, 2004。
5 山口瑞鳳著，許明銀譯，二〇〇三。
6 Dotson, Brandon, 2009.
7 王堯、陳踐譯註，二〇一二。比對書中所附學者巴考（J. Bacot）拉丁音譯轉寫為「dang」，應譯為「唐」，而非「漢」。王堯在書中其他處皆譯為「唐」，只有此處記為「漢」，不知是筆誤，或刻意隱匿此處「唐」戰敗、上貢的紀錄。
8 王堯、陳踐譯註，二〇一二。

退兵後幡然改變決定，同意和親。

博與唐建國時間差不多，都在西元六二〇年代。當李淵領著子女家臣擊潰各方勢力，統一中原時，古博王國已逐步將蘇毗、白蘭、羊同等高原民族統合為一個軍事王國，並積極經營與吐谷渾的關係。學者山口瑞鳳考證松贊干布在六二〇年以前，讓女兒墀邦公主與吐谷渾王和親，且派人前往吐谷渾學習軍事管理與政治制度。[9]台灣林冠群教授則依照圖博教法史料《賢者喜宴》中所記載博王國歷任贊普生年和婚娶情況，推算出松贊干布之子公松貢贊最晚在六三八至六四二年之間迎娶吐谷渾公主蒙潔墀嘎，並生下後來的繼任者芒倫芒贊。[10]可見在整軍攻擊唐時，博和吐谷渾已往來密切。

其實，博國不僅對吐谷渾著力頗深，對於周圍鄰國都以和親、結盟或發動戰事來拓展其影響力，並逐步吞併經營，以成為軍事強國。例如，松贊干布不只透過武力完成與唐國的和親，此前他曾迎娶來自羊同、党項、泥婆羅等王國的公主為妃[11]，這些地區日後都被納入博國管轄版圖；而八世紀墀德祖贊主政時，為擴展對西域的控制，也和西突厥、突騎施、小勃律等國和親[12]。

這些博國與其他王國互動的情況，在漢文獻中僅略提一筆，然而，這些訊息卻能具體解釋博國出兵的意圖——揮軍北上，並非突然的行動，而是周延的戰略計劃。大規模的軍事行動，不是天真浪漫地只為了婚娶公主；而是以威脅和親的理由，兼併吐谷渾、白蘭等國，順便試探一下號稱「天可汗」的唐國軍備實力。這具體的動機，在後來博國連續入侵吐谷渾、攻破唐在西域所設軍事重鎮等一連串的武力擴張中，也可以獲得驗證。

「松州圍城」之後二十年，博國連續發動大規模攻擊，在十年間讓北方的西突厥歸附，往西深入西域、控制瓦罕走廊[13]，並且在大非川[14]徹底大敗唐國聯軍，擊滅吐谷渾，一舉攻破並佔領安西四鎮。擁有如此戰略能力和企圖心的王國，興師動眾、來去千里，竟只為了一個唐公主，實在不夠具有說服力。

唐國李世民當時為了面子，硬是把戰敗改寫為取勝；到了二十一世紀，中國又竄改歷史，竟把贊普迎接公主的地方搬到松潘。

依照《舊唐書》等史籍記載，博國君王北上到「河源、柏海」迎接公主，考據唐國當時所稱的柏海，就是圖博的「恩格林措」[15]，意思是藍色長海，中文名稱譯音為鄂陵

9 山口瑞鳳著，許明銀譯，二〇〇三。
10 林冠群，二〇一一。
11 林冠群，二〇一五。
12 《冊府元龜》〈外臣部·通好〉，二〇〇三；王堯、陳踐譯註，二〇一二。
13 瓦罕走廊（Wakhan Corridor），又稱阿富汗走廊，位於帕米爾高原南端和興都庫什山脈北段之間，今日阿富汗和東突耳其斯坦間連接的通道，屬於古代絲路的一段。
14 大非川位置考據尚未有定論，學者推測約在措溫布南岸，即今日中國青海共和縣惠渠一帶（林冠群，二〇一一）。
15 黃奮生，一九八五。

湖，現今中國政府卻把地點搬遷到數千公里外的松潘；也就是說，將唐國受博國大軍威迫之地，更換為「見證」文成公主和親的歷史古蹟，甚至在重新修建的松潘城門前，豎立贊普和公主相擁的雕像，彷彿那是一則公主與王子的幸福佳話。

面對面，還是背對背

依據二〇一六年中國的人口普查紀錄，松潘縣約有八萬人，其中圖博人約百分之四十四、漢人百分之三十、羌族為百分之十，回、苗、彝等其他民族合佔剩下的十幾百分比，是個族群多元且複雜的土地，例如次仁先生自我介紹是「嘉絨藏族」，不過在官方的民族登記為「羌族」。

民國初期中研院歷史語言所曾派員前往當地做考察，四川大學歷史學教授胡鑑民就是其一成員，他於一九三七年前往訪查，當時漢人對羌與安多圖博人都稱為「西番」，他做出結論認為羌族文化可以歸入西藏文化區[16]。

松潘位處在博與漢的邊界上，和圖博高原的其他地方相比，較早與濱近的漢人地區接觸，只是雙方仍有明顯隔閡，而對主流漢族來說松潘仍是神祕未知的世界。以近代松潘曾對清國當局發動的兩次抗爭，可略見其真實情況：一是一八六〇年，抗議清國收稅營官苛刻，各聚落集結衝入城內劫掠。另一次發生在一九一一年，聽聞武昌革命成功的消息，所有聚落聯合要求裁撤收稅的釐金局、警察局，營官不答應，群眾隨即圍攻松潘。這二次抗爭事件始末，都被一九二九年受中研院派遣到松潘地區訪查的黎光明寫錄報告中。[17]

他描述一九一一年群眾進城時宣布：「人分黑白兩種。官吏紳士俱為黑人，反官吏紳士的都為白人，白人掛白旗於門首，可免害。」當時就連官署都膽怯得掛上白旗。對於從成都派來的漢人營官，當地人們有強烈的反抗心，第二年聽說清國皇帝已退位，又集結南下直殺到茂州，當四川漢軍抵達拘捕首領，寺院大喇嘛才代表民眾前去請降。這二次抗爭都經過寺院大喇嘛同意，群眾才行動；各聚落間平日雖各行其是，但相同的信仰成為他們之間的連結。

黎光明在松潘地區進行訪談時總需要一位翻譯在場，因當地懂得漢語的人並不多。他提到曾遇見一位能通幾句漢話的寺院僧人楊喇嘛，喇嘛向他表示，聽過孫中山、蔣介石，但不知有南京，疑惑地問：三民主義和中華民國到底誰個的本事大？

台灣文史研究者王明珂自八十年代起前往松潘、理縣等地區做田野調查，對於當地族群情況，他轉述一位北川老人的話來說明，「客邊就是『而』，我們是『莫兒』，漢

16 胡鑑民，二〇〇六。
17 黎光明、王元輝，二〇〇四。

人跟藏族就是羊子不跟狗搭伙，『而』狡猾，『莫兒』性格直爽。」當地稱漢人為「客邊」、「而」，老人說從松潘、黑水來的人比較親近，他一直自認是藏族；但是在官方登記民族別時，經地方幹部反覆勸說下，才登記為羌族。事實上，當地的羌人們仍十分清楚自己祖輩的來處，「我們以前是草地那逃來的，在這兒安家。清、藏從前是面對面的，跟漢族是背對的。」[18]老人這段話正好印證了次仁先生的情況。

中國官方對羌民族的分類曖昧難清。其實七世紀時古博王國即包含目前中國稱為羌、門巴、土族[19]的族群，為中國政治服務的學術單位，必須花力氣掩飾這些族群和圖博近似的風俗習慣和信仰，於是語態模糊，沒辦法直接說清楚。政府以此族群分類為基礎，在行政規劃上將羌、土等族群與圖博刻意區別，並強調漢文化的影響，以抹除圖博傳統文化與宗教的痕跡。

話語之外的真相

次仁先生談天時總是避重就輕，讓我想起這次在圖博的旅程中，遇到的人們似乎都是難掩戒慎，就連之前同車的尼瑪，都提醒我和人說話要小心，儘管她只是個十六歲少女。

是監視器與當局鼓勵密告的影響嗎？有位司機師傅告訴我，政府為控制言論，不但獎勵人們告密，甚至會特意假扮外國或台灣旅客，與民眾攀談。這位師傅甚至能說出實際案例——二〇一四那年他的家鄉有位僧人以自焚表達抗議，之後幾天鎮上一位七十多歲的老阿嬤拉被逮捕，儘管她和這位僧人毫無關係，也不曾出現在自焚現場，只因為她老實告訴一名偽稱是台灣旅客的便衣，說她敬佩自焚的僧人，說自己想念達賴喇嘛……這位師傅再三提醒我千萬小心，尤其不可向人提起達賴喇嘛。

十多年前，在佛學院或轉經道上遇到的人們，若聽見我從台灣來，總會熱切問我見過達賴喇嘛嗎，是否有他的法照……這趟旅程中，當然一次也沒有被問過。遇見的大多中國人和十多年前一樣健談，更自信滿滿，反倒是圖博人在自己的家園裡必須閉上嘴，保持警戒。

這就是權力者的目的，他們無需大費周章一一檢查人們的言論和思想，只要公開一、兩件恐怖的逮補行動，把恐懼的種子埋入人們心裡，便會生根發芽，長出猜疑的花。人們會自我檢查言行是否觸犯禁忌，小心翼翼地，害怕說出真話，甚至猜忌彼此的真心。當那位司機師傅善意提醒我時，政府的目的就已達到了。

在車上待了一個多小時，已發現這位圖博老先生刻意向我表現著他的「中國化」，

18王明珂，二〇〇三。

19門巴族（monpa），意思是生活在門域（Monyul）的人，門域意為低地，在喜拉雅山脈山脊下，部分屬於印度。土族則聚集在措溫布附近地區，其實是深受圖博文化影響的蒙古人。

然而，他絕對是佛教徒，且深深以拉薩和佛教信仰為榮，只是嘴上不提罷了。有時在話語之外，人們會以其他的方式傳達真實的想法。

他的駕駛座前玻璃貼著一張褪了顏色的相片，透露出他是噶瑪噶舉的信徒，那是第十七世噶瑪巴少年時的照片。

一九九九年底，十七歲的噶瑪巴祖古[20]在深夜冒險翻越國境，選擇離開被中國統治的圖博家鄉，追隨他前世的腳步流亡印度。過去中國政府極為重視這位祖古，試圖將他塑造成「愛國活佛」的模範；當國際媒體披露第十七世噶瑪巴已抵達達蘭薩拉時，政府的算盤不僅被打亂，更像是當眾被重甩了耳光，但又不好立即改口，將一直的吹捧換成貶抑，只能以少年法王遭到「綁架」的說法來保住面子，並盡量避免提到他。

二十幾年前在圖博街頭隨處可見的法王少年照片，隨時間流逝，早就在各佛具商店攤子上消失，而次仁先生依然將它完好地保留在一抬眼就能看見的車窗玻璃上。

20 祖古（Zhugu），化身之意，即經歷轉世的仁波切，中文多譯稱「活佛」。

21

千年誤差

達倉拉姆（四川郎木寺鎮、甘肅郎木寺）

歷史學家研究的過去，並不是一個已死的過去，
而是在某種意義上，
依然活在此刻之中的過去。
——柯靈烏[1]，《歷史的理念》

穿越積雪的院落，掀開門前厚重的犛牛織毯，一歪身鑽進屋子裡，所有的冰雪和寒冷都被擋在屋外了。

女主人群佩笑盈盈地把我們迎到暖呼呼的炕上，將我們介紹給她的婆婆，阿媽拉則微笑著頻頻點頭。大家一番寒暄問候才剛坐下，他們已將桌前堆滿的乾果、油炸卡賽[2]、

1 柯靈烏（Robin Collingwood, 1889 - 1943），歷史學家、哲學家。
2 圖博傳統點心，將麥粉調和酥油後油炸，口感類似甜甜圈。

糕餅、饃饃和水果全端到我們面前，男主人若巴同時也為我們在杯子裡斟上滿滿的酥油茶。

「喝吧，吃吧！」他們疊聲說著。

家裡兩個男孩張著好奇的眼專注盯著大人說話，不一會兒又恢復活潑本性，玩著你追我跑的遊戲，嬉笑地奔出屋外。

草原人家作客

這天在法會上認識若巴和群佩一家人。

格底宮巴依照圖博習俗，在年底二十八、二十九日這兩天舉行金剛法舞的祈福儀式，原本安靜的寺院裡忽然湧入人潮，全都是來自周圍聚落的民眾，大家穿上嶄新帥氣的衣袍，扶老攜幼聚在佛殿廣場前。若巴與家人稍微來得晚些，他們到的時候儀式已經開始，我發現兩個男孩在後面踮著腳跳躍張望，招手把他們拉到我前面來，順勢也把位子讓給他們身邊的老奶奶。

我走出圍觀人群，到稍遠一點、較高的地方尋找適合拍攝的角度。在年終前舉行金剛法舞是傳承悠久的儀式，具有驅走災厄、為新年祈福的意涵，場面莊嚴。表演由佛學院僧侶擔任，他們經過長期反覆演練，每個轉身、移步、跳躍都必須精確依循傳統儀軌。以前也曾在日喀則的札什倫布觀看過法舞儀式，圖博觀眾們屏息凝神的專注神情，總是令我印象深刻。

法會結束後，人群紛紛散去，在離開寺院的路上和若巴一家人又相遇了。若巴聽說我們來自海外，熱情邀我們去他家作客。

若巴家族住在距離格底佛學院外十多公里的草原上，聚落裡只有七、八戶人家，幾乎都是親戚們，而在聚落外便是一望無際的草地與雪原。法會上遇見的老奶奶是若巴的大伯母，大伯母和堂哥一家住在離若巴家數十公尺外的草坡上。

家屋是以岩塊、水泥和原木為材料的雙層結構，若巴說是幾年前按照以前的老屋格局重新修建的，一樓挑高的空間裡堆放穀物、動物的草料和農牧器具，後方是馬廄和車庫。

一上二樓轉過走廊，就是一處大起居間，整面牆櫃工整存放一排排盛酥油茶的溫水瓶，各瓶上鮮豔彩釉的花樣不一，多是南方熱帶花卉圖案，將木質壁面裝飾得活潑溫暖；房間中央擺置典型的圖博式矮桌，與鋪上厚羊毛墊的長炕座位，容納二十個人在此聚會都不成問題；穿過起居間，是二樓最重要的空間——以原木裝潢雅緻的佛堂，佛龕上以鮮花、清水恭奉菩薩像與仁波切的法相；東面一整片牆安上透明玻璃窗，當清晨陽光斜射進來，明亮的光線將烘映在佛龕前。

若巴招待我們的地方，是座落在庭院旁側一間獨立的小房子，那是廚房、餐廳、起居間，也是冬季全家人的睡房。屋子中央燒著爐火，爐子銜接一道通向屋頂的煙管，可將煙氣直接排出屋外；爐旁可坐可臥的木質炕台上，鋪上厚厚的羊毛墊，炕台下是土石結構，爐子燒的熱氣直接流入土石結構的空隙間，讓炕台一逕保持溫暖。爐台上可以燒水做飯、溫茶烤薯，平時家人圍在這裡用餐、聊天。即使屋外是攝氏零下十度的低溫，在屋內穿著薄衫也沒問題。

這些設置是世代積累的生活智慧，高海拔草原區一年有近一半時間是風寒冰雪，物資不豐又需要大量熱能，縮小生活空間可以減省不少資源；一旦到了暖和的季節，他們都喜歡待在屋外，整個陽光草原天地都是他們生活的世界。

小屋子是整幢家屋中最古老的部分，屋子的基石是百年前若巴的爺爺親手造的，老屋經歷多次重修翻建，結實而有歷史感，空間雖然不大，裡面全是日常所需物件，似乎隨意擺置卻又見秩序，充滿生活韻味。阿媽拉坐在木椅上，灰長髮編成一束髮辮，末端繫上紅毛繩垂在胸前，身上是圖博的傳統襖袍，一手握著小小的轉經輪、另一手是念珠，她聽不懂普通話，有時聽著若巴翻譯我們的談話，微笑或輕輕點頭回應；有時招呼我們多吃多喝，提醒群佩在我們的杯子裡添酥油茶。大多時候她兀自偏著頭彷彿陷入自己的思緒，手指緩緩撥動念珠，同時也轉動經輪，猜想她正喃喃念誦經文。

屋子角落有台小電視機，是真空管式的老舊機型，聲音調得微弱，我一眼認出電視台正播放著「文成公主」的連續劇。

我問阿媽拉這電視劇好看嗎？

阿媽拉停頓一下，和若巴笑著對話幾句，若巴為我翻譯：阿媽拉說她不知道，她只盼著電視裡的大昭寺快快建好。

「文成公主」是中央電視台在二〇〇〇年首映的電視劇，不論是普通話版或圖博語版本，後來在各家電視台重播多次。那幾年頗為頻繁的在圖博地區旅行，曾經在許多不同場合觀看過。這齣戲像是埋在沙土中的一根線軸，輕輕一扯，就能將過去旅程自記憶中翻掘出來。它也像是畫圓時，圓規軸心的那根針尖，是白紙上明確的定點，一個鮮明的「刺點」，我對圖博歷史的好奇與追索，應該也是從對「文成公主」的提問開始。

旅途記憶中的公主

印象最深刻的一次是在阿里，去神山岡仁波齊[3]峰轉山的旅途。那年是圖博曆法的馬年，轉山一圈的業報相當於轉了十二圈，是得以積累善業的一年。

轉山的人很多，外國遊客也不少。在海拔四、五千公尺以上的山徑上健行數日，不

3 岡仁波齊（Gang Rinpoche），意思是「雪的珍寶」；梵文稱凱拉薩（Kailasa），「水晶」之意。岡仁波齊峰鄰近雅魯藏布、印度河及布拉馬普特拉河的發源地，成為佛教、印度教、耆那教聖地。

僅是對體能、毅力的考驗，也是面對自然，直面生命價值省思的機緣。尤其目睹來自不同信仰文化的人們堅信的模樣，對我過去穩定和固著的生命狀態產生極大衝擊。

前往岡仁波齊前一天，在獅泉河鎮旅館的多人房落腳，房裡眾人早早入睡，多是天未亮便要啟程趕赴各自的旅程。我準備就緒也決定上床，電視機聲卻奇異地響起。我翻過身瞇眼覷見，兩位康巴大哥蹺腳坐在床上，邊吃喝邊聊天，一派悠閒的盯著螢光幕，音箱發出嗡嗡共鳴。過一陣，兩位大哥似乎越來越專注，談話聲逐漸有一搭沒一搭，不再熱絡。我了無睡意，索性爬起床，披著棉被加入忠實觀眾的行列。當時電視機放映的正是圖博語版「文成公主」。

儘管說的是圖博語，也沒有字幕，但依場景和人物的神情動作，仍猜得懂劇情，剛巧進入建造大、小昭寺的情節——建築工程遇到問題，尼泊爾的尺尊公主誤解文成公主，文成立刻以既知天文、也懂地理的佛學智慧，排除工程上的障礙，又以精湛的醫術及時治癒病人，並以寬大包容、謙讓溫柔的胸襟，澄清誤會，得到尺尊和圖博當地人們的信任。

為求戲劇張力，可以瞭解情節安排需要誇張些，不過刻意塑造仙女一樣的文成公主形象，並非單純地只是為了戲劇效果。不像我計較著編劇的用心，在意劇情與史實的差距，兩位大哥看得投入多了，每當聖王松贊干布出現，他們便正襟危坐，甚至謙卑地屈身縮頸，尤其看見螢光幕裡建造中的大昭寺，他們立即雙手合十，臉上露出極其虔敬的神情。他們把劇裡的一切都當真？

到了廣告時間，我也問他們：好看嗎？大哥咧嘴呵呵笑著露出金牙，以略帶腔調的普通話：「好看得緊啊！我們贊普挺帥的不？」答得毫不遲疑。

這兩位大哥也是一身帥氣。他們都身形魁梧，長髮綁上紅頭繩，胸前戴上綠松石、繫著嘎烏[4]，身上穿著黑西裝和長褲，傳統與現代的特質同時出現在他們身上，仍舊搭配得自然、毫無矛盾。他們說是來作寶石買賣的，每年為了生意總要跑到阿里地區幾趟。從拉薩到獅泉河鎮約一千五百公里，二十年前交通不如今日便捷，巴士即使日夜持續行駛也需要三天兩夜的車程，路途所經都是海拔三千五百公尺以上的荒原，城鎮相距遙遠，夏季平均一週只有一班巴士通行，雪季來臨前班車就會停駛，直到來年五月雪融才恢復通車。這樣艱辛的路程，他們似乎毫不在意，據說古代康巴漢子是出了名的驍勇善戰、適應能力強，到了現代商場，他們做起生意也是一樣膽大豪氣。

公主呢？我問。

「漂亮漂亮……」大哥們禮貌笑著，迭聲說：「中國女人都漂亮，呵呵呵。」

一如「文成公主」劇名，這齣戲的主角是公主，其他人物、史實風俗都只是用來陪襯的配角，但是二位帥氣的大哥只在意他們心中永恆的聖王松贊干布，對公主只有「漂

4 嘎烏（ga'u）為隨身攜帶的盒型小佛龕，可能綴有瑪瑙、寶石等裝飾。

亮中國女人」的印象而已；就像若巴家的阿媽拉，一心只守候電視機裡的大昭寺建造完成，對情節並不關心。

我也問若巴對劇情的看法，他回答從未看過這齣戲，無法評斷，他坦率表示自己對中國拍的戲不感興趣，「以前的事啊，中國人說的假話太多，我們不好相信。」

我懂若巴的意思，他所說「以前的事」是指歷史。

城堡童話和真實的距離

回想初次在圖博地區行旅的情景，網路資訊時代尚未來臨，坊間介紹圖博的書籍不論是哪種語言都不多，難以取得旅途正確的訊息。西元二〇〇〇年中國推展「西部大開發」後有明顯變化，隨著官方大張旗鼓推進交通建設，圖博相關中文書籍大量出現，漸漸地，網路平台上圖博旅遊資訊、學術論文等更是如雨後春筍般爆炸性地增加。然而仔細查閱，會發現其中有許多似是而非的內容，且近乎相同；其中文成公主的愛情童話，及她在圖博致力推廣佛教、影響圖博佛教發展的說法，便是大量重複出現的謬誤之一。

首先值得探究的是，關於「布達拉始建」的歷史懸案。聯合國科文教組織在官方網頁上說明「布達拉建築群」這項世界文化遺產為「自西元七世紀起，為達賴喇嘛的冬宮，也是圖博佛教的象徵及圖博傳統的行政管理中心。」

這段文字說明布達拉所具象徵意涵是正確的，也確是圖博政治管理中心，不過年代完全錯誤——七世紀時，佛教在圖博尚未普及，當時松贊干布統御的王國，和第五世達賴喇嘛阿旺羅桑嘉措所建立的政權並無關係。而以布達拉作為達賴喇嘛居所，最早始自五世重新統一圖博時，也就是十七世紀。造成這一千年時間誤差的原因，極可能與中國官方與民間近十多年來大量釋出的各種語文版本「七世紀，吐蕃國王松贊干布為迎娶文成公主而建造布達拉」的說法有關。

聯合國科文教組織所介紹的這段文句中還有另一個錯誤——布達拉作為歷世達賴喇嘛所居「冬宮」的起始，既不在七世紀，也不是十七世紀，應該是更晚的時候，十八世紀，第七世達賴喇嘛另建羅布林卡作為夏日駐地，之後布達拉才成為冬季的住所。[5]而且冬宮之稱也不太適當，布達拉是佛殿、佛學院，是圖博政府行政中心，而非宮殿的概念。

那麼這以訛傳訛的謬誤到底是從哪裡開始？《新唐書》記載贊普曾說：「蕃為公主築一城以誇後世……」，現代中國文史工作者們即利用這個文句，宣稱當時建造的就是布達拉。以歷史研究的角度來看，這種做法當然草率而且不負責；或者是更糟糕的情況——他們明知並非真相，卻刻意曲造混淆史實，企圖將文成公主和布達拉連結起來，

5第十四世達賴喇嘛著，丁一夫譯，二〇一〇。羅布林卡，意為珠寶花園。

以強調「中國」對圖博佛教的影響。

事實上，《新唐書》等漢文獻從未提到當時所築之城就是布達拉，也沒有提到這幢建築的所在地點，就連是否位於拉薩也沒有交代。

二十世紀初法國學者伯希和[6]在莫高窟藏經洞中發現的古代博國文獻——《敦煌圖博歷史文書》，是記載古博王國當時情況的第一手資料，內容包括會盟、征戰等年度大事，其中也提及博國贊普迎娶唐公主，但並未有任何為公主建造王宮的紀錄，也沒有說明公主婚後居於何地。儘管有人以布達拉中白宮通道牆上所繪松贊干布建造皇宮的壁畫，證明這幢「王宮」的存在，然而，從圖畫中華麗繁複的建築樣貌，和在兩幢高樓間綁上繩橋相連的細節，可推測並不是七世紀當時的建築，那應該出自十七世紀畫師的美好臆想，畢竟布達拉的建造距離松贊干布時代相差了千年之久。

除了新、舊《唐書》中提及「築城」之外，並沒有其他文獻提過，甚至對於松贊干布當時王國都城的所在位置，目前學者的考據都尚未有定論。

按《通典》〈邊防．吐蕃卷〉記錄：「隋開皇中，其主論贊率弄贊，都牸牱西疋播城，已五十年矣。」其中弄贊即松贊干布，論贊則是松贊干布的父親，這段話說明：在隋文帝楊堅的時代，國君論贊帶領他的兒子松贊干布，將都城設在疋播城。《新唐書》則記載：「其贊普居跋布川，或邏娑川。」意思是指博國天子居住在「跋布川」或「邏娑川」這兩個地方，其中邏娑川是指今日的拉薩；而跋布川在哪裡呢？根據《辭海》解釋：「跋布川一譯疋播城，又名勃令驛。」可知《新唐書》所載的跋布川，和《通典》提到的疋播城是同一個圖博地名的不同音譯。

學者考據跋布川應位於現今雅礱河流域的瓊結地區[7]，至今瓊結的木惹山區仍留有古博國歷世君王的陵墓，其中也包含松贊干布的陵寢[8]。這恰好呼應歷史學者多以「雅礱王朝」來稱呼古代博國，和一千年之後、第五世達賴喇嘛所建立的佛教王國作區別，因學者一致考證雅礱川正是圖博王朝始建王都的所在[9]。

日本學者山口瑞鳳依據《敦煌本圖博歷史文書》中〈贊普傳記〉所載內容，推斷松贊干布晚年期間仍經常居留在雅礱地區的「欽瓦達澤」[10]王宮，拉薩可能是夏居地。[11]按圖博農牧合併的生活方式，常隨季節遊牧，居住地當然不止一、二處而已，夏日好天氣時可能會在草原上搭帳篷而居；而唐國使節來訪多選在冰雪消融的夏季，圖博王族、官員也可能到北方的拉薩來接待唐的使臣。

6 伯希和（Paul Eugène Pelliot, 1878-1945）法國語言學家，一九〇八年到了敦煌石窟發現大量古圖博佛經與文獻。
7 加羊達杰、卓瑪端智，二〇一九。
8 Tucci, Giuseppe, 1950.
9 Stein, Rolf Alfred, 1972；海爾格・尤巴特等著，謝惟敏譯，二〇一一；林冠群，二〇一一。
10 欽瓦塔澤（Chingwa-Taktse），又音譯為青瓦達孜、或瓊瓦達則，意思為毛　虎峰。考據為古博王國原來的首都，世代君王陵墓也在附近的「帝王谷」，中國稱藏王谷。
11 山口瑞鳳，許明銀譯，二〇〇三。

山口瑞鳳認為這正可以呼應《新唐書》中對圖博人居住習慣毫不理解的記載：「有城郭廬舍不肯處，聯毳帳以居。」認為他們有城堡屋舍卻不願住，生活在搭設的毛製帳篷中。如果以農業定居社會的思考模式來理解遊牧生活，恐將導引出錯誤的結論與偏見。

在《敦煌本圖博歷史文書》中〈大事紀年〉記錄，松贊干布薨逝時，在瓊結的欽瓦塔澤設置靈堂，以及舉行葬禮儀式[12]，如果已經遷都拉薩的話，國家重要儀典理應在都城舉行才是。可見當時隨著王國統一後，國勢逐漸擴張，依照唐國使臣的經驗，圖博贊普的確在拉薩（邏娑川）留有活動紀錄，不過無法據此證明當時已遷都定居到拉薩。

歸納起來，不論當時圖博君主是否為公主在拉薩建造新城，既然《唐書》等漢文史料，以及圖博古文獻都對這座建築毫無明確描述，也沒有交代所在地點，那麼「七世紀時松贊干布建造布達拉」便是缺乏根據的說法，而硬說是為文成公主建造布達拉，就更加穿鑿附會。

12 王堯、陳踐譯註，二〇一二。

22 公主不眠不休

拉姆格底宮巴（四川郎木寺）

心智的第一步行動就是分辨真與假。然而，當思想一開始反思，首先遇到的就是矛盾。

——卡謬，《薛西佛斯的神話》

一道僅數公尺寬的水流，將達倉拉姆分隔為兩個行政區，北方屬於甘肅省郎木寺鎮、南邊由四川省的紅星鎮管理。

兩區觀光建設的規模不同，屬於甘肅的商街規模小得多，大多是小吃店和手工藝品店，街邊民居屋頂甚至是以石塊壓著瓦片的簡陋結構；四川這一邊，近年顯然投下不少經費，道路拓寬平整，街燈嶄新，也闢建不少星級賓館、新商樓，連接著省道的馬路成了這個地區最熱鬧的中心街。

過幾天就是新年，中心街上卻一片清寂，開門營業的只剩下一家當地圖博人開設的小雜貨店。前些日子每天黃昏散步到街上採買，看著街道上人影一天天變少，在昏暗天色裡只亮著一排熒黃路燈，映著整條街道像是淒清鬼域。嚴嚴拉上的鐵門前，只有日漸堆高的積雪，這些業主們多來自中國內地，他們像是候鳥，春夏的旅遊旺季待在這裡營業，冬天就返鄉與家人團聚過節。

世居此地的圖博民眾，年節時當然仍留在達倉拉姆，在外地工作、唸書的人們陸續返鄉和家人團聚，和漢商流動的方向恰恰相反，只是原本居住在這條街上的他們，早在多年前就被安排遷移到城區邊緣的「安居房」。

二〇一〇年趁著汶川地震災後的重建風潮，當局提出觀光建設的計畫，以整理市容、拓寬街道為理由，把圖博居民都遷到城郊的規劃住宅去，就連位於鎮中心的格底宮巴外圍的僧舍也遭拆遷，原處擴建一座巨大的公安局，並闢建停車場、酒店、購物中心等觀光設施。新建設的中心街商區則引入更多外資投入。這就是現在遇到年節，幾乎成為空城的原因。

所有巴士都停駛、商店關門，我們打算留在這空蕩蕩的小鎮度過新年，待公路上稍微活絡起來，再找車子繼續北行。

白日裡無人的小鎮顯得清幽，尤其下過雪以後，巷道裡堆覆上潔白的新雪，街頭景象清爽潔淨。下楊民宿就位在拉姆格底宮巴的外側，我們有時繞著佛學院外轉經道，有時走入寺院中，偶爾會遇見佛殿中的誦經時刻，巧遇僧人演練著驅邪儀式的「鏘」[1]；或者穿越寺院，沿著小溪一路往上走，到山洞泉水聖地；有時走得更遠，到鎮外的草原上，或是溯著溪流，走進無人山谷。

不走路的時候大多待在旅店裡。數日停頓空出大筆時間，剛好可以栽進古博國與唐的歷史文獻裡。

另一個和公主有關的記憶

記得是第一次到達拉薩時，一個颳著風的下午，原本亮麗的陽光忽然消失，街道籠罩在彷彿將入夜的黯鬱氣氛。跨進店裡，我看見守著店舖的頓珠和讀小學的孩子一起看電視，當時播映的正是普通話版本的「文成公主」。

本想到店裡挑選一頂保暖毛帽的我，忍不住停下腳步探頭盯向螢幕，頓珠拉來一把椅子要我坐著看。

頓珠的店不僅賣登山用具服飾，也有不少尼泊爾手工木雕、毛織藝品，同時也提供旅遊行程訊息。他的家族中有不少親戚在公務單位工作，如果他乖乖聽從家人安排，或許也會在某個縣級單位當個小幹部，不過他說自己對那些沒興趣，高中還沒畢業就想辦法離開中國，在印度遇見澳洲籍的妻子，兩人結婚後到邊境開個小店；他能以流暢的英

1 鏘（cham）跳躍的意思，即金剛法舞，中文多音譯為跳「羌」、跳神。

文、普通話為各國旅客介紹產品，語言天份和天生好闖蕩的血液，讓他跑單幫帶貨的生意一路順遂，後來和友人合夥，在加德滿都和拉薩都開了一家登山旅遊用品專門店。

也許是為了教育孩子，或者因為我這個能聽懂普通話的第三者剛好是適當的傾訴對象，看著戲，他忽然認真對劇情發起議論。他說圖博與中國相鄰，相互往來有上千年時間，這能發生多少重要的事呀，中國卻老是拿文成公主來說事，「說什麼布達拉是松贊干布為公主建造的、大昭寺是文成公主設計的、圖博的佛教信仰是受公主影響的……這全都是瞎掰胡扯。」頓珠似乎一開口便停不下來，他搖頭慨歎：「謊言說了一萬遍就能變成真的？」一個來和親的異國女子，怎能影響圖博人民的宗教信仰，斷定千百年來兩國之間是親密的交往關係？甚至決定了現在圖博國家主權就屬於中國……他幾乎氣急敗壞地說這些胡說，只是用來掩飾中國強權霸佔圖博的真相。

頓珠是在中國共產黨教育環境中成長的圖博人，非常熟習這些官方宣傳的語言，我也經歷黨國洗腦式的教育，當時兩人聊天，經常自嘲地分享這些成長經驗。他笑稱我為「台灣同胞」，說學校老師經常告訴他們「台灣同胞日子過得太苦，窮得只能吃香蕉皮」；我說小時候每到國定節日一定要寫篇作文，不論是慶賀中秋或紀念台灣光復，結尾一定加上「……拯救置身水深火熱的大陸同胞」；頓珠則說他最常寫的句子是「打倒美帝幫兇蔣匪國民黨，解放台灣同胞。」

就算頓珠沒有說明，我也清楚靠自己從蒙昧狀態中摸索覺醒，發現權力者的騙局，絕對是一段不短的探索歷程。

到此一遊，公主變度母

圖博東區，位於海拔三千七百公尺草原上的安多結古[2]，建有一座文成公主廟；圖博南部，在陡峭的瀾滄江峽谷、康區巴塘第司領地的察卡多[3]，也有座文成公主廟；甚至到康區最東部、靠近四川成都不遠的達澤多竟還有座公主橋；就連隸屬於嘉絨十八部的松潘，本來是圖博揮軍北上攻打唐國、兵臨城下的地點，卻宣傳成為博國贊普迎親文成公主的古城遺址。

也許是地方政府為推廣觀光，增加知名度，都自我宣稱是文成公主自長安前往拉薩的途經之地，讓歷史上的公主成了孫悟空，領著迎親隊伍跳來跑去，在圖博大地上四處「到此一遊」。

文史學術領域也以文成公主為主題，做出不少缺乏根據的論述[4]——「藏女他們說紡織技術是文成公主傳授……藏族人民承認許多營造工藝和醫學知識也都是隨著公主

2為中國佔領後劃定的行政區青海省玉樹縣境內。

3察卡多，圖博康區地名，意為產鹽的地方。中國佔領後規劃為西藏自治區芒康縣鹽井。

4佟錦華，一八八九。王忠，一九六一。藏族簡史編寫組，二〇〇九。

入蕃的漢族工匠、醫師傳授給他們的。他們……是懷著對公主的感激、敬仰和懷念之情的[5]。」問題是圖博織毯與中原絲綢的紡織技術完全不同，而佛殿建築與醫學都源於古印度佛教的影響[6]。西藏社會科學院所編的《西藏通史：松石寶串》竟指公主懂得漢曆風水，並算出大昭寺位址：「公主再次根據漢曆……發現雪域西藏地形如一女魔仰臥，臥塘湖（今大昭寺所在地）是女魔的心臟，為惡趣之門，若要鎮之，需得修建佛殿。」[7]令人費解，究竟是哪一本「漢曆」能看出圖博大地的地形像是魔女？

這些論述約可整理出一套公式——唐公主施恩教化，圖博人民感恩憶念，即唐國公主「在上」施予、圖博「在下」接受，暗示著漢文化更優秀、博文化較落後的位階。

包括台灣學界都不乏此類例子，劉學銚曾於台灣的文化、輔仁等大學講授歷史學，他在書中改編文成公主和親的原因——公主對松贊干布提出「在吐蕃供奉釋迦牟尼佛、廣傳佛教、創造文字教導百姓」等條件，對方接受，公主才承諾通婚[8]；並隨意斷言「松贊干布對公主寵愛有加，所以為文成公主建造了城堡大昭寺[9]。」將佛殿大昭寺變成公主的城堡，把政治和親的史實改編為羅曼史故事了。

林冠群教授長期投入圖博歷史研究，曾獲教育部學術研究獎項，儘管他在諸多歷史議題上認真研讀，然而，當他強調公主為圖博帶來文化影響時，除了引用《唐書》提及公主攜來唐國文物外，竟引用出處不明、具宗教傳說性質的《柱間遺教》[10]，表示「吐蕃每年因文成公主和親，在物質上所獲實力定然不少。」進而江河直下推論，文成公主確實對圖博文化發展有所貢獻，並且「是漢藏關係中良善光明的一面」，最後索性結論：「文成公主……正是漢藏一家親的象徵。」[11]矛盾的是，關於《柱間遺教》的內容真相，林冠群在自己另一本更早的研究專著中已明文表示「是不折不扣的一部偽書」[12]。

是一家親，還是豺狼心？

中國政府大肆宣傳文成公主和親、博與漢自古「一家人」，然而翻開史料，便清楚這些宣傳與文獻差距很大，更能明白若巴、頓珠他們身為圖博人的感受。

《舊唐書》的〈吐蕃列傳〉詳述當時唐與博的關係。自唐太宗貞觀八年（西元

5王輔仁、索文清，一九八〇。
6 Garrett, Frances, 2008.
7恰白·次旦平措等，二〇〇四。初版於一九八九至一九九一年陸續發行，主編恰白·次旦平措為西藏社會科學院副院長，他曾受訪表示編寫該書主要是為反駁夏格巴的《圖博政治史》，以宣揚中共歷史觀點。
8劉學銚，一九八二。
9劉學銚，二〇一三。
10《柱間遺教》又稱《柱間史》、《松贊干布遺詔》，書籍簡介為松贊干布生前所撰、後由阿底峽尊者在大昭寺柱間發現的掘藏秘笈。其中文譯本係由中國官方列為「八五計畫」的重點工作之一，是由官方出資主導、審核的出版品。
11林冠群，二〇一六。
12林冠群，二〇一一。

六三四年）博國遣使要求兩國聯姻說起，全篇二萬六千餘字，其中婚娶文成與金城兩位公主之事都只佔數行，內容多描述兩國間的征戰殺伐。若博國為勝，文句必然咬牙切齒，以「強虜」稱之；而唐軍破敵斬虜，則理所當然的語意歡欣。儘管博與唐之間曾二度婚公主，但在這二百多年裡，兩國保持敵對征戰的狀態實際上遠多過於平和。當時是軍事強國的博國，屢屢擊敗唐軍，攻城掠地，《舊唐書》甚至在描述之間便直接咒罵圖博是豺狼之心[13]。

宋國文官所編纂的《新唐書》中也設有〈吐蕃列傳〉，用語較典雅，二萬多字的內容談的也是戰爭與衝突，最後總結唐雖然興盛，但西邊強大的博國卻是心頭大患——搶奪財物殘殺唐人，甚至曾經攻佔唐國首都，直接以唐王室疆域作為東方邊界[14]。《新唐書》雖未直書博國是狼，不過從頭至尾也絕對沒有當成「一家人」的意思。

《資治通鑑》記述，唐中宗李顯決定護送金城公主前往圖博和親的人選時，幾位大臣接連推辭[15]，足見唐人對博國的觀感，絕對不會是親近的鄰者，而出使博國，更不是件有前途的好差事。

唐末國勢衰微的同時，古博王國也因內部紛爭走向分裂，武力漸衰，之後並未成為宋國的威脅，兩國間僅只宗教交流，往來不算頻繁。根據《宋史》記載，太宗趙光義自認宋國兵力強大，為避免殺戮過多，顧念博國的「蕃息」存續，所以從未舉兵。可見此時篤信佛教且分裂成多國的圖博，早已不再是具有威脅的「狼」，但也不能算是親密友邦，趙光義直接說了：「吐蕃言語不通，衣服異制，朕常以禽獸畜之……」他只是把圖博當「禽獸」看待，好好養著就是了。

回頭翻閱博與唐這兩百多年間難以計數的戰役，交流確實較宋國時頻繁許多，這或許是中國現今選擇唐與博的時代來做文章的原因。只是兩次的和親恐怕難以改變敵對關係；文成公主到了博之後，二國似乎維持了十多年的平和，沒有燃起直接戰火，不過雙方在檯面下的較勁其實並未止歇。

依據《資治通鑑》一九六卷記載，西元六四一年，也就是公主出嫁的第二年，吐谷渾的丞相宣王在國內發動政變，他企圖將傀儡王諾褐鉢和唐國的和親公主弘化挾持到博國去，博雖未派軍隊直接參與，但是在背後支持的可能性極高；挾持計畫失敗，諾褐鉢等人僥倖逃脫，經過十幾年沉潛養兵，與博國先是揮軍一舉奪下白蘭[16]，驅走當地的唐軍後，又連番攻擊吐谷渾。文成公主尚在人世時，博已經擊滅吐谷渾，逼著吐谷渾的傀

13《舊唐書》中對圖博的總結：「西戎之地，吐蕃是強。蠶食鄰國，鷹揚漢疆。乍叛乍服。或弛或張。禮義雖攝，其心豺狼。」

14《新唐書》記載：「唐興，四夷有弗率者，接利兵移之……惟吐蕃、回鶻號疆雄，為中國患最久。贊普遂盡盜河湟，薄王畿為東境，犯京師，掠近輔，殘馘華人。」

15《資治通鑑》二〇九卷，「上命紀處訥送金城公主適吐蕃，處訥辭；又命趙彥昭，彥昭亦辭。丁丑，命左驍衛大將軍楊矩送之。」

16白蘭位於措溫布（青海）南岸，原屬於吐谷渾聯盟部族，此後成為圖博王國的一部分。

偏王與弘化公主倉皇逃往唐國求救，博國軍隊甚且攻破唐駐守在西域的門戶「安西都護府」，進而佔領龜茲，同時派兵往東入侵鄯州[17]、河州[18]等唐國領地。

兩國的衝突到了金城公主時已白熱化，她在西元七一〇年出嫁，這場政治和親僅只維持四年的平和，不久博國大軍就攻陷邊境上的臨洮，進駐蘭州；不干示弱的李隆基下令全國傾力迎戰，之後博與唐幾乎連年兵戎相見，鏖戰得不可開交，戰場從唐國領地一直擴展到西域、中亞，包含帕米爾高原上的小勃律、東突厥斯坦的安西城，及河西走廊的甘州、瓜州、玉門軍等地[19]。其間金城公主甚至曾派人通知箇失密（克什米爾），表示她想前往投靠[20]，可見當時她置身博國境內，景況有多艱難。

公主憑空消失六年？

當時文成公主是以什麼心情遠嫁博國，在博的四十年期間又是如何生活？今日誰也不清楚。

在唐與博的史籍中，都找不到和她生平有關的記載，就連她的父母、家世、生時等基本資料也一概闕如。電視劇「文成公主」將她取名李雪雁；拉薩定期上演的實景舞台劇，則為她取名李雁兒，這二者都無史實根據。現今也有些研究者對文成的家世做出推測，但難以令人信服，如：王堯根據《舊唐書》記載，太宗「令禮部尚書江夏王道宗持節送文成公主於吐蕃……贊普大喜，見道宗，盡子婿禮。」猜測文成公主的生父可能是李道宗；然而道宗身為唐國使臣，即代表李世民，贊普理應向他行禮，據此難以直斷道宗就是文成的父親。

在文成之後，也嫁入圖博的金城卻是截然不同情況。文獻載明她的身世背景，是唐高宗李治與武則天的曾孫女；出嫁時，中宗李顯親自送她到長安城外，設宴群臣，文人賦詩為她餞別，他甚至當眾難掩悲涕，將這離別之地改名金城縣悵別里；出嫁後，李顯多次敕書關切遠在圖博的她；她過世時，玄宗李隆基宣布輟朝三日，全國為她舉哀。現存關於金城公主的唐詩就有十七首之多；而文成公主竟連一首也沒有，甚至在所有漢文史料裡除了和親圖博、死亡通知之外，竟再也沒有與她相關的紀錄了。

與吐谷渾和親的弘化，雖然也只是宗室女，但婚後還曾為她二個兒子向唐國求親，高宗李治封這兩位和親女子為金城縣主、金明縣主；當吐谷渾遭受攻擊，弘化數次向唐

17 鄯州，圖博稱為「宗喀」，中國佔領後定為青海省西寧、湟中、樂都等地區。

18 河州，即今日中國行政區甘肅省寧夏州一帶。本為遊牧民族地區，唐高祖李淵時奪下列為轄地，安史之亂後由古博王國統領。

19 唐安西城即安西都護府的龜茲城，中國佔領後劃為新疆庫車縣。甘州，約現今的甘肅省張掖市。瓜州，約今日甘肅省酒泉、敦煌間。玉門軍即玉門關一帶屯軍。

20《資治通鑑》二一二卷記，「玄宗開元十二年（西元七二四年），冬，十月丁酉，謝王特勒遣使入奏，稱『去年五月金城公主遣使詣失密國，云欲走歸汝……』」

求援，唐國立即發兵，最後吐谷渾亡國，唐國不但收留他們，還特地將靈州改名為安樂州，來安置他們的臣民。與弘化的境遇對照，唐對文成近乎是不聞不問。

文成公主是在西元六四一年前往圖博和親，而根據《敦煌本圖博歷史文書》中的〈大事紀年〉記載，松贊干布和文成公主一起生活三年之後，在六四九年薨逝[21]，那麼在公主從唐國前往圖博，與松贊干布生活以前，這近六年的時間裡，她到哪裡去了呢？

儘管多數歷史研究者都認為文成公主的和親對象是松贊干布，但是日本學者山口瑞鳳根據公主消失的六年，則持有不同的見解。他以〈大事紀年〉中的記載，核對《資治通鑑》、《唐書》等漢文資料，松贊干布贈送唐太宗象徵女婿禮的金鵝酒壺，是發生在六四六年，這一年正是〈大事紀年〉記載文成公主開始與松贊干布一起生活的時間；〈大事紀年〉也記錄松贊干布在六四三年重新即位，表示他在之前曾退位，對照圖博史料《賢者喜宴》述及：「吐蕃松贊干布之子公松貢贊[22]於十三歲登基，執政五年後於十八歲時薨逝。」[23]可知文成與圖博和親時，公松貢贊早已是新任贊普。山口瑞鳳據此推論：公主婚嫁的對象原是年輕贊普，只是婚後二、三年，公松貢贊忽然去世，公主守喪三年後，為維繫兩國聯姻的政治關係，依照圖博當地習俗，於六四六年再嫁給重新即位的松贊干布。如此便能合理解釋史料上為何會出現那空白的六年。[24]

關於歷史考據，學者或有不同意見，不過，無論文成公主當時嫁給哪位圖博贊普、嫁了幾次，都是為唐國免受戰火之苦所做的犧牲。在荳蔻年華遠赴異鄉，嫁給一位語言不通、從未見過的人，留在那裡四十年未曾返家，這不論是在哪個時代，對哪個女人來說，都不會是浪漫美好的事。

文成公主在當世時不受關心、過世後也無人聞問，就連後晉、宋國整理唐國文獻的史官也認為她無關緊要，對記錄她的事蹟不感興趣，反而今日的中國積極關注起來。文成公主應不曾料想，在離開人世的一千三百多年後，中國政府也需要利用她以連結與圖博的關係，說服圖博和全世界，將一九五〇年代中國軍隊入侵圖博、直到今日殖民統治圖博等行徑合理化。

電視劇裡的文成公主很忙碌，既要談戀愛、建造寺廟、排解情敵誤會和政敵衝突，還要關心圖博與唐的國家大事。殊不知，到了二十一世紀，在我們的現實世界裡，她更忙了。

21 王堯、陳踐譯註，二〇一二。
22 公松貢贊，在《本圖博歷史文書》的〈贊普世系〉列出他的名字，為松贊干布之子；而公松貢贊生王子芒倫芒贊。（王堯、陳踐譯註，二〇一二）
23 巴　・祖拉陳瓦，二〇一七。
24 山口瑞鳳，二〇〇三。

23 你，我，他

拉姆格底宮巴（四川郎木寺）

聖神贊普，胡提悉卜耶[1]，自有國及大地渾成以來
在高聳雪山上，在大河源流之中，
地高土淨……
以天神下凡，來作人間之王。
——〈唐博會盟碑〉[2]

達倉拉姆，這個小鎮擁有我們十七年前的夏日回憶——茵綠草原、清涼的水流和空氣、在草地上奔跑的紅袈裟少年們……

許多陽光明媚的午後，我們走上街中心的黃土路，穿過曲折窄小巷弄，在飄散燒著乾犛牛糞煙味的空氣裡，依約拜訪友人札西的家。現在，街頭景貌已經完全不同，不只是季節的緣故，當時簇擁圍繞在佛學院外的僧舍和民居都消失蹤影，變成寬大的柏油路和停車場。札西和他的家也不見了。

其實早在七、八年前，我們已完全失去札西的消息。二〇〇八年圖博全境民眾發起「圖博之春」抗爭運動後，在中國加強軍警監控以及經常性的通訊管制情況下，我們和札西已很難持續地聯繫，電話不通、電子信件無回應，連寄去的信也不確定他是否收到。後來才在網路媒體上獲知，二〇一三年四月，達倉拉姆的格底佛學院大殿前，二位年輕僧人以自焚對中國政權表達抗爭，當地政府反應激烈，整整三個月都關閉電信系統，加派武警入駐監視佛學院，對僧人持續進行疲勞轟炸的「愛國教育」。

現今走在水泥建築林立的街道上，在產品豐富的超商裡選購日用品，輕易買到新鮮菠菜、大紅蘋果、進口的調味麵食和柔軟紮實的衛生紙……在過去這些物品難得一見，政府一直強調這些進步是國家與黨的恩澤。然而，無法自由表達個人意志的社會，儘管物質充裕，依然是錦衣華食的奴隸罷了；更何況，當地真正能夠錦衣玉食的只是少數，且多是來自遠方的商戶、觀光客，大多數圖博住民的生活場域已被推擠到城鎮邊緣去，那裡可沒有這些時髦方便的超商和貨品。

1 王堯編著《吐蕃金石錄》中音譯為「鶻提悉補野」，沿用唐《通典》所載，古博王國贊普的家族姓氏，既是音譯，現代中國學者仍採用貶義的怪異字眼。《舊唐書》寫作「窣勃野」。

2 唐博會盟碑，漢文獻多記為「唐蕃會盟碑」，西元八二一年立於大昭寺前，兩國約定以清水縣（今甘肅省天水縣東北）為界停戰。

文獻裡的鼠竊豬食

比白日更加沉寂的夜晚，在民宿裡簡單煮碗即時麵，佐著電視台節目喜慶的聲音當晚餐。某個電視台正重播電視劇「大唐榮耀」，劇情背景正是「安史之亂」。安史之亂恰是唐國武力走下坡的轉折點，過去唐與遊牧各國尚能抗衡，自此卻是敗仗連連、轄地大幅縮小……這些有失中原顏面的史實，在中國電視劇情節裡當然不會出現。

編劇把史實中對唐予取予求的突厥可汗，塑造為跟在唐國儲君、王妃屁股後面的小跟班，一如近代建構的中華史觀，不論是民國政府所稱的邊疆民族，或中共刻意分類出來的五十五個少數民族（主流中心民族只有一個——漢族，佔全中國人口的百分之九十九，其他都是少數），在歷史舞台上是永恆的配角，為陪襯偉大精深漢文化而存在的邊緣角色。

從國小教課書開始提到羅盤、指南針、火藥的發明，「我們中華文化、我們中國人智慧」的優越語氣，但這樣悠久的廣博文化裡並不包含札西，以及他的民族。他的國籍是中國，政府發給的身分證件上，是以他不熟悉的文字註記「藏族」，一個並非他們自稱的名字。

札西不是文盲，只是中文對他來說就像外語。他曾在政府設立的「民族學校」上過幾年課，只是沒有學到什麼有用的東西；他寫一手漂亮的圖博文鋼筆字，是自幼在佛學院開設的民間教室裡習來的。

他來自普通牧民家庭，十七年前我們相識時，他只是十六歲少年，他所熟悉的歷史，是關於佛教和草原的過去；他不在乎四川省長、若爾蓋縣長叫什麼名字，但是能夠如數家珍般說出所有他景仰的仁波切法號；他不太關心中國在過去發生了什麼事，但是他很清楚一九五九年圖博人失去了自己的國家。提到先祖，他毫不猶豫的會說自己是古博王國將軍的後代。

札西的家園在達倉拉姆東邊十多公里外的山谷中，只有夏天他才過來達倉拉姆，幫忙舅舅經營這家位於佛學院外的民宿，其他時候他回到家鄉，幫忙打理農田和牧場的工作。一千多年前，他的家鄉正是唐、博之間最激烈的戰場之一，安史之亂以後，武力衰落的唐完全退出戰場，直到蒙古興起前，草原完全由博王國統領。

深受佛教影響以前的圖博是草原民族，和以狩獵遊牧為生的蒙古、突厥、斯奇泰一樣，驍勇善騎射。在漢文獻中，不但認為圖博和所有遊牧民族一樣是粗蠻的虜、胡、蕃，甚至多次使用「鼠竊豬食、犬羊同類、狐鼠為心」等文句來形容，認為圖博比其他夷戎異族更加的狡滑陰詐。

待遊牧民族以鄙稱雖是常見的事，這樣激動的咒罵卻不尋常，中原文官之所以這麼真實表達痛恨的情緒，可能因為博國在西元七六三年時曾經率軍入侵唐，並佔領王城長安，逼得剛上任的國君棄城逃亡，博國將領甚至為唐新立君主，另設宮廷百官，在中原徹底大鬧了一番。

博國既不像回紇，在中原擄掠百姓的財產就離去，並未觸及唐國政權；也不像後來的蒙古和女真，乾脆在中原建立帝國，直接統治漢民族。博國大軍短暫攻佔長安又自行離去，唐國彷彿遭玩弄般，亡國的恐懼倏忽降臨，又莫名的消除，這不但對當時唐國上下官員是恥辱，想必對後世的漢人文官來說更是羞辱難言的事。

二部《唐書》都以匆匆之筆隱晦帶過，例如：《舊唐書》在〈吐蕃列傳〉中只寫：「虜入長安，立廣武王承宏為帝，改元，擅作赦令，署官吏……吐蕃留京師十五日乃走，天子還京。」其他的描述著重在唐國處遇，只是真實的情況是國君逃亡，無法細寫，僅能避重就輕，粗略帶過守軍敗退逃走的真相：「又戰終南，日將走，代宗幸陝[3]，子儀退趨商州。」意思是：又在終南打了一場，守軍敗退，國君李豫逃到陝，郭子儀的軍隊也退到商州。至於當時博國為何忽然集結大軍攻入長安、如何部署、出兵目的又是什麼，為何只待了十五天就匆匆撤兵？文獻並未交代前因後果。

而還原真相的方法，依然是回到文獻裡，抽絲剝繭尋找其中應說卻未說出的事實。

背景：唐、博、回紇的三角關係

博國大軍入侵長安，是安史之亂結束、唐國新君李豫剛回到長安即位的那年。安史之亂期間，博國僅向邊境進軍，收回以前的草原失地；與唐較密切「互動」的，是北方草原強國回紇。然而，促使唐積極向回紇要求援兵的原因，不僅為靖平安史亂軍，關鍵還是擔心博國趁隙入侵。

當安祿山軍隊進逼長安，老君王李隆基領著子孫四代狼狽出逃時，回紇在北方草原已取代突厥，成為控制中亞地區的新霸主；西邊的博國武力也不容小覷，過去二、三十年間與唐從邊境打到河西走廊、中亞地區，雙方征戰不休，一發生安史之亂，唐在邊境的屯軍立即遭博軍攻佔，頓時陷入內憂外患的困境中。

李隆基退位逃到成都，李亨成為新上任的國君，他首先採取的策略就是攏絡回紇。先是派遣堂兄弟李承寀前往迎娶回紇公主，再按回紇可汗的要求，將傭兵大將僕固懷恩的二位女兒許配給回紇太子，也就是之後即位的登里可汗[4]，接續再親上加親，將已婚嫁兩次的親生女兒寧國公主和姪女[5]一起送到回紇，與老可汗和親。短短二、三年之間，唐國頻繁與回紇結親，既送上豐富絲綢彩禮，又承諾在蕩平亂軍後，唐國百姓財產皆供回

3 陝州約為今日的河南省三門峽市周圍地區。

4 登里可汗（Tengri Qaghan），「天可汗」的意思，漢文獻只作音譯，為刻意忽略其地位，《資治通鑑》不寫錄其正式王位名號，而以他個人名字「藥葛羅」為稱，更有鄙視意味。

5 她是宗室榮王李琬的女兒，並無正式公主封號；《冊府元龜》九七九卷記載回紇稱她為「小寧國公主」。

紇軍隊劫奪以作為酬謝。[6]

李亨積極與回紇進行和親，不僅為確保與回紇的軍事聯盟，也為警告博國不宜輕舉妄動；回紇這一方，打的也是類似的算盤，接受唐和親要求，不僅能獲得實質酬禮，而接受唐國求助出兵的形象，必定讓他們在草原上更添威望。漢文文獻並未對唐國謀略、與回紇應允助兵的動機多著墨，當然也刻意忽略博國對當時國際情勢的影響力。

二部《唐書》在〈吐蕃列傳〉的章節中，僅記錄唐軍與博國在各地作戰的勝敗，至於向回紇結親借兵、與安史叛軍作戰等相關細節，都是記錄在不同章節中，儘管是同時接續發生、互為因果的事件，卻分開來描述，難以將其間錯縱牽扯、互為影響的真相如實呈現，而敘述的重點只侷限唐的衰榮興敗，於是缺乏完整的視野。

原因或許可歸結於紀傳體本身結構的缺憾，然而，以紀年體形式記載的《資治通鑑》，儘管依照時間順序記錄事件經過，在篩選事件、採用敘事觀點及編排過程，書寫者依然有意無意的刪漏某些關鍵環節，或調整敘事順序、偏重某些情境，以致觀點偏頗，甚而曲寫了史實。

七六三年，微妙的入侵時間

以《資治通鑑》第二二三卷描述博國入侵情況為例——一開始即敘述李豫即位為代

宗，這時候古博大軍已到了大震關，「陷蘭、廓、河、鄯、洮、岷、秦、成、渭等州，盡取河西、隴右之地。」接著忽然回溯李淵開國以來的歷程，唐是如何開疆拓土、井然有序做軍事屯田管理，但遇到安祿山造反，邊城只能留下老弱殘兵戍守，造成各地淪沒於「胡虜」，在這裡仔細地為唐軍一路退敗失守準備理由，因為大震關即是隴關，一通過隴山這天然關卡，便能直搗長安。

而此時唐在西北方的轄地已大幅縮水，幾乎回到最初創國的狀態，於是明顯語帶遺憾的感嘆：「數年間，西北數十州相繼淪沒，自鳳翔以西，邠州以北，皆為左衽矣。」意思是只在幾年之間，李淵數代以來在西北開疆拓土的成果都被博國吞奪，鳳翔（今陝西寶雞鳳翔縣）以西、邠州（今日陝西彬縣）以北的地方都失陷了。

然而，若轉換立場，對圖博、党項、吐谷渾等草原民族來說，卻是在這幾年間收復了過去被唐國吞沒的失地[7]。這包含我們現在一路搭便車所經過的草原，即包含達倉拉姆，以及將前往的拉卜楞，唐國當時稱為河西、隴右的這些區域，也就是今日青海、甘肅、四川等圖博牧民世居生活的草原與山谷。

《資治通鑑》將博國大軍入侵長安的戰事暫擱一旁，除了插敘唐過去如何輝煌的拓

6《資治通鑑》二二九、二三〇卷。
7這些地區在七世紀末，墀督松贊主政時，遭武則天軍隊侵奪而去。

境鬪土，也以大篇幅細述傭兵僕固懷恩被迫叛唐的情節，和他的冤屈心境，才回頭來描述博國大軍入侵的緊急軍情：「吐蕃之初入寇也，邊將告急，程元振皆不以聞。冬，十月，吐蕃寇涇州……過邠州，上始聞之。辛未，寇奉天、武功，京師震駭。」說明一開始邊城守將已傳來求救警訊，只是李豫寵信的宦官程元振非但不處理，甚至阻擋消息、瞞騙朝廷，直到冬日博國鐵騎逐步逼近，甚至都已攻入隴關，李豫竟仍一無所知；大軍轉眼已到達距離長安只有數十里的地方，李豫和整個京城才驚得手足無措。

在這段描述中，司馬光將重點放在解釋京城棄守的原因，先點明事件背景是安祿山亂軍內耗唐國軍力，誘發博國貪婪之心，趁機入侵；近因是李豫寵信的程元振掩飾戰況、聞而不報。這裡大篇幅說明唐敗軍理由，顯然是為了強調唐國君主的無辜——只是疏於不備，才遭到敵國入侵長安；是胡虜貪婪趁虛而入的錯，是佞臣畏罪失責的錯，如此為唐的權力者保留顏面。

大膽推測作者的動機，因《資治通鑑》成書時的宋，也是持續經受遼、金、夏、蒙古等北方遊牧民族的侵擾，對「胡漢」戰爭特別敏感；保全唐國君主的面子，也等於是守住宋國國君的尊嚴。

當然，敵軍趁虛而入、貪官誤事，都是造成長安失守因素之一，但卻不是關鍵主因。即使程元振在第一時間即報告真相，當時的唐軍也擋不住博國大軍，只是讓李豫早一點逃離長安罷了。事實上，當郭子儀受命為禦敵副元帥時，唐軍大多已潰逃，他只能召募到二十騎兵馬；直到李豫逃至陝州避難，郭子儀召集的兵馬才逐漸增加到千人，實力與博國大軍根本難以抗衡。自安祿山起兵到這一年博國入侵長安，經歷八年的時間，這期間唐的君王從李隆基、李亨換到了李豫，唐國戰力的「虛」並非一時，而是持續多年的狀態。博國決定在此時入侵，且輕易成功入關、直抵長安，絕不可能只是因為唐國欠缺防備這般單純。

首先，是博國大舉入關的時間點，並非選在唐國困於內戰、為安史之亂焦頭爛額的這八年裡，反而十分微妙地，選擇在唐平定安史亂軍以後，僕固懷恩奉令送回紇援軍歸返北方草原之際。關鍵原因顯然與僕固以及回紇有關。

僕固家族是來自北方的鐵勒遊牧民族，在來到唐國以前原本是突厥的一支部族，投靠唐國後，僕固懷恩因驍勇戰力及與北方回紇的淵源，在平定安史之亂時成為功臣，且是功高震主的程度。這年秋天，靖定安史亂軍後，僕固懷恩受李豫命令，陪伴女婿登里可汗與回紇軍隊北歸，回返中原途中在經過太原時，竟然受到守將閉城不理的待遇，甚至遭其他唐國武將質疑他有叛國之嫌，僕固受到羞辱，向李豫上書抗議，卻只收到國君語意模糊的安慰，僕固更加不敢回到長安，反而調兵遣將備戰，他的長子僕固瑒就在這駐軍移防的過程中遭到手下暗殺，此際僕固與唐國邊防的戰事眼看是一觸即發，也代表回紇與唐關係破裂。

依博國立場來看，傾大軍入侵唐的同時，本國疆域的戍守必定因兵力分散而轉弱，北方的軍事強國回紇，此時是否會出兵與唐軍聯手南北夾擊博國；或者選擇袖手作壁上觀，不介入戰況？

顯然博最在意的不是唐國，而是回紇的意向。此時僕固懷恩與唐邊防守將衝突，回紇可汗極可能選擇對唐置之不理，這便足以成為博國大膽入關，長驅深入長安的絕佳時機。博國決定在這時發動大規模軍事行動，可推斷其擁有極佳情報網，絕非一時興起趁虛而入，而是對情勢經過縝密的評估與規劃。

入侵遠因：唐悖盟偷襲

師出有名，也是博國大軍出征的原因。

此前唐對博棄盟背信，可以舉出不少例子。西元七三三年赤嶺會盟[8]博與唐劃定新國界後，才過了四年唐就率先背棄盟約，玄宗李隆基下令拆除界碑，不顧兩方守將已「刑白狗為盟，各去守備」，唐軍竟然對措溫布（青海）西部地區發動突襲，屠殺草原上毫無戒備、手無寸鐵的牧民，儘管《資治通鑑》記載是官員假擬攻擊詔書，好像與李隆基無關，但是事後李隆基不僅不追究假傳聖旨的官員，甚而大為封賞，可見他對此偷襲行動頗為讚賞[9]。

《資治通鑑》敘述唐軍偷襲出兵之前，特地添加一段說明，「時吐蕃西擊勃律，勃律來告急。上命吐蕃罷兵，吐蕃不奉詔，遂破勃律；上甚怒。」意指是博國先不遵守唐國詔令，唐才施以「懲罰」，為唐的偷襲找了理由。然而早在多年前，博即堅持以平等國書和唐往來，《資治通鑑》記載七二九年時李隆基曾因為國書而大為光火，卻又無可奈何[10]，既然博國自認與唐地位平等，哪裡有「奉詔」的道理？況且勃律位於博國的西鄰，即今日喀什米爾北方的帕米爾高原山谷中，鄰近阿富汗與巴基斯坦，是距離唐境遙遠的中亞地區，不在赤嶺會盟約定的國界內容中，就算勃律向唐求救，唐也無法據此破壞盟約，越界屠殺無辜的博國牧民。

唐叛盟偷襲想必令博大為憤怒，《資治通鑑》二一四卷說明博國的反應：「自是吐蕃復絕朝貢。」以司馬光的漢儒立場，認為中原是「上國」，然而，自視地位平等的博國，與唐往來就不可能是朝貢的概念，此時應是決意與唐斷交宣戰了。博第二年立即發兵攻擊河西走廊，並組織聯軍協助南詔抵抗唐的入侵，之後更是毫不客氣的在廓州、石堡城等邊境各地發動戰事，二國衝突更趨白熱化，雙方結下更多仇怨。

西元七四七年，唐一支遠征軍突襲小勃律，此時博國已持續往中亞擴展，經營勃律

8 七三三年依金城公主建議訂立赤嶺會盟，兩國約定和平息戰並以赤嶺為界。關於赤嶺所在位置，學者考據尚無定論，猜測是積石山脈、或日月山。
9 《資治通鑑》，二一四卷。
10 《資治通鑑》，二一三卷：「吐蕃自恃其彊，致書用敵國禮，辭指悖慢，上意常怒之……」

及瓦罕走廊多年，並讓博國公主嫁給小勃律王以締結和親關係[11]，唐軍突然發動襲擊，對當地大肆屠掠，甚至挾持小勃律國王與博國公主，擄回千里外的唐國做為人質[12]。另一件發生在七五五年，安祿山亂軍攻入長安，李隆基等宗室成員逃到馬嵬坡，當晚群起嘩變的軍士誣指楊國忠私自與博國使臣串謀，瘋狂斬殺楊國忠之際，也屠殺當時在場的無辜博國使官。[13]以上事件並非戰場上公正的戰鬥，而是不公義的殘殺與欺凌，對博國來說，是必須討回公道的怨仇。

入侵近因：李豫反悔的五萬疋絹帛

博發動攻擊的前一年，唐君王李亨與博國訂定盟約，每年向博國進貢五萬疋絹帛，然而這個承諾到了新君李豫一上任就反悔不認。多年舊帳尚未結算，唐國竟然又再度背信。依博國立場，唐的反悔不僅是失信，更是直接對博王權的羞辱，為維持在草原部族中的威信，博國勢必要付諸實際行動，給予一番「教訓」。

唐捐貢五萬疋絹帛之事在漢文獻中不見紀錄，然而在布達拉宮下一尊古老石碑「雪多仁企瑪」[14]，中國稱「達札路恭[15]紀功碑」，石碑南面鐫刻的碑文記下這樁史事：「墀松德贊贊普……攻取唐屬州郡城池多處，唐主孝感皇帝君臣大怖，年納絹繒五萬疋為壽，以為歲賦。」[16]這座紀功碑是贊普墀松德贊為獎賞達札路恭將軍的功勳所立，他正是七六三年率軍攻入長安的博國將領，之後也多次戰勝唐與回紇的聯軍，確保對絲路的掌控權。

敦煌發現的《古代圖博文書》〈大事紀年〉中也明確載下唐國棄信反悔後，博國立即採取的一連串懲罰行動：「唐帝崩，新君立，不願再輸帛絹、割土地。博唐失和……引勁旅至京師，攻取京師。唐帝遁走，乃立新君，勁旅還……」[17]此處直接說明當時出兵長安的原因是，新君李豫不願再依盟約向博國歲納絹帛、割讓土地。

11 內容為「（七四〇年）嫁王姐墀瑪類與小勃律王為妻」。王堯、陳踐，二〇一二。

12 《資治通鑑》，二一五卷。

13 《舊唐書》〈外戚列傳〉：「進次馬嵬，將士疲，乏食，……眾大呼曰：『國忠與吐蕃謀反！』衛騎合，國忠突出，或射中其頞，殺之，爭啖其肉且盡，梟首以徇……時吐蕃使亦殲矣。」此處直書憤怒群起的士兵砍殺楊國忠時，也殺盡同行的博國官員。《資治通鑑》二一九卷記載楊國忠遭到屠殺時，有二十多位博國使臣在場，但未提到他們情況。

14 雪多仁企瑪，意思是雪村外的石碑，雪村，意為布達拉宮下方的村子。雪音譯自圖博語，意思是下方。中共侵占拉薩後將雪村全部拆除，開闢為北京中路與解放紀念廣場，擁有一千二百多年歷史的石碑仍完好留存在北京中路旁，但建有小屋和高牆把它圍起來，一直沒有對外開放。

15 達札路恭（Tara Lukhong），在《資治通鑑》等漢文獻記為馬重英。七七八年率軍攻唐，在天山一帶徹底擊潰唐與回紇的聯合大軍，回紇自此走向衰敗。

16 王堯，一九八二。

17 王堯、陳踐，二〇一二。

漢儒的視角

二部《唐書》、《全唐文》、《冊府元龜》等唐史相關文獻，都一致對納賦的事闕漏不記，就連記事最詳盡的《資治通鑑》也完全一字不提，儘管《資治通鑑》詳述當時李豫和各官員的反應行動，將銜命趕來營救的老將郭子儀最初只招募到三十騎的侷促景況都描繪仔細[18]，如此掩蓋史實的理由，應該又是身為漢儒，為顧及中原王室顏面與自尊的問題吧。對於向「胡虜蠻夷」低頭納貢，應該是無法直接承認的，尤其司馬光撰述史籍的當時，屢屢遭受西夏、契丹、女真、蒙古威脅侵擾，戰敗後又連番被迫繳納歲貢，相對的，博國那時早已分裂成數個不具武力威脅的佛教王國。或許可以大膽猜測，在飽受遊牧民族攻擊的宋國君臣眼中，根本不屑承認博國曾經武力強大。

可能源於相同的心態，《資治通鑑》敘述博國軍隊退兵的原因也顯得滑稽突梯，有違常理。

博國大軍攻入長安時，因李豫與宗室大多逃走了，便立金城公主的兄弟光武王李承宏為新任國君，並重新設置百官，然而大軍僅在長安城待了二週，劫掠哄搶一番，便又撤兵而去。《資治通鑑》說明退兵原因，是唐以二百名騎兵加上數千步兵在白天鼓譟，並派遣百姓到街上散布郭子儀將率大軍前來的謠言；晚上到城外燃大火，找來數百名少年在街上敲鼓吶喊，就這樣讓博國數萬大軍害怕地逃走。然而，其實只需派人稍作稽查，博國軍隊便能探聽實情，上述布局如此單純的詐術很容易就會被識破。

圖博與突厥等草原遊牧民族的作風相似，向來只劫掠唐國的邊境城邑，奪取財物即走，對當地並不佔據統治。《資治通鑑》記載七一四年吐蕃大軍連番攻擊洮軍（甘肅樂都縣）、蘭州、渭州等地，李隆基憤怒得想御駕親征，一位官員勸阻：「……吐蕃之入也，為趣羊馬，不致殺掠於人，但剝體取衣，此窮寇耳。」意思是博國軍隊只掠奪羊馬，不會殺人或擄人，他們只是窮困的強盜，剝掉人衣物搶走而已。這些話雖然是鄙視博國的咒罵，但是卻也說明博的實際作風。

博國原本就沒有久駐中原的打算，更何況是如此深入氣候環境陌生的敵境，與其說博軍被郭子儀的名聲嚇跑，更可能是謹慎評估情勢後主動退兵；甚至其攻入、據守、撤退等行動，可能都在最初的計畫中。而漢文史料刻意簡化他們的動機與想法，使博軍入侵像是一時興起、沒頭沒腦的行動，退軍也彷彿是遭到哄騙的傻子般不合情理。

畢竟漢文史書多是在後世國君指令下由文官主導編纂，目的在於呈現過去君王的行徑處遇，理解如何造成勝敗得失，作為當代權力者治國參考鏡鑑。《資治通鑑》書名就是由宋神宗趙頊決定，含意是「有鑑於往事，以資於治道」，究其根本是為服務上層權力者，目的既非探究史實，也不可能引導出深刻的人文思考，僅止與「禮賢忠君」教化

18《資治通鑑》，二一三卷。

的目的。更何況君王就是最重要的讀者，也是最高權力者，史傳書寫的內容更是必須顧及他們的喜惡。

24

搭便車

拉姆格底宮巴至拉卜楞草原（碌曲、夏河）

吃或被吃，
是獵人還是獵物，
這是個問題。
——加萊雅諾[1]，〈我們是如何做到的〉

陽光明亮，空氣清冷，曠野雪原上的風颯颯颳過耳際。背負行囊在空寂的草原上走了一個多小時，路上始終只有我們自己。

周圍景象一致，平整道路在緩坡上蜿蜒向地平線，眼前是低頭吃草的犛牛群，遠方有一道河流切過大地，在那後面是覆著白雪的山巒，山之外是藍天。像是走入尼古拉·

1 加萊雅諾（Eduardo Galeano, 1940 - 2015）為拉圭小說家、記者。

洛里奇[2]某幅縹緲曠遠的畫作裡。

從達倉拉姆到拉卜楞二地間，原本每天固定會有輛巴士通行，兩處佛學院都在安多地區享有盛名，當地人們經常使用這些班車，但因為年節，巴士完全停駛，就連客運站都大門深鎖，鏽蝕的蒼灰鐵門前堆滿垃圾，好幾次路過都沒能認出來。

什麼時候會攔到車子呢？十多年前在圖博高原上旅行，經常需要在路邊招手找車，當時路上大多是載貨卡車；而現在擁有自用汽車的人變多了，從車牌上就可以辨識人們的來處：冀、魯、粵、滬、京……大多來自中國東部城市，其中不乏高級進口車，而車窗玻璃越黑、越豪華的車型，車速就越快。見到路邊有人，他們自老遠就大鳴喇叭，不僅不會降低車速，反而踩下油門，炫耀般加速呼嘯掠過。

在路邊願意為我們停下車，恰好都是當地圖博民眾。他們不一定順路，車上也不一定有空位，但多會降低速度，停下來詢問：發生什麼事、你們去哪裡、還好嗎……。若是順路、情況允許，便會挪出空位搭載我們一段。這天載我們離開達倉拉姆鎮上的是一家人，父母與唸小學的兒子一家三口正在訪親歸家途中，這位年輕的爸拉在堆著禮品箱盒的後座盡量挪出空位，讓我們擠上去；接著遇見一對新婚不久的夫妻，正載滿一車禮物回娘家，他倆都是一身嶄新豔色的傳統襖袍，映得臉上的笑靨更幸福，擁有好歌喉的新婦一路就著車內播放的樂曲高歌。與他們告別，我們又回到空曠的草原上，步行數公里後終於有輛車為我們停下，這次自車窗探出頭來關切的，並非當地人。

他讓我們稱呼他小趙，來自武漢，將路過拉卜楞；聽過我們簡單的自我介紹後，毫不猶豫地揮手讓我們上車。他說遠遠就認出我們是來自遠方的旅客；說自己熱愛旅行，年節只和家人吃了頓年夜飯便踏上旅程，計劃整個假期都會在自駕行程中度過。

其實一上車就發覺小趙並不是一般旅客——車上架著手機拍攝沿途風景，並不時分享感受或介紹當地特色，小趙說到晚上休息時，他會剪輯當日有趣的經歷，再上傳到網路。原來這是你的工作，你是網紅嗎？我問。他謙遜地說目前這只是興趣，平時是某運輸公司的普通職員，但成為一名旅遊網路主播是他的理想。

他詢問我們的旅途經歷也分享自己的——你們去過色達、亞青，年保玉則也去過嗎？沒去就太可惜，那雪山實在美得夠嗆，一生必定要去見一次……談起旅遊，他的語調愈來愈高昂，「跳神法會你們看了嗎，在哪間寺院看的？每個寺院跳得不同，我告訴你們，最道地得屬塔爾寺……」說著他建議我們應直接略過拉卜楞，隨他一起去西寧。

話匣打開，他持續滔滔不絕介紹，彷彿是在地導遊對景點如數家珍，「你們之前走丹巴、阿壩那段，知道不？恰好就是紅色旅遊路線，這兩年熱火得很，我前年也拍過視頻介紹，那山崖、草原風光多豐富漂亮，這一段往北到拉卜楞路是好走，但風光就相對

2尼可拉．洛里奇（Nicholas Roerich, 1874 - 1947）俄羅斯藝術家、啟蒙學者，曾參與建造位於聖彼得堡，歐洲第一座圖博佛學院的設計。

差些，喔你瞧，這挺單調是唄？」說著他隨手按掉攝像功能。

我問，「過年期間寺院特別熱鬧吧，除了塔爾寺，有沒有哪裡是不能錯過？」

「欸，藏族寺廟都挺有特色，藏族就迷信嘛，上寺廟打扮起來特講究……要拍攝他們是真難，攝像機才舉起，全把臉撇開、背過身，有一回我差些讓人給打了呢！別瞧那些藏族老婆婆年紀大，她們可兇得很，老遠就拿起拐杖往人身上來……」

「也許他們被你嚇到了。」我說。

「幾年前給個幾塊錢還都行的，藏族很樂意被按個幾張，現在全行不通，像康定、理塘那些山口上有些藏人牽著犛牛讓人拍照，那開價太狠，完全是砍人……」他止不住的抱怨，「這些年我們多少援助、支持項目都往藏區送，他們經濟水平拉高，更貪了，欸說起來，藏人日子可比我們好過多。」

「怎麼知道他們日子好過？」

他有些訝異，應該從未被人這樣問過吧，他加重語調肯定地回答：「都有報導的嘛！藏族貧困村每家免費送一套新房，這樣的好事我們是連想都不敢想，買房全得靠自己。」

或許他將我們的沉默當成了認同，受到鼓勵般繼續說：「國家說漢藏一家親，但哪裡親了？一直都是我們漢族單方面付出，藏人對我們排斥得很……」

歷史記憶的傷痕

「伊斯蘭教的每一件事都象徵著恐怖、破壞，和一群像惡魔般令人痛恨的野蠻人。」薩伊德分析長遠歷史以來歐洲與伊斯蘭文化之間複雜糾結的關係，其間所存在的嚴重誤讀，和已然內化的負面認知；他表示，「對歐洲來說伊斯蘭是一個持續的創傷。」[3]這套論述或可直接代入中原漢族與草原民族的關係。

依照雙方征戰的千年歷史，對中原社會來說，草原民族的確象徵野蠻、恐怖與傷痕。儘管西元九世紀以後，博國分裂為多個佛教信仰國家，傳教的僧侶隊伍取代過去入侵的軍隊，然而當時漢文獻所描繪的圖博依然離不開「兇蠻」、「巧詐無信」等形象，也許因為博國除了曾經攻入長安王城，「平涼偽盟」[4]事件是中原歷史記憶中另一道嚴重的傷口。「平涼偽盟」雖不光彩，在文獻中倒是記錄不少篇幅，只是為了強調中原為「正道」，敘事上同樣必須略過諸多關鍵實情。

事件發生在德宗李适在位時，那已是博國「入侵長安」十四年以後的事。

在唐國歷任君主中，李适的父親代宗李豫是命運多舛的一位，七六三年的秋天他一

3 薩依德著，王志弘等譯，一九九九。

4 今也稱平涼市，位於甘肅省東部、六盤山東麓。

登基就被迫踏上出亡之路，距離上次隨父祖李隆基、李亨逃離京城，僅只過了七年。然而，李适比起李豫又更加顛沛流離，他是唐國出亡次數最多的國君——十四歲時遇安史之亂而逃離王宮；二十一歲，博國大軍攻陷長安，再度逃亡；當他成為一國之君，四十一歲時碰上「涇原兵變」的藩鎮之亂，又被迫棄京逃往奉天[5]。

李适的生命際遇更為戲劇化——生母沈氏在安史之亂中二度被棄於不顧，遭亂軍俘虜後行蹤成謎，直到李适被立為太子，才下詔各處尋找她，不幸直到李适過世前都不曾尋獲；李适的生母雖受賜封號，卻成為歷史上遭王室拋棄而生死不明的太后。

擁有戲劇性人生的李适，似也總是做出戲劇性的選擇，即位以後在國政上即做出巨大變革，其一就是改變外交政策——自安史之亂，唐一遇動亂便乞請回紇援兵，李适卻堅持不再與回紇往來，轉向博國示好，主動提出無條件送返博國戰俘的建議；七八三年更與博訂立「清水會盟」，劃定新的國境邊界，同意將鳳翔[6]以西地區歸屬博國，也就是說長安城西方一百多公里外即為博國疆界，新國界比起七十年前金城公主和親時所定以赤嶺為界，竟東移七百多公里以上；而戍守西域的伊西、北庭督護府雖仍屬於唐國，但與唐境已完全斷隔，周圍被博國轄境包圍，就像孤島般存在。其實，唐國同意如此劃分疆界，就等於宣布放棄競爭對西域和絲路的掌控。

唐國不僅同意割讓土地，也同意修改兩國間的國書用語，將「獻」改為「進」、「賜」改為「寄」、「領取」變成「取之」；唐不可堅持為上國，雙方往來完全以對等方式。[7]

從文獻中可以讀出唐國君臣向來鄙視博國，同時又深懷敵意和戒心，當時一位大臣陸贄評論：「彼吐蕃者，犬羊同類，狐鼠為心，貪而多防，狡而無恥，威之不格，撫之不懷……陰詐難禦，特甚諸夷。」[8]這咒罵的話含有氣急敗壞的憤怒，可說是唐國君臣普遍的感受，然而李适仍獨排眾意，堅持與博國結盟。自七七九年歸返博國戰俘開始，直到雙方簽訂盟約，這短短四年間，唐國這一方至少有六次以上派出使臣，積極前往博國協議，可見當時是多麼急切地想與博國交好。

七八三年夏日雙方終於簽訂盟約，冬日，即發生涇原[9]藩鎮兵變，在亂軍攻入長安前，李适再次逃離，算一算離他即位時間還不到四年。這是他生平以來的第三次出亡了。

李适在奉天遭亂軍圍攻，熬著對他一生來說最長最冷的冬天時，他派出請求援兵的

5 位於現的陝西省乾縣一帶。
6 今陝西寶雞市鳳翔縣附近。
7《新唐書》〈圖博列傳〉，「贊普曰『其禮本均。』帝許之。」而新國界劃分：「唐地涇州右盡彈箏峽，隴州右極清水，鳳州西盡同谷，劍南盡西山、大度水。吐蕃守鎮蘭、渭、原、會，西臨洮，東成州，抵劍南西磨些諸蠻、大度水之西南。」
8《全唐文》〈興元賀吐蕃尚結贊抽軍迴歸狀〉。
9 涇州、原州二地，相當於現在甘肅、寧夏的部分地區，在六盤山以東、浦河以西的範圍。

特使已到達博國。文獻指稱是博主動要求出兵相助[10]，唐於是才指揮他們發兵，不過，在《資治通鑑》二三一卷中又寫：「初，上發吐蕃以討朱泚。許成功以伊西、北庭之地與之。」意思是博出兵討伐亂軍，唐承諾事成後把伊西、北庭的屯軍駐地贈送博國作為報償；《新唐書》則提到李适允諾博國的報酬是「涇、靈四州」。

不論是西域的伊西、北庭，或是長安北方的涇、靈四州，割讓領地作為報酬，對任何國家來說都是難以接受的條件，博國可說是趁危要脅，可是文獻裡未記錄此時唐國君臣上下提出任何反對，也未作議論，似乎都是默然接受，這和高高在上「發其兵」的狀態顯然矛盾。可見這與過去為解決安史之亂、請求回紇援兵相同，司馬光等史官為了中原顏面，刻意將「乞兵」的真相曲辭矯飾為「發其兵」。

是唐詐騙，還是博反覆？

原本敵對的兩方要攜手合作，必定會經歷不少猜忌、摩擦，依《資治通鑑》二三〇、二三一卷記載，經幾番折騰，博國二萬大軍還是依照李适期望，及時來到唐國戰區，在武亭川[11]聯合二千名唐軍痛擊了叛軍，斬首萬餘名，算是旗開得勝。

這場勝利似乎讓唐軍氣勢大增，迅速集結各路軍馬轉而包圍長安。只是眼見氣候逐漸變暖、疫病即將流行，在進攻長安以前，博國軍隊就自行撤兵離開。等到靖平亂軍，李适順利回到都城後，原本要依照和博國的約定，召回安西、北庭兩地駐軍，卻遭左右大臣勸阻。沒錯，直到打完仗，唐國君臣這才開始想起要討論割地給博國是否適宜——所有大臣都認為：當時博國軍隊遷延觀望，必定是暗地在亂軍那裡也得到好處，且在進長安前就撤兵，並沒有認真助戰到底；李适於是順應大臣意見，反悔了割地的承諾[12]。《資治通鑑》沒有說明博國當時反應；而《新唐書》則頗為紀實的寫下：「第賜詔書，償結贊、莽羅等帛萬匹，於是虜以為怨。」意思是李适賞賜萬匹絹帛給博國將軍作為援軍償付，因此與博國結下仇怨。

唐國收回贈地承諾，於是博國這一方就此乖乖收下絹帛，安靜了事嗎？

回溯一下七六三年博大軍豁然攻入長安城的主因，就是因為李豫悔約、不繳納五萬匹綢絹的歲貢，更何況這一次，博國二萬大軍確實已千里迢迢到達唐境幫忙打了勝仗，殲滅敵軍上萬，在那之後不到一個月，李适即安穩回返長安王宮。以博國立場來看，不履約贈地的唐確實是背信食言。對遊牧民族來說，遭叛盟不僅有失顏面、損及集體利

10《舊唐書》〈吐蕃傳〉：「時吐蕃款塞請以兵助平國難，故遣使焉。」《新唐書》〈圖博列傳〉：「朱泚之亂，吐蕃請助討賊。」《資治通鑑》二二九卷：「吐蕃尚結贊請出兵助唐收京城。庚子，遣祕書監崔漢衡使吐蕃，發其兵。」

11今陝西武功一帶，麟游縣境的漆水河。

12《資治通鑑》二三一卷，「李泌曰：『……吐蕃觀望不進，陰持兩端，大掠武功，受賂而去，何功之有。』眾議亦以為然，上遂不與。」

益，對執掌王權的領導者來說，威信已受到嚴重挑戰，必須付諸行動討回公道，以穩固他在草原各部族間的領導地位。

漢文獻記載博國的報復行動[13]——發動大規模攻勢，襲擊長安西北的隴、涇、邠、寧數州，搶奪男女、牲畜、穀物收成，並直接攻入鄰近長安僅二十多公里的好時[14]，幾乎已打到長安城門口。唐國調集軍隊備戰，及時擋下博國的首波攻勢；然而博國又迅速改變策略，轉而襲擊位於長安正北方的鹽州、夏州等地，大軍入侵後既不屠城、也不劫掠，只勒令當地臣民自行離開，之後只讓少數兵丁留守，主力則撤回國界附近的博國營地駐紮。

博國軍隊機動靈活，讓唐軍左支右絀、防不勝防，最重要的是唐猜不出他們心思，更擔心十多年前長安遭攻破的慘事再度發生，等到一開春，李适便接連派出二位特使前往協商。博國倒是爽快回應，可比照清水會盟前例，再次進行盟定。博一丟出意見，唐內部又發生紛爭，在主戰與主和兩派激烈爭辯下，李适終傾向主和派想法，於是兩方使臣往來數月，討論訂定盟誓細節。地點由唐方決定，選擇地勢平坦的平涼川[15]，以確保博不會耍詐、埋下伏兵；唐方代表人選則依博建議，由曾經與博國聯軍參與武庭川一役的統領渾瑊擔任。

時間是西元七八七年農曆閏五月十九日，當天李适還在朝廷上喜孜孜期許和平來臨，教訓主戰者不懂事，沒想到在平涼川，唐國參與盟訂儀式的六十多位文武大臣和千餘名軍士，全遭到博國大軍挾持，只有渾瑊在千鈞一髮之際跳上馬逃離。[13]

這當然是博國的復仇計畫，以惡意叛盟來報復唐國的毀約。

當李适在長安獲悉消息，驚嚇得說不出話，第一時間即想再次逃離王城。[14]就像上次博國「快閃」攻入長安都城，這一次也是為折損唐的氣勢，不僅挾持重臣要將，更要讓唐國從頭至尾都摸不清他們真正意圖，自心底感到恐慌疑懼。未戰即屈敵心志，才是博的真正企圖。

不但當時唐國君臣上下對博國意圖無法理解，連後世《資治通鑑》等文獻也錯誤的認為博國在削弱唐軍戰力後，最終目的是為了攻佔長安，而博國之所以未進軍入關，是因為在平涼川[15]挾持渾瑊的計畫失敗。唐文獻記載：「貞元二年（七八六年），與吐蕃為勁敵，蕃兵大半西禦大食，故鮮為邊患，其力不足也。」[16]博國對唐展開大規模報復行動的前一年，其實博國主要軍力都在西邊對付大食，只撥了部分兵力在唐境作戰，這足以解釋博國後來未曾發兵攻入長安，以及為何在唐反悔的第二年才展開攻擊，因為他們的首要目標絕不是攻佔唐國。

13 以下敘述平涼劫盟一事始末，可詳見《資治通鑑》二三二卷；及《新唐書》〈圖博列傳〉等。
14 位於今陝西咸陽市乾縣西北。
15 平涼川位於今甘肅省省平涼市西北約兩公里。
16《唐會要》，一〇〇卷〈大食〉。

在平涼偽盟三年後，博國揮軍北伐安西、北庭都護府，大破在當地駐守的唐與回鶻[17]聯軍，此後回鶻國力即走向衰敗，與唐一起退出西域的戰局。博國自此不僅完全佔領安西、北庭等天山南北地區的唐國基地，也全面掌控通往西域的咽喉。若觀察博國全面的軍事行動，便會明白平涼偽盟只是其擴展西域大局的一步棋。博國志不在中原；能夠完全掌握安西、北庭等地，轄控通往中亞要道，才是他們真正的目標。

文獻卻總是以「蕃貪狡……翻覆多端」、「犬羊同類，狐鼠為心」、「反覆背信鼠竊豬食……窮寇耳」等批評，簡化博國的謀略；用撻伐、貶抑對方民族性的方式，掩蓋唐面對博是左支右絀、疲於奔命的真相。

可以理解飽受異族攻擊、且受到儒教君臣思想限制的宋國文人的立場；但到了現代，史學研究工作者欠缺對傳統史觀的省思，僅一逕高舉先賢撰述的文獻為圭臬，將本位主義的狹隘史觀包裝成「中華思想」，做為灌輸社會大眾的套裝知識，試圖以此養成民族自信心。包涵諸不同文化且尊重平等視之，「中華」原是十分理想的概念，然而，唯自我為尊，忽視他者立場，長久以來掩飾歷史真相，恐怕只會塑造扭曲的民族認同，模糊自我認知，並演變成反覆不斷爆發種族衝突，惡性循環。

17原為回紇，七八九年新上任的可汗將國號改為「回鶻」。

輯三 橋

宮巴(佑寧寺)
安
宗曲(湟水)
巴彥(化隆)
蘭州
瑪曲(黃河)
臨夏
拉卜楞
往達倉拉姆(郎木寺)
、康區

措溫布(青海湖)
宗喀(西寧)
恰卜洽
(共和)
袞本宮巴
(塔爾寺)
塔澤(紅崖村)
夏瓊宮巴
瑪曲(黃河)
芒拉(貴南)
吾屯宮巴

25 關鍵年代

拉卜楞佛學院（夏河縣）

黑暗中馴服的獅子　此刻又出現在黎明
在寒冷中哆嗦　咆哮　也發出怪聲
貪婪的目光不時盯著肥沃的中亞平原
他們一前一後　又強大又膽小
守著自己的山頭
夢想佔領另一座山頭
——哈達[1]，〈兩頭獅子〉

護法神殿旁的院落，僧人們正在為金剛法舞儀式做最後練習。微飄著雪的低溫空氣中，隨著鼓聲、鈸鳴，他們凝神斂目，徐徐旋轉、懸起單足、舉臂、再旋轉，單薄袈裟隨風揚起，呼吸間鼻息升起一陣白色霧氣。

早先在院落另頭角落就看見一張熟悉的面孔，他在一群中年僧人之間，他們盤坐佛殿門廊前，靜默望著眼前的練習。我認識他，蔣揚，不久前，僅是前日的午間時刻，我們才剛一起吃過飯。我猶豫是否該跟他招呼，但這念頭僅只是一瞬。儘管隔著寬闊的場地和人群，我知道就像我認出他一樣，他也認得我，在認出的瞬間，我也讀出他視線裡刻意保持的漠然——在這樣的場合裡不招呼才是明智，畢竟廣場上密布監視器。果然，練習一結束，他和幾位僧人一邊說著話，從我身前經過，他的目光越過我，與我身後的圖博大叔招呼寒暄。

那視線掃過我，就像陌生人般，連眼睫都沒有眨一下。

記憶的起點

隨著群眾，移動到隔壁的院落，那裡正在教導年幼僧人法舞的基本步伐與呼吸節奏，孩子將長長的袈裟整齊摺捲固定在腰際，光著臂膀，蹲出馬步，吐納、踩踏、揚臂、旋身。前一刻還是四處奔跑、活蹦亂跳的小沙彌，轉瞬間已是目光沉斂專注。他們明確知道自己正在做什麼，以及做這些事所代表的意義與重量。

第一次見到蔣揚，是十九年前自西寧開往蘭州的火車列車上，當時他也只是少年僧

1 哈達（Sendoo Hadaa, 1961 -）蒙古詩人，任教於蒙古國立大學。

人，比眼前這些小和尚大不了幾歲。他和兄弟丹增同行，兩人剛結束前往拉薩朝聖的旅途，南下返回拉卜楞佛學院；我們在車站外食堂裡一起吃飯，約定好下次再到圖博時，一定去拉卜楞找他們。

第二年依約回到拉卜楞，是我們第二次見面。在佛學院裡，他先發現我們，遠遠地從路的另一頭衝我們奔來，抓住我還握著相機的手，迭聲說「真的來了，哎呀真的是你們……」他喘著氣，眼裡閃著晶亮笑意。當時他們正自街上採買回來，身邊還有位像是叔叔的長輩，邀我們到他們家一起燒飯吃。

他們的僧舍在佛學院角落，那附近一整片全是類似的傳統石砌夯土屋，住著許多負笈而來的外地學習僧；睡房也是讀書的地方，在院子裡搭個小爐子就是廚房。那段時間遇到閒暇，總買好菜去找他們一起燒飯燒茶吃。丹增個性爽朗，待人處事直率熱情；安靜的蔣揚是佛學院裡的高材生，神采俊秀自信，丹增總讚他頭腦好。

蔣揚除了一聲「好」以外，幾乎不會說任何一句普通話；而喜歡聊天的丹增，也並非說著流暢的中文，我們經常一邊比手畫腳的向對方說明，一邊在紙上畫著圖。我們最常聊的話題還是跟佛教有關，我帶著從新華書店買來的漢譯圖博佛學辭典，拿筆記下丹增唸給我聽的發音和解釋。

現今回想起來，那段時間應該是中國政治情況相對寬鬆的時節，旅途中看見每個家庭的佛龕上都供奉著達賴喇嘛的法照，僧舍也可招待一般親友來拜訪；前往西藏自治區的路上，警方對旅客也沒有太多盤查，那幾年我們在幾條通往西藏自治區的路上隨意來去，甚至簽證快到期時，還得以在青海、雲南的公安局申請延長。

今日，往昔

這次回到拉卜楞，距離上一次已相隔十七年。

在街上徘徊，找不到以前住過的圖博老屋民宿。佛學院周邊樸質的平房木屋已消失蹤影，沿街全是水泥高樓，我們在記憶中曾經走過的地方轉了幾圈，找不到任何過去的痕跡。

佛學院位於山谷中，群山環繞下，不論從哪個角度望出去，視線盡頭都是蒼鬱的山岩。一七一〇年，第一世嘉木樣仁波切自拉薩學成歸鄉後興建拉卜楞佛學院[2]，圖博人們習稱她「拉卜楞札西吉」宮巴，其中「札西吉」即是桑曲北岸這片被山脈水灣圍繞的土地之名，中國佔領後定名為夏河縣，而「拉卜楞」是仁波切宅邸的意思[3]，數百年來在整個蒙古、安多地區作為最高佛教學府，培養無數學問高僧，於是民眾以「拉卜楞」之名

2 自十七世紀措溫布（青海）周邊地區由和碩特、準噶爾等蒙古王國接續統轄，和碩特國王虔信圖博佛教，支持達賴喇嘛五世成為圖博地區的政教領袖。鄰近措溫布的拉卜楞數百年來成為蒙古各族佛教信仰中心之一。

3 因中國各地方言發音的差異，仁波切宅邸在衛藏地區習慣音譯為「拉章」、措溫布地區則音譯為「嘎日瓦」。

敬稱。

曾擔任拉卜楞寺管會副主任的久美喇嘛公開表示，一九五九年以前佛學院有七十多位仁波切，經歷一九五八年的「宗教改革」和文化大革命的迫害，現在只剩下六位仁波切，而第六世嘉木樣仁波切在文革中被迫娶妻還俗，他的經師甚至遭到槍決。二〇〇八年十月，久美喇嘛以自己真實面容與聲音公開這些訊息，詳訴自己遭警方祕密逮捕與刑求的經歷，及佛學院當時遭到軍警暴力脅迫的真相，呼籲國際社會關注西藏人權問題。[4]

鎮上只有一條主街，包圍視線的卻是高聳的水泥建築，寬敞人行道上整齊排列豪華宮燈式的街燈，旁邊應景裝設繪上紅色五星國旗的ＬＥＤ燈板，在墨鬱夜空裡散發詭異的紅色光線。

拿出十七年前的合照，詢問在路上遇到的僧人，竟一下子就聯絡上蔣揚。蔣揚模樣沒有太大變化，肩背稍微厚實，臉上多了幾條紋路，臉型、身材就和過去幾乎是一樣的，難怪那位僧人在照片中一眼就認出是他。與年少時最大的差別，應該是那沉穩慈悲的眼神吧，蔣揚已成為苦學有成的喇嘛。只是丹增卻不在這裡。

「丹增閉關……很遠的山去了。」蔣揚的朋友彭措告訴我們。蔣揚依舊不太會說中文，「普通話說的不會……」他帶著溫和的笑意說著剛從彭措學來的句子。

丹增什麼時候回來？我問。彭措回答，還要一段時間……，他的語氣不太確定，而他的眼神比話語更含糊。他移開視線，換了天氣的話題。這次見不到丹增了嗎……我壓下心裡湧起的失落和許多疑問。明顯感覺他們不希望我們再問。

餐廳裡人多，他們的話很少，只是殷勤的勸著我們多吃菜。一起離開餐廳，沿著通往桑曲河邊的路走，遠離市區，繞向城鎮外圍的道路，附近行人漸漸變少，他們領我們走回佛學院的方向。「金塔轉一下！」彭措建議。

途中，他們說丹增已在幾年前離開，前往「閉關」的山遠在喜馬拉雅山脈的南邊，印度。蔣揚略帶歉意地表示剛才餐廳人多，不方便說清楚。彭措解釋，「如果公安問了又來問，寺院亂得很，對寺院大大的不好了。」他的意思是公開丹增到印度去的話，政府人員必不時藉機盤查，給佛學院和家人親友造成麻煩。中國官方對待圖博僧侶及流亡海外的親屬特別嚴苛，將他們視為聯繫國外「分離主義」、「暗黑勢力」的可疑對象。

一路走到貢唐金塔前方，抬起頭，發現雪已一點一點的落下。人們沿著塔下成排的經輪一圈圈順時針轉著，不知道經歷多少寒暑，多少人的腳步走過，轉經道上已被踏出明顯凹痕。

「我們佛塔很久歷史，二百多年有，中國人搞壞嘛，貢唐仁波切[5]給抓起來很多年，

4 久美喇嘛公開發言後遭二次祕密拘捕，直到二〇一四年遭以「煽動分裂國家罪嫌」判刑五年。其口述記錄見自由亞洲電台（唯色譯述，二〇一五）。

5 金塔最初在一八〇五年由第三世貢唐仁波切（Gungthang Rinpoche）建造，在文革中被毀。第六世貢唐仁波切（1926-2000）遭關押二十一年，在一九七九年出獄後重新修建金塔。

出來後，仁波切又努力努力，這重新建起的了。」彭措介紹。

經歷多年羈押與文革磨難的阿嘉仁波切等人，後來所作回憶錄[6]都呈現，中國佔領後關押所有高僧，不分老幼年紀，他們成為必須接受群眾批鬥的反動剝削階級，遭長期監禁，送往勞改營，強迫從事餵養牲畜、修馬路、掘採石塊等工作。根據班禪喇嘛一九六二年所寫《七萬言書》，圖博佛教受到的破壞在文革之前就開始了，不止貢唐金塔被毀，擁有三百多年歷史的拉卜楞佛學院中所有經堂、佛殿也都經歷浩劫，古老的佛像文物遭毀損，建築被充當屠宰場、穀倉、食品廠或宣傳共產黨成就的電影院。[7]

「國家沒有了，我們藏族，辦法都沒有。」彭措說：「一九五九年以前我們國家是有的，這個我們藏族全部知道，一九五九年打輸仗嘛，國家沒有了，寺廟沒有了……現在我們知道藏族歷史就是這樣。」

這樣的歷史圖博人都知道……我喃喃重複。細細的雪花順著風，斜斜在我們眼前滑落。我看見雪落在他們披著紅袈裟的肩上、低垂的眼睫上。

一九五九年之後，政府嚴格禁止僧人念經、穿上袈裟，任何宗教儀式也遭停辦，圖博民眾所尊敬的仁波切不僅遭受各種屈辱詆毀，更無法學習和傳承佛理教義。經歷二十多年監禁後，十世班禪喇嘛、拉卜楞寺寺主嘉木樣仁波切[8]仍然無法獲得自由，他們被迫持續留在北京，遭受監視軟禁，甚至在政治威脅下被迫娶妻還俗。

現在中國宣稱宗教政策已開放，僧人能夠穿上袈裟，回到寺院，依傳統進行宗教儀軌，不過這只是中國宣傳用的表面說法。事實上，他們不但嚴格限制佛學院僧侶人數，在每座宮巴前設立公安局就近監視；近年已將手伸進所有寺院的管理委員會（簡稱寺管會），直接安排統戰部公務人員接管行政、財務、節日儀式等事務，強制僧人定期接受「愛國教育」，監控他們的言行思想，且控管相關人員出入，即使父母親友探訪，也須先經寺管會同意並詳實登記。

同時將拉卜楞、袞本宮巴等著名佛學院設立為「愛國教育基地」，為增加觀光收入，在原本清幽寺院中設置停車場、拓寬道路，汽車可以按著喇叭直接駛入。而寺院中無處不在的監視系統和寺管人員，即是最直接明白的威脅；僧人避免和外人交談，過去僧人和各國旅人一起圍坐著聊天、分享想法的畫面不再出現。

拉薩地區佛學院遭控制監視的情況更為嚴重，首先外地的圖博信眾已無法自由出入西藏自治區，過去全村一起乘著卡車去拉薩朝聖的盛況已難見，大昭寺外、巴廓街上不再是擠滿轉經信徒的盛況，取而代之的是成群結隊來自中國大城市的觀光客。大昭寺外被粗壯的金屬鋼架隔離，轉經道上隨處可見武裝巡邏的武警公安，進入寺院前不僅需要

6 阿嘉・洛桑圖旦，二〇一三；班旦加措，二〇〇四；達那・晉美桑布著，夏爾宗德丹、雪蓮譯，二〇一六。
7 班禪喇嘛大師，二〇一四。
8 第六世嘉木樣仁波切（Jamyang Zhepa, 1948 - ），文革時被迫結婚還俗，後持續擔任中國佛教協會，及全國政協常務委員、全國人大常委會委員等政治職位。（西藏信息網，二〇〇六）

門票，也得先經過身分查核、行李安全檢查，寺內釋迦牟尼佛龕前掛上具侮辱性的「慎防扒手」字牌。

蔣揚和彭措認為圖博今日的困境源自一九五九年與中國戰敗的結果，然而追尋自由的漫漫長路，事實上已走過超越百年歲月。在第十四世達賴喇嘛被迫流亡、第十世班禪喇嘛遭拘禁的許久以前，圖博承受鄰國暴力侵軋的歷史，可遠溯自更早以前的十九世紀初——當時這古老的高山王國，即在武力強國之間匍匐掙扎著尋找一條存續生路。

一八七六：沒有主人的交易

雅魯藏布河水向東流淌，經過古老寺廟桑耶，穿越圖博古王國祖地雅礱河谷，仍繼續向東，沿喜瑪拉雅山脈的北方山麓，流過達拉崗布[9]山腳下。

在陡峭群山簇擁著奔騰水流的山谷中，一座安靜的小村落，是圖登嘉措的出生之地。他滿兩歲後的某天，來自拉薩的靈童尋訪隊伍依循跡象，跋山涉水正式造訪了這座山谷中的小村農家，經歷一連串驗證與觀察後，他被迎接到布達拉宮，第八世班禪喇嘛為他主持出家儀式，授以法名。

在坐床典禮上，圖登嘉措成為第十三世達賴喇嘛。

時間是西元一八七六年，依據圖博曆法為第十五繞迴[10]火鼠年，這片崇山深谷之地原是遭世人遺忘的幽靜世界，圖登嘉措的出生，讓這個僻靜角落在某個時刻成為整個圖博佛國世界喜悅的亮點。然而，在這片綿亙千里的山脈以南，此際正戰火喧騰，征服侵擾的炮火為南亞山居子民所帶來的痛苦，逐漸向北蔓延。

十九世紀初英國軍隊即數次自孟加拉北上攻擊緬甸、錫金與不丹王國，陸續搶得周圍大吉嶺、噶倫堡等地，為出產豐富茶品傾銷世界，遷徙奴役尼泊爾人、孟加拉人來此墾殖茶園，以賺取豐厚利潤。

擴展的慾望不會就此歇止，對於山脈北方尚未涉足的圖博領地，以探險、勘察陌生祕境為名的活動，在歐洲名流士紳間蔚為風尚，因為這被視為揚名立萬、名留青史的途徑。英、俄各國政府聯合貴族的私人財團都為這些「探險」活動投入可觀資金，當然並非單純為實現這些旅人的個人理想，而是為擴展帝國殖民事業而蒐集情報，這一切更是強國間的競賽。

一支英國考察隊為勘察緬甸通往清國雲南的陸路交通，一八七五年在邊境騰越[11]與當地民兵發生衝突，英國翻譯使官馬嘉理在交涉過程中遭殺害，英方強烈究責並要求賠

9 達拉岡布（Daklha Gampo），「寂滅之境」的意思，為圖博佛教發展的重要神山。
10 繞迥（rabjung）有「殊勝的出生之日」的含義，為圖博曆法，源於印度的影響，以陰陽、五行、生肖來紀年，六十年為一週期。
11 現為雲南省騰衝市。

償，之後兩國簽署《煙台條約》，內容除了懲兇道歉賠償，也包含增開雲南、四川多地通商口岸、減免英貨關稅等優惠條件，還悄悄添加一項另議專則：英國可派員穿越圖博到達印度以勘查路線[12]。

自事件發生後，經過近一年半時間反覆協商，清、英雙方談判代表才在煙台達成協議，這期間兩國就口岸、關稅各項目多次討價還價。依據《清史稿》收錄的李鴻章奏章，可略窺當時與英國溝通的過程，對於新開重慶等地為通商口岸、設立領事、調整貨物捐稅等事項的規定和執行辦法商議得詳細而繁複；至於有關入境圖博的部分，清國似乎爽快地點頭同意。李鴻章奏達：「至派員赴西藏探路一節，條約既准游歷，亦無阻止之理。臣於原議內由總理衙門、駐藏大臣查度情形字樣，屆時應由總理衙門妥慎籌酌。」意思是既然准許英國人遊歷，也就不好阻止探路，至於如何執行應對，到時候再讓有關單位去謹慎處理。答應得輕鬆，執行方法也說得模糊籠統。

輕易同意，因為這承諾等同於一張空頭支票，對清國來說毫無影響；執行辦法籠統，正是因為清國沒有能力執行，圖博政府若不同意，誰也無法入境其領地。事實上，即連清國派員前往圖博地區，也需先知會圖博政府，由噶廈詔令地方提供烏拉[13]協助，清國人員才能順利成行。

李鴻章提到「由總理衙門、駐藏大臣查度情形」，意指這兩個單位為執行機關，其中的總理衙門為「總理各國事務衙門」的簡稱，是在一八六二年簽屬《天津條約》後設立的外交機構，權責是與外國進行商務、關稅等事務溝通。

而駐藏大臣是「欽差駐藏辦事大臣」的簡稱，圖博語稱為「安班」，是由清國派任駐留拉薩、負責與圖博聯繫的官員，身分多屬於滿州、蒙古八旗，對圖博行政、軍事、宗教事務提供商議協助的角色，並將當地訊息通報清國中央；尤其在十九世紀以後，安班完全沒有干涉圖博政務的空間，更不可能擁有主導統領圖博的權力，具體來說雖有「欽差」之名，但是因為滿清皇室對圖博佛教的尊崇，安班的職位內容更像是使臣的概念。

因前往拉薩路迢遠而危險，適應不易，歷史上有時安班受派遣後並未到任，只得讓副職「幫辦大臣」代替前往。據二十世紀初噶廈政府官員夏格巴[14]表示，一八七〇年以後，在拉薩實際駐留的清國士兵只剩象徵性的百十多人，而且並非訓練良好的精兵[15]。自二十世紀開始直到近年，中國兩岸出現不少文史論述誇大安班的職務權力[16]，認為其與清國各省總督的職掌內容相似，以作為當時清國統治圖博的實證，這當然是為配合中國政

12《清史稿》志一二九卷〈邦交二〉。
13烏拉，蒙古建立的驛站系統，由當地人民提供，作為繇役，可抵賦稅，中原地區稱為「戶赤」。圖博因自然環境多高山曠野，烏拉是因應特殊情況時需要，由官方徵召當地民眾，提供人、馬、食宿以協助人員通過，或傳遞訊息。
14夏格巴（Wangchuk Deden Shakabpa, 1907 - 1989），圖博噶廈官員、學者，以英文撰寫第一本圖博政治史。
15 Wangchuk Deden Shakabpa, 1967.
16孫子和，一九八九；趙心愚，二〇〇九；祁美琴、趙陽，二〇〇九。

治目的的牽強說法。

《煙台條約》中的圖博條款只是清國的虛晃一招，既不願也無能為力支持圖博抵禦英國侵略，也不可能為英國探路、蒐集情報提供保障，歸根結柢還是把難題丟回圖博，卻又強裝具影響力，將圖博作為與英國周旋談判的籌碼而已。

圖博各地官員則依然嚴格執行拉薩政府的命令，阻止外人進入，不論這些試圖闖入的旅人國籍，和其宣稱的旅行目的為何，都一律當作是前來收集情報、居心叵測的間諜，追蹤、拘捕後通報拉薩中央，並且都是立即遣送出境。

《清史稿》中記載，英國屢次要求清國協助前往圖博勘路，但都沒有什麼結果。一八八五年英國入侵緬甸之後，公使和清國談判要求對緬甸通路與開發，協議過程中，英方依據昔日的《煙台條約》再次要求協助進入圖博，而清國總理王大臣[17]以「藏眾不許西人入境」[18]為由表達其無能為力。這並非推託之詞，而是真實的情況——夏格巴所撰史書也提及，當圖博政府獲悉清國承諾英人可路經圖博時，攝政與噶廈官員都認為此事非同小可，緊急召開春都[19]會議，會中成員一致簽名立誓堅決拒絕英人入境[20]。

排除圖博當事國的意志，英、清兩國擅自協議決定圖博主權事務，在那個時代世界上大多數地區國家都遭遇類似的荒誕情況，不僅僅是喜馬拉雅山脈周圍的緬甸、錫金與圖博，還有南非、菲律賓、波蘭、波斯、台灣……列舉不盡。

《煙台條約》簽署於一八七六，正是圖登嘉措來到世間的這一年。彷彿命運一般，他以一生的時間，領導圖博民眾，向英、清兩個強權國家順手簽下的約定抗爭到底。

17 總理王大臣為總理各國事務衙門的最高官員，時為恭親王奕訢。
18《清史稿》志一二九卷〈邦交二〉：「英署使歐格訥以煙臺約有派員入藏之文，堅求立見施行。總署王大臣方以藏眾不許西人入境，力拒所請。」
19 春都（Tsongdu），即圖博人民大會，由噶廈官員、三大寺代表為主要成員，是圖博社會意見領袖們討論國家重要決策的會議。
20 Wangchuk Deden Shakabpa, 1967.

26 誰在棋盤上？

拉卜楞佛學院（夏河縣）

殖民化是一個民族的擴張力量，
是它經由空間拓展的再生產力，
那是使宇宙或其中的大部分
臣服於這個民族的語言、習慣、觀念和律法之下。
——勒惠－博利由[1]

清晨離開旅館，背著行李下樓時，發現前一天盤查的二位公安又出現在大廳。他們面色冷峻的翻閱住宿登記簿，旅館服務員恭順陪在一旁。

其實昨天公安已經翻過那本簿子，現在他們隨意掃視的模樣，明顯只是為了擺威風。抬眼見到我們，他們臉色和緩些，話多的公安應該是負責扮演「白臉」，他熱情招呼：「你們要搬到哪家酒店呀？」

我搖頭表示我們要離開拉卜楞。

「哦？欸怎麼就這麼走啦，年節還沒完，這兒還有不少熱鬧。」

「是你們趕我們走的。」我半開玩笑的說。

另一位「黑臉」公安接話，「這不是合法涉外酒店，過去幾天你們住在這裡已違反中國法規。」

這些話他們昨天也說過了。前一天傍晚他們就是以這個說法，強制「請」我們到警局喝茶。

不知是真如他們所說「碰巧」在旅館臨時檢查，或從佛學院尾隨我們來到旅館，總之昨天我們一進旅館大廳就被公安攔下，被要求拿出證件查驗身分，他們甚至進到房間巡查一番，才帶我們回公安局。之後命令我們必須搬離原本的旅店；而旅店因未按規定向公安局報備且違規收容外籍旅客，遭到罰款和警告等懲處。

外表極力保持鎮定，心底其實擔憂公安會要求檢查手機、筆記本。昨晚從頭至尾我們有問必答，禮貌的配合，幸而只是乾耗在公安局接受訊問，等待他們查驗登記，沒有受到更多刁難。其實更擔心會因此連累了僧人朋友，昨晚一走出公安局，立即把手機中他們的通訊記錄都刪除了。

「你們上哪去呢？」白臉問。儘管他語態殷勤，我也清楚那絕不是真的關心，純粹

1 勒惠－博利由（Pierre Paul Leroy-Beaulieu, 1843 - 1916），法國政治學家。

為了套話和掌握行蹤。「我們想去蘭州，網上有人推薦今年蘭州燈會特別盛大。」我毫不猶豫的回答。答得越是像觀光客，越安全。

「我老家就蘭州，熱鬧得很噢，慶祝解放七十週年嘛。」白臉公安一臉自豪。「就不知道你們今兒個去不去得成，欸，昨兒夜裡下大雪，所有公路都該給封了。」

他說得好像真為我們擔心似的，可是我捕捉到他眼底的笑意，那是屬於權力者掌控一切的自信和得意。

在公安為我們旅途順利的祝願中，我們走出旅館，心裡只想趕快離開他們的視線。只是載我們到客運站的計程車師傅也和公安說了一樣的話——聯外公路在凌晨天亮前就封了，不論是往蘭州、臨夏或合作，所有方向的巴士都停駛。

客運站前果然有不少人提著行李、苦著臉圍在售票口前等待。繞到車站後方，卻見到幾個像是巴士司機助手的男子直接在停車場和客人商議價錢，問了才知道有輛往西寧的客運即將出發。

這是一個像黑盒子般的社會，每個人嘴裡都可以有個說法，於是，一種狀況可以流傳千萬種臆測。而在這個社會中保持清醒的唯一方法，是必須懂得——除非實際發生的事，所有說法都僅僅是說法而已。

於是，十五分鐘後，這輛巴士駛上了公安、司機們言之鑿鑿已因大雪封閉的公路，載著我們前往西寧。

烏雲間，吹動的民族春風

百多年前，對於隱身高山的佛教王國來說，國際政治情況恐怕也傳播著多種說法。清晨陽光自窄小的窗外斜映進來，少年法王感受到空氣中夏日溫暖氣息逐漸轉弱的同時，南方國境和錫金持續受到英國侵擾的噩耗，以及東鄰清國遭受日本攻擊慘烈敗仗的訊息，應也一起傳入了羅布林卡。他知道圖博王國正壟罩在帝國軍事威脅的烏雲中。

一八九五，也是圖博曆法第十五繞迴木羊年，高山王國的精神領袖圖登嘉措，俗世生活產生了劇烈變化，自幼年起埋首研讀佛學經典大義十多年，通過最嚴格的考試，取得格西學位[2]後，他必須接掌王國政權，承擔圖博政治的新功課。

世界舞台上，歐亞大陸上驍悍的草原民族早已走下主導者的位置，主宰世界的權力者替換成經歷過工業革命的歐洲國家，尤其是英、俄兩大帝國。西元一六〇〇年英國的商船與艦隊已踏上印度半島，以東印度公司的名義轄控當地的政治軍事貿易，並以此為基地持續向東方擴張；俄羅斯則以莫斯科為起點向周圍不斷擴張，十七世紀時已征服烏克蘭、波蘭、芬蘭、西伯利亞，且繼續南侵控制波斯及中亞等地，成為幅員廣袤的巨大帝國。

2格西意為「善知識」，為圖博僧侶佛學研讀的最高學位，相當於佛學博士的意思。

帝國往世界擴張的同時，歐洲境內卻為挑戰君王絕對權力，掀起天翻地覆的變革，廣泛地說這變化可遠溯及法國大革命的影響；更具體的肇因是一八三〇年法國發生的七月革命，成功推翻君主專制，以及比利時起義爭取帝國列強承認其獨立的國際地位，之後如骨牌效應一般，或說像是春雨灑落大地，歐洲各地爆發一連串的革命起義，自由主義、民族自覺的思潮激勵著歐洲各國的知識分子和中產階層。

一八四八年，被稱為「人民之春」革命的這一年，波蘭、德國、丹麥、瑞士、義大利、匈牙利、法國、捷克等，境內勞工與中產階級相繼發起暴力抗爭，有些國家如瑞士、丹麥，成功爭取到君主立憲的具體改革；而德國、義大利等國家，儘管起義失敗，然而公民權利、政治自由的概念卻如同即將發芽的種子，已深植人心。

當歐洲社會吹拂著人民的自由春風，帶來政治體制變化的期間，一八五七年秋日，英國維多利亞女王與法國拿破崙三世派遣的海軍艦隊，正在東亞太平洋上集結。法國興兵為訴求傳教士無端被殺而追索正義；而英國聲明為商船上國旗受辱而討尋公道。然而，戰後條約內容除了清國的巨額賠款外，卻是增開商埠，由英、法訂定關稅上限，外國船艦可自由航行長江，以及開放鴉片買賣市場。

這些條件意謂清國無權自定關稅，且稅務作業須聘僱英國人執行；外國武裝船艦得以自由航行長江進入內陸，表示清國面對英法，已放棄自我軍事保護；連鴉片毒物都以「洋藥」美名，在民間無限制販售。清國雖然表面上仍保持統治中原之地的君主名銜，事實上卻喪失了法律、經貿、軍事等完整治權。

英法聯軍戰火自廣州延燒至北京，這場戰役名為尋求正義與賠償，實質目的卻是剝削、侵略與殖民。這個時期英國在亞洲其他地區，也忙碌地以類似方式派兵興戰。先是情勢多變的中亞，波斯受到俄羅斯鼓動偷襲阿富汗，英國隨即進軍，向挑戰她「地盤」的波斯宣戰。接著是被英帝國讚美為「皇冠上璀璨寶石」的印度，發生全國性大規模的起義行動，對於這般既傷顏面更損利益的事件，英國派大軍鎮壓，索性終結了蒙兀兒傀儡王室名義上的統治地位，一舉將印度正式納為英屬殖民地。

之後是一八六一年，一支英軍入侵喜馬拉雅群山中的錫金，與前述戰事規模相較，也許只是場不起眼的戰鬥，然而錫金王國就此失去主權，成為英國所掌控的殖民地，錫金國王楚布南嘉[3]在第二年宣布退位，英國此時已往北擴展疆域到達圖博邊境。

首次入侵戰役

一八八八年，英軍第一次入侵圖博，地點在喜馬拉雅山脈東南一處地勢較平坦的山

3 楚布南嘉（Tshudpud Namgyal, 1785 - 1863），錫金第七代國王，一七九三年至一八六三年在位，經歷與廓爾喀戰爭及英軍入侵佔領，過世前錫金已被併入東印度公司的一部分，完全由英國控制。

口，則里拉[4]，那是數百年以來圖博與錫金的牧民們共同分享使用的天然牧場。

這些年圖博漸漸感到英軍威脅加劇，尤其英屬印度人錢德拉．達斯[5]偽裝成佛教徒，在一八七九到一八八三年間二度進入圖博，到過札什倫布寺、山南、拉薩等地，不僅蒐集大量文獻資料，也繪製詳細地圖和地理、交通情況報告，圖博政府懷疑他是英方間諜，在拘捕之前他僥倖脫逃，這個事件加劇了圖博對英國的懷疑。

圖博攝政多次向清國要求軍事援助，但都未獲具體回應，只好派遣軍隊在邊境預先設立防禦土牆，英軍卻以此為藉口，派軍駐紮錫金，威脅圖博撤除這箇陋的防禦工事，雙方於是爆發衝突。這是圖博第一次與英國對戰，相差懸殊的武裝實力，一交手圖博便兵敗潰散。

拉薩並未就此束手投降，向各地調集更多民兵，一波波南下阻擋英軍攻勢。此時新到任的清國安班升泰反而處處掣肘，要求圖博立即停下軍事行動[6]，這位安班完全反映出北京只擔心惹火英國的怕事心態。試圖居中排解的錫金國王圖多南嘉[7]不幸也遭致英國俘虜，經歷英方行政官的軟禁與羞辱，後來他與家人好不容易有機會擺脫監視，在試圖潛行尼泊爾的路上又慘遭英軍攔截，此後數年遭遇流放、拘禁的命運，直到一八九五年才稍微緩和對他的監控，讓國王與家人回到錫金首都甘托克[8]。

過去百年來圖博與清國除了政治關係，達賴喇嘛與清國君主間同時也建立特殊的佛教供施關係，每當圖博遇外部武力攻擊時，清軍都曾多次派兵協助，顯然十九世紀末當時情況已經改變。

清國對英、法、俄、日本等外國屢屢敗戰，賠款連連；國內又接連發生太平天國起義、北方漢族農民發動的捻軍抗暴，以及陝西、甘肅各地的回民抗爭行動，經歷幾十年戰亂動盪，此時的清國已是左支右絀自身難保的情況。尤其面對太平天國的攻勢，一直令清國自豪的軍事力量——八旗與綠營——竟完全潰敗不敵，後來完全依靠曾國藩、李鴻章等民間私募的湘軍、淮軍繼續征討，並雇用英、法等國傭兵，最後才能平定太平天國的起義。[9]此時清國中央不僅難以再與外國對抗，國內秩序也必須仰賴李鴻章等漢官所率私兵來維持。

4 則里拉（Dzalepla），位於喜馬拉雅山脈南緣，是圖博自往錫金的必經通道之一。《清史稿》中寫為「熱勒巴拉山」。

5 錢德拉・達斯（Sarat Chandra Das, 1849 - 1917）潛入圖博的經歷與帶回的文獻供其作日後的圖博學研究，河口慧海等人在大吉嶺時曾向他學習圖博語。

6 《清史稿》志〈邦交二〉。

7 圖多南嘉（Thutob Namgyal，1860~1914），楚布南嘉之子，一八七四年繼位，經歷英國第一次入侵圖博的戰爭，英方懷疑他鼓動圖博對抗英國，因而待其十分苛刻。

8 Wangchuk Deden Shakabpa，1967。

9 《清史稿》列傳〈洪秀全〉。

遭漠視的真相

一八八八年時，圖登嘉措雖尚未親政，必定知悉圖博政府盡全力派兵在則拉山口阻擋英軍入侵，過程中清國不僅袖手旁觀，還因為擔心得罪英國，將原本主張協助圖博與英作戰的清國安班文碩革職，由態度溫和的升泰前往加爾各答與英方協商，並讓清國海關總稅務司的英國人赫德[10]同行協助調解。

在圖博和錫金都沒有參與的情況下，清國再度漠視圖博的權益和主權，和英國立約重新劃定圖博與錫金的國界，擅自認可錫金的主權屬於英國，並且預定日後再討論開放圖博通商口岸的細節。儘管圖博政府不會接受這些內容，三年後清、英兩國依然自行派員在大吉劃定新邊界、訂定通商執行細則，並且再度是圖博缺席的情況下，清、英自行決定開放措模宗[11]為通商口岸。

簽訂條約簡稱為「加爾各答協定」，英文名稱為「Convention of Calcutta ——Convention Between Great Britain and China Concerning Sikkim and Tibet」[12]，直譯為：「英、清之間關於錫金與圖博的協定」，而在現代各中文論述最常見到的名稱是「中英藏印條約」[13]。從中、英文名稱的差異上便有值得研究的細節——儘管派遣代表參與討論與簽署的只有清國與英國，條約的中文名稱上卻並列四個國名，彷彿經由四國協議簽訂一般。相較之下，英文名稱更接近現實情況，由清、英討論圖博與錫金有關的事務，圖博與錫金完全是「被」扯入這場爭議之中。

中文名稱不僅過度簡化而含糊，遣字用詞背後隱隱顯露的企圖心也頗為耐人尋味。首先，名稱「中英藏印條約」會讓人誤以為是由中、英、圖博與印度四國協議簽屬，事實上主要內容與錫金主權相關，及錫金與圖博的邊界問題，然而竟然連錫金之名都沒有提到，反而將無關的「印度」添加進來，這名稱顯然是在民國成立以後才使用的，很可能是按當時中華民國與印度的國際關係所定。

其次，十九世紀末的當時，清國國號從未正式自稱「中國」，而是清晰明確的「大清國」[14]，在現代各種論述中引用這項協定時，卻使用「中」這個字取代「大清」，可合理推測也是在民國建立以後，為加強灌輸中國繼承清國治權印象的政治目的，而刻意採用。

從訂定條約名稱背後的故事，可以看出不管是稱為「清」或「中」，或是簽屬協定的當時，與在提及這項協定的後世，強權國顯然總以暴力漠視相對弱勢國家的痛苦。

10 赫德（Sir Robert Hart, 1835 - 1911），一八五四年任職英國駐北京領事館，清國按《天津條約》要求，1861 年聘僱他擔任海關總稅務工作，達半世紀之久。

11 措模宗（Chomo zong），位於圖博與錫金邊境，中國佔領後稱亞東。

12 "Convention of Calcutta", 1890.

13 沈雲龍編，《光緒條約》卷二九，文海，一九六三。

14 協定內容一開始即註明：「茲因大清國大皇帝，大英國大君主……」

一八九五，世界的舞台

一八九五，這一年剛接掌圖博政權的圖登嘉措，非常清楚這些年來南方邊境上與英國的衝突，以及遭受英國入侵的錫金與錫金王室是如何境遇；必定得悉英國為開墾茶園，如何隨意搶奪牧地，驅趕牧民，砍伐破壞山林，並且輕視當地的宗教信仰；也一定聽聞英軍鎮壓印度起義時如何殘酷戮殺，以及殖民統治印度近三百年，而印度人在自己的家園又如何淪為次等國民。

親政一開始，達賴喇嘛致函清國總理各國事務衙門，要求援助充備武器，或提供彈藥軍備，或派專員到圖博協助設廠製造兵器。總理大臣回應，在圖博強化軍事是不錯的計畫，但這個時機也許不適合，會再商議云云。[15]清國盡是推託的官腔，或以上對下的傲慢姿態，這樣的回覆必定令達賴喇嘛更加確定清國上下懼怕得罪英國，一如一八八八年與英軍戰鬥時的景況，清國根本無心應戰。

某些時刻，圖登嘉措必定曾經靜心摩想先祖薩迦班智達、八思巴[16]，以及達賴喇嘛五世，當時他們面對蒙古、滿清等武力強國脅迫所展現的智慧，在強敵圍伺的危急情況下，如何能為圖博開闢一條求存之路。

位於世界屋脊高山之中的拉薩，對於歐美等工業主流國家來說，她的存在高遠縹緲，彷彿世界邊緣；然而對圖博佛教信仰世界，卻是宇宙的中心，拉薩的色拉、哲蚌、甘丹三大寺院是圖博佛學最高學府，不僅聚集來自安多、康區等圖博各地的習經僧人，自古即有不少東歐、中亞、喀什米爾、蒙古、西伯利亞等外國僧人前來研修佛學。

據二十世紀初曾經偽裝成蒙古僧侶、潛入拉薩居留一段時間的日本僧人河口慧海表示，當時在拉薩來自布里亞特、卡爾梅克的學習僧就有一百五十至二百人之多。[17]拉薩寺院中有眾多來自異國的僧侶，想必其間也流動著國際訊息，圖登嘉措在布達拉宮成長過程中，身邊即有一位來自布里亞特的僧人阿旺多傑[18]。多傑十九歲時即來到拉薩，跟隨哲蚌佛學院的上師習法，歷經十五年苦學，考取拉然巴格西，相當於佛學博士的學位，多年來負責圖登嘉措的因明學課程，協助辯經練習。他們對思辨和圖博醫學的相同興趣，讓兩人建立亦師亦友的關係，也都將設立圖博醫學院、醫療系統作為社會改革的目標。英籍圖博學者史奈林（Snelling）認為，多傑是當時具有國際政治觀的佛學高僧[19]，他在

15 Wangchuk Deden Shakabpa, 1967.

16 薩迦班智達（1182 - 1251）、八思巴（1235 - 1280）二位為叔姪，分別為薩迦派第四、五位祖師，班智達意為智者，八思巴是聖者的意思。班智達致力翻譯梵文經典，著述豐富。八思巴創造蒙古文字，受元世祖忽必烈尊奉為國師。

17 河口慧海《西藏旅行記》，吳繼文譯，二〇〇三。布里亞特位於西伯利亞南部、貝加爾湖東側，南邊銜接蒙古；卡爾梅克位於東歐的裏海西岸，二地至今沿襲圖博佛教信仰的傳統，和蒙古關係親近。當時布里亞特（Buryatiya）與卡爾梅克都受沙俄帝國統轄。

18 阿旺多傑（Agvan Dorjiev, 1854 - 1938）與他的蒙古上師班丹群培（Benden Chomphel），隨迎接第八世哲布尊丹巴靈童的蒙古代表團到達拉薩後，留在哲蚌寺學習。

19 Snelling, John, 1993.

圖登嘉措身邊，對於解決圖博遭強國軍事威脅的困境，以及英、俄帝國殖民擴張的國際情勢，兩人必定經常深入討論。

這一年是一八九五，歷史紀錄下這一年人類世界發生了許多「值得記載」的重要事件：盧米埃兄弟在巴黎舉辦世界首次電影放映會、美國基督教青年會發明排球運動、希臘雅典正積極籌備隔年將舉行的世界第一屆奧林匹克運動會、德國物理學家發現X射線、人類首次登上南極洲大陸……，以及日本帝國依據清國戰敗所立《馬關條約》，派遣船隊侵占台灣。

一八九五，也是這一年，經歷民族革命及連番戰役，終於取得獨立的義大利，出兵攻佔衣索比亞；印度洋上的馬達加斯加島，在這年經歷法國猛烈的砲火攻擊，終難以支撐而淪為殖民地；而中美洲的古巴，點燃第二次獨立戰爭的烈火，好不容易驅逐西班牙四百年統治，卻換來美國的控制。

對於這些國際事件，圖登嘉措當時可能並未全部聽聞，也有可能在某些特殊機緣下，聽人轉述其中一、二。例如波蘭起義，意圖脫離沙俄帝國統治，自一八三〇年起發動多次民族獨立運動，提出政治與社會制度改革訴求；來自北方西伯利亞的阿旺多傑，因家鄉布里亞特與波蘭同樣接受俄國沙皇的統治，也許圖登嘉措輾轉聽聞波蘭當地追求民族復興，社會發生急遽變革的訊息。

或者，他很可能透過阿旺多傑得悉，在清國對日本戰敗的這一年，蒙古領袖哲布尊丹巴[20]擔心清國局勢不穩，將影響蒙古的安全與主權獨立，向俄皇尼古拉二世提出希望連結布里亞特等所有蒙古民族王國，成立「泛蒙古聯盟」的要求。

時代與人

圖登嘉措在執政三年後，即一八九八年，祕密派遣阿旺多傑前往歐洲地區，以及中亞、蒙古、俄羅斯等地訪察，收集各地政治社會資訊以了解國際情勢。尤其在俄國境內不少民族仍維繫著圖博佛教信仰的傳統，例如：布里亞特、卡爾梅克、阿爾泰、圖瓦等地，達賴喇嘛是他們共同信仰的精神領袖。

阿旺多傑此行是以達賴喇嘛特使的身分前往聖彼得堡，正式拜訪帝俄君王尼古拉二世，傳達希望在宗教交流的基礎上與俄國建立邦誼的意願。圖博不僅支持俄國當地學者持續發展佛學研究，為當地佛教信眾與佛學院組織提供協助，同時也希望獲得俄國在外交和軍事上具體的援助。[21]

20 哲布尊丹巴，為蒙古最高政教領袖，歷屆轉世靈童都來自圖博。當時為第八世，阿旺垂濟尼瑪丹彬旺舒克（1869 - 1924），一九一一年十二月他宣布蒙古脫離滿清帝國，他成為獨立蒙古國的第一位「博格德．汗」（Bogd Khan），一九二一年遭蘇聯支持的蒙古人民黨革命推翻。

21 Ostrovskaya-Junior, Elena A., 2015.

對許多個人來說，一八九五這一年也可能是人生關鍵的時刻。中國第一位致力主張勞工人權的女性向警予在這年出生，二十九年後她將在上海率領上萬名紡織廠女工發動罷工抗爭。孫文則在這年策劃首次革命起義，行動前事跡敗露，他的摯友陸皓東被拘捕後遭公開斬首，其追尋民族自由的生命在二十七歲時戛然結束，孫文的革命卻堅定地自此開始。

一八九五這一年，甘地來到南非擔任執業律師已有兩年餘，某天他購買一等車廂車票，卻因為膚色被要求乘坐三等車廂，他拒絕更換座位，在彼得馬里茲堡站被丟出火車，當他在月台上掙扎著爬起，心中更加確定為印度人權奮鬥的目標。南半球，墨西哥民族革命領導者薩帕塔[22]在這年失去父親，剛滿十六歲的他已承擔起家族經濟責任，遭極權政府強迫徵入聯邦軍的他，在心底埋下終身爭取農民土地正義的種子。地球北端，這年冬天列寧在聖彼得堡的工人抗議遊行中遭到拘捕，透過閱讀與書寫，他在囚室中更清晰確認追求革命的思想，出獄後他將被流放至西伯利亞極境，日後他會選擇到西歐流浪，繼續組織地下活動，以儲備推翻沙皇帝國政權更豐厚的實力。

困境，可能是重生的契機。與阿旺多傑等幕僚商議應對帝國入侵的策略，這一年剛滿十九歲的圖登嘉措必然明白，自己正身處於圖博的關鍵時代。

22 埃米利亞諾・薩帕塔（Emiliano Zapata Salazar, 1879 - 1919 年），墨西哥農民起義的代表人物，為堅持實踐土地正義而遭暗殺，至今他仍是墨西哥民族主義革命「薩帕塔民族解放軍」的象徵。

27

一顆小星星底下

宗喀（西寧）

沒有一座文明的豐碑
不同時也是野蠻暴力的實錄。
——班雅明，《說故事的人》

西寧火車站巨大的白色建築體，誇示著她作為中國發展西部重工業的入口城市，圖博與東突厥斯坦（中國稱新疆）豐富的礦藏從這裡轉運出去，中國軍事人員與武器也自此轉運往西進駐。

車站前閃出「熱烈慶祝中國解放七十週年紀念」字樣的LED跑馬燈，發出詭異紅光，下面還閃耀著一些小字，「富強、法治、民主……中國夢」。為了看清楚想走近一些，卻被廣場前重重包圍著的粗大不鏽鋼柵欄擋住，突然跳出一名黑衣警衛舉著棍子，對我大聲吼著，「車票！」

「被」少數的民族

得有當日搭乘的火車車票，才得以進入柵欄內那座像監獄般的巨大建築。隔著柵欄，我看見人們拖、拉、背著行李忙碌疾行，或是無聊的乾坐在自己行李上，不論移動或靜止，他們臉上都有著一樣的疲倦表情。

西寧的名稱，來自於九百多年前中原政權入侵後所定下，更早以前被漢人稱為「西平」——不論意思是西邊的平靜或安寧，都具有相同的象徵，是入侵者對於新掠奪之地的自我安慰。

圖博人則以流經的主要河流來命名，稱她為「宗喀」，意思是宗曲河岸邊的土地。千年以來，土地上主要住民原本是信奉圖博佛教的蒙古人、圖博人，近世經歷幾次清國派兵入侵，和刻意安排其他民族遷入，在上個世紀初宗喀的蒙古、圖博人已成為自己家鄉中的「少數」民族了；而漢人大量移民成為當地最主要的人口[1]，則是近半個世紀前才開始的事。

火車站前畫面不禁讓我想起二〇〇四年旅遊到拉薩南部的江孜時，在無意中參加的一場紀念儀式。位於日喀則東方九十多公里的江孜，是拉薩南部最重要的防禦據點，在廢棄的江孜古城堡下方，為紀念一個世紀以前抵抗英軍入侵的圖博民軍，闢建出一片光秃秃的水泥空地，稱為「英雄廣場」，並立下「江孜宗山英雄紀念碑」。

立碑紀念儀式上，當地中、小學生、婦女等被召集的民眾，穿上色彩豔麗的嶄新服飾，輪番在紀念碑前圍著圈圈跳舞，音樂歡樂高亢的響著，廣場上高掛的紅色慶祝布條，映襯他們臉上的木然與疲憊更加鮮明。

受邀前來的一位貴賓，讓其他當地官員頻頻哈腰行禮，顯然是來自北京的上級長官，他一開口即毫無歉意的說，「我說的話你們可能聽不懂，那沒關係，你們就先聽著……」，以微帶捲舌音的標準普通話發表感言，激動讚頌百年前圖博人發揮「民族團結」、「保衛祖國」的英勇精神。記得當時我環顧四周，在場人群中恐怕只有我能完全聽懂這位官員在說什麼。

正如在場大多數圖博人呆若木雞，聽不懂他的激昂，百年前英勇犧牲的圖博人所保衛的國家，也和這位官員無關。這並不只是語言不通所造成的隔閡，事實上中國大力宣傳、立下紀念碑的圖博「英雄史蹟」，與現在的統治政權的確毫不相干。

那發生在一九〇四年九月，中原地區仍然由滿清統治，中華人民共和國尚未成立。

1 據二〇一九年《西寧市社會發展統計公報》資料，漢族人口佔百分之七四．二一，圖博人與回族、蒙古等其他民族總計，仍不到西寧所有人口的四分之一。

入侵圖博的英國軍隊已然翻越喜馬拉雅山脈，進軍至拉薩南方最重要的堡壘——江孜宗，遭遇到拉薩噶廈政府所派遣的一支民兵隊伍突襲。

戰後英軍統帥楊赫斯本[2]在寫給他的上司兼好友寇松[3]的信中，回憶這場襲擊事件：「這是一個多麼美妙、靜謐的清晨！雲雀在婉轉啼鳴，麻雀無憂無慮地唧喳叫著……但是，哨所周圍，圖博人屍橫遍野。我認為可確切地說是一百四十具屍體。」[4]

超現實的相遇場面

一九〇四年初，英國軍官楊赫斯本與他的部隊翻越圖博邊境的山口，向北方緩緩前進，在帕里宗[5]北方的荒原暫停駐軍，在海拔四千公尺以上的山間度過最寒冷的冬天，等到解決了軍糧裝備與大量牲口病死的問題後，三月底部隊才再度整裝出發。

這批入侵的英國軍隊，擁有多種不同稱呼——「拉薩先鋒探險隊」，這是出現在英國皇家地理雜誌等報導中讚揚的醒目用語；「遠征軍」則是反戰媒體直接指出其侵略本質；楊赫斯本自稱是「外交使團」，這也算是官方的標準說詞，因為英國自認此行是為與圖博交涉商務、邊界等交流事務，儘管隊伍主要成員是一批武裝精良、受過特訓的高山作戰部隊。

這批隊伍成員包含配備馬克沁機關槍[6]的機槍兵團，以及一支皇家砲兵團，裝備著兩門能連發十枚砲彈新式大砲，再加上騎馬步兵連、錫克先鋒軍、廓爾喀聯隊，兵力超過千人以上[7]；此外隨行的還有戰地記者、醫護人員、通信員和廚工雜役，以及萬人以上的挑夫苦力，平均一位軍人可以分配到八位苦力。

其時英軍面對的最大挑戰不是圖博的軍隊，而是高山自然環境。這趟遠征過程中犧牲最慘烈的便是動物，根據記錄，隨行三千多隻的尼泊爾犛牛、黃牛近乎全數死光，然後是挑夫，有八十八人在往返的途中死去，相較之下英軍四十名的折損人數僅是少數。[8]而橫越世界屋脊的馱運裝備中，包含楊赫斯本的二十九件鋼箱、皮箱，裡面裝著他的七十六件硬領襯衫、十八雙靴鞋、一座戰地浴室、營地晚宴裝，以及之後他將在羊卓雍措[9]打獵時穿的露營套裝，和在拉薩簽屬條約時所戴的華麗雞冠飾帽和禮服。[10]

2 楊赫斯本（Sir Francis Younghusband, 1863 - 1942），中譯多記為榮赫鵬。
3 寇松（George Nathaniel Curzon, 1859 - 1925）於一八九九年至一九〇五年期間職任印度總督。
4 Fleming, Peter, 1961.
5 帕里宗（phag ri zhong），海拔約四千五百公尺，鄰近不丹、錫金邊境，圖博當時即設有防禦工事城堡。
6 馬克沁機槍（Maxim gun）可在九十秒鐘內一次連續射擊出七百發子彈。
7 其中百分之九十以上為印度軍人，百分之十的英籍軍人擔任指揮軍官與重兵器操作。
8 Fleming, Peter, 1960.
9 羊卓庸措（Yamdrok Yumtso），意思是「高山牧場的碧綠湖」，湖面平均海拔四千四百四十公尺，位於拉薩西南邊，二地相距不到一百公里。
10 派屈克・法蘭區，一九九九。

在喜馬拉雅山上，上萬名挑夫驅趕著數萬隻馱運的騾、馬、犛牛，這浩浩蕩蕩的隊伍綿延不絕的攀行在數千公尺高山上，沿著山勢、在隘口冰川間逶迤前行——光是想像這個畫面已足夠令人震驚。隨隊的《每日郵報》記者坎德勒曾如此描述：「途中突遭大風雪，氣溫驟降至零下十八度以下，在兩英尺深的雪中宿營……到達堆納[11]時，趕動物的人腰部以下都凍傷了，第十二騾隊有二十個人生了凍瘡……廓爾喀聯隊有七十人得了雪盲症。」[12]

在江孜戰役發生前，圖博派遣前來抵抗的第一批隊伍，在一座被稱為故如的小村外築起了一道矮牆作為防禦工事，臨時組織的民兵帶著彈弓、刀劍、斧頭與數十支火繩槍，終於與自稱「使團」的英軍遭遇。

這算是第一場正式對決，然而，因雙方相差懸殊的軍備實力，圖博的隊伍難以稱得上具有阻擋或對峙的效果。參與戰事的馬克沁機槍手當晚便寫信給他父親，表示他所經歷的不是戰爭，而是屠殺；他描述圖博民兵面對炮火和機關槍，不是慌亂奔逃，只是背轉身安靜走開，子彈卻像傾盆暴雨般朝他們落下，他們一一倒下，他忍不住向家人誠實告白：「我希望自己不會再對背向我慢慢走開的人開槍，那場面太悲慘了。」[13]

英軍回報戰況，英方陣營有六名重傷，無人死亡。圖博這一方卻在戰場上留下了六、七百具屍體，且計有一百六十八人受傷。[14]圖博傷者被抬進英軍帳篷中接受救護治療，他們對英國人未露出怨恨表情，愣然接受醫治後又安靜離開，這令英國人大感驚愕。英國人並不知道，這幕殘忍的異文化相遇場面，同時也帶給圖博人巨大困惑：這群英國人何苦費力大老遠跑來殺害他們後，又救治他們？[15]

堆疊虛妄的敵人

英國方面對此次入侵行動留下的相關紀錄相當豐富，包括當時戰地記者的即時報導、參戰士兵的書信日記，以及楊赫斯本等遠征軍人公開出版的回憶錄，加上英國外交部和東印度公司的公文和官方紀錄等，足以充分呈現英國的看法。

軍隊自錫金出發之初，英國外交部宣稱只是短暫的商務協議行動，之後卻演變成一路的殺戮，尤其當時正與法國簽屬《誠摯協定》[16]，主張列強間減少殖民地的爭奪衝突，這些主張顯然與英軍的實際行徑背道而馳。

11 堆納（dud sna），位於圖博、錫金邊境山谷的小村落，現劃屬中國亞東縣境內。
12 Candler, Edmund, 1905.
13 Fleming, Peter, 1960.
14 Raugh, Harold, 2004.
15 派屈克．法蘭區，一九九九。
16 英法《誠摯協定》（*Entente cordiale*）於一九〇四年四月八日簽署，雙方同意停止衝突，並劃分爭議的亞、非洲殖民地。一九〇七年英、法兩國分別與俄國斯簽署協定，形成「三國協約」一起抵制新崛起的德國。

當時的印度總督寇松提出以圖博作為與俄國勢力抗衡的緩衝，只是多少年來，和清國簽署多次協定，要求入境圖博的許可，不論官方、民間都派出無數次偵查隊，以探險、調查自然、探路等名義試圖進入圖博，卻不得其門而入，其中也包括楊赫斯本，他曾在橫越亞洲的旅程中，幾度到達圖博邊境，在隘口上遙想拉薩的方向。

一九〇〇年以後，英方獲悉十三世達賴喇嘛數度派遣特使訪問俄羅斯、與尼古拉二世會晤的消息，而且還是透過俄國當地媒體報導[17]，由駐聖彼得堡的英國公使轉知，這令英國中央和印度總督寇松都感震驚，不僅因為俄國勢力恐將已控制圖博，嚴重的是從頭至尾英國情報網竟對此一無所悉，而近在圖博南緣的英屬印度政府更覺顏面掃地。

圖博與俄國一再宣稱，雙方只是進行單純的宗教交流，英國這一方怎麼可能輕易相信？反而收集各種捕風捉影的臆測、誇大妄想的情資，以堆疊出一個危險巨大的敵手。

在遠征軍中擔任醫官的沃德爾[18]，當時在《泰晤士報》中刊出對十三世達賴喇嘛的特使阿旺多傑的描述，說他「受過良好教育，是俄羅斯帝國地理學會的會員，並且已幾次經過印度和錫蘭，到達了敖得薩和聖彼得堡。最近，他一直負責拉薩的兵工廠。在年輕的達賴喇嘛耳朵邊，不斷毒害他的心靈，要他反抗英國，引導他認為俄羅斯才是朋友，而英國不是。」[19]

這段敘述是在真實的基礎上堆疊虛妄的想像——阿旺多傑的確是受過高深的佛學教育，也確實曾經取道印度，在加爾各答乘船前往歐洲，到達聖彼得堡和黑海附近的城市；但他既不是俄羅斯帝國地理學會[20]的成員，也不曾負責過任何兵工廠，更何況當時拉薩和圖博境內都沒有兵工廠。

最重要的是，讓圖登嘉措認為英國不是朋友的，並不是阿旺多傑，而是英國本身。沃德爾似乎忘記了英國曾經多次侵略錫金、不丹、尼泊爾和清國，也攻擊圖博邊境的民兵，搶奪圖博、錫金和不丹的土地，英國早就以行動證明了自己是敵人。

暴風雨欲來

圖博這一方當時的想法如何，從南邊不斷傳來英軍進襲的消息，他們是如何應對？

17 一九〇〇年十月二日《聖彼得堡雜誌》（*Journal de Sainte Petersburg*）報導達賴喇嘛特使與沙皇會晤消息。一九〇一年六月俄羅斯《新時代報》（*Novoye Vremya*）、《聖彼得堡公報》（*St Petersburg Vedomosti*）都提到圖博訪問團，及圖博當前受到英國與清國武力威脅的情況（Snelling, John, 1993）。

18 沃德爾（Laurence Austine Waddell, 1854 - 1938）英屬印度陸軍外科醫生，也是業餘考古學者，在入侵拉薩戰役中為英國官方搜奪圖博文物。

19 The Times , August 13 1904.

20 俄羅斯帝國地理學會成員，依英國官員們認知即俄國間諜。如同當時英國皇家地理學會成員在世界各地進行探險活動，其收集訊息呈交政府單位；政府和皇室貴族以贊助方式提供探險隊龐大經費，並依其調查結果進行軍事擴張。寇松和楊赫斯本都曾擔任英國皇家地理學會會長。

以圖博立場所述的文獻紀錄並不多，唯噶廈官員夏格巴所作史書[21]採錄圖博官方的第一手資料，難得的呈現圖博的觀點。

當時派往阻擋英軍的民兵隊伍，多由一般農、牧民、僧侶臨時組成，攜帶傳統的簡陋武器，去對付一步步逼近的英軍。面對故如之戰，三大寺院代表與噶廈官員當時也隨民兵隊南下，於戰場後方駐守。他們一定明白自己的軍隊不是英軍的對手，然而他們更加清楚，四年前清國遭英法等八國聯軍攻擊，清國王室被迫逃離北京，王城遭焚毀，之後屈辱的簽下條約，賠款、割地，被迫讓出關稅、商貿、開礦等政治主權。

而近在咫尺的錫金，殷鑑猶不遠，當時圖博派兵協助抵抗，兵敗後失去邊境的傳統牧地。此後英軍不但囚禁凌辱錫金國王，軟禁王室成員、控制寺院，移入大量尼泊爾人砍伐山林，開闢茶園，強迫錫金淪為英國殖民地的境遇。[22]

最初於一九〇三年夏日，拉薩已獲悉一支英軍部隊正向岡巴宗前進，噶廈政府派遣一名噶倫為代表趕到邊境嘗試溝通，但毫無效果。年底圖博政府收到英國駐錫金官員函知，將派遣代表團前往圖博境內的江孜進行會談，圖博官員到邊境帕里試圖勸退英軍，表達願意會談，但必須在圖博境外進行，英軍對這意見卻置之不理，堅持率軍入境。

圖博軍隊司令官拉定代本[23]收到錫金國王的信函，得知英軍此行意志堅決，兵員與裝備都源源不絕，即使寒冬雪域也擋不住，錫金國王在信中直接建議圖博聽從英軍要求。同時，不丹領主的祖父東薩本洛也以調停代表身分，前往帕里勸說不要與英國兵戎相見。儘管知悉種種現實條件都不利於採取抵抗策略，春都會議還是作出堅持守護國土的決議。

明知無法阻擋，依然不斷派遣民兵前往，飛蛾撲火般試圖阻斷英軍前路。在英軍從邊境前進拉薩的路上留下數千名圖博人的屍體，原因是什麼？難道圖博政府不知道兩國軍備實力相差懸殊？難道一如在第一場屠殺後、楊赫斯本給妻子信中語帶輕蔑的內容：「這是極為悲慘的一天……但我自認已極力避免悲劇發生，這一切都是圖博人的愚昧無知所造成的。」[24]真是因為圖博人愚昧的緣故？或者，實情是：即使屬下下之策，一切仍是圖博勉力求生的唯一方法。

當江孜城堡遭英軍攻陷，圖登嘉措曾密信給居中溝通的不丹領主旺楚克[25]，表示希望盡速進行協商，與英國建立友好關係的意願，要求旺楚克「不要私下蠶食我們的家園，

21 Wangchuk Deden Shakabpa, 1967.
22 派屈克·法蘭區著，鄭明華譯，一九九九。
23 代本（Depong），為圖博軍團將領的職稱，為四品官。當時錫金王妃益西卓瑪（Yeshe Dolma）來自拉薩貴族宇妥家，與拉定代本（Depong Lhading）是兄妹關係。
24 派屈克·法蘭區，鄭明華譯，一九九九。
25 旺楚克 Gongsa Ugyen Wangchuck, 1862 - 1926)，原為不丹地方領主，一八八二至一八八五年內戰後統一不丹，於一九〇七年正式登基為第一任旺楚克國王。一九〇四年在楊赫斯本遠征拉薩期間，提供訊息服務並在英國與圖博間協調，獲英國信任並封與爵位。

請以您的智慧說服英國人與圖博人……」[26]然而楊赫斯本顯然不肯放棄入侵拉薩的想法，為了在歷史紀錄中成為首位征服圖博、揭開神祕秘高山佛國面紗的西方人士，楊赫斯本抱持這虛榮慾望，仍執意向北挺進。他違反倫敦中央政府一開始決定在江孜與圖博代表協商的命令[27]，在羊卓雍措附近駐紮時，他的騎兵隊毫不留情地襲擊自拉薩前來協商的隊伍，令圖博代表倉皇離去，協商根本無法進行。

眼見楊赫斯本的軍隊將兵臨城下，未避免陷入如同錫金國王遭受英軍挾持、脅迫的困境，圖登嘉措與眾臣緊急商議，決策訂定與英軍談判的策略，委任甘丹赤巴洛桑堅贊[28]暫為攝政，在英軍進入拉薩前三天，法王僅與幾位隨從輕裝離開拉薩，他決定先向北方而行，暫駐留距拉薩約七十多公里的熱振寺，密切注意情勢的發展。

26 派屈克・法蘭區，鄭明華譯，一九九九。
27 Allen, Charles, 2004.
28 甘丹赤巴（Ganden Tripa）為甘丹佛學院住持，此職位由達賴喇嘛委派，七年一任，第一任甘丹赤巴即為格魯派創始者宗喀巴。羅桑堅贊（Lobsang Gyaltsen, 1861 - 1919）時任第八十六任甘丹赤巴。

28

大路

宗喀（西寧、平安）

開疆闢土，

通常意味著從那些與我們膚色不同或鼻子稍微平坦一些的人

奪取土地，

若你探究此事夠深，會發現這並不光彩。

——康拉德，《黑暗之心》

陽光氤氳在霧濛的空氣中，冷風颳得臉發麻，車輛伴隨噪鳴的喇叭聲呼嘯而過，街頭成列的塊狀水泥建物讓空氣更顯冷峻荒燥。

這個世界的交通自有規矩，車輛看見前有路人，不但不踩煞車，反而猛踩油門、急揿著喇叭加速飛馳。街邊穿著楚巴長袍的圖博婦人正左右張望，嘗試想跨越馬路，忽地又被一輛風馳雷掣的汽車嚇住，立即抽回腳。對街有人喚她，想必是與她同行的親友已先通過大街，他們時而焦急的揮臂大喊，時而又為她原地躑躅的模樣拊掌笑彎腰，不久真的替她著慌起來，其中一名男子終於穿越馬路來接她，兩人攙扶著忽而疾跑忽而停頓，閃躲著車輛，一路險象環生地橫越了街。

他們穿著傳統襖袍的身影漸行漸遠，我的目光追隨他們，遠遠的，婦人髮辮上的綠松石似乎仍在陽光下閃耀光澤，某一時刻——是轉進某個巷弄或鑽進某間屋子裡？他們全都消失了。嬉笑的人聲、綴上羊毛顏色鮮麗的楚巴、繫上瑪瑙綠松石的長髮辮……都消失無蹤。在白燦燦亮光裡，眼前只有線條僵硬的水泥樓宇、川流的車陣，和現代衣著的來往人群，彷彿適才所見只是幻影。

眼前這條寬大嶄新的十線道馬路，與宗曲[1]河谷平行、橫越西寧這座城市——若持續往東一百多公里，能接上中國的蘭州，通往漢土中原的方向，直銜中國北方各大城市，最後通抵北京；大路往西行去，到了措溫布湖岸東邊便垂直折向西南而行，穿越圖博高原，迢迢往拉薩的方向延伸而去。

於是中國宣稱這條「偉大」的公路是從首都北京出發，往西延伸數千公里連接「西藏自治區」的拉薩，頗具宣示統治權意味的，刻意稱為「京拉公路」[2]。這也是中國進入二十一世紀發展「西部大開發」的起始工程，意圖強化的不僅是地理空間上對圖博、東突厥斯坦的控制，由公路建設開始逐步深入，開發礦藏、水電設施、軍事重工等事業，它也是將「強大中國」的想像具體化的起點之一。

西寧位處東亞、中亞間交通要道上的特殊地理位置，千百年來遊牧民族往來此地，進行經濟交易與戰爭，促發不同文化的相遇、碰撞，圖博佛教逐漸成為各遊牧部族共同的信仰。歷史上中原國家往西擴張時，首先奪取的地方也是這裡，到了現代，順理成章的成為中國政府宣傳眾多民族「和諧團結」的工具。

官方紀錄有回、藏、土族等十多個民族世居此地，然而整個城市裡慶祝新年的符號只有一種，就是強大的漢文化。

自西寧往東四十公里的平安縣，在中國稱為湟水的宗曲河道上，裝了兩條巨大的紅色長龍，龍頭上有角，並按上二顆黑眼珠和向上翹起的龍鬚。這二顆誇張的塑膠龍頭相對著，拱抱路橋，是配合春節的應景裝飾，隨著龍身逶迤的路邊都掛上了紅色燈籠，和陳舊的水泥街景形成趣味的對比。

盞盞高懸的裝飾燈籠一直延伸到城鎮中心，那裡設置起一座座色彩鮮艷的漢式牌樓，上面繪著梅蘭竹菊，和《紅樓夢》、《西遊記》中國小說中人物，以及象徵忠孝節義的歷史人物圖案。除了西寧、平安，宗曲沿岸附近城鎮被取名為互助、循化、民和、共和等，全都是強調和諧的意涵，將整個社會全部化約成一種具共產黨特色的漢式風格。

1 中國稱湟水，發源於措溫布（青海）北方，沿著祁連山南邊成東西走向的河谷，在數千年前已成為遊牧民族往來中原地區的商貿通道。

2 二〇〇九年全線通車前，這段稱為蘭青公路，連結西寧、蘭州間交通。

火車站前廣場，為慶賀新年搭設的舞台上鑼鼓喧天，主持人宣布表演為土族[3]婦女的舞蹈，只是她們身上裝束與土族傳統服裝完全無關——耳際戴著朵橘紅大花、身披鮮紅色紗裙的奇裝異服，踩著極似中國北方農村「扭秧歌」的步伐，扭腰擺臀。站在廣場中，我禁不住轉頭在人群中搜尋，是不是會出現某個綁著綠松石細髮辮的身影？

更加迅捷通達的高速公路、鐵路、航空建設，為當地帶來大量中國遊客與商機；配合著旅遊宣傳，政府又將「京藏線」中自西安到拉薩的這段道路取名為「唐蕃古道」，在措溫布附近設計公主廟、日月山、倒淌河等景點，宣稱古代唐國的和親公主就是沿這條路前往拉薩，宣傳當時使臣隊伍也在這路上頻繁往來，要讓古道「見證」漢族與遊牧民族的和諧關係。

不知道是宣傳者過於粗心，或是根本不在意文宣與史實的差距，因為一翻閱史料記載，馬上會發現這種說法太讓人尷尬，畢竟隨著千年時光流動，走在這條路上的各國軍隊兵馬，要比公主和使臣多太多了。

不同的行進隊伍

一九〇四年三月下旬的某一天，當楊赫斯本的遠征隊自營地出發，往故如前進的同時，倫敦市區也有一隊人群沿著維多利亞街浩浩蕩蕩走向海德公園，進行抗議活動。

當時媒體報導[4]，約有二萬名市民參與，示威遊行的隊伍最後聚集在海德公園，表達反對英國政府在南非殖民地大量輸入清國的漢人勞工[5]。參加者包含國會議員和關注人權的自由黨基進人士，並由社會民主聯盟主席伯恩斯[6]發表演說。

伯恩斯嚴詞抨擊英帝國誘拐殖民地人民是非法行為，他進一步批評資本家的貪婪、殖民地勞動者所遭受的惡劣待遇，以及帝國蔑視人權的種種做法。其演說內容或許能夠令我們更具體切入當時英軍堅持入侵拉薩的時代背景，尤其將發生在喜馬拉雅山脈中的屠殺，與倫敦市人權示威場景，這兩件幾乎同時發生的事件並列審視。

現代的西方學者多已蓋棺論定，將這場入侵行動視為一場「宿命的」相逢，一方是殘暴的軍隊，另一邊則是受欺凌的無辜者，乍看這似乎已是公正客觀的評斷；只是這似乎暗示，當時圖博斷然拒絕英國通商要求並封鎖邊境，遲早會受到外力介入而被迫改變。而將英軍暴力屠殺歸因於「宿命」論點，意謂英國和楊赫斯本只是巧合地扮演那個

3土族，其實為居住於措溫布北方的蒙古人，稱為「白蒙古」，語言主體為圖博安多話加上蒙古語，信仰圖博佛教，風俗習慣也與圖博大致相同，圖博稱為「霍爾」。第十四世達賴喇嘛的母親就是土族人。

4 *The Kalgoorlie Miner*, May 23, 1904.

5一八六〇年清英簽訂《北京條約》，其中一項為：容許外國商人招聘漢人到海外工作，充當廉價勞力，自此英、美等國每年都與清國政府簽約輸出勞工。

6約翰·伯恩斯（John Burnes, 1858 - 1943），英國工會成員和自由黨議員，主張爭取工人和婦女權益，強烈反對布爾戰爭。

時代的必要角色，顯然是刻意忽略加害者的意志與企圖，這多少粉飾了帝國主義的貪婪，並簡化其擴張暴力加諸於受害者的痛苦。

英國作家吉卜林[7]於一九〇七年獲得諾貝爾文學獎，他作品中帝國殖民、種族主義等觀點，遭後世諸多批評，從現代角度來看更顯迂腐落後，然而在當時他卻是最受歡迎的作家之一，其作品所宣揚的愛國主義、社會進化論的精神，正是當時歐洲貴族與領導階級的主流思潮。閱讀吉卜林作品〈白種人的負擔〉，可能有助於我們理解帝國擴張在當時是如何普遍的觀念：

挑起白種人的負擔
把你們最優秀的品種送出去
捆綁起你們孩子們將他們放逐出去
去替你們的奴隸服務……
去伺候那些剛被抓到
又急躁又野蠻，又慍怒
一半像邪魔一半像小孩一樣的人們……

〈白種人的負擔〉是在世紀交迭之際寫下，副標：「美國和菲律賓群島」，吉卜林表明是針對當時正發生的事件所寫——新崛起的美國為搶奪菲律賓群島與西班牙發動戰爭。詩文既諷刺殖民帝國擴張的野心，字裡行間又明顯流露身為白種人的優越感。

佔領印度、侵略清國的鴉片戰爭、在南非發動布爾戰爭，或在西亞扶植傀儡政權等等，看看這些當時大英帝國在世界各地的作為，由身為英國知識子的他批評美國與西班牙，似乎更為諷刺。

當吉卜林獲知得到諾貝爾文學獎殊榮時，喜愛狩獵的他很可能一如每個冬季的既定行程，正準備前往非洲農莊打獵避寒吧，那些打理他非洲農莊、侍候他享受狩獵假期的低廉僕役們，應該就是他詩中提及「急躁、野蠻、幼稚而且邪惡」的有色人種。換句話說，他一面在生活中享受著帝國侵略所提供的好處，一面抱怨那些受到「白種人」暴力征服而成為奴隸的民族，馴服起來很費勁。

大博奕時代

當然在那個時代以暴力侵略世界的，不僅是英、美、西班牙，派出探險隊在各地大玩諜報遊戲、在第三國土地上扶植傀儡政權，甚而直接大打出手兵戎相見，是當時武力

7 吉卜林（Joseph Rudyard Kipling, 1865 - 1936），英國文學家。

強國之間屢見不鮮的戲碼。

例如：日、俄二國為爭奪清國的祖地，在亞洲東北角進行一年多的海陸大戰；英、俄分食阿富汗、波斯等中亞國家；法國吞併中南半島；歐洲列強瓜分非洲、強劃清國殖民區；美國在中南美洲對西班牙發動香蕉戰爭等等，世界宛如一座殘酷獵場。一九〇四年，率領一支遠征軍入侵拉薩的楊赫斯本，正是將寧靜的高山古國變身為殘酷獵殺現場的執行者。

楊赫斯本和吉卜林擁有類似的生命成長歷程——在英屬殖民地出生後，便被送回倫敦受教育，成長後跨越大洋、攀赴世界陌生荒遠的山林和大地，野心萬丈的視線總投向地平線的盡頭，整個世界是供他們完成自我實現、盡情揮灑的夢想天地。

事實上不單吉卜林與楊赫斯本的生命足跡如此，當時歐洲社會中不少權貴子弟或中產階級，也大抵懷抱「有為者亦若是」的自我期許——可能投身軍旅，領導武力侵略；或加入經濟殖民的商業活動；或成為傳教士建立教會基地；或是以博物學、語言學者身分，採集標本為動植物命名，搜羅古籍經文壁畫等東方古文物……各階層人士在海外投入各項專業領域，而與眾帝國競爭擴展的成績，正是他們實踐愛國精神的崇高目標。

在這支英國遠征隊中確實有人暨扮演軍人、學者，也是文物的掠奪者——擔任翻譯的麥克唐納，在其著作《圖博二十年》表示，他協助軍醫官沃德爾中校「在圖博收集這些書籍和寶藏，用四百多頭騾子運出來，其中包括佛教經典、佛像、宗教作品、頭盔、武器、書籍和陶瓷……所有這些珍寶之前保存在印度博物館，後來收藏在大英博物館等地。」[8]而沃德爾正是梵文學者、圖博學作家，並被聘任為大英博物館的資料收藏家。

發動入侵拉薩的戰爭以前，楊赫斯本與印度總督寇松的某封信件內容中，曾提到他所堅信的社會學理論：「統治較次等的民族給予教化和保護，不是一種興趣，而是我們的責任……統治和引導亞洲及其民族，是我們在現代世界歷史中所應該扮演的角色。」[9]楊赫斯本支持以達爾文主義為基礎的社會進化論觀點，可以想見，他絕對不會認同自己是血腥的獵人，甚至將愛國情操提升到眷顧全人類的境界。

當他返回英國受邀到各地演說，對於在喜馬拉雅山的屠殺暴行，他已準備好自我合理化的辯詞：「在人類發展的過程中，校童總不免要受到鞭打和責罰。」[10]將圖博比喻成「校童」，與吉卜林「一半像邪魔一半像小孩」的描述不謀而合。

拉薩的世紀之會

夏格巴敘述當英軍進駐拉薩城郊，圖博上下官員與寺院都戒慎以待，儘管圖登嘉措

8 Myatt, Tim, 2011.
9 派屈克・法蘭區著，鄭明華譯，一九九九。
10 Allen, Charles, 2004.

不在拉薩，噶廈政府仍在攝政洛桑堅贊的領導下如常運作。由不丹領主旺楚克[11]、尼泊爾駐拉薩代表居中調停，洛桑堅贊正式接見楊赫斯本，敵我雙方首次碰面，氣氛不可能融洽，但也不算是劍拔弩張，接著其他噶廈官員也陸續與英方代表團多次會面，以討論條約簽訂的細節內容。

英方透過電報與西姆拉、倫敦之間保持聯繫。圖登嘉措在熱振宮巴，藉烏拉系統與布達拉頻繁傳訊，能夠掌握最新情況。英國在條約[12]中提出高額賠款，並增開江孜、噶大克[13]為商埠，及圖博開發利權不得交與第三國、外人也不得進入圖博等條件，圖博政府對於這些侵害主權的要求只能勉強同意，畢竟具有絕對優勢的英軍已駐紮在拉薩城內；況且同時有另一件令圖登嘉措與噶廈政府憂心的事，在康區發生的入侵戰爭——清國的新任安班鳳全，在四川召募漢軍前往達折多、巴塘等地，趁拉薩危亂、噶廈政府難以分身之際，派兵在噶達一帶殺害當地僧民、搶奪土地，以開金礦、強設金廠。

楊赫斯本到拉薩之後心境似乎大幅轉變，他一反過去批評圖博人無知，在給朋友的信件中洋溢著熱情讚美：「圖博人是一支卓越的民族……教育極佳，同時溫文有禮，只是完全不懂得商務。」[14]他在之後所著回憶錄提及，他十分欣賞攝政喇嘛的智慧；尤其當洛桑堅贊被迫簽署這份不平等協約後，竟送給楊赫斯本一尊小銅佛：「當我們佛教徒看著這尊雕像時，只想到和平。」這位老和尚只要求他今後看到銅佛時，會以善念對待眾生。楊赫斯本表示他深受撼動，此後一直將這份禮物帶在身邊。[15]

在《拉薩協定》簽署的過程中，清國應該是其中最尷尬的角色。據《大清德宗景（光緒）實錄》記載，「有泰計將抵藏，著接任後，迅即開導藏番，毋開邊釁，無論如何攔阻。趕緊設法前往，親與英員妥商辦理。」可知早前英軍仍在喜瑪拉雅山南麓摩拳擦掌整裝練兵之時，清國已獲知即將發生戰爭，於是派遣新任安班前往拉薩，期望能調停雙方，阻止衝突發生。

顯然有泰的調解任務完全失敗。故如戰役發生後，他致信楊赫斯本，表示圖博將領代本拉定不聽從他的「命令」，自行動武，一切都是圖博軍隊的錯，並感謝楊赫斯本寬宏大量釋放「愚蠢無知」的圖博戰俘。[16]英軍攻入江孜宗，有泰再度派人前去向楊赫斯本致歉——因圖博政府不願安排馬匹，造成他無法親自前來江孜見面。八月英軍到達拉薩

11 旺楚克在拉薩戰役後，受英國賜予勳章榮譽。

12 條約英文名稱為「CONVENTION BETWEEN GREAT BRITAIN AND THIBET」直譯應是「博英協定」，中文論述多稱「拉薩條約」。協約內容細則參見邁克爾．范沃爾特．范普拉赫，二〇一一。亦可見 *British and Foreign State Papers*, 1904-1905。

13 噶大克（Gartok），帳篷、軍營的意思，位於崗仁波齊山下，屬圖博的阿里地區，銜接日喀則與印度列城之間的交通要地，一九五九年中國占領後規劃為西藏地區噶爾縣。

14 派屈克．法蘭區著，鄭明華譯，一九九九。

15 Schell, Orville, 2000.

16 Great Britain Foreign Office, 1904.

城外，有泰親自前往英軍營區送禮，對「有失遠迎」再三表達歉意。[17]事實上，清國安班連讓圖博政府為他準備馬匹的權力都沒有，這令楊赫斯本等英國代表更加確定，安班根本不是可以討論圖博事務的對象。

此前英國官員即使獲得清國簽發的合法入境簽證，照樣會在圖博遭到驅逐。印度總督寇松對英國國會的報告即說明：「清國對圖博聲稱的宗主權，只是假裝的政治姿態。」[18]長期擔任錫金行政官的懷特，也曾經做過類似的報告：「中國對西藏的宗主權只是名義上的說法。」[19]這個真相隨著楊赫斯本遠征軍往拉薩行去的一路上，逐步得到證實。

在拉薩，有泰一直無法參加圖博與英國的協商，於是向楊赫斯本建議在安班府邸進行最後的協定簽署儀式，但遭楊赫斯本的嚴正拒絕，堅持應該正式地在布達拉進行。有泰儘管受邀列席，只是他與不丹領主旺楚克、尼泊爾駐拉薩代表吉特巴哈杜爾，以及喀什米爾代表等人，同為此協約的證明人。

一位英國少校軍官廓斯（Percy Coath）的日記寫下：「圖博人絲毫不將清國官員放在眼裡。」楊赫斯本在給妻子的家書也提到：「圖博人討厭清國人，而清國根本搞不清楚這裡的情況，和圖博也沒有什麼往來。圖博完全不理會清國的命令。」[20]

離去，為踏上求存之道

中國西藏社會科學院[21]出版的《西藏通史：松石寶串》對英軍入侵拉薩戰爭的結論是：「藏曆十五繞迴木龍年的第七個月，彷彿天塌下來一般，圖博噶廈政府無奈地簽下拉薩條約。」[22]

編撰者恰白・次旦平措雖是圖博裔身分，但其多年擔任西藏社會科學院副院長等官方職位，發表的研究內容也受政府監督，歷史觀必須配合中國「不可分割」的政策，而《拉薩條約》第九條規定圖博外交主權、與外國合作的所有開發利權都須經英國同意，也就是完全排除了自稱宗主國的清國，依照現代的中國立場，當然是希望圖博能有「天塌下來」的感受吧。

17《清史稿》列傳〈西藏〉載，「有泰往見榮赫鵬，自言無權，受制商上，不肯支應夫馬，榮赫鵬笑頷之。英人即據為中國在藏無主權之證。」商上，音譯自圖博語 rtsis-khang，大多音譯為「孜康」，為圖博噶廈政府中掌管財政稅務的部門，清國時中文習稱圖博噶廈政府為「商上」。

18 Halper, Lezlee Brown; Halper, Stefan A., 2014.

19 McKay, Alex, 1997.

20 派屈克・法蘭區，鄭明華譯，一九九九。

21 中國西藏社會科學院於一九七八年籌建，一九八五年正式成立。籌建時間頗為微妙地在夏格巴所作 *Tibet: A Political History* 圖博語譯本出版之際，不僅編寫《西藏通史：松石寶串》，同時釋出大量偏頗粗糙的批判論述。

22 恰白・次旦平措，陳慶英，二〇〇四。

然而，事實上圖博的天沒有塌下來，武力脅迫到了眼前，應變行動也許倉促、慌亂，然而並非茫然無措。

一九〇四年，年輕的法王走出尊貴的宮殿、熟悉的家園，踏向北方即將入冬的嚴寒雪域，也踏在前人智慧的腳印上——一二四四年，自圖博北行前往西涼的薩迦班智達與八斯巴，不費兵卒，便勸阻原本以屠殺威脅的蒙古大軍，兩位智者先後成為蒙古君王闊端、忽必烈的上師，帶來圖博百年的和平。一六五二年訪問北京的達賴喇嘛五世，也沿著這條路北行，輾轉前往清國，與大清君王福臨會面，挽救圖博免於夾處北方蒙古和滿清的脅迫，開啟和平的可能性。

圖登嘉措在熱振宮巴獲悉英軍在簽屬條約後平和退出拉薩的消息，並非南下返回已然安全的布達拉，而是朝反方向，跋涉數千公里，北行盟友蒙古之地。

儘管英軍離去，拉薩暫時解除危機。此時康區卻遭受漢軍攻擊，多所佛學院接連遭焚毀破壞，無辜僧民被俘殺，情況愈益嚴重，清國君王又態度不明。近年他數次派遣特使訪問聖彼得堡，關係逐漸親近的俄國此時卻與日本激烈酣戰，俄國是否能為圖博安全提供協助仍是未知數。

綜合情勢，圖登嘉措做出有些冒險、卻是具有長遠計畫的挑戰。這和一八六〇年英法聯軍、一九〇〇年八國聯軍發生時，清國君主咸豐、光緒和慈禧等人逃離北京，前往他處避禍的情況完全不同，圖登嘉措並非單純為「避禍」離開家園，而是為解決困境，而冒險離開拉薩——離開，是為了尋求制衡暴力的方法，為受困的家園和人民尋求通向自由的可能途徑。

29 向著開始走去

宗喀（西寧）

我們的民族……
在寂寞的森林裡
遼闊的草原上
荒蕪的曠野裡
甚至在樹葉唯一的時代
早就生生不息
——端智嘉[1]，〈此地也有一顆跳盪的心〉

「措溫布」是位於海拔三千多公尺高原上的海洋。遠方地平線上橫臥潔白的雪山，冬日裡，靠近岸邊的湖面凍成厚厚冰層，獵獵風響吞沒世界所有的聲音；而在夏日，光線透明乾淨，迎面冰涼的風裡似略帶海鹽的氣息。

對中國政府來說，西寧是整個西部發展的重要中心之一；然而，對於千百年生活此地的圖博與蒙古人，位於西寧西邊六十多公里遠的湖泊「措溫布」，才是這個世界的中心點。

措溫布是圖博人的稱呼，蒙古稱「庫庫淖爾」，中文叫做「青海」，語言不同，但都是一樣的意思——碧綠色的海。周圍地區的命名也是從這座湖泊開始，例如：湖東岸地區稱「措夏」，意思是海的東邊；「措洛」意即海之南。現今中國行政區即以意譯來仿照命名。

雖是內陸湖泊，措溫布湖水卻帶有鹽分，六億年前，喜瑪拉雅山脈造山運動以前，措溫布和周圍的草原，以及這一整片圖博高原大地都浸沒在海水中。西南邊五十多公里處有另一座湖泊「察卡」，圖博語的意思就是「鹽湖」，千百年來是當地遊牧牧民的天然鹽場，前些年政府將其開發為觀光景點，遭致嚴重汙染[2]。其實自措溫布向西延伸的羌塘高原上，遍布大大小小無數察卡，碧綠汪洋的措溫布是其中最巨大的一座，阿嘉仁波切[3]在他的自傳《逆風順水》中提到，圖博人暱稱她為「池秀結莫」，意思就是「萬湖之

1 端智嘉（1953 - 1985）圖博詩人，生於圖博安多地區尖扎。

2 現今察卡湖水已近乾涸，鹽床裸露，中國政府設廠開採鈉鹽，後設置旅遊列車，天地淨白的鹽湖奇景，引來大批中國遊客丟棄鞋套等塑膠垃圾。

3 阿嘉仁波切（1950 - ）出生於圖博安多的多倫淖爾草原，他和當地大多蒙古人一樣，父母祖輩擁有蒙古與圖博血統。二歲時經第十世班禪喇嘛認證為第八世阿嘉仁波切，為袞本宮巴（塔爾寺）寺主。

王」。

一九〇四年秋日，圖登嘉措一行人自熱振宮巴往北，決定遠行蒙古庫倫[4]，他們並未選擇行經這座「萬湖之王」、現代中國政府宣稱的「唐蕃友誼古道」，這是距離較近、較易行的路線；而寧願往西繞行，冒著冬日冰雪，穿越荒漠嚴寒的羌塘高原與戈壁，進入蒙古草原與西伯利亞。

冰雪之路

羌塘，圖博語意為北方之地，高原上多是海拔四千公尺以上的高原、山脈與鹽湖，那縹緲幽靜的美景，是野生動物們的天堂，並不適合一般人們生存，過去長遠歷史以來，只有少數蒙古、圖博牧人世代在此生活。

七世紀唐國將軍薛仁貴率數萬大軍西征，受博國輕騎誘入這片陌生曠原，而全軍覆沒。一八九六年八月，斯文・赫定（Hedin）自中亞而來，穿越羌塘高地北方，他寫下高原上的奇異體驗，略讓人能想像昔時中原大軍所遇困境：「雖是夏日……晚上溫度降到零下十點五度；天天從西方颳來挾帶雪、雹的風暴，席捲整座高原。不管天空多麼晴朗，西方常是一片陰沉……中午闃黯如夜晚，轟隆隆雷聲響過，緊接是一場冰雹乒乓乒乓……」[5]在走過一連串鹽湖、抵達措溫布以前，赫定自喻旅隊只剩老弱殘兵，驢馬牲口接連倒斃，食糧也所剩無幾，遇見草原上遊牧民的帳篷是他們唯一存活的希望。

數年後赫定再次嘗試跨越羌塘高原前往拉薩，經歷艱辛旅途，但遭圖博官員視為間諜而攔阻，將其遣返至境外，他只得向西繞行，轉經拉達克前往印度。儘管赫定宣稱自己並非為帝國搜集情報，只是單純的旅行與地理探勘，然而不可諱言，他每一次旅程所需經費、人員和武力資源都獲自英、俄、德等國政府，而探查所得圖博與東突厥斯坦的地理、交通資訊，也提供給這些帝國權力者[6]。

在赫定與高原艱險環境拚鬥的差不多時間裡，布里亞特籍僧侶阿旺多傑以十三世達賴喇嘛特使身分多次前往歐洲與俄國，他沒有武裝駱駝和馬隊，只是輕裝簡行，銜命越過羌塘、戈壁大漠，往返歐亞間，嘗試為受到帝國武力威脅的圖博尋求生存希望。

這片對外人來說是嚴酷考驗的荒漠高原，其實是圖博、蒙古等遊牧民族千百年來的日常環境，每年總有蒙古朝聖隊伍與駱駝商旅穿越羌塘，往來拉薩。直到一九五〇年代中國入侵圖博時，沿著這條朝聖者走過的路線修築青藏公路，載入大批軍隊、武器；除

4 庫倫，現稱為烏蘭巴托，蒙古國首都。英文名稱 Urga，音譯自蒙古語「王宮」的意思。王城興起於十七世紀，第一世哲布尊丹巴呼圖克圖在此設立的蒙古包佛學院，稱為 Bogdiin Khuree，意思是「可汗佛學院」，成為蒙古政治與宗教中心。

5 斯文・赫定著，李宛蓉譯，二〇一〇。

6 Meyer, Karl E.; Brysac, Shareen Blair, 1999.

了冰雪封路的冬日以外，儘管地處高海拔，卻無須擔心遭暴雨沖斷，近年中國沿公路又修築青藏鐵路，每年夏季能載運百萬名中國旅客進出拉薩。

位於西寧西邊約八百公里的格爾木，即是往拉薩交通的必經之地。格爾木，音譯自蒙古語，是河流的意思，原只是幾戶遊牧民的帳篷聚落，位於崑崙山脈的河谷地區，匯聚豐富雪川細流，是當地游牧民夏日放牧之地，現今被打造成圖博高原上軍事與交通的重要樞紐——往南連接拉薩、日喀則等衛藏地區；向東銜接西寧、果洛、玉樹，可通向中原；朝北穿越塔里木盆地，連向敦煌、東突厥斯坦。

因帝國時代斯坦因、赫定等人探勘行動所繪製地圖及礦質調查紀錄，一九五〇年代中國入侵後，即著手開採塔里木盆地的豐富石油[7]和羌塘所蘊藏天然氣，及鹽湖高含量鋰、鉀等礦藏，於是格爾木發展成為煉油廠、汽車製造等工業的新興城市，同時也是控管圖博、東突厥斯坦、蒙古等邊境駐軍的戰略要塞。

據二〇一七年官方統計，格爾木已成為三十萬人口聚集的城市，其中漢族佔約百分之七十，而蒙古、藏族等原住民族合計僅百分之六而已[8]，完全地成為「少數」民族。

十多年前旅程中，數次從西寧乘火車到格爾木，之後在公路邊尋找前往拉薩的卡車。因中國政府設下「外國人西藏旅行証」的限制，儘管當地營運通行拉薩的臥鋪巴士，外國人卻無法隨意搭乘；不過從拉薩出境北行的方向並不受限。我通常搭乘卡車進入拉薩，之後再乘坐巴士離開。

不論巴士或卡車，都需要至少二天一夜的行程。乘卡車雖然辛苦，但是視野特別遼闊，能望見那無盡曠野荒原、峭立雪山、冰川水流，遠方偶爾出現的羊群牛隻，或是驀地出現一頂帳篷，以及暗藍夜空中滿布星子，或盈盈飄落的雪花……讓我頻頻想起前人所描繪的，彷彿這世界並不存在的奇景。

現代約四十個小時車程的旅途，當時圖登嘉措一行需要近一個多月時間跋涉，可惜他們未留下穿越這片高原的詳細記載；不過三十五年後，他的轉世丹增嘉措以反方向越過相似的路途，在自傳中寫錄了這段回憶：「我們進入世界上最渺遠、最美麗的鄉道：巍峨的山嶺綿延著平坦的草原，我們如昆蟲般奮力越過。偶爾會碰到融冰成水的河流湍急而下，我們潑啦地踩水而過。每隔幾天，我們會遇到小小的帳蓬牧區，群擠在草原上的篝火旁；或者宛如附枝般，守著一片山坡。我們能遙見一所寺院奇蹟似地棲停在懸崖之上。但大多數時候，那裡只是乾燥不毛的空地，唯有挾沙的野風和狂亂地降雹，讓人知道大自然力量的可畏。」[9]

當時圖登嘉措一行即沿著商旅、朝聖的古老路線北行，他們熟悉在哪能遇見蒙古聚落、遊牧民帳篷和寺院，知道在哪能落腳、獲得補給。啟程時只有幾個人的隊伍，自各

7自柴達木盆地的油井拉出長達四百五十公里的油管，通到格爾木煉油廠。
8國家民族事務委員會網站，二〇一八。
9第十四世達賴喇嘛，一九九〇。

地聞訊而來的蒙古部族在途中陸續加入，抵達庫倫時已成為一支七百人規模的護衛隊。[10]

博、清之間

蒙古虔信佛教已超過七百年歷史，似乎容易理解，眾草原部族對達賴喇嘛一致推崇景仰。當圖登嘉措得知英軍退出拉薩後，他既未返回布達拉，也未向清國求援，決意前往千里之外的蒙古草原，且選擇一條遠遠避開清國的路線，顯然圖博與清國的關係已產生劇烈變化。

回顧過去十多年，清國不僅多次私自與英國簽訂協議，割讓圖博土地、開放邊境與商埠，在英軍入侵圖博時袖手旁觀；甚至以屯軍、保護為藉口，趁機派遣川軍入侵圖博康區，噶廈政府曾據此向清國提出抗議，不但未得到合理回覆，清國安班反而宣布革除達賴喇嘛的封號，這引起圖博民眾憤慨不滿，這份文告在拉薩街頭一張貼，立即被人撕去。[11]

文獻記載：「有泰奏，藏番與英兵開釁，達賴喇嘛平日跋扈妄為，臨事潛逃無蹤，請褫革達賴喇嘛名號。又奏，英藏阻兵，開導藏番，接洽英員……」[12]可知清國權力者的立場，首先是無法得罪英國，將英軍入侵的禍端歸在開釁的「藏番」頭上，以及「平日跋扈妄為」的達賴喇嘛身上；對於為維持尊嚴、尋求援兵而不得不離去的圖登嘉措，有泰趁機要求懲罰其「潛逃」，清國中央應允了革除達賴喇嘛封號，並下旨讓安班繼續開導「藏番」、安撫英國人。

最初「達賴喇嘛」封號源自十六世紀，喀爾喀蒙古汗王對圖博格魯派高僧索南嘉措的敬稱，之後滿清沿襲草原蒙古領導者的信仰，西元一六五二年，第五世達賴喇嘛與滿清君主互贈「達賴喇嘛」、「文殊皇帝」封號，這不僅具宗教意義，同時也具兩國政治結盟的意涵。清國一方宣布革除達賴喇嘛封號，是相當強烈的政治動作，等於宣稱斷絕過去建立的關係，如果以現代的外交政治來看，形同「斷交」無異。

民族國家意識的啟蒙

經歷三個月長途跋涉，圖登嘉措一行抵達白雪靄靄的庫倫草原。蒙古草原上的主人哲布尊丹巴親自率眾迎接，英國商務官貝爾描述當時盛況：「聚集在草原上引頸等待的僧俗超過萬人以上，他們自各地聞訊趕來迎接，一一到他面前頂禮膜拜。來自蒙古國各

10 Snelling, John, 1993.
11 Wangchuk Deden Shakabpa, 1967.
12《大清德宗景（光緒）實錄》。

地的朝聖者絡繹不絕，其中也有遠從西伯利亞、阿斯特拉罕草原而來。」[13]

讓中亞、北方貝加爾湖的雪國之境、或歐洲裡海草原的人們不遠千里，特地趕來見達賴喇嘛，或許多出於宗教信仰的理由，然而同時也有政治因素。

英軍侵入圖博後，《清實錄》記載北京中央官員們的反應：「近日英兵入藏，迫脅番眾立約，情形叵測。亟應思患豫防，補救籌維。端在開墾實邊，練兵講武……方足以自固藩籬。」他們認為必須積極作為，派兵屯墾邊域，派鳳全負責四川、雲南的圖博康區，北方則派延祉去「安撫」當地蒙古人：「將有利可興之地，切實查勘。舉辦屯墾畜牧，寓兵於農，勤加訓練。酌量招工開礦，以裕餉源。」這段話說得文雅，要求圖博、蒙古民眾讓出家園土地與利益，派軍隊去開礦、屯墾，對當地人來說等於是入侵。

歐洲興起的民族主義和獨立革命，必定影響了鄰近的中亞、西伯利亞等蒙古王國，醞釀著脫離沙俄或滿清等大國宰制的自由思潮。從一八九八年開始，圖登嘉措即多次派遣特使阿旺多傑前往歐洲、中亞，探訪沙皇尼古拉二世，為盡快處理眼下英、清帝國的入侵威脅，圖登嘉措必定希望俄國能立即提供實際的支持與軍事協助，而當時眾蒙古王國也都和圖博具有相同的危機感與需求。

一九〇五年三月，到達庫倫不久，圖登嘉措即派遣譯官次仁丹巴和阿旺多傑為特使，前往聖彼得堡，其致函俄國外交部的文件表示：「圖博自古時即是獨立的國家，有時由蒙古、滿洲提供軍事保護，有時根本不依賴哪國。英國近期簽屬的拉薩條約，是和圖博政府代表簽訂，並未對圖博的獨立提出異議。」[14]對圖博獨立的歷史地位表達明確而堅持的立場。

六月，俄國新任駐清國大使樸科第[15]，在前往北京赴任途中，特地繞到庫倫拜會圖登嘉措，並轉達沙皇尼古拉二世的信件與禮物。當時樸科第給予俄國外交部的報告，記錄了達賴喇嘛請他代為向俄國君王轉達二件事：一是希望俄國能與英、法等國召開國際會議，討論圖博問題；其二，主動邀請俄國加入圖博的經濟開發與商務活動，願意提供與英國相同的待遇。[16]這二項訴求十分具體，都是為了開拓圖博的國際關係，加入第三方勢力，以牽制英、清兩國企圖併吞圖博的計畫。

在庫倫經過一段時日與各蒙古王公交換意見，圖登嘉措在七月、九月時分別接見俄國駐庫倫領事官員柳巴與庫茲敏斯基[17]，請他們向俄國政府轉達眾蒙古親王已達成一致決議，與清國脫離現有關係，並建立一個新的「蒙古聯合王國」。

13 Bell, Charles, 1987.

14 陳春華編譯，二〇一三。因譯者為中國社會科學院公職，其政治立場將公文中提到的「清國」都改為「中國」，在此將其修正，其在譯文中添加的「英國雖然承認中國對西藏的宗主權」，原文中並無此文句，也一併刪掉。（原文可見 *Россия и Тибет—Сборник российских дипломатических документов(1900–1914), 2005.*）

15 樸科第（Dmitry Dmitrievich Pokotilov, 1865 - 1908），一九〇五至一九〇八年間擔任俄國駐北京大使。

16 Pokotilov, D., 1905.

17 柳巴（Lyuba）、庫茲敏斯基（Kuzminskii）。

當時達成共識的，包括遠從滿洲與南蒙古而來的哲里木盟[18]各旗王族、錫林郭勒盟的烏珠穆沁[19]和蘇尼特旗[20]親王、科爾沁的扎薩克圖郡王[21]等；而蒙古地區的烏里雅蘇臺[22]、杭達多爾濟[23]等親王和佛學院高僧，也都希望能夠獲得達賴喇嘛和俄國的支持。

圖登嘉措向俄國領事表示，這個計畫儘管無法在短時間內實現，但在未來是可行的；他和諸位蒙古領袖都希望俄國能夠贊同，讓蒙古在追求獨立過程中獲得俄國的保護與支持，並且在必要的時候，得以向俄國尋求協助。[24]

這是形成「泛蒙古主義」的關鍵時刻。蒙古學者認為圖登嘉措前往庫倫草原，啟發了杭達多爾濟親王等人對蒙古與圖博未來的構想，意外成為蒙古各部族團結的契機，讓聯合建立新王國的理想能夠具體成形。[25]

時局的確瞬息萬變，圖登嘉措在庫倫與蒙古親王們商議之後，不過五、六的年時間，清國數百年的強大基業就在瞬間瓦解——一九一一年十一月，杭達多爾濟親王率蒙古軍隊包圍清國駐庫倫辦事大臣衙門，解除了清軍武裝，將辦事大臣及其隨從人員押送出境，擁立哲布尊丹巴為「大蒙古國」君主，並於同年十二月二十八日宣布獨立。

南方的喀爾沁盟右翼前旗烏泰王公，隨即在一九一二年八月公開表達支持大蒙古獨立建國，同時發布「東蒙古獨立宣言」，喀爾沁盟、哲里木盟等各旗王公也相繼響應。他們大多都是一九〇五年當時前往庫倫草原，與達賴喇嘛共同商議未來計畫的蒙古王族們。

圖博與蒙古彼此支持、建立同盟，大約也在這個時候形成初步構想。在大蒙古國宣布獨立的第二年，圖博民兵已將衛、藏境內侵擾的川軍驅離盡淨，並將投降的安班與川軍分批解送到印度。一九一三年一月十一日，圖登嘉措派出二位圖博政府代表與特使阿旺多傑到達庫倫，與大蒙古國的二位代表簽屬承認彼此獨立國際地位的《博蒙友好條約》[26]。只是博蒙簽署這項同盟約定時，剛好是圖博與英屬印度、中國三方在西姆拉舉行和談會議期間，因蒙古長期受沙俄帝國統治，英國十分忌諱圖博與蒙古的盟約，圖博噶廈政府為爭取英方支持，只得向其否認《博蒙友好條約》的存在。[27]

英、俄等大國為自身利益，有時發動激烈的角力競爭，有時又和解聯盟，他們驅動

18 哲里木盟（Jirem Aimag），南蒙古的東南地區，中國佔領後行政劃定為通遼市。
19 烏珠穆沁（Üzemchin），屬錫林郭勒盟（Xilin Gol League），北元時為察哈爾部六萬戶之一，中國佔領後劃屬內蒙古自治區。
20 蘇尼特旗（Sunit），屬錫林郭勒盟，中國佔據後規劃入內蒙古自治區。
21 烏里雅蘇臺（Uliasutai），位於庫倫西方一千多公里處，蒙古最古老的定居點之一。親王那木囊蘇倫（Namnansüren，1878–1919）積極參與蒙古建國。
22 杭達多爾濟親王（chin van Khanddorj, 1871 - 1915）蒙古建國的重要領袖之一，領地在庫倫西邊四百多公里。
23 Batbayar, Ts., 2012.
24 Boldbaatar, J., 1995.
25 邁克爾・C・范沃爾特・范普拉赫，二〇一〇。
26 Batbayar, Ts., 2012.

的世界局勢有如巨大暴風，現實的國際情況終究令國家觀念才剛啟蒙的草原民族，難以輕易實現獨立建國的理想。

30 迴轉

衰本宮巴（塔爾寺）

如果一個人覺得家園甜蜜，那麼他僅是脆弱的初學者；
認為每一寸土地都是故土，這人可算是強者；
若將整個世界視為異域，那已是完人。
——聖維克多．雨果[1]

接連幾天的陰鬱，西寧的天空持續籠罩在霧氣中，偶爾乍現的陽光也像是套上濾鏡，泛著光暈。相隔十多年不見，西寧這座城市連陽光都變得灰濛，令原本就灰撲撲的街容顯得更陳舊。

低沉的轟隆聲自街底逐漸逼近，回頭驚見一隻噴著水的龐然怪獸，恍然想起它就是傳說中的街頭「霧炮車」。回過神時整個人已經被罩入水霧，沾了一身濕氣，周圍的人群不曉得什麼時候早已經避開。才知道整個城市籠罩的霧氣，不是單純的起霧，而是

1 聖維克多．雨果（Hugo of St. Victor, 1096 - 1141），薩克遜神學家。

空氣布滿微塵霧霾，難怪人們都習慣戴著口罩逛街。旅館櫃檯的小伙告訴我們，每隔幾天，當霧霾指數飆高時，政府便讓霧炮車出來噴洗一下大街，沒有實際效果，但算是有點心理安慰。

原本西寧和沿著宗曲河谷沿岸的城鎮地區，是信仰佛教的蒙古和圖博人的世居之地，不過現在除了廟宇建築以外，已難以感受到圖博文化的痕跡，城鎮景觀就和中國其他內陸城市大同小異，漢族與回族成為絕對多數的居住人口，圖博、蒙古民眾則退居到交通不便的山間、鄉野地區。

西寧是踏上「青藏公路」的必經之地，以前路過時總會停留幾天，為的就是去看望一下袞本宮巴，像是看老朋友的心情。

佛門前的金山銀山

袞本宮巴位於措溫布湖岸東南邊狹長的山谷中，是安多地區最具規模的佛學院之一。十六世紀第三世達賴喇嘛索南嘉措受蒙古國王邀請，在宗喀巴出生的聖地弘法，將原本一處靜修的強巴佛殿擴展為包含五明學科完整教育的佛學院；並仿效拉薩三大佛學院制度，每年舉辦孟蘭法會與辯經儀式。之後逐漸發展為兼具顯、密佛學，以及天文、醫學等傳承系統的教育基地，培養出無數智慧學問高僧，數百年以來，對圖博東部和蒙古地區的佛教發展擁有深遠影響。

佛學院僅距離西寧市區二十多公里，即使在二十年前交通不發達的年代，每天仍有數班巴士通往袞本。昔日每次搭乘城區巴士穿越西寧城市的喧嘩，駛過遭人為破壞的荒涼山景，總難以忽略沿途的混亂街容，及簡陋的觀光攤街。

到了二〇一九的現今，當局似花了心思整頓，不僅修建一條觀光專用的高速公路，好讓遊覽車隊行駛，連一般省道都從二十年前的石礫土路變身成為寬廣的柏油大道。四周起伏的山麓、田野上一片空曠，行道樹植栽仍細嫩幼小，似乎都是新栽下的。路邊矗立一塊巨型看板，在上面揮手瞇出笑的習近平大臉旁，紅色大字寫著：「綠水青山就是金山銀山」。

平野前方出現一處水泥叢林，是鄰近佛學院東北方的一段河谷地區，幾年前闢建成「南川工業園區」，位在袞本宮巴入口的大門外，名目上宣稱是發展羊絨、紡織工藝，不過也提到園區包含有鋰電池、鋁合金製造工廠，其實是將這一帶原本就有的鋁金屬工業擴大經營。

自二〇〇二年開始運作的「甘河工業園區」[2]，以產生大量粉塵、有毒廢氣的鋁冶金

2甘河工業區設在西寧西部，開採自圖博高原北部的鈉、鋁、銅、石油等礦藏，在此就近冶煉生產。園區包含鋁鎂鋅鉛等有色金屬冶煉製造、石油化輕工業、肥料等工廠，都屬重汙染工業，由「西部礦業集團公司」經營，實際上是屬於青海省政府的國有資產，其前身是大柴旦「錫鐵山礦務局」。

廠為主，那即是造成西寧一帶嚴重空氣汙染的兇手；園區就座落在袞本佛學院的側門左近，中間僅隔著一座梯田山坡而已。

佛學院內外也大興土木，除了幾幢歷史古蹟以外，不論建築、廣場都以水泥鋪建，完全是一個乾荒的混凝土世界。大門外，昔日的混亂攤街已被拆除，由官方經營的「法物流通處」取代，只是俗麗廉價的裝潢依舊。

入口處架起一整排檢票口，為嚴防逃票，以重重不鏽鋼柵欄框格起來，戒備森嚴彷佛國家機密重地。以花壇裝飾的廣場上，立著數支高聳入空的金屬桿，乍看以為是路燈電杆，定睛一看才發現頂端裝設十多個環狀排列的監視鏡頭。檢票口上方亮著紅色大字的跑馬燈——「維護高原宗教淨土，保護絲路文化遺產，自覺遵守文明公約，嚴格執行法律規定……」

歷史運籌帷幄之處

回到百多年前，一九〇六至一九〇九年間，圖登嘉措曾二度在袞本宮巴駐留。第一次是在離開蒙古草原，準備前往北京之時；第二次則是造訪北京之後，回返拉薩以前。二次居留，恰巧都在國際局勢激烈變化之際，袞本佛學院似乎提供了熟悉而穩定的環境，讓圖登嘉措在此指揮拉薩與各地官員因應局勢，也讓他得以重新思考布局，制定新的策略。

獲悉對日戰敗之後的俄國，無法適當提供圖博軍援，圖登嘉措於一九〇六年九月自庫倫啟程，在入冬之際到達袞本宮巴。當時不僅英、俄情況改變，清國政局也十分曖昧，滿清不僅擴大出兵入侵圖博康區，並在圖博政府不知情也未參與的狀況下，私自與英國簽署《英清相關圖博協定》[3]，宣稱擁有圖博「宗主權」。

而新到任拉薩的安本張蔭棠，即是清國派往參與談判的主要代表之一；張蔭棠是受過西方教育的南人漢官，也不屬於八旗，這是清國與圖博建立二百多年親善關係以來，第一次破例派遣漢籍的安班。張蔭棠一到任便大展身手，在拉薩宣布將實施一連串革除圖博傳統與佛教信仰的漢化政策，令圖博民眾大為恐慌。

當時清國種種態度轉變，加強圖登嘉措前往北京的意志，只是當時他尚未確知是否能受到清國的正式邀請。他在袞本宮巴籌劃並調度各項聯繫，以確保參訪之行的安全與尊嚴；更重要的是，他必須思考如何說服清國自康區退兵、恢復過去兩國和諧關係，以及爭取各國支持圖博獨立的國際地位。

3 英文名稱為「Convention Between Great Britain and China Respecting Tibet」，簽署於一九〇六年，名稱中「China」是指大清，當時中國尚未建國，但現代中文論述多含混稱「中英續訂藏印條約」。內容為英國放棄《拉薩協定》中的利權，且除了滿清外、不允許他國干涉圖博內政。*British and Foreign State Papers 1905-1906*, Vol. 99; M. C. van Walt van Praag，1987.

其實，一九〇五年圖登嘉措抵達庫倫的最初，即派出兩組特使。其一是阿旺多傑與譯官次仁丹巴前往聖彼德堡，在交付俄國外交部的公函中說明達賴喇嘛尚無法返回拉薩的原因：一是，「圖博的國家地位尚未明確，圖博人民將努力，期望能獲得國際的承認與保護圖博獨立自主的地位。」第二個原因則是：「在清國安班被召回以前，達賴喇嘛不可能返回拉薩。」[4]因清國對圖博的政策幡然改變，不僅允許康區屯軍，並擴大安班在拉薩推行改革的權力，限制圖博攝政及噶廈政府的政治主權。

圖登嘉措同時派出另一組人馬前往北京，直接和清國總理事務衙門溝通，並聯繫與圖博已建立友善關係的俄、美、日等外交官員。此外經過蒙古親王介紹，二位特使在北京拜訪一名日本浪人川島浪速[5]，此人身分複雜，雖然已從日本軍部退職，但依然暗自為日本軍方工作，潛伏在清國政府擔任北京警察訓練的要職，他曾兩度獲清廷授勳，與滿清多位親王、高層交往密切。可透過他知悉清國政局。

當時日本一名身負情報收集任務的僧侶寺本婉雅，在一九〇六年底特地趕到袞本宮巴覲見圖登嘉措，他曾寫信給駐北京的日本武官青木宣純將軍，要求他為達賴喇嘛前往北京訪問提供協助。一九〇七年六月，圖登嘉措收到北京參訪邀請後，再次派遣二位堪布喇嘛前往北京，先行聯繫日本公使館並拜訪青木宣純，可知這些聯繫都與北京訪問行程的準備有關。[6]

從多年後日本發動亞太戰爭、入侵中國的結果上看，日方當時即為併吞東亞的目標做準備，提供圖博協助的意圖並不單純；不過，其時英、日兩國結為同盟，且與俄國進行過激烈戰爭，在日、俄敵對的國際關係上，圖博特使依然祕密前去拜訪，即緣於日本官員對清國頗具政治影響力，可見圖登嘉措對國際局勢訊息的掌握程度，及外交上的靈活與積極。

其間拉薩噶廈政府已數次派遣人員傳來訊息，希望達賴喇嘛盡快回到布達拉，處理康區持續受到川軍攻擊的戰禍，以及張蔭棠在拉薩以改革之名，試圖干涉圖博政局、奪取政權的危機。圖登嘉措聽取報告，商議後決定在他未回到拉薩期間，在噶廈政府之上增設三位倫欽[7]職位，並擢升擁有和英國協商經驗、具國際視野的年輕官員夏札[8]為倫欽之一。倫欽可直接與達賴喇嘛溝通，做出決策並立即執行。

4 陳春華編譯，二〇一三。

5 川島浪速（1866 - 1949）原為日本陸軍通譯，一九〇〇年八國聯軍進佔北京，他有效管理無政府狀態的北京城秩序，受到清廷肯定。一九一二年以後他積極從事支持滿蒙獨立建國，實際為日本帝國進行間諜活動。

6 寺本婉雅，二〇二三。

7 倫欽（Lonchen），為大首相（gung blon chen po）的簡稱。原本噶廈政府設有數位行政長官，分別負責國家財政、宗教、軍事等政務，稱為噶倫（gung blon）。十三世達賴喇嘛其時因應政局作出改革，設立三位倫欽，職權在噶廈中央政府之上，能夠與攝政一起做出重大決策。

8 夏札班覺多吉（Paljor Dorje Shatra, 1860 - 1919），一八九二年時即代表參加與英國的商貿協商，一九一三年他也代表圖博，和英、中三方進行西姆拉會議時。他對圖博和達賴喇嘛的忠誠，以及靈活的外交技巧，讓中國以為他靠向英國，同時也讓英方認為他跟俄、中關係更親近。

這個新制度提高達賴喇嘛與噶廈官員溝通的機動性，可隨即因應情勢變化。也就是說，圖登嘉措當時選擇前往北京，而非回到拉薩，因為他認為解決困局的關鍵在北京，他應該直接和清國中央政權對話。

依據阿旺多傑在七十歲時所寫簡傳[9]中提到，圖登嘉措駐留袞本佛學院時，已向清國明確提出參訪的意願，北京軍機處官員則是贊成、反對兩派意見分歧，阿旺多傑當時曾透過各方管道遊說，甚至有不少官員刻意刁難，厚顏的直接向他們索賄，於是他為此在聖彼得堡持續與俄方溝通，經俄國官員做了些安排，輾轉花了不少時間，遲至一九〇七年以後才獲清國的正式邀請，於一九〇八年啟程前往五台山。

清國邀請的理由

諸多中文論述主張對達賴喇嘛的參訪邀請是由清國主動發出，只是關於邀請理由卻有多種說法——其中最常見也最荒謬的，是英國極力反對圖登嘉措返回拉薩，清國只好安排他前往北京。[10]

當時正是英、俄為對抗新崛起的德國，即將簽署聯合協定的敏感時刻，英國為了向俄國證明無意操控圖博，不惜主動放棄掌握所有圖博開發利權的《拉薩協定》，怎麼可能公然干涉圖博政治、對達賴喇嘛返國表示意見？一九〇八年圖登嘉措在五台山接見美國公使柔克義，當時柔克義曾轉達英國公使建議達賴喇嘛盡快返回拉薩，以穩定圖博政局，而柔克義也認同英方看法[11]；只是圖登嘉措自有計畫，決定先前往北京，親自與清國君王會面。

另一個稍具說服力的說法——當時清國派駐拉薩的安班張蔭棠，力奏軍機處阻止達賴喇嘛返回布達拉，以免妨礙他在拉薩實行的漢化改革計畫。[12]不過，單靠一個破格擔任安班的低階外交參贊，以數篇奏章就能說動北京清廷，也頗令人存疑。其實張蔭棠在奏章中曾提到：「達賴瀕行曾言擬赴北京籲請必見，面陳西藏情形……」[13]可見早在張蔭棠提出建議、清國官員商討這個議題前，圖登嘉措已先洽詢前往訪問北京的可能性了。

現今這些大同小異的中文論述，之所以一再強調圖登嘉措北京之行，是由清國主導、達賴喇嘛被動的目的——為抹除圖博政府和其領導者的獨立意志，將圖登嘉措醜化為對政治茫惑無知、四處走投無路的人物。

9 Thubten J. Norbu; Martin, Dan, 1991.
10 黃鴻釗，二〇一二；王聰延，二〇一二。最早應是中國官員牙含章《達賴喇嘛傳》中編造的說法，此書開宗明義介紹是共產黨早期以馬克思主義理論為指導，對之後藏學研究者具影響地位。
11 Meinheit, Susan, 2011.
12 索文清，二〇〇二。
13 張蔭棠，二〇一六。

命運交會之所

袞本宮巴處於圖博、蒙古，和中原漢文化的臨界地區，近代歷史中，在圖登嘉措到訪之後，依然多次成為影響整個圖博民族命運的關鍵地點。

與圖登嘉措的篤定堅信不同，沒有治國經驗的確吉尼瑪，也就是第九世班禪喇嘛，他因為不認同圖登嘉措加強國防軍事的政治主張，一九二四年時離開札什倫布佛學院，北上中國與蒙古地區，此後他有許多時間駐留在袞本宮巴。

當時清國政權早已結束，措溫布及安多地區大多在馬步芳等國民黨軍閥掌控中。現在回顧近一個世紀以來，中國經歷國民黨、共產黨政府統治，兩個政權雖然敵對，卻都口徑一致的稱頌確吉尼瑪是「支持統一」的愛國僧侶。

確吉尼瑪置身中國地區，除了傳法講道等宗教儀式外，並未擁有太多自由，任何移動都需經中國首領核准。真實情況是，他受到中國軍隊的挾持與軟禁，最後甚至在中國堅持以五百名武裝軍人「護送」他回圖博的政治謀劃下，令噶廈政府為難的反覆磋商，礙於國家安全而難以同意，確吉尼瑪最終在圓寂前都無法如願回到故鄉。自這個時代開始，圖博維持國家獨立的企圖，一直受到中國地區軍事力量的阻礙。

一九三六年拉薩的「達賴喇嘛轉世靈童尋訪隊」抵達措溫布附近、確認丹增嘉措為祖古[14]以前，駐錫袞本宮巴的確吉尼瑪，已先調查過這個地區出生孩童的訊息，依照歷世達賴喇嘛與班禪喇嘛的精神連結，他按佛教儀軌找出三位可能的靈童候選人，後來經認證的十四世達賴喇嘛丹增嘉措就是其中之一。[15]

未滿四歲的祖古丹增嘉措，在一九三九年夏日接受護送前往拉薩前，竟與九世班禪喇嘛所受境遇相似，也被軍閥馬步芳以「保護」名義，限制居留在袞本宮巴中，直到馬步芳獲取「勒索贖金」之後才放行。

數年後，確吉嘉稱出生於袞本附近的雅孜地區[16]，他被認為是班禪喇嘛轉世靈童，被迎至袞本佛學院，直到一九五一年終於回到主寺札什倫布佛學院以前，在這裡接受剃度、學經、認證與坐床儀式，駐留約十年時間。

當時年幼的確吉嘉稱所面臨處境，較他的前世以及十四世達賴喇嘛更為艱難，不僅夾處在國民黨與共產黨對圖博的政治謀劃中，親歷解放軍與馬步芳回軍的激戰；之後即使能夠回到日喀則，依然受制於中共政府，經歷文革的屈辱批鬥，後半生都在遭羈押獄所及軟禁監視中度過，最後甚而被迫還俗，娶妻生子。

14 祖古，圖博語意為「菩薩轉世化身」，圖博佛教認為菩薩的慈悲，願多次以化身轉世渡化受苦世人，中原的佛道文化難以理解其中意涵，中文多誤稱為「活佛」。

15 Bell, Charles, 1987.

16 雅孜位於西寧東方的宗曲河谷，中國佔領後定名為循化縣。十世班禪喇嘛出生於雅孜的坤倉村，中國佔領後改為文都鄉麻日村。

31

房間裡的大象

袞本宮巴（塔爾寺）

被洗劫過的櫥窗、運出一具死屍的房屋、
馬路上一匹馬跌倒的地點——
我在這些地方站住腳，
以便將那些事件會留下的氣息好好的聞個夠。
——班雅明，〈不幸事件和罪行〉

在袞本宮巴遇上新年孟蘭法會的「春噶崔巴」[1]。這天，佛學院依傳承進行供油燈、「朵瑪」[2]的儀式，其中根據佛典故事，以糌粑、酥油捏塑出菩薩塑像、佛殿，以及花、鳥、樹林等裝飾的朵瑪，作為祈福儀式供品，是圖博佛教維繫數百年的傳統儀軌。

一八四五年到訪袞本宮巴的法國傳教士古伯察（Évariste），曾待在袞本佛學院半年左右，他在遊記中提到，新年期間見識祈福法會熱烈壯觀的場面，及栩栩如生的精美朵瑪，都令他大開眼界[3]；相隔半個多世紀後，法國佛學家亞歷山德拉・大衛－尼爾[4]來到袞本，她也發出類似的讚嘆，表示在所有曾探訪的圖博佛學院中，袞本的朵瑪儀典令人最印象深刻。

現在中國政府將春噶崔巴的祈福儀式，宣傳為招睞旅客的觀光節日，甚至在宮巴中建造一座「酥油花館」，專為收藏展列過往製作的朵瑪，作為觀光宣傳的重點。依圖博佛教傳統儀軌，供品不論多麼華美精緻，應在儀式完成後捨棄；而酥油花館這種助長自我炫耀、佔有慾和貪念的做法，恰與佛法的教導嚴重抵觸。

過去的反動樣板，今日的觀光商品

現在中國政府把佛學院列為5A最高級旅遊景區，成為滿足民眾「異文化偷窺」的觀光商品。走在佛學院內外的小街巷道間，輕易可以感受到資本化中國共產主義式的觀光風格。

1 春噶崔巴（Chunga Choepa）意思是初十五供佛節，為紀念釋迦牟尼佛功業的佛教四大節日之一。這天信眾在佛龕前供上酥油燈，寺院展示僧人以酥油製作的供品，中國譯為「酥油花燈節」。

2 朵瑪（torma）儀式中由僧人依儀軌製作、供在佛龕前的供品。朵瑪的語源有「捨棄」的含義。

3 Huc, Évariste,（Hazlitt, William), 1898.

4 亞歷山德拉・大衛－尼爾（Alexandra David-Néel, 1868 - 1969），她曾探訪過拉薩、日喀則、錫金等地的佛學院。

一切都為消費而存在——對所有物事品頭論足、估價一番，門票是不是值得花錢、CP值高低如何；擠擠攘攘大聲談笑，搶位子、爭角度，拍照打卡，拿出手機一陣忙碌取景後，又百無聊賴的找地方坐下開始滑手機。花壇、階梯、坡道、石塊上，到處都可隨地而坐，或者蹲踞路邊也無妨。

群眾的麻木並非單一個體的責任，而是權力者營構的社會制度使然，就像捷克總理詩人哈維爾的詮釋：「後極權社會猶如處於被催眠的狀態，人們沉睡在消費物慾之中……不得不裝成篤信不疑的樣子，至少對一切都默許、忍受，隨波逐流……人們確認了這個制度，完善這個制度，製造這個制度，變成了這個制度。」[5]

人潮中穿著傳統楚巴服飾的圖博人比過去少了許多，也不見留長髮、繫頭繩的安多男子。儘管人們裝束沒有太大差異，不過，依然一眼就能辨認出圖博信眾的身影——虔敬的身姿、低垂肅穆的眼神，以及趕著去敬神的迫切腳步。

這次在洛薩新年前後走過甘孜、阿壩、拉卜楞等地，參加金剛法舞、孟蘭法會等儀式，在熱鬧的人群中，已經找不到任何一位綁著傳統頭繩的長髮男子，他們不論穿著現代羽絨外套或傳統的楚巴袍子，全都修剪成短髮。曾有位司機師傅告訴我，從二〇〇八年以後，長髮已成為「危險」的標誌。牧區男人漸漸不再蓄髮，跟時尚無關，也沒有法規限制髮型，而是因為只要一有事，公安老是抓長髮的男性問話，就算沒事，走在街上也容易被盯上找麻煩。

逮捕的理由各式各樣，公安可以信手捻來隨意編造——超過兩人就是結夥結派；手機中若有聯繫海外親友的紀錄，那就是勾結境外反華勢力；回話若不恭順，就是挑釁滋事……這樣被抓的例子多了，大家很容易明白。而且一旦被抓進派出所調查，長髮也會迫剪掉，成為遭羞辱的對象。

高原佛國，淨土不靜

走進大門，發現八座白塔前的廣場，早已架起數列讓人們秩序排隊的條列形鐵架。穿著花紅艷紫新衣的民眾間，武裝特警的黑衣、迷彩服更為顯眼，他們或散布各角落，或逡巡人群中，而且人數比想像中多了許多。其中最為醒目的，該屬站崗的消防人員，他們直接佇立在排隊民眾前，穿戴上全副防火裝置，臃腫身軀像是要登陸月球的太空人般。他們的腳前方都有一支紅色滅火器，他們森嚴戒備，顯然是為預防發生自焚抗爭。

孟蘭法會是圖博民眾虔誠齊聚的場合，有志之士總在這個時機登高一呼，喊出圖博團結、追求自由民主的訴求，更何況這年恰是「圖博起義」六十週年。

八座白塔矗立前，一群群由遊覽車載來的內地觀光客騰騰喧鬧的聚集著，那片廣場

5 哈維爾，二〇〇三。

正是一七二三年時清軍入侵，袞本堪布和多位高僧喇嘛遭八旗漢軍年羹堯殺害的地方。當時因蒙古部族間發生衝突[6]，清國趁機派兵入侵安多，袞本宮巴首當其衝，年羹堯以根除叛亂為藉口，殺害高僧、驅逐僧眾，後來圖博民眾為紀念犧牲的僧人，在原地立下了八座白塔。

年羹堯當時為加強控制，規定佛學院僅容三百名僧人，不過本身也信仰佛教的滿清皇族們，應該無法制止佛學院的發展。十九世紀中期，古伯察神父（E.R.Huc）見到的袞本佛學院規模龐大，約有六千多位修行僧人，在五十年後到此造訪的傳教士萊因哈特[7]，她記錄當時袞本宮巴中至少有四千名僧侶；而據阿嘉仁波切回憶，在一九五〇年代中國入侵以後，經歷宗教改革、平叛、文化大革命等肅清運動，當時袞本宮巴只剩下五、六十位僧人。而到了現在，中國宣稱「恢復宗教自由、維護圖博文化」的二十一世紀，寺院也僅存四百位僧人而已。

關於近代袞本宮巴和宗喀地區經歷戰亂、政治操弄的民族大遷徙、權力者的暴虐，在中文近代史論述中幾乎都找不到細節資料，這些論文刻意掩蓋史實，模糊概括地將政治操作的人為劇烈變動，描述為社會因時代「自然」演變，就讓蒙古人、圖博人在自己的故鄉中成為「少數民族」。

生於一九五〇年、措溫布北方草原一座蒙古包中的的洛桑圖旦，經認證為八世阿嘉仁波切，他恰巧成長於中國共產黨佔領圖博的年代，他在自傳《逆風順水》詳細說明他的家園如何走過政治變革、風起雲湧的經歷——自東部中原地區湧入大量移民，大約是從一九五七年的反右運動開始，其中有許多是遭批鬥下放，或因「階級成分」不佳而在家鄉難以生存的人。一九五八年進行宗教改革[8]，所有僧人被召集到「蔣揚貢色」[9]前集合，一番批鬥羞辱後，寺院中八十多位仁波切及五百多位僧人全都被上銬拘禁，而這片廣場正是數百年來進行金剛法舞的會場。

僧人或遭羈押、或被迫還俗離開，解放軍接管以後，索性下令將佛學院空掉的屋宇拆除，將門窗、建材和裝飾都給了共黨幹部，或賤賣給附近農民。洛桑圖旦描述那時各種騾馬拖車、拖拉機擠入佛學院，拆卸敲打的嘈雜混著吆喝人聲，寺院一片狼籍不堪；數年後，為響應中央發起的「大躍進」，袞本佛學院中竟轟然響起爆炸聲，延續數百年僧人研修的典雅寧靜院落，已被拆掉房子成為廢墟，又在一夕間連土牆基石都遭炸藥摧毀，闢成大片梯田。

6 十八世紀初，準噶爾汗國、和碩特汗國間發生戰爭，和碩特祕密連結清國，一七〇六年率軍 持六世達賴喇嘛至措溫布附近殺害，其另立的達賴喇嘛並不受圖博、蒙古僧民支持，反而擁立在理塘找到的七世達賴喇嘛轉世靈童。

7 萊因哈特（Susanna Carson Rijnhart, 1868 - 1908）加拿大傳教士、醫生，一八九五年她與夫婿受邀到袞本宮巴居住，醫治在「河湟衝突」戰亂中受傷的圖博與蒙古僧民。

8 中國稱「揭封建蓋子」，將傳統的僧官制度改為民主管理委員會，簡稱寺管會，並由批鬥的積極份子或共產黨員接管。

9 文殊菩薩殿，是佛學院中具悠久歷史的佛殿之一，中國稱「九間殿」。

佛學院中具重要代表性的佛殿色東欽波[10]，中國觀光宣傳為「大金瓦殿」，緣於這個位置是十四世紀宗喀巴出生之地，曾生長一棵示現十萬佛象葉片的白檀樹，後來以寶塔封存，再從外圍建造三層樓的金色佛殿來守護；這座色東欽波以及最古老的強巴佛殿等雖被保留下來，但是整座佛學院的環境水土已遭嚴重破壞，多年未作修繕，九十年代佛學院開放時，廟宇建築已有傾頹的危險。而當時作為倉庫或其他用途的幾處建物倖存，如土觀仁波切的府邸充作靴鞋工廠、安嘉斯仁波切拉章[11]被湟中縣的衛生學校佔用，洛桑圖旦原本居住的阿嘉仁波切拉章則成為動物飼養院、飼料倉庫，經十多年後也已頹圮破敗。

事實上，在宮巴的建物被摧毀濫用以前，佛殿中無數佛像、經書等歷史文物已先遭焚毀砸損；如色東欽波、強巴佛殿和嘉揚貢色等古老佛殿所收藏數百年以來修行者所作經書、唐卡、壁畫與菩薩塑像，大多數遭文革紅衛兵付之一炬。

映照歷史傷痕

一九五〇年代末期，中國新政權為確保對圖博高原的完全掌控，發動宗教攻擊的同時，以平息叛亂為理由，逮補、驅趕圖博與蒙古牧區民眾。當時有些聚落不願受中國共黨統治，起而抗爭，也有些地區選擇放棄抵抗，無奈的順服新政權。

第十世班禪喇嘛在一九八七年人民代表大會公開演講時，公開表示過去青海省的「平叛」，是個糟糕錯誤的政治行動，當時許多無辜群眾遭屠殺，他特別以抵抗最為激烈的果洛地區為例，說當時有許多人在抵抗中死去，解放軍「把屍體從山上拖下來，挖個大坑埋在裡面，把死者親屬都叫來宣布：『我們把叛匪消滅了，今天是喜慶的日子，你們在屍體坑上跳舞』並架起機關槍……」[12]

阿嘉仁波切洛桑圖旦在傳記中自述，他與家族親友都親身經歷平叛的歷史現場，他們就是遭羅織罪名，而致家破人亡、流離失所的無辜案例。

高原上的蒙古與圖博牧區，一般牧戶家中都備有老式槍枝以保護牛羊動物；洛桑圖旦表示在那個年代牧民就算不做任何反叛行動，順從政府命令，自動上繳刀槍，依然被視為「潛在的」叛亂份子，部族裡的王爺、仁波切、百戶長等領袖人物都以涉嫌叛亂罪名遭逮補。

洛桑圖旦的家鄉在措溫布北岸的多倫淖爾[13]草原上，中國入侵以後劃為青海省海北

10 色東欽波（gser sdong chen mo）意思是佛法慧智的金色大樹，阿嘉仁波切依其含意譯為「蓮聚寶塔」。

11 拉章（labrang）意思是祖古、仁波切居住的府邸，其中設有莊嚴的佛殿、居室、經文書庫，及許多教學的房間，常引申為「佛學院」之意。也音譯為「拉卜楞」、「嘎日瓦」。

12 十世班禪喇嘛，二〇一四。

13 多倫淖爾，音譯自蒙古語，意思是七座湖泊，因這片草原上許多小湖泊，夏日融雪與水流匯聚令水草晶瑩豐美。中國稱「金銀灘」。

州的海晏縣，一九五八年時以「可能叛亂」的罪名被定為反革命縣，他的父兄遭羈押，家族三代與親戚十多戶人家被迫拆散，移居他處。母親和兄姐離開世居數百年的的家園，被迫遷往二百多公里外、渺無人煙的陌生荒漠。一直遭軟禁在佛學院、接受勞改教育的洛桑圖旦，數年後隨著僧人舅舅，四處打聽家人下落，花了好幾天穿越高寒曠野，才終於見到母親與家人，那時他剛滿十二歲。而遭羈押牢中的父親一直生死不明，直到一九七八年全縣罪名獲得平反，才輾轉聽說父親早已過世，然而如何亡故、屍首在哪裡都無從知悉。

海晏縣之所以被定罪為「反革命縣」，原因與叛亂無關，而是當地具備的幾個特點——草原上人稀地廣，既隱密又鄰近西寧都會，交通便利；加上位於措溫布湖岸邊，擁有降溫原子反應爐的無窮水源，因此被選定為原子彈研究試爆場。

發展核武器是國家巨大機密，多倫淖爾的試驗場沒有正式名稱，只有代號「二二一廠」。為了空出場地，當地牧民一千七百一十五戶、九千三百二十五人都被迫搬遷，他們當然不會被告知真實原因，而是不分男女老幼，集體被冠上沒有任何叛亂行動實證的「預謀叛亂罪」，全數必須在一九五八年十月二十日當天立即遷出，在武裝警察押解下，前往新的定居點。其中有超過半數民眾遷往數百公里之外的剛察縣、祁連縣，最遠的甚至得走上二十六天路程。在高原入冬的嚴寒天氣中，有四分之一民眾在途中亡故，而大半牲畜都在風雪中死去。[14]

二二一廠直到一九九五年封廠前，研發出原子彈、氫彈及載運核武器的彈頭，近年由政府定為愛國主義教育基地的「原子城」，列入紅色旅遊的重要景點。親歷那個時代並了解這段歷史真相的一位公安，自高層公安職位退休後，鼓起勇氣在雜誌上揭露了事件真相，事後他和雜誌社都遭國安單位關切，相關討論也立即遭消音淡化處理。[15]這塊滿布傷痕的土地，被標誌上愛國主義的象徵，而那個時代權力者猥瑣的謊言和暴行，也被更加嚴密的掩蓋起來。

環境科學家表示措溫布湖水在一九五九至一九八二年間每年以十公分的速度下降，那恰好是二二一廠強力運作的年代。在原本人口稀少的廣袤草原上，有數萬名職工和軍警保安遷入，建設十八座廠房投入營運。儘管由於中國政府嚴密封鎖，無法調查原子彈的研發生產與湖水下降直接相關的證據，不過這半個世紀以來在湖水北岸（也就是在二二一廠的南邊）形成大面積新生地，相較其他方位的湖岸，北岸發生更加顯著的水面縮小情況，這些變化確實難以撇除是受到二二一廠的影響。[16]

14 尹曙生，二〇一二。
15 儲百亮，二〇一八。
16 人民日報英文網，二〇〇三。

現代殖民現場

位於措溫布西邊的柴達木盆地，五億年前仍沉浸在海洋中，隨地表隆起升高逐漸形成今日的盆地地形，至今盆地的四分之一仍布滿大大小小的鹽湖濕地，中文名稱「柴達木」，即是音譯自當地圖博人的稱呼「察旦」，鹽沼的意思。柴達木在覆滿厚厚礦物鹽下，蘊藏豐富鋰、鎂、鉀等金屬礦藏和石油，被中國媒體暱稱為「中國聚寶盆」。

進入二十一世紀中國更加速投入對圖博高原的礦產資源開發。以「退牧還草」保護生態環境為藉口，強迫牧民放棄傳統的遊牧生活，賣掉牛羊，搬遷到公路邊政府建造的定居點，嚴格說起來，這幾乎是「一九五八年海晏縣迫遷」的現代版。

二〇二〇年中國環境與經濟學家在研討會中，已承認「退牧還草」不僅無益於維護生態環境，反而破壞牧區生態平衡，甚且令失去傳統遊牧生活的牧民陷入貧困。欠缺長遠規劃，忽視當地民眾真正需求，政府的目的只是為強佔這些傳統牧場土地，以開發礦藏、水電，謀求暴利。[17]

而為有效控制當地輿情，在佛學院旁設立公安局，就近監視圖博精神領袖與知識分子的言行。行政官員與公安強行介入佛學院的寺管會，監控各項宗教儀式活動，管制僧人數量，並將佛學院框飾成旅遊觀光陳列架上的商品，不再是圖博社群的領導中心。

袞本宮巴堪布阿嘉仁波切在一九九八年潛行離開中國；第二年年底僅十七歲的噶瑪

巴，也選擇避開中國監視，冒險穿越國境來到印度，他們對外說明告別故土的理由雖不盡相同，但都與第十一世班禪喇嘛靈童的失蹤有關。

阿嘉仁波切洛桑圖旦在傳記中描述，一九九五年他被迫參與在大昭寺進行班禪喇嘛靈童的「金瓶掣籤」[18]儀式，在回程班機上，親耳聽見同行的政治局局長葉小文說出作弊的實情——事先在某個簽牌袋子裡塞入棉花墊高，以確保政府指定的靈童人選被抽中。中國政府以造假方式選中的孩子，在所有圖博人都無法認可的目光中，被勉強推上第十一世班禪喇嘛的法座；而達賴喇嘛依傳承認證的班禪轉世祖古，與他的父母一家卻從此行蹤不明，成為國際社會中最年幼的失蹤「政治犯」。

土地山川、自然環境遭侵奪剝削，讓人痛惜氣懣；人們生存的自由與尊嚴遭侵犯踐踏，更令人激憤；而在所有被奪走的物事中，最叫人遺憾痛心，是千百年傳承的精神和信念，那是眼睛看不見、永遠無法復原的傷痕。

洛桑圖旦見證這半世紀以來衮本宮巴以及整個圖博社會所走過的經歷，總讓人想起一九九三年，十三世達賴喇嘛在圓寂前留下的遺言——

17黃安偉，二〇一六；西藏之聲，二〇二〇。

18金瓶掣籤為清國乾隆為加強控制蒙古各部，制定確認轉世靈童的方式，但十四世達賴喇嘛表示這只是尊重清國的象徵儀式，因幾乎未使用在歷屆達賴喇嘛與班禪喇嘛的轉世上。阿嘉仁波切表達現代圖博人認為金瓶掣籤是滿清發明，為政治服務的工具，已明顯過時，不合現代使用。

「在這片（宗教與政治融為一體）土地上，欺騙行為可能很快就會從外部和內部發生。那時，如果我們不敢保護自己的領土、我們的精神信仰，包括殊勝的父子神王[19]可能會被滅絕，我們的佛學院財產、權威以及僧人都可能被帶走。此外，由我們的三大佛法國王[20]建立的政治體系將消失，而不會剩下任何東西。所有人的財產都將被沒收，人民被迫淪為奴隸，所有眾生將不得不忍受無盡的苦難，並充滿恐懼。這樣的時刻將會到來。」[21]

19 即歷世的達賴喇嘛和班禪喇嘛。
20 古圖博王國推廣佛教信仰的三位賢君：松贊干布、赤松德贊、赤祖德贊。
21 Arjia Rinpoche, 2010.

32 你微笑有聲音

塔澤（紅崖村）

恢復我容顏之春色和軀體的暖流，
心與眼之光，
麵包與土地之鹽……祖國啊！
——馬哈茂德．達爾維什[1]，〈來自巴勒斯坦的戀人〉

巴士靠向路邊停下，司機側過臉宣布：「你倆這兒下——」尾音上揚的語氣似乎有些不確定，後方的大爺也發出疑問：「這兒嗎，不是前頭？再過前頭唄？」

除了石礫土路已鋪上柏油，紅土山嶺、路樹、青稞田，周遭景物似乎一如曩昔，原

1 馬哈茂德．達爾維什（Mahmoud Darwish, 1941 - 2008），巴勒斯坦詩人。

以為一眼就能認出登上「紅崖村」的路口，但是在起伏山巒間的山野小徑，乍看都是差不多的模樣。十多年前的記憶已然模糊。

旁座的另位大爺倒是一臉篤定，他歪著身子往窗外山的方向指去，帶著濃濃鄉音的普通話說，「一路高高地上去就那個村，路老遠的噢……你們旅遊的麼，阿麼了車莫包咧？」自從我問過路以後，他就重複嘆著這一句，意思是問我們為什麼不包車。

「幾十年天天來回走這條道。」大爺說對這附近他熟悉得很，「紅崖村」聽是聽說，總莫上去過——他忽然煞住話，車上又陷入一片沉默。

你的聖域，他的禁地

車上好像誰也不知道紅崖村在哪裡。

公車自平安市區的火車站前出發時已擠滿乘客，沿二〇一縣道往南離開市區，經過數個漢族、回族聚落後，駛向山區。車行像是搭乘時光機，自現代都市景中不斷往過去時空退去，距離市區越遠，路旁陳舊的建物也像是退回到二十年前。

車上乘客多是農婦、大爺和學生們，他們在沿路各站點陸續下車，進入山區後車上就只剩下幾位老大爺，途中再也沒有什麼新乘客加入。務農的大爺們臉上深深鑿下烈日風霜的痕跡，身上披著洗褪變形、認不出原來顏色的衣物，他們的模樣說是五十多歲，也像是七十了，看不出真正的年紀。

和過去相較，這條路仍有不少變化。十多年前還沒有通行的客運車，只有麵包車來往載運乘客；途中經過的聚落村鎮規模比現在小得多，民居多是簡單的木屋土房，現在不但出現許多水泥建築，還有因應觀光開設的土雞城度假村，不知是因為冬天淡季緣故或營運不佳，這些設施都慘淡的鐵門深鎖。

過去六人座的麵包車總會超乎想像的塞進十幾、二十位乘客，大家擠靠一起，分享彼此的氣味和話語前進著，乘客多是上街採買的歸途，壅塞憋屈的姿勢儘管不舒服，交談間仍難掩興奮，只是當我開口問「紅崖村」，就像魔咒般，人們的話語和表情都在瞬間凍結，紛紛低頭，避開我的視線。相隔十多年後，依然遇見類似的情境，我只聽見自己的問句飄散在凝結的空氣裡，轟噠轟噠——詭異的引擎聲徒然衝撞著這片靜默。以強大的沉默警示這個名字的確是個禁忌。

待大多乘客都下車，旁座的大爺才陡然冒出一句：「老遠的路噢——你們阿麼了車莫包咧？」

紅崖村是第十四世達賴喇嘛丹增嘉措出生的地方。自從他與噶廈政府在一九五九年被迫流亡印度，他成了中國政府所宣稱企圖分裂國土、反中國、反社會主義等暗黑勢力集團的頭號罪犯。他的出生地就和他的存在一樣，成了中國政府的禁區，儘管「石灰窯回族鄉紅崖村」是中國政府取定的地名，人們卻忐忑的不敢隨意說出口。

下車，穿過一道水泥橋。冬日是枯水期，橋下淺淺的水流飄浮著碎冰，而新近裹上水泥的岸邊慘灰一片，讓水道看來更荒蕪。河道旁有塊被剷平的空地，地面已打上水泥，隔出幾塊像是花壇的台子，僅植幾株小樹在冷風中顫抖，不知是工程進行一半棄置，或已草草完成。

溯溪岸往上攀爬，看見衝撞山岩而下的激流，水花四濺，一旁是陡抖延伸而上的梯田，這才喚起以前的記憶。是這裡沒錯。轉入山徑，是一條不斷蜿蜒向上的路，村子就在這無限迴彎的坡道頂端。

當地圖博人不叫這裡紅崖，他們稱「宗喀的塔澤」——位於宗曲河谷的塔澤村。周圍群山連綿環繞，路兩邊坡地都闢成一塊塊整齊的梯田，過去幾次來訪恰巧都是初夏，明艷陽光下，整個山坡一片片茂密青稞迎風搖晃，滿眼都是綠意；現在換上被白雪覆蓋的紅土大地，收割後成束綑縛、已然乾枯的根莖仍扎在土壤裡，積雪堆在草梗間，山景荒冷而清麗。

原本的土礫山路鋪上柏油，看得出來常作修整，路況比山下的公路更平坦。走累了，趴在路面上休息，側耳諦聽，除了沉吟的風，毫無聲響，大地連一點震動也沒有，所有聲音彷彿都被吸進風裡，整個世界像真空般安靜。

山路以無數個髮夾彎繞轉著山勢盤桓而上，從路口到村落直線距離頂多二公里，實際的路程卻有八、九公里遠。前次運氣好，剛上山沒多遠，就遇上駕著拖拉機的農人，直接被載上坡頂。現下整條路上沒有車也沒有人，於是決定「截彎取直」，索性走進沒有作物的田裡，踩進鬆軟、冰雪渥濕的土壤，手腳並用的爬上陡峭山坡。

穿越時空的視線

丹增嘉措在自傳《我的土地，我的人民》描述幼年在這裡的生活，位於群山中的小村子，鄰里各家生活型態都差不多，世代務農放牧，他們住在圖博傳統的岩石夯土老屋，廚房是家人起居的主要空間，後屋畜養騾馬和提供鮮奶的卓莫[2]，在高山牧場上放牧羊群。那個年代物資貧瘠，人們鎮日只為農務忙活，也僅能自給自足，日子過得艱辛，但從未發生過土地改革、人民公社時期那般嚴重的饑荒。

當我第一次望見那沿著山勢層疊延伸、鬱鬱青蔥的梯田時，瞬間能意會這片豐饒山坡，正是讓這座山間小村衣食無虞的原因；而走上幾步便粗喘的呼息，也足以讓我理解當地農務辛勞的程度，光是空手步行而上，已讓人累喘不止。

翻越一塊田，就等於爬上一座坡勢。

每回登上彎道，拍掉身上沾附的沙土，眺望在眼前敞開的一幕幕不同山景——北方

2卓莫，中文稱　牛，是犛牛和黃牛的雜交種。

一逕是蒼綠山巒；南邊最初是一道穿山越谷而來的溪流，隨著高度向上，視野逐漸開闊，眼前峰迭巒層，像一瓣瓣蓮花在雲霧間綻放，向天際間綿延而去。覷眼眺望，我總在猜測著山谷的方位──哪一方是通向夏宗日卓[3]、或夏瓊佛學院[4]，又或袞本宮巴？

一九〇六年圖登嘉措自蒙古草原南下，一九一九年初他從北京返回，二次途經宗喀，駐留袞本佛學院期間，都曾前往夏宗日卓、夏瓊佛學院等地朝聖，也走過這條必經的山徑。

村落南邊山谷的山徑上矗立一座白塔，據說也是他當時囑人修建，為行路之人祈願平安，更為這片大地上經歷多次戰亂的眾生祈福。白塔微妙的被群山環繞，像是蓮花瓣的中心。依荷蘭歷史學家哈斯多傅（Grasdorff）考據，圖登嘉措途經時曾停下休憩，眺望塔澤，讚嘆她的清幽靜美，許多年後圖登嘉措圓寂，隨行僧人們依指示往塔澤尋求轉世祖古，不禁想起當時他久久凝望的神情。[5]

夏宗日卓、夏瓊佛學院，以及袞本宮巴，都在圖博文化發展歷史中發揮重要影響，是具有神聖象徵的佛學院。距離塔澤最近的「夏宗日卓」，其中「日卓」在圖語中是靜修地的意思，五百年前，第四世噶瑪巴受蒙古君主邀請，前往北京弘法，途經時決定在此駐留修行。僧院建造在陡峭山巖上，周圍山景清俊，冬日裡，原始松林依然綠意盈盈；宗喀巴三歲時曾在此受戒剃髮，二十世紀初約有二百位僧人修行，一九五九年後全遭驅趕，目前僅有三位僧人負責清掃與收門票。中國政府將附近的原始森林命名為「峽群森林生態園區」，近年大舉開發建造為別墅觀光度假區。

由塔澤向南，越過那片崇山峻嶺、直達瑪曲北岸，河邊高聳峭壁上座落著夏瓊宮巴，是安多地區歷史最悠久的佛學院之一，夏瓊是鷹鳥的意思，因為佛學院背倚的山岩，自河邊望上去就像展翅的鷹。這裡是宗喀巴七歲入院為僧，成長學經的地方。佛學院原本包含顯、密學院及醫明學院，教學系統完備，僧侶約三千多人；中國統治後佛學院完全被破壞，僧人遭驅趕，直到一九八〇年代重建前佛學院是荒廢狀態，目前僅有二百多位修行僧。

而塔澤東邊的群山之外，是袞本宮巴所在的山谷，三世達賴喇嘛在十六世紀受邀到此弘法時，創建了修行院，逐漸發展為安多地區最具代表的佛學院之一，而早在那之前二百多年，正是宗喀巴的誕生之地。

記得十多年前駕駛拖拉機的大叔，跟我們說明塔澤是「老虎山峰」的意思。因為從山腳下抬頭仰望那陡然聳向天際的山巔，那輪廓就像是仰天咆哮的虎形。丹增嘉措的兄長圖登晉美諾布[6]在自傳中曾提及家鄉村落的名字是Tengtse，發音較似「旦澤」，是高

3 夏宗日卓（Shadzong Ritro）座落在當地的神山阿美其利峰山腰，中國稱夏宗寺。

4 夏瓊佛學院（Jakhyung dgon pa），中國稱夏瓊寺。

5 Grasdorff, Gilles van, 1999.

6 圖登晉美諾布（1922 - 2008），經十三世達賴喇嘛認證為第六世塔澤仁波切。

地的意思，含義就是「高地上的村落」[7]。可想而知，當十四世達賴喇嘛靈童在此出世，諧音近似的「塔澤」之名便隨眾願而生。

圖博對家園土地的命名通常都與日常所見、附近的山川地形相關，而取用「虎」相關字眼的地名，多是較特殊，對圖博人們來說都是有著奇妙因緣的神聖之地。例如：位於山南地區古代博王國的發源祖地「欽瓦塔澤」，其中的塔澤，意思也是老虎山峰；位於安多南部舟曲水源的聖地「郎木達倉」，意指「老虎洞窟的女神」。而塔澤這片山谷，除了坐擁自然景觀的幽雅嫻靜，以及奇妙的歷史淵源，位置又處在夏宗日卓、夏瓊佛學院、袞本宮巴之間山巒的連接點上，可以想見這個名字承載多少圖博民眾的情感和想望。

從塔澤到布達拉

百多年前途經塔澤的圖登嘉措，身為宗教領袖，身邊總圍繞對他祈願的僧人與民眾；而作為一國之主，卻沒有軍隊保護他的家園與子民。因遭受外國軍隊入侵、遠赴異地尋求援助的他，走在這條通往夏宗日卓的山路上，心中尋思著什麼？當他循著四世噶瑪巴的腳步橫越這片山嶺，前往這位先賢所闢下的靜修地時，或許會摩想當時受到蒙古邀請、前往中原的噶瑪巴，是如何勸導權力者放下殺戮暴力，維護和平？

輾轉流亡異地多年，屢屢受挫卻從不放棄尋求解決的方法，依然保持希望、平和堅忍的智慧——儘管我們無法完全理解那面對難關孤絕的心境，不過，走向塔澤村一路上，確是一直揣想此般處境，以及那段歷史，那段影響圖博命運的特殊年代。

事實上，在我們登爬上塔澤村這天的一百零六年前，圖登嘉措結束多年流亡歲月，回到布達拉，向圖博全國發布了「獨立文告」。

那時圖登嘉措終於平定圖博土地上近十年的動盪戰亂。過去那些年，他曾前往蒙古草原尋求援助，後來抵達北京嘗試與清國溝通，之後在漢軍砲火追擊下選擇流亡大吉嶺。他在國際關係上運籌帷幄，嘗試與俄、日等國建立邦誼，與英國和解，並獲得其軍事訓練援助，同時指揮國內外圖博臣民向侵略者奮戰，最終以弱擊強，驅離境內所有入侵漢軍，維護了圖博的完整與尊嚴。

一九一三年，他回到拉薩，拒絕新成立的中國大總統袁世凱提出沿襲清國、贈予封號的邀請，對全國發布獨立宣言——內容陳述過去幾年圖博大眾如何奮鬥，以爭取今日的平和幸福；也提醒國民須持守佛陀信仰，並提及建立重視農民與一般民眾權益的律法，鼓勵土地開發，整頓佛學院制度，廢除殘忍酷刑等建構現代國家體制的方針。

儘管不少中國文史論述刻意挑剔圖博原文用詞並未明確指涉現代「國家」的概念，

7 Thubten Jigme Norbu; Harrer, Heinrich, 1987.

即稱不上宣告獨立；不過，就二十世紀初的時空背景，以及圖博社會所獨具的宗教信仰特質，這份宣言確已實質表達圖博為獨立政治實體的意涵。其中特別強調圖博的自主概念，以及保護圖博獨立完整是每一位人民的責任：「我們是一個小的、宗教的和獨立的國家。為了趕上世界其他地區的步伐，我們必須捍衛我們的國家……為了保證和維持我們國家的獨立，所有人都應自發的去努力。」[8]

8 Wangchuk Deden Shakabpa, 1967.

33

奔跑愛麗絲

塔澤（紅崖村）

開拓者的出現，
意味著以融合主義的方式
促使原住民社會滅亡，
讓文化呈昏睡狀態並令個人石化。
——法農，《大地上的受苦者》

我記得那經幡旗柱，在山徑上轉過最後一個彎道就會看見，在叢叢樹影之間，在村子裡一逕土黃色的石屋之間。

「我們家房子是方形的，當中有個院子。屋子是平房，牆下半部是石頭，上半部是用泥巴。屋頂鋪著藍綠色的瓦……門頂按照圖博的傳統，裝飾著矛和旗。院子中央高高的柱子上，旗幡迎風招展。」[1]丹增嘉措在自傳中如此回憶。

再走近一些，會清晰看見藍天裡的五彩旗幟，層層疊疊的綁在柱上，延伸到院落裡、繫在簷下，在風中翻飛飄動，其中許多是前來朝聖的人們攜來祈福的心意。

這次，沒有看見。

一堵五公尺高的灰冷高牆，橫擋住所有視線。

在灰牆後

隔鄰農戶敞著大門，一隻狗兒朝我們吠叫，牠的叫聲在清寂的空氣中迴盪。誇張的高牆令窄仄的坡道更侷促。站在牆前，仰起頭，發現就連天空都被擋住大半。村中大多數的房屋多改建成水泥樓屋，圍牆一致塗上白漆綴著紅邊，已和十多年前樸質的夯土石屋大不相同。

丹增嘉措幼年記憶中的那幢簡單平房，在他被確認為十四世達賴喇嘛祖古，全家一起搬遷到拉薩後便空置；一九五五年他受邀前往北京途中，曾回到這裡，將這間屋子改設為一所小學，提供山村兒童教育使用，經歷文革時被砸毀，一直到一九八七年第一批達賴喇嘛訪問團到達中國前，中國政府才趕緊重建，並且在坡下新建另一所國小校舍。之後隨著中國經濟崛起，無需再看西方國家眼色，更不用戴上重視人權的面具，裝出想和達賴喇嘛溝通的樣子，這間屋子和塔澤村再度回到長久的政治禁忌封鎖中。

中國當局早已將村子定名為「石灰窯回族自治鄉紅崖村」，大多數人不知道她就是塔澤，更不清楚遠在無名山巔之上的小村落就是十四世達賴喇嘛的家族故居。少數知曉、特意尋訪而去的外籍人士，如英國作家法蘭區[2]、英國《衛報》記者吉丁斯[3]都被擋在西寧，不得其門而入。

現在，高牆間裝上一扇紅色大門，上面裝飾著氣派的鏤金獅頭銅環，門前新植的柏樹和圍籬欄杆都掛上嶄新的經幡，許是近日年節期間前來祈願的民眾掛上的。敲了幾次大門，等待，在門前小徑徘徊，還是等待。沒有任何回應，連狗吠都靜下來。就在打算放棄的同時，門忽然開了，一位中年男子出現，他小心翼翼的將大門半掩在身後。

是達賴喇嘛的家吧？我問是否可以進去。

「可以的。」他點著頭，微讓開身子，於是我看見他身後院子裡的柏樹，即使冬日依舊蒼青著。「你們是哪裡來？」他壓低了聲音問。

我老實回答：「台灣」。他受到驚嚇般豁然橫擋在門前：「不成不成，不能讓你們

1 第十四世達賴喇嘛丹增嘉措，二〇一〇。

2 法蘭區（Patrick French, 1966 - ），英國歷史學者、作家，一九九九年為收集寫作資料試圖前往塔澤，但在西寧即遭公安阻止。

3 吉丁斯（John Gittings），一九八三至二〇〇三年擔任英國《衛報》國際部門首席記者。

進來。」

「不行嗎，為什麼呢，我們特別從很遠的地方過來。」

「欸，台灣的、外國的都不讓進，這是規定……」他慌張地四處張望，急著想掩上大門，「有人知道你們在這嗎？讓人知道就糟了。」

我探問十多年前曾經接待我們的大叔現在是否安好，這讓他停下了掩門的動作。他告訴我那位是他的丈人，已經在幾年前過世。我告訴他以前曾受到他岳父的款待，我們一直記得，我們表達對逝者遲到的祝福和安慰，而他嘆氣致歉，「別讓人看見你們，快走吧。」

站在那扇已緊緊闔起的門前，我揮不去耳中他幾近懇求的語氣。轉身，一抬頭就看見高牆上方的監視鏡頭。

上一次可能是熟練的普通話和東方人長相，讓我們躲過了稽查，靜悄悄地爬上這座山村。我記得那幢有著歲月痕跡的土夯小屋，陳設簡單而整齊，守屋的大叔介紹自己是達賴喇嘛的堂侄，家族中只剩下他一人留在塔澤，他分享了前些年政府准許他到達蘭薩拉去，他和達賴喇嘛的合照。

大叔一路領我們上二樓佛堂，那裡所有物事都陳舊，但布置整潔雅緻，那光潔老舊的木質地板，踩上去的每一步都發出伊呀聲……在敞開的窗前，他欣然為我們指出通往袞本宮巴、夏宗日卓的方向；讓我們看對面起伏的山巒，像一尊躺臥菩薩的側顏，以及層疊群山間的一座白塔，那是十三世達賴喇嘛所建……記憶，在緊緊關上的紅門前，鮮明的湧上眼前。

紅旗飄揚

坡道下方是新建的小學，過高的校舍擋住了眺望山谷的視野，建築上方掛著一面五星紅旗。

政府重建塔澤故居，刻意在官方媒體上亮出成果照片——金頂佛殿、雕樑畫壁，甚至在丹增嘉措出生的馬廄位置造一幢立有他塑像的佛堂，新建物將空間不大的院落幾乎塞滿，與其說重建，「興建」更為貼切。

官方公開宣傳投入鉅額經費「建設」故居小村，修築連通袞本佛學院的柏油公路，大舉協助改建所有村民房舍，闢建停車場、村委辦公室……這些工程顯然是意圖將塔澤改造成觀光地；但中國政府並不打算改變仇視達賴喇嘛並將他和流亡政府妖魔化的立場，當然也不可能真的向世人開放他的家園故居。通往公路的沿路不會有任何「達賴喇嘛故居」的標幟，而擺置在村口的岩石裝飾，上面刻的只是中國地名「紅崖村」。其實政府仍舊擔心圖博民心凝聚，為加強控制，在故居前、路口等處設置監視鏡頭，以監管來訪者，甚至在新年、達賴喇嘛生日等政治敏感時刻，直接在山下路口部署公安盤查，攔截外籍人士。

近年政府將新建的村委辦公室命名為「少數民族之家」，擺設宣傳民族政策的海報，且固定安排二位共產黨員負責導覽，介紹十四世達賴喇嘛生長於「漢藏共居」的和諧之村，換句話說，將現代遷入塔澤的回族居民刻意改為漢族。在部分真實的基礎上混雜一些錯誤訊息，可以導引出異常荒謬的結論——圖博民眾心中具重要象徵的塔澤，在運作下變成宣傳漢藏和諧的紅崖。

二〇一二年底，習近平順利接任共黨總書記，隔年年初又在國大會議通過擔任中國國家主席、國家軍委主席，黨、政、軍所有權力都集中在他手裡，他成為新一代最高國家領導人。新領導似乎企圖開闢政治新氣象，「第二代」民族政策也在這期間推展：「不容許任何一個族群生活在一塊屬於自己的歷史疆域內」[4]，中共統戰部提出民族問題新方針：「淡化少數民族意識，以強化對中華民族的認同」[5]，亦即直接去除各民族的特殊性，甚至消滅民族間的差異，全部化約成為一個「漢化」的中華民族。

一九八九年，十世班禪喇嘛在札什倫布主持第五至第九世班禪喇嘛合葬靈塔的開光典禮時，以中文發表演講，直接以圖博是「一個民族連自己的語言文字使用權利都沒有」的實情，批評當時民族自治有名無實的真相，他甚至認為此前拉薩大學生上街呼喊自由使用圖博文的訴求，是合理的。[6]沒想到在三十年後，圖博人在維繫語言與傳承文化上面臨了更嚴峻的困厄。

官方為推廣普通話、禁用民族語言，教育部修改各科目課本的主要文字，將原本的圖博語改換成普通話；同時嚴格審查文化藝術作品，擴大逮捕圖博知識分子，嚴禁其作品流通。二〇一二至二〇一三年間，白瑪赤列、恰多、噶才吉美等數十位圖博作家、教師、創作歌手陸續遭到拘捕或失蹤，就算作品並非提倡獨立抗爭意識，僅是呼籲團結、維繫傳統文化與語言、鼓勵民族自尊心等一般內容，都被列為禁書、禁歌，被冠上「分裂國家、傷害民族情感」罪名，遭判三至七年拘禁[7]。

近年擔任新疆區委書記的陳全國[8]，即炮製他過去多年來在西藏區委書記職位上整理民族問題的豐富經驗，要求地方官員們以「斷代、斷根、斷聯、斷源」為目標，大舉拘禁上百位維吾爾族學者、知識分子，拆散伊斯蘭教信仰的家庭，將無辜民眾關入集中營般的「再教育中心」。

4由中國政府「智囊」學者清華大學教授胡鞍鋼提出。
5二〇一二年初由時任中央統戰部副部長朱維群所發表。朱維群現任全國政協民族宗教委主任。
6十世班禪喇嘛，二〇一四。
7《人權觀察》，二〇一八年三月八日。
8陳全國自二〇一一年起擔任西藏區委書記，中央以他箝制圖博宗教的成績，二〇一六年轉任新疆區委書記至今，各地維吾爾學者大拘捕、集中營、黨員家訪結隊認親，都是由他推動。

二〇一二年十一月，召開推舉習近平為總書記的共黨大會期間，擁有唐卡製作悠久盛名的熱貢[9]，數千名中學生走上街頭，抗議圖博語課本全被改成了中文，要求尊重圖博文化、宗教信仰與語言。事實上，這期間圖博各地不斷發生大小不一的抗爭行動，尤其從二〇一二年底到二〇一三的春天，這半年間在衛藏、安多、康區各地，計發生六十起圖博青年自焚抗爭，他們多留下清楚的遺言與訴求——守護圖博語言、自由、尊嚴、和平，願達賴喇嘛歸來……。

熱貢和附近地區在發生中學生抗議的十一月，即有十二位年輕男女自焚犧牲。十七歲的桑潔卓瑪留下一張照片，和一首詩〈回來了〉。照片裡的她自信凝望鏡頭，唇角微微上揚，托腮的手背上寫著「圖博，一個獨立的國家。」[10]

查探者

在灰牆前以手機取景——紅門上繫著的白色哈達、民眾留下的彩色經幡、坡下紊亂的水泥建築、遠山、藍天，以及灰牆上的監視器……一輛汽車忽然出現，坡道過於窄小，我趕緊閃避到路邊去，看汽車在泥濘顛簸路面慢慢搖晃，貼近我身邊駛過，又看它忽然停下，停在故居的鄰屋前，佔據整個窄仄的山徑。

汽車的出現突兀又詭異。坡下方明明就是柏油鋪面的主要幹道，不走寬整馬路，卻擠進這崎嶇山路？何況這個方向，除了故居以外，就只有二間民戶。

兩個中年男人下車。原本猜測他們是這鄰屋居民、或來尋親友？但是他們不進屋，對屋裡的人也沒招呼，二個人兀自立在車邊聊天，銳利目光卻時不時飄向我。

其中一人忽然和我對上視線。「你做什麼的？」質問語氣。

「來旅遊。」我答。黑灰色夾克西褲、俐落的平頭，以及那盯視打量人的視線，多少猜得出他們有公安、幹部的身分。猜想他們是從辦公室裡的監視畫面發現了我們？

我強壓下越來越快的心跳，深吸一口氣，緩步走向他們。經過汽車時，主動問他們要去哪裡，「你們要下山去？」他們愣愣互看一眼，其中一人朝我點頭，又質疑地上下審視我。

透過車窗迅速瞥一眼，車裡沒有其他人，後座堆著一落印著紅字的茶葉禮盒，像是年節官方的送禮禮品，更加確定他們的公務身分。我接著再問既然都要下山，可否順道載一程？他們又呆住了，似乎沒料想到我會提出這樣的要求——「喔不成，載不了。」斷然拒絕我。

9 熱貢，「金色山谷」的意思，當地隆務宮巴、吾屯宮巴都是歷史悠久的佛學院，中國佔領後劃為青海省同仁縣。

10 唯色，二〇一三。「回來了」詩部分內容：「藏人們請抬頭 看雪域大地 雪域的時代有了轉機 藏人是自由和獨立的 嘉瓦丹增仁波切 在遙遠的地方履足世界 祈願苦難下的紅臉藏人 從黑暗的夢中醒來 班禪喇嘛 正在監獄裡遙望藍天 祈禱我的雪域 升起幸福的太陽。」

或許是這些提問打消了他們的猜疑，當我走到坡道上方朝著遠處山谷拍照時，他們自顧上了車離開。說是要下山的這兩人，卻特地把車開上這崎嶇山徑，只是為了下車聊兩句，以及問我「你做什麼的？」

他們沒有嚴格要求我出示證件或查問來歷，是我們的運氣，更因為剛才守屋大叔堅持沒讓我們進屋。如果之前大叔一時心軟，他們在屋子裡查出我們的身分，甚至找到藉口翻看我們的手機或筆記內容，後果恐難以料想。

前兩天才尋訪過十世班禪喇嘛的故居，那位於西寧東南方僅一百六十多公里的地方，圖博稱為昆倉的村子，現在被中國劃屬循化縣。門外有棵高大的楊樹，在高原的寒冬季裡依然繁茂綠蔭，十分奇特，阿嘉仁波切在《逆風順水》書中提到，這棵大樹曾是當時尋訪十世班禪喇嘛祖古的一個關鍵線索。當時我們走出故居，沿著門前巷道離去，我曾忍不住回頭張望這株大樹，才發現門外立著數個短髮黑衣人，他們正打量我們。我對著大樹舉起手機，他們立即撇開臉，轉身躲避鏡頭。不曉得他們是從哪裡冒出來；之前在故居裡參觀時並未見過，更不知道他們一直躲在哪裡監視來訪者。

大半生遭中國拘禁，被宣傳是「愛國愛教」楷模的班禪喇嘛，故居都遭密切監視，更何況是流亡海外、被官方控為黑惡勢力的達賴喇嘛，中國會如何處置利用他的故居？十數年前刻意忽略故居的存在，似乎是要任其荒頹，近年又忽地大興土木，據說這些誇張的改建，都是為控制達賴喇嘛的轉世預做準備。

在時局更迭中

當權者盤算局勢，決策可能倏忽變化。

一百多年前，帶領英軍翻越喜馬拉雅山的楊赫斯本，即難以揣度英國中央的全盤殖民計畫。他風光地帶回在拉薩簽屬的條約，以為自己為大英國協開闢一處新殖民地，但是僅只三個多月，在他尚未回到倫敦前，印度代理總督安柏西[11]即宣布修改條約內容——將圖博的賠款減為原來的三分之一，並更改措莫[12]駐軍的期限，將原本的七十五年縮短為三年。這等於宣稱英國無意掌控圖博的主權。

英方修改條款的原因當然不是為了圖博著想，而是為了向其他列強交代，尤其是俄國，因為兩國之間正祕密協商如何瓜分中亞地區的殖民範圍，以簽署和平協議。安柏西這份聲明以附約方式，附加在一九〇六年與清國議定的《英清相關圖博協定》中，英國衡量局勢，退出對圖博主權的控制，卻又「好事的」將圖博境內最惠國待遇交給清國，以確保俄國不會有插手的機會。

奇幻童話《鏡中奇緣》有段描述——愛麗絲夢見自己到了一間所有東西都顛倒的房

11 安柏西總督（Lord Baron Ampthill, 1869 - 1935），一九〇四年四月至十二月，任代理印度總督。
12 措莫（chomo），位於喜瑪拉山南麓河谷、圖博通往錫金的通路上，英國人稱為 Chumbi，中國行政定名為亞東。

屋裡，遠遠看見紅皇后出現，明明向她走來，卻又忽然消失；她走往反方向，才來到紅皇后身邊。當紅皇后帶她走向山坡，忽然跑了起來，愛麗絲為了跟上她也快速奔跑，但是不論怎麼跑，四周的景象都沒有改變，當她們喘吁吁停下來，愛麗絲發現她們竟然還待在原來的地方，一點也沒有移動。紅皇后說：「在這個國度中，盡全力奔跑，只不過是為了留在原地而已。」

這個奇異的房屋隱喻著帝國的殖民擴張。《鏡中奇緣》完成於一八七一年，正是英、俄等國積極實踐「進化論」的年代——盡全力奔跑，是為了避免被不斷前進的時代甩在後面，遭到淘汰，這是帝國主義擴張競爭的理由。相同的道理，帝國也以社會進化的觀點作為武力入侵的藉口，明明是戰爭殖民、資源掠奪，卻合理化為協助開發、發展商務、建立現代工業經濟體制。世界上大多數國家一旦被這群紅皇后盯上，就被迫得死命跟著奔跑，因為槍砲彈藥正在後面追趕，而淘汰、「被消失」的命運在前方恐嚇。

英、清之間那些決定圖博賠款、商務、關稅、開發、領地劃界等侵害主權的條約，不論是討論或簽屬過程，圖博都被排除在外，沒有圖博代表參與，圖博政府也未被告知。當時《泰晤士報》記者奇洛[13]，與寇松、楊赫斯本等人都是熟識，也是激情的帝國主義者，他對於英軍這場大費周章的戰事，最後竟發展成一九〇六年與清國簽屬協約，放棄原本「贏得」的利益，忍不住語帶酸澀的評述：「終究是清國騎在楊赫斯本的肩頭上回到了拉薩。」[14]

這句話雖出自於嘲諷，卻一針見血道出實情——清國原本並未擁有對圖博的操控，但藉著英軍入侵拉薩而取得控制的機會。

這段評論也透露帝國冷血自私的本質，英國紳士們在著作中經常聲稱認同圖博民眾的純樸無辜，或讚揚喇嘛上師佛學智慧高深，或對軍事行動做一番表面的自省，事實上根本毫不顧及遭受入侵的圖博會遭遇什麼，只在意發動戰爭是否划算，而最終到底又是誰佔了便宜。

帝國時代曾擔任英國駐拉薩代表的黎吉生[15]是特殊的情況。

黎吉生表示自己為英國政府拒絕承認圖博擁有自主權而感到羞愧，曾公開批評：「英國政府是西方國家中唯一與圖博有條約關係的政府，造成圖博陷入厄運之後，又不斷在國際上忽視圖博，一九五九年他們甚至不支持聯合國譴責中國侵犯西藏人權的決議。」[16]

13 奇洛（Valentine Chirol, 1852 - 1929），《泰晤士報》外交部門資深記者。
14 French, Patrick, Younghusband :The Great Imperial Adventurer, 1994.
15 黎吉生（Hugh Edward Richardson, 1905 - 2000），英國外交官、圖博學家，研究圖博古代碑文、古圖博王國歷史。在一九三六到一九死〇年、一九四六至一九四七年間二度擔任英國駐拉薩代表。
16 Chitkara, M.G., 1998.

精準扶貧，紅皇后

到了二十一世紀，中國大幅開放市場、發展資本經濟的現今，中國已成為英國的第四大進口貿易國、第六大出口對象，中國國有投資公司[17]甚至擁有倫敦希斯羅機場公司百分之十的股份。在現實政治利益裹挾下，國際世界更難以為人權正義發聲。

二〇〇九年二月，時任中國總理的溫家寶受邀於劍橋大學雷德利講堂[18]發表演說，演講中突遭到一陣哨音打斷，一名學生大聲表達抗議：「大學怎麼可以出賣自我，讓這種獨裁者站在這裡？怎麼能聽他說一堆謊言？」並往講台丟了一隻鞋。這是中國政府所稱「信心之旅」的歐洲巡迴訪問其中一站，前一年，圖博境內民眾群起發動對中國獨裁暴政的抗爭，軍警以逮捕、刑求、射殺等暴力手段壓制，曾經發出警告的德、英等國政府，在二〇〇九年中國提出經濟合作後紛紛轉變態度，溫家寶訪問期間，隨著一項項投資案、經貿協議案的討論，各國官方都噤聲，不再追究圖博的人權議題。

《鏡中奇緣》愛麗絲的困惑、驚訝，以及竭力奔跑時感到的無力和恐懼，應該是所有受到攻擊、被殖民國家的感受吧。靜靜隱身在喜馬拉雅山脈上的高山佛國，不論是一百年前或二十一世紀的現今，都被迫捲入這場殘酷的奔跑競賽，只因為逐漸脫離被殖民身分的現代中國，正隨著經濟發展，玩起了紅皇后的角色扮演。

自塔澤的山下公路轉入山徑的入口附近，在覆著白雪的山路邊架設一面巨大告示牌，那不是路標或地名指示。告示牌上紅色標題寫著「什麼是精準扶貧」幾個大字，內容說明：「對扶貧對象實行精細化管理，對扶貧資源實行精準化配置，對扶貧對象實行精準化扶持，確保扶貧資源真正用在扶貧對象身上，真正用在貧困地區。」重建塔澤故居，不過是中國扮演紅皇后的小遊戲之一。

在上個世紀初，清幽樸拙、尚稱衣食無虞，令圖登嘉措途經時都不禁讚嘆的小山村，在二〇一六年，中國官方慶賀著她終於完成「全村脫貧」計畫，所以，真相是——在中國統治下，她持續貧困超過了半個多世紀。

17 中國投資有限責任公司，二〇〇七年正式成立，簡稱中投公司，是經中國國務院批准設立的國有大型投資公司。

18 講堂以十六世紀英國倫敦主教雷德利神父（Nicholas Ridley, 1500 - 1555）命名，他為堅持新教改革而被當權者誣為異端，送上火刑台。

輯四

越界、閱界

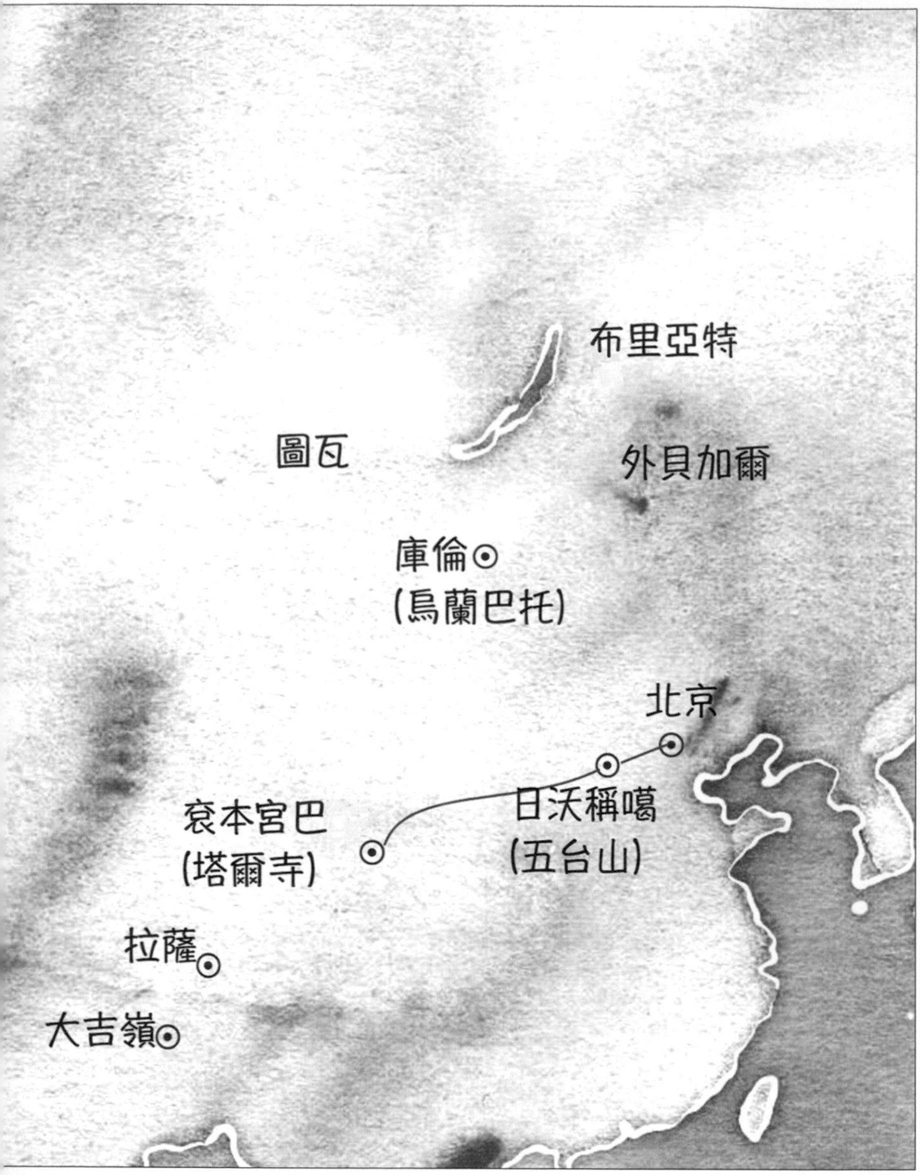
布里亞特
圖瓦
外貝加爾
庫倫
(烏蘭巴托)
北京
日沃稱噶
(五台山)
袞本宮巴
(塔爾寺)
拉薩
大吉嶺

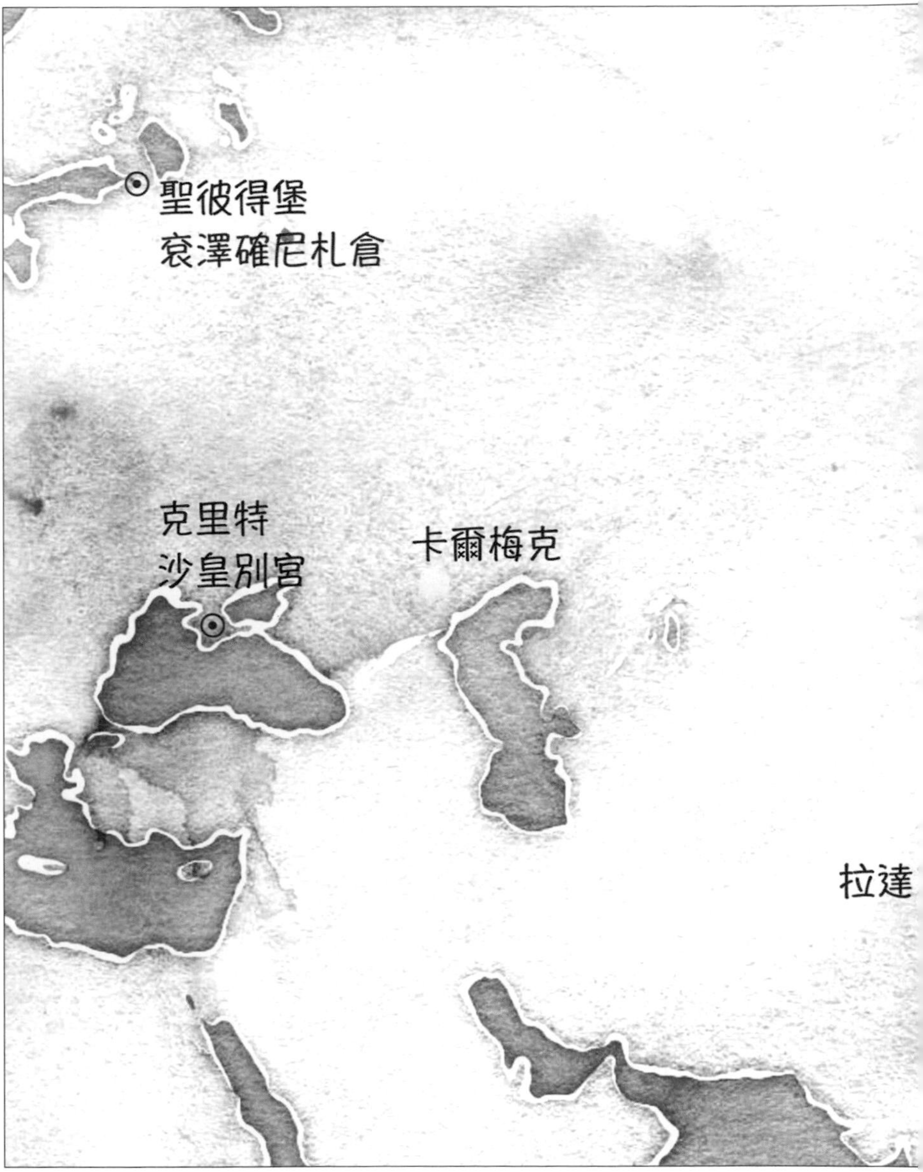
聖彼得堡
袞澤確尼札倉
克里特
沙皇別宮
卡爾梅克
拉達

34 閱讀邊界

火車（西寧至山西太原）

綜觀歷史，
這世上沒有人因為向壓迫者乞求道德共鳴
而獲得過自由。
——加萊亞諾

「寶貝好乖噢吃果果，要不玩會兒熊寶、小鴨鴨？還是讓你爸給整個水喝唄，嗚喔媽咪愛你疼你……」

前座是一對年輕夫妻帶著幼兒，小女孩咿咿呀呀話還無法說得清楚，一身粉色紗裙在爸爸媽媽懷裡、肩上、座椅間爬上爬下，媽媽周身擺滿兒童用品，口中忙碌，但一逕安坐著紋風不動；負責抓抱小粉猴、看顧餵食的，是保持靜默的爸爸。夾雜在這片溫馨母女話音之間的，是斜後方斷斷續續對著手機吼的興奮男聲，「要搞個幾個百萬跑不掉，特牛逼！上個月買新房裝修要七十萬，咋整？哈，大床訂製搞二萬多、壁櫃三來萬、廚房十多萬……」他連珠砲的一串話幾乎都是由數字組成。

這列從西寧開往山西的火車，載著我們駛離一片片曠野、土黃色山丘、矮籬石屋，循一百多年前圖登嘉措往清國五台山、北京的方向前行。

一、兩個小時後，草原地貌、遊牧景觀逐漸消失，換上鐵塔、煙囪、密集的屋牆高樓、氤氳的城市……其實從一踏進列車開始，屬於蒙古、圖博的物事與空氣都已消失無蹤，儘管我們仍在圖博高原上。

阻隔、控管和監視

我們搭乘這輛現代列車沿著宗曲河谷向東奔馳，是臨時提早的行程。原本仍計畫嘗試前往拉薩，西寧車站售票人員拒絕售出通往拉薩的火車票，她近乎歇斯底里的隔著窗口對我吼叫：「你沒有入藏證？你沒證，到這兒來買啥票呀？」那尖亢高音刺得人頭皮發麻，也引來附近公安人員的注目。

儘管之前在成都、德格等地都嘗試過，心裡已有大致結論，當前中國西藏自治區對外籍人士封閉，但到了西寧仍忍不住想試試。這位售票人員激烈的反應，加上塔澤村的經歷，讓我聯想到之前在拉卜楞時，自佛學院尾隨我們到旅館、第二天幾乎押著我們去車站的公安。

通往拉薩的路遭封禁，原本沒有旅遊限制的安多和康區，也布滿身分檢查的設備與人員，圖博地區並不是旅人可以隨興走動的大地。然而，百年前圖登嘉措東行中原所遇限制，恐怕比我們要更多。

一九〇七年冬日圖登嘉措終於接獲清國邀請後，年底即從袞本宮巴出發，沿著南邊的阿美其利峰[1]北麓山區蜿蜒東行。

另一條沿宗曲河谷的路線雖更為平緩易行，且是千百年來銜接中亞絲路通往中原的主要通道，但當時因清國政治操作，此地已徙入大量回族人口，形成密集的聚落，原本的蒙古、圖博住民反而多散居山區高地，圖登嘉措一行即選擇經過塔澤村、夏宗修行院、拉卜楞北部，這些地方都是圖博與蒙古人們的聚居地；向東攀越積石山脈，渡過瑪曲到達蘭州，這段路線通過一千多年前博國和唐的邊界地區，同時也是兩國軍隊激烈交鋒的戰場。

過了蘭州到達西安，正式進入中原，清國讓當地政府派軍員「接待」，不過監視的成分更多。他們沿著黃土高原北緣續行向東，那是北方遊牧民族與中原地區的交界，有時途經與圖博文化風俗相似的蒙古聚落與寺院。整段路走走停停，經歷將近一整個冬天的旅程，直到一九〇八年春天才抵達五台山。

圖登嘉措在五台山駐留約半年時間，直到夏日結束時前往北京。行程由清國政府安排，但清國顯然是在倉促中作出邀請決定，因連接待他的北京處所都尚未準備就緒。清廷經過討論，都認為西黃寺最合適，那既是最初為五世達賴喇嘛所建造，後來六世班禪喇嘛也曾駐錫過；但重修整理西黃寺需要時間，於是安排達賴喇嘛先駐留五台山。[2]

圖登嘉措留在五台山期間，除了前來祈福的蒙古信徒外，有數位外國人員特別到訪，當然他們多宣稱為私人身分，但其實都帶有公務性質。

由俄皇尼古拉二世派遣的情報官員曼納海姆[3]，在回憶錄提到圖登嘉措在菩薩頂接見他，佛殿前石階下駐守許多清國漢軍；漢人官員要求和他一起入殿，遭曼納海姆拒絕，官員依然堅持尾隨其後，試圖強行進入，但被圖博衛兵禮貌地擋下；會談過程，達賴喇嘛曾二度停頓，確認門外是否有人偷聽。會面一結束，曼納海姆走出殿外，這位軍官立即撲上來逼問談話內容。

曼納海姆表示明顯感覺到，這些軍人以保護為由圍繞在達賴喇嘛身邊，其實更像監視；當時為了達賴喇嘛的安全，他特別獻上隨身的白朗寧手槍作為禮物[4]。

回顧之前駐居袞本宮巴時，陝甘總督升允曾上奏：「達賴喇嘛久駐思歸，惟性情貪

1 阿美其利峰，意思是穿入天空的高峰，圖博視為守護神山。塔澤村在山峰北邊，神山南邊就是瑪曲、夏瓊佛學院所在。
2 丹迥・冉納班雜、李德成，一九九七。
3 曼納海姆（Carl Gustaf Emil Mannerheim, 1867 - 1951）俄帝時代任職海軍上校，一九〇六至一九〇八年間橫跨亞洲到達清國，以搜集軍事、政治情報，中文名為馬達漢。他也是芬蘭獨立運動的重要人物，曾任芬蘭王國第二任攝政，及第六屆芬蘭總統。
4 Tamm, Eric Enno, 2010.

嗇，難資鎮攝，應否准令回藏。」[5]向北京中央告狀圖登嘉措貪心吝嗇，無法鎮服管理，希望讓他回拉薩；從升允這段私下密告的內容可推測，圖登嘉措完全不理睬這些監控壓制，且十分反感。那時安班張蔭棠正在拉薩強制施行漢化政策，趙爾豐則在康區擴大侵略戰爭，加上從袞本宮巴到五台山這些官員的無禮監視，更加深博、清雙方的嫌隙與不信任。

列車風景

離開圖博高原，列車駛向中原地區。驟然改變、截然不同的文化空氣，似乎讓感官變得敏感，窗外景象不斷流入眼中，周邊人聲話語也滲灌進耳裡。

左前方三位年輕婦人的聊天內容不斷傳來，一人先提到守寡多年的婆婆重病住院，全身插滿管子的模樣讓她心疼萬分，另一人接著嘆氣：「我表舅婆更慘呀，她剛滿七十，胃癌接受化療才穩定又發現腦瘤，家裡人錢全花完，只能讓她躺家裡痛著過世……」然後又是某位被遺棄在街頭老人的經歷。

三人輪流說起身邊發生或聽來的老人淒涼故事，連番哀聲後，話題轉到幸福的傳奇。一人亮開手機滑出照片，「你們瞧，這朋友前兩天去滑雪，拍的這視頻瞧那生活多精彩！她幾年前是嫁到越南，去年跟著先生到日本生活可好了……」她們競賽般接連敘述著外國生活或遠嫁境外的例子，然後話題一轉，又跳到身邊友人外遇的事，生動描述原配捉姦的場面，說到激動處，手腳揮舞比劃起來，彷彿親眼目睹。

忽然前座的年輕媽媽發出一聲尖叫，重新吸引了我的視線，恰好見她揮臂，狠狠一掌甩在小粉猴頭上。

左前方只是模擬暴力情景，沒想到近在眼前的卻是真實的暴力現場——受害者只是個幼兒！小粉猴嚇呆，半秒後才哇地一聲大哭起來。

「咋整地？這電話買給妳玩，妳拿來打媽媽啊！」她充滿怒氣的尖叫夾入小粉猴的哭喊聲。

粉猴爸一把撈起女兒，起身擠到走道上不停哄著：「噓，別哭別哭了，再哭，小心媽媽要揍妳……」

這列中國的新式動車，從青海駛向山西的路線直到二〇一七年時才全線通行，過去從西寧到太原的老火車要晃二十個小時以上，現在只需八小時車程。不僅比傳統火車快捷平穩許多，現代化的車廂窗明几淨，中央空調的密閉車廂內，明文禁止吸菸，這也是官方廣播最重要的內容：「女士們、先生們……為維護車廂空氣品質，及防止火災發生，依國家規定，動車組全列禁菸……如有違反，公安機關將處以罰鍰五百至二千

5《大清德宗景（光緒）實錄》，一九七八。

元。」廣播女音語調特別柔和，分別以中文、英文不疾不徐說出恫嚇語言，及明確的罰款數目。

過去的臥鋪火車上，人們穿著居家褲四處晃悠、隔著廁所門喊話聊天、相互噴煙的日常畫面，在現代平均時速超過一百五十公里的列車上已見不到，然而，車廂依然不時流蕩各種聲響——典型官式的警告廣播、紀念品推車叫賣、乘客使用電子設備播放的影片樂音，和大聲交談聊天……，一般在社區街坊間會看見、聽見的物事，在列車上也可能出現。車廂依然是中國素民生活場景的縮影。

中國特色的社會主義人間

今日列車暫泊的空曠月台，也展現一幕幕寫實的社會風景。

月台上標有站名，牆上寫著歡迎您，蘭州歡迎您，天水歡迎您，洪桐歡迎您……旁邊有標語：「自覺接受檢查」、「文明出行」、「守法守紀」。對旅人表示客氣熱情的同時，教導訓誡與監視恐嚇也無處不在；高處掛有監視器，和隨處可見的禁止標誌——禁止跨越、禁止抽菸，還有禁止躺臥、停留、飲食、便溺……不勝枚舉，以及駐守月台上制服人員的盯查與喝斥。

監管與威嚇，是現代中國社會的基調。政府機關對民眾、老師對學生、父母對子女、站務人員對旅客……掌權者大多習慣類似的口氣——「如果不遵守、不聽話……就逮捕、處罰、揍你。」這個社會所有階層的人們，都是自出生開始，在家庭、學校、職場及公共場域等各種生活景況中接收學習到這些訊息，內化成為習慣的思考模式——小時候承受威嚇，長大後恫嚇小輩；無權時被監視，掌權時操縱監控；一代傳給一代，形成這個社會的迷因[6]。

尤其現代極度發展資本經濟的社會主義中國，將創造物質利益作為最高生命價值的同時，國家機器權力卻無限擴張，資源分配嚴重不均，社會資訊不透明，甚至鼓吹個人在國家集體利益之前應無條件犧牲。

賺錢，是成功、幸福的象徵；成功的事例都被塑造為傳奇，像華為的任正非、騰訊的馬化騰、百度的李彥宏等，公共媒體反覆描述他們努力、聰明、懂得掌握先機。然而，眾人都心知肚明，他們背後擁有中國政府操作政策法規、無限資金挹注等各種支持。中國沒有政商「勾結」的情況，因為所有大企業經營者全都經由政府安排，他們只是政商一致「和諧團結」。

任正非等人的崛起和中國發展資本經濟的歷程完全同步。社會鼓勵個人致力賺錢，

6迷因（meme），也譯為模因，特指社會某些風俗、習慣、觀念、宗教、知識、口號、流言等，也就是某些想法、行為、風格，從個人到他人間的文化傳播過程（理察・道金斯，二〇一〇）。

無限制開發、累積財富；擁有的一切又都在國家權力支配之下，隨時可能被奪走。人們腦中同時擁有二種完全矛盾的思維，就像歐威爾在《一九八四》描述極權社會中人們的「雙重思考」——法律規定是死的，人是活的，可以不擇手段找法規縫隙鑽，鑽出了門路、找到關係，就是有能力的成功人士。法規是法規，門路是門路，現實中二者並存無涉，一切全憑權力者、執法者的喜惡決定。高官們高談遵守法紀，事實上他們就是操弄法律、擁有法外特權的人，而最詭誕的是，所有人都知道真相，都噤聲不語。

列車一停靠站點，常見菸癮者抓緊時間，靠在車門旁猛吸菸，儘管月台上也掛著禁菸標誌；曾經親眼見過，有人在新式月台的密閉空間裡，讓小孩朝軌道便溺，似乎只要能躲開制服者的視線，禁止標誌和牆上常見的「守法守紀」、「愛國愛黨」一樣，只是口號，一種極權共產主義式的空間裝飾。

每座火車站入口處循序接受檢查的人們，不論檢查人員手勢、口氣多麼無理粗暴，每一個人都垂首低目，靜默承受，但他們並非真的像外表那樣柔順——人群在月台閘口前爭先恐後的憤怒表情、無視他人感受的粗魯推擠，在車廂裡發洩似的大聲談笑、炫耀的展現自我，才是他們真實的心境。

面對公權暴力，人們在恐懼中順從，已習於壓抑憤怒，在某些無執法者監視的空檔，偷偷觸犯禁忌，或不自覺地將積累的不滿怒氣宣洩在他人身上。成長呼息於這個環境的人們，不容易辯識到自己慣常的忍耐與陡然冒出的怒意，一如對日常空間中存在監視器、喝斥、棍棒以及荷槍實彈的軍警，他們感到司空見慣，甚至將這些合理化為社會安定的必須。

35 聖境也只是人間

太原往五台山

不會有任何一句傳說能將你遺忘
你有許多重要的盟友
你的朋友是狂喜、苦惱、熱愛……
以及不可征服的心靈
——威廉·華滋華斯，〈致杜桑·羅維圖[1]〉

從太原市出發的巴士沿著高速公路奔馳後，盤桓一段山路，便抵達五台山風景區大門外。百多年前圖登嘉措一行走了整個冬季的路程，拜現代工業之賜，我們只消一天半就到達。

司機宣布所有乘客下車，進入景區須採取人、車分離方式——旅客徒步通過遊客中心的售票大廳，自行購買門票、通過驗票閘口，在景區內的停車場會合，再重新上車。「這車兒不等人，等會兒誰都不許在攤上買東西，別停留，更別讓人扯住！話先說在前頭噢，時間一到，這車就走人。」把穿越售票處說得像是闖關挑戰，司機的語氣聽來就是恐嚇，乘客們倒是不以為意，全都順服的點頭下車。

通過驗票閘口，廳外果然出現一大片市集，官方設置的木架攤位不僅樣式統一，連高高堆放攤桌的商品也一模一樣，全是素餅禮盒。沿走道兩邊的商販，全倚在攤前注視旅客，不招呼人、也不吆喝兜售，似乎早已清楚這批乘客不會購買。只是他們不分男女老幼竟都凝止不動，像被按下暫停鍵般，默默目送我們走過。

旅者的目光

五台山地形就像她的名字，山脈峰頂像是高原般，呈平緩坡勢延伸，然而海拔都在三千公尺左右，已是華北地區的最高山峰。

林帶之上，隨著山勢綿延起伏的草原景貌，彷如圖博高原；氣候也是，九月平地依舊蒸騰著夏的熱氣，山頂卻已經落下雪花，山間終年保持清爽氣息是中原地區少見的景

1 杜桑．羅維圖（Toussaint L'Ouverture, 1743 - 1803）領導海地人民起義推翻奴隸制，發動獨立革命，世人尊稱他為海地國父。

象。過去駐錫清國的第三世章嘉仁波切[2]等圖博高僧，經常到這裡閉關靜修，因為氣候與山景都與家鄉相似吧。

派駐清國的美國公使柔克義[3]是當時少數曾造訪五台山的外籍人士。他敘述從北京乘五天騾車，攀越崎嶇多石的山路才到達；他計數當時山谷中分布有六十五座佛學僧院，約五千位修行僧人，其中多來自蒙古。對圖博文化深感興趣的他，為清幽山景讚嘆，並難掩驚喜的描述五台山的獨特——儘管位處中原地區，卻擁有濃厚的圖博佛教氣息。[4]

在柔克義之前，一位英國傳教士也造訪了五台山，景雅各[5]是歐洲知名「蒙古通」，他曾沿著蒙古牧民傳統的遊牧路線，從張家口穿越草原與戈壁，走過迢迢長路抵達俄國邊境的布里亞特，這也是中、俄、蒙古間古老的貿易路線。

他在一八七二年的夏日來到五台山，描述佛學院周遭分布的都是圖博風格的矩形土屋，那多是為朝聖者提供的住宿空間，他認為五台山對蒙古人來說，就像耶路撒冷對猶太人的意義，是朝聖修行的中心之地。這裡的蒙古僧人也保持「遊牧」生活模式——春天離開五台山，整個夏日在蒙古草原上托缽遊方，為各地信徒講經修法，冬天來臨以前帶著食物、茶、毛皮與募款，回到五台山獻給佛學院。當地蒙古人虔誠的佛教信仰，曾令他難以置信，更覺萬分沮喪，畢竟他當時花四年多時間，艱辛走遍五台山、蒙古等地，竟不曾感化任何人跟隨他依歸基督。[6]

五台山、滿族、文殊菩薩

圖博人稱這片群山為「日沃稱噶」，意思是五尖山聖境，圍繞谷地的群峰呈現奇妙的曼陀羅圖案，佛教徒將其視為神聖之地，歷史上法王八思巴、四世噶瑪巴等高僧賢者都曾在五台山駐留修行。

最初的五台山修行地並非如此充滿圖博風格，依唐朝僧人釋慧祥所作《古清涼傳》，猜測五台山最初成為清修地，可遠溯自西元三世紀魏晉時代。到了十三世紀，忽必烈在中原地區建立元國，奉圖博佛教為國教，邀請八思巴到中原，才開始在五台山建造圖博僧學院；滿清統治中原時，君王依照滿族與蒙古各部的共同信仰，讓圖博佛教統領管理五台山地區的所有僧院，逐漸發展成柔克義當時所見景貌。

關於五台山是文殊菩薩壇城的傳說，猜測是七世紀時虔信佛教的唐，廣為散播她的

2 三世章嘉仁波切（Changkya Rinpoche），法號若佩多傑（Rolpe Dorje, 1717 - 1786）「章嘉」音譯自圖博語，意為白樺木。七歲時因戰爭被迫到北京駐錫，受乾隆尊為上師，對圖博在滿清的佛教發展影響深遠。

3 柔克義（William Woodville Rockhill, 1854 - 1914），美國外交官、圖博學家，一九〇四至一九〇八年間任美國駐北京公使。

4 Rockhill, William Woodville, 1890.

5 景雅各（James Gilmour, 1843 - 1891），蘇格蘭傳教士，一八七〇至一八九一年在蒙古與清國地區傳教、行醫。

6 Lovett, Richard, 1892.

名氣，連印度、圖博、日本僧人都曾至此朝聖靜修；而特別強調五台山和文殊菩薩道場可以直接畫上等號，應該和清國王室二百多年以來的操作有關。

皇太極定國號「大清」，將族名「諸申」改為「滿洲」，按清國官方觀點及乾隆認可的說法，滿洲之名是音譯自文殊菩薩的梵文「曼殊師利」[7]，漢字取用與「曼殊」音近似的「滿州」二字。一七八六年時，乾隆在五台山刻下碑文：「曼殊師利壽無量，寶號貞符我國家。」

自第五世達賴喇嘛開始，圖博贈與各屆清國君王「文殊菩薩皇帝」的稱號；只是依照圖博佛教觀點，不僅滿清帝王與文殊菩薩有聯繫，元國忽必烈、明國朱棣等中原大國君王，以及俄羅斯沙皇尼古拉二世，凡擁有威嚴與權勢的王國統領者，都是文殊菩薩的化身。

在此文化脈絡下，清國自然將五台山連結為庇蔭滿族王室的聖境，大舉闢建寺院，現今五台山上留存的古老寺院，規模建置大約也是清國定下的。從入主中原的順治開始供養眾僧，命令所有僧學院改宗圖博佛教，之後的君王康熙、乾隆、嘉慶都曾數次在重要年節，率領眾蒙古親王登上五台山祈福朝拜[8]。位於山巒中央的僧院「菩薩頂」，是君王下榻的行宮，康熙特許中心大殿屋宇鋪設只有皇室才可使用的黃色琉璃瓦。

菩薩頂堪布每屆任期六年，由達賴喇嘛指派，他們不但擁有管理五台山所有僧院的職權，並獲得清國給予的札薩克[9]喇嘛封號，官階「從一品」，類同於提督的位階，就連山西巡撫、大同總兵都在其下，每年必須對五台山遵奉納貢。

柔克義當時在登上菩薩頂佛殿的陡峭階梯上，目睹大批朝聖的佛教徒，其中多來自蒙古地區，遠從庫倫草原、措溫布西岸的高原，或是北方的喀拉穆倫河[10]流域而來，甚至還有遙遠得令他難以想像的俄羅斯邊境。

蒙古修行僧若要深造精進佛學，多前往安多地區的拉卜楞佛學院、袞本宮巴，而位置臨近的五台山更是首要選擇。菩薩頂具備完整的五明、時輪等顯、密佛學院，歷任札薩克喇嘛都是通過十數年苦修、獲取拉然巴學位的學者高僧，其學養、修行都受到達賴喇嘛的認可。

五台山培養不少優秀的蒙古高僧，且在現代史中為圖博政治貢獻良多，十三世達賴喇嘛的特使阿旺多傑，即與五台山頗有淵源。他是布里亞特籍蒙古僧人，曾隨上師到五台山修行，經札薩克喇嘛推薦，到拉薩哲蚌佛學院進修。他晚年在自傳中提及，那位札薩克喇嘛也是來自布里亞特的仁波切；而在他擔任圖登嘉措特使多次往返歐陸與圖博期

7「以國書考之，滿洲本作『滿珠』，二字皆平讀。我朝光啟東土，每歲西藏獻丹書，皆稱曼殊師利大皇帝……」（阿桂，一九六七）。

8統計《清史稿》的記載，康熙登上五台山七次、乾隆九次、嘉慶前往二次。

9札薩克（Jasagh），為蒙古語，字面意思是「統領首長」，清國授與蒙古、圖博、維吾爾等王國地區首領的封號。

10喀拉穆倫（Kharmuren），蒙古語意思是「黑色大河」，滿語稱「Sahaliyan Ula」、通古斯語稱「damur」，都是類似的意思，中文稱黑龍江。

間，曾薦舉一位卡爾梅克青年僧額爾德尼[11]到拉薩求學，額爾德尼在哲蚌宮巴苦讀多年，獲取拉然巴學位後，深獲圖登嘉措賞識，受派任前往五台山，並擔任連續三屆、計十八年的札薩克喇嘛，期間也曾多次擔任圖博特使，與中國政權溝通。

彷若高原故土

窗外，遠山縹緲在嵐氣中，山坡上整片樺樹林都落光了葉子，只剩光裸的枝椏密密交錯，網向天空，一幅清冷的禪意。

穿透雲層的陽光淺淡，路邊堆著薄薄一層積雪未化。開往菩薩頂的園區巴士幾乎空蕩蕩，乘客上上下下始終保持著三、五位左右。和我們一起在最終站下車的旅人，目的地也是菩薩頂，他介紹自己已是五台山的常客，熟門熟路，專挑淡季時間上山來。他說夏日旅遊旺季不僅巴士裡擠滿人，就連園區道路上也塞滿車輛，難以動彈，現下就只有這輛巴士靜靜的盤山而行，算是最「五台山」的時段。

森林被冷風喚醒，
沙沙作響，藍綠彩釉的葉輕顫，
一個訊息映出絕倫之路，

這是十八世紀，第三世章嘉仁波切若佩多傑的詩作，他為世人留下豐富作品，包含受乾隆委託所作《甘珠爾經》滿、蒙文譯本，及編纂圖博佛學辭典，也為五台山寫下意涵悠遠的詩作。他自年少起便被迫遠離家鄉，留在中原地區，除了北京，最常停留的地方就是這裡。他在五台山共度過三十六個夏日，最後也在這裡告別人世。

若佩多傑的家鄉宗喀地區在十三世紀時由忽必烈納入蒙古版圖；當蒙元帝國退出中原，回到北方草原，各地的蒙古部族各自獨立，而處於遊牧草原與農耕中原交界的宗喀，接連由不同的蒙古王國來統領。

若佩多傑出生的年代正遇上蒙古部族間戰爭，清國以處理戰亂之名，趁機派兵強佔，奪取控制權；袞本宮巴和若佩多傑的寺院「貢倫強巴林」[12]等佛學院都遭摧毀。清國將軍年羹堯為加強對宗喀的控制，屠殺高僧、堪布等精神領袖，下令嚴格控制佛學院的僧人，這十分類似一九五〇年代中國政府入侵圖博以後的做法。不同的是清國當局後續並未採取高壓控制，雍正、乾隆等君王反而自認是文殊菩薩化身，在中原地區擴大發展

11 中文譯稱他的法號為羅桑巴桑。
12 貢倫強巴林（Gönlung Jampa Ling）遭清軍年羹堯焚毀後，清國重建取中文名為「佑寧寺」。位於宗曲河北岸，中國佔領後將其劃為青海省互助縣。

圖博佛教，以獲得眾草原部族的擁護。

信仰與政治揉合的內裡

清國派兵攻擊宗喀地區，以武力「迎請」若佩多傑到北京，已是滿族入主中原半個世紀以後，一直以來西邊的圖博、蒙古諸王國仍持續保持自主狀態，清國為降服他們，首要策略就是贏取圖博佛教精神領袖的認同。

回顧清國入關、定都北京之初，即仿效以前忽必烈邀請八思巴上師的做法，連番遣使到拉薩邀請第五世達賴喇嘛羅桑嘉措到中原訪問，於是發生羅桑嘉措與順治在北京會面的歷史性場景。清國之所以熱烈邀請、大張旗鼓迎接羅桑嘉措，因這場會面算是向廣大的草原民族昭告，達賴喇嘛認可滿族加入圖博、蒙古這個佛教「大家族」；而贈與清國君王文殊菩薩封號，更是承認其「天可汗」的地位。

清國統治二百年間，持續以尊崇圖博佛教的做法，基本上和各蒙古部族間維繫平和穩定的關係，直到十九世紀後半，西方帝國一連串武力入侵，動搖滿清王權的威嚴，八國聯軍入侵北京時，東南各省違抗慈禧宣戰的命令，公然與敵對的各國聯合簽署「互保協定」[13]，此時王權幾已蕩然無存。

對於滿清的沒落，圖博應尤感受深刻。十九世紀末到二十世紀初，英屬印度政府佔領錫金、攻擊圖博邊界，直到入侵拉薩，這連番挑釁戰爭，清國不僅毫無作為，袖手旁觀，甚至派代表公然向英方乞憐致歉。此時的滿清不僅國力衰弱，對外懼怕歐美帝國；國內政權幾乎只靠湘軍、淮軍等漢地鄉勇私軍支撐，到了一九〇六年被迫施行新政後，軍事、外交政務更是完全仰賴袁世凱等漢官。

滿清中央權力已遭架空的事實，剛好可以解釋為何清國這些年對圖博所採決策與行動如此反覆不定——先是冷酷宣布撤銷達賴喇嘛稱號，待圖登嘉措到達蒙古草原，又趕忙恢復他的名號，派庫倫辦事大臣前去迎接，「優加安撫，以示朝廷德意。」[14]之後一方面邀請圖登嘉措參訪，耗資趕工整修西黃寺；同時又讓漢人安班張蔭棠到拉薩強制推展新政，並允諾已佔領巴塘等地的川軍持續西進，一步步向拉薩逼近。

在這局勢混亂危急之際，圖登嘉措決定親訪中原，當然不會是單純的宗教參訪，此行更具有急迫性的政治任務。

圖登嘉措與若佩多傑先後駐留五台山佛學院，儘管相隔近二百年的遙遠時空，所面臨處境卻頗相似——因為家園橫遭戰火，不得不踏上迢迢長路，步向未知的國度。他們

13 一九〇〇年六月慈禧下旨宣戰，鐵路大臣盛宣懷扣下詔書，只給各省總督看。李鴻章、張之洞等人商議後決定抗命，邀各國駐上海領事簽署《東南互保條約》，商定互不干擾，此時兩江、閩浙、兩廣、湖廣、山東等東南地區已非清國王室勢力，地方政務都由各省私軍把持。

14《大清德宗景（光緒）實錄》，一九七八。

沒有可以與權勢者抗衡的武力，仍決意直面權力者的慾望、野心，為圖博故土的子民爭取自由與尊嚴的契機。

36

昨夕，明日

菩薩頂（五台山）

每個人的一生
最後都可以訴說成一個有開場和結局的故事……
而歷史本身
則是沒有開始也沒有結束的偉大故事。
——漢娜·鄂蘭，〈人的條件〉

進入菩薩頂後院時，天空驀地亮起來，雲層似乎化開了。明朗陽光映在身上暖烘烘，冷風卻還是凍冽著臉頰，這空氣竟神奇地和圖博高原上一樣。

札倉旁的石板道上，一隻灰褐虎斑貓浴坐在陽光裡，人走近也不避不閃，蹲在身邊，它依然穩穩安坐，伸手輕撫它的背，它仍靜靜蹲伏，目光安然。它身後是一整列僧房，紅褐色木格窗稜顯得樸質內斂，一樣沉穩風格的褐色廊柱，雖補上新漆，仍掩不住斑駁的歲月蝕痕。

牆面突兀裝飾著梅、蘭、松等鮮豔彩墨，明顯是新裝上，可能是為了強調漢式風格而刻意添上，顯得格格不入。走近才發現，緊閉門扉上都是一層厚重的灰，許久沒有人碰過，或者應說重修以後從未有人住過。死寂無聲的院落，沒有僧人身影，也沒有誦經聲。中國政府重建開放菩薩頂，一開始就只是當作模型般的觀光商品。

不僅菩薩頂，觀光宣傳手冊表示目前五台山上有超過二百座寺院，但其實大多是近年才新建、漢式佛道教合一寺廟，真正具有歷史的三、四十座寺院，也僅只留存古建築與文物供參觀，其中有僧侶修習佛學、依然「活著」的圖博佛學院，其實寥寥可數，且僧侶人數受到官方的嚴密控管。

菩薩頂所在的山頭位置奇特，周圍有五座高山環繞排列，呈月彎形狀，剛好將菩薩頂托在中心處，若從空中俯瞰，菩薩頂就像是被五片花瓣圍繞的蕊心。院落順著山頂的狹長腹地呈矩形延伸。建築採圖博佛教寺院的建置——釋迦牟尼佛殿、文殊殿在中央位置，也是最高處；佛殿南面凌風而立，俯瞰整座山谷；後方坐靠中台、北台山，遠遠望向蒙古與滿族的家鄉。

限於山頂空間窄仄，菩薩殿規模並不如北京雍和宮等皇寺壯闊富麗，不過工藝細緻且講究，佛殿外的蓮花石欄、龍騰石柱及梯前的麒麟石獸，都雕刻得精巧生動，用色樸實不俗，風格典雅，就連角落排水口的石鯉魚都仿作得鮮活靈動。

寺院後方是公路，公路終點就是停車場。管理單位為方便旅客觀光，直接將後門設為入口處。進入院內沿著官方指示的參觀動線，穿過整座寺院，走到最後才會到達菩薩頂正前方，大門外就是那出現在柔克義等外國旅人描述中的陡峭石階。

站在石階最上方，自那絕頂高處向山谷俯瞰，腳下眾生芸芸——那是僧人羽化的縹緲目光，還是高高在上的權貴視野？或者那是一步一腳印走過來的歷史痕跡？

因緣外交

一九〇八年六月，柔克義再度踩上菩薩頂前的一〇八級石階，這次他是以美國公使身分正式到訪。不像前次有著欣賞圖博文化的悠閒，此次有些緊張與期待，因為他將與達賴喇嘛會面。幾天後他在給美國羅斯福總統的一封長信上，以異常興奮的口吻提到：「……剛經歷一次獨特驚奇的體驗，我忍不住馬上寫信給你……這一切真的太不平凡了。我簡直不敢相信我的耳朵和眼睛。」[1]

自一九〇五年圖登嘉措到達庫倫草原，柔克義透過二位在北京的圖博特使持續和他聯繫，待確認圖登嘉措訪問清國之行，柔克義即主動提議先在五台山會面。圖登嘉措立即應允，並敦促他盡快安排這次旅途。

1 Meinheit, Susan, 2011.

按柔克義給羅斯福信件中描述，此次兩人相談甚歡。圖登嘉措因柔克義能說圖博語而感驚喜，留他在五台山多待一些時日，並約定再次碰面的時間；柔克義則對圖登嘉措智慧、莊嚴、豁達的人格特質留下深刻印象。第二次會談時，他們深入討論國際情勢，包含圖博和英屬印度的關係、清國政局情況等。圖登嘉措向他諮詢意見；柔克義建議圖博宜與英屬印度政府透過商貿活動建立長期且密切的關係。

儘管柔克義在信件中未交代更多細節，不過綜合上述內容可知，對於圖登嘉措所關注維持圖博獨立、防止外國入侵併吞，柔克義直接建議宜尋求鄰國英屬印度的支持，以抗衡清國漢軍的威脅。

羅斯福總統在給柔克義的回信中，以興奮口吻祝賀他的外交工作成績，稱讚他是西方國家中首先與這位神祕高山佛國領袖正式會談的大使；尤其當時英、美正是聯盟關係，這場會面將有助於打破在英軍入侵拉薩後、英國與圖博的僵局。羅斯福甚至在信中直接提出協助英國與圖博在北京和談的想法。

圖博因為以佛教信仰為中心的價值觀，未曾對此時圖登嘉措在國際政治上的謀略與籌劃留下具體記載；而依漢文獻與柔克義、曼納海姆等其他當事者的紀錄，圖登嘉措或圖博政府似乎都是被動的——被攻擊、被迫流亡、被簽署協定、被安排參訪、被造訪會面……；然而仔細爬梳這些史事資料，會發現其實自從圖登嘉措親政以來，他所做的政治決策與行動，都是主動而積極。

以與柔克義的會面為例，之前持續與柔克義及各國代表聯繫的二位圖博特使，是由圖登嘉措派遣到北京；同意在五台山接見柔克義，也不會是偶然或被動的決定。柔克義擔任美國公使前，為「門戶開放」政策的起草人，也是八國聯軍後、帝國協議談判的重要參與者；而其漢學研究的學識背景，使他在清國政壇間頗具影響力，像掌握清國末代軍權、擔任中國首屆大總統的袁世凱，便經常向柔克義諮詢國際議題，甚且特聘他為中國總統顧問[2]。可推測圖登嘉措是在知悉柔克義背景下，積極與他保持聯繫。

自高山佛國朝向世界

北京之行後，圖登嘉措因應清國宣布終結統治、漢軍入侵拉薩等劇變，他更為積極且靈活地採取聯英制中的決策，或許不可諱言，柔克義所提供的外交觀點，讓他在國際視野上獲得啟發；不過，圖登嘉措心智開放、機敏的特質，確實令他獨具政治遠見與識人之明。

圖登嘉措十九歲親政當時，圖博已遭逢英屬印度的軍隊多次侵擾邊境，並以通商為由百般威脅。在清國無力協助下，他嘗試向其他國家尋求軍事支援，委派來自布里亞特

2 一九一四年柔克義在搭乘輪船前往北京赴任途中，感染胸膜炎在檀香山醫院病逝。

的阿旺多傑為特使，在一八九八年到一九〇一年之間，在英屬印度政府所管轄的加爾各答港口搭乘輪船，三度成功出訪俄羅斯與歐洲，並與俄皇尼古拉二世直接會面。

一八九八年，多傑在聖彼得堡皇宮內準確傳達法王的意思，希望俄國能協助圖博防禦外敵入侵；尼古拉二世欣然肯定兩國發展交誼，建議圖博政府以正式書面提出建交。

帶著這個正面答覆回到圖博後，很快的阿旺多傑於一九〇〇年再度出訪，在克里米亞半島的俄皇別宮，多傑正式向尼古拉二世遞送建交國書和達賴喇嘛的禮物；俄皇回贈禮物，答允將盡可能協助維護圖博的獨立與安全。之後阿旺多傑代表圖博政府，分別與俄國外長藍斯多夫、財政部長威特[3]以及軍事部長庫洛帕金將軍[4]等官員會談，初步決定將在圖博與清國邊境上的達澤多[5]設立俄國領事館，並相互派遣公使代表，當時甚至已預定由布里亞特籍的拉德諾夫擔任駐圖博的俄國大使[6]。

這次會晤具體達成兩國外交進展，雙方似乎都對這個結果感到滿意。尤其是俄國似乎難掩興奮，尼古拉二世與多傑會晤三天後，《聖彼得堡日報》即報導這個消息[7]。這則新聞經駐聖彼得堡的英國大使轉呈給英國外交部、印度總督，英印官員們得知後大為震驚，多傑每次前往歐洲都途經大吉嶺，竟在英屬印度政府毫無知覺情況下來去自如，他從此在英國官員眼中成為神出鬼沒的「可怕」俄國間諜。

一九〇一年三月，由洛桑克秋等三位噶廈官員與多傑組成的訪問團自拉薩出發。因英國已對多傑喇嘛發布通緝，他們喬裝打扮，避開重重戒備的大吉嶺，選擇通過尼泊爾山區，由北至南穿越整個印度半島，路途曲折迢遙，直到最南端的斯里蘭卡才乘船前往歐陸。儘管一路風聲鶴唳，幸而多化險為夷，特使團最終順利抵達聖彼得堡。此行也由尼古拉二世親自接見，當面承諾在聖彼得堡建造達賴喇嘛的寺院，但僅止於宗教文化交流事項，對軍事援助卻無任何具體進展，顯然此時俄國態度已有變化。

擔任俄國駐北京公使的廓索維茲[8]曾讚許阿旺多傑的外交技巧，認為他不但成功引起尼古拉二世對佛教和圖博的關注，也讓當時對東方原本毫無興趣的外長藍斯多夫改變想法。然而，從結果來看，俄國始終未曾出兵或提供軍事武器，協助圖博抵禦外侮，而當時俄國官員幾乎一致贊同與圖博建立邦誼，其動機當然絕非單純對圖博或佛教感興趣，與英國的殖民擴張競賽恐怕才是主因——俄國如果能說服圖博，得以在喜瑪拉雅山邊境駐軍，對英屬印度將會是極大威脅。僅僅發布達賴喇嘛特使連番訪問俄國的消息，已

3 威特公爵（Lord Sergei Witte, 1849 - 1915），自一八九三年擔任俄帝國財政部長，曾任內政部長、首席行政大臣，為西伯利亞鐵路建設的推動者。

4 庫洛帕金將軍（General Alexei Nikolayevich Kuropalkin, 1848 – 1925）在一八九八至一九〇四年期間擔任俄帝國的軍事部長，因日俄戰爭失敗而退職。

5 即今日中國佔領的四川省康定。

6 拉德諾夫（Budda Rabdnov）（Snelling, John, 1993）。

7 一九〇〇年九月三十日俄皇與阿旺多傑在克里米亞半島會晤，十月二日《聖彼得堡日報》（*Journal de Sainte Petersburg*）報導了消息（John Snelling, 1993）。

8 廓索維茲（Izmail V. Korostovets, 1863 - 1933），俄國外交官，曾任駐北京大使。

足以刺激英國敏感的神經，從另一個角度來說，間接引發一九〇四年英軍入侵拉薩的行動。

圖登嘉措因英軍入侵而北行蒙古，原本希望俄國提供軍事協助，但是俄國在和日本的戰爭失利、國內政局不穩的情況下，正與英國協商訂立和平密約，以對抗逐漸崛起強大的德國。

此時俄國官員不再對圖博有興趣，一九〇六年圖登嘉措離開庫倫草原，回到宗喀的袞本宮巴時，顯然已大幅修策改略——親決定自前往中原地區，直接和清王室溝通，具體了解清國政局；並且拓展外交領域，與西方各國建立聯繫。

從封鎖走向開放

圖登嘉措到達五台山時，即遣使致函英、俄、法、日等國的駐北京公使，預先傳達他即將參訪北京的訊息，並表示希冀屆時得以會晤親善之意。

駐留五台山期間，他不僅與美國大使柔克義會晤，也接受日本政治僧團代表大谷尊由[9]的訪問，促成日後二國間佛學文化交流。率探險隊在亞洲遊歷的法國軍官都倫恩[10]，當時也在五台山獲圖登嘉措接見，都倫恩在旅記中直接指出，「達賴喇嘛了解獲得歐洲國家的支持，能夠抵禦清國和英國。」此外受接見的外籍人士還有一位駐天津的德國官員，及英國商務官莊士敦[11]等人。[12]

英國公使朱爾典[13]雖未派遣代表前往五台山，但將這份公函內容呈報給英國外交部，其中提到達賴喇嘛表示「之前戰爭係出於誤解，日後希望與英屬印度修復邦誼」[14]，類似的訊息也出現在圖登嘉措與莊士敦的會談紀錄中：「達賴喇嘛表示希望在北京會見英國駐華大使，能夠直接溝通，傳達他希望圖博與英屬印度和諧的願望。」[15]圖登嘉措認知過去的戰爭之所以發生，是由於誤解和欠缺訊息，此際他積極拓展與國際交流的可能，尤其著重修復與英國的關係。

圖登嘉措接見俄國密使曼納海姆時，向俄國表達謝意：「當我負有責任，必須離開我的國家時，俄國人民以同情心陪伴。」緣於這些年兩國間頻繁聯繫，他們很快切入政治主題，如俄日戰爭後的國際政局，以及圖博與清國的關係。曼納海姆在回憶錄也記下

9 大谷尊由（Sonyu utani, 1886 - 1939）為日本帝國政治和尚，出身政治世家，曾任日本帝國陸軍、殖民地事務部長、華北發展董事、內務大臣等職。他的兄弟大谷光瑞為西本願寺世襲住持，帝國時代參與主持所有在亞洲的間諜情報行動。

10 都倫恩（Henri d'Ollone, 1868 - 1945），法國陸軍准將，一九〇六至一九〇九年間在亞洲探險考察。

11 莊士敦（Reginald Johnston, 1874 - 1938），曾任英國駐威海衛商務官、末代君王溥儀的導師。

12 Sperling, Elliot, 2011.

13 朱爾典（Sir John Newell Jordan, 1852 - 1925），一九〇六至一九一〇年任英國駐北京公使。

14 Sperling, Elliot, 2011.

15 Irving, Christopher, 1919.

他對圖博處境的同情，和對達賴喇嘛為圖博國家前途而四處奔走努力的敬意。[16]

礙於英俄密約的限制，儘管圖博無法與俄國建立進一步聯繫，不過雙方仍維持基本的友善交流，例如：俄國大使廓索維茲即是促成圖登嘉措北京參訪的重要影響之一；而建造聖彼德堡的圖博佛學院等宗教方面的交誼也依然延續。

因緣際會，一九〇九年圖登嘉措再次因戰禍被迫流亡大吉嶺，獲得英屬印度政府軍事、外交等援助，與俄國幾乎不再有政治往來，尤其在發生二月革命、尼古拉二世下台，俄國成為共產主義國家後，雙方幾無往來。唯獨在列寧主政的一九二〇年代，阿旺多傑擔任蘇聯顧問，三度安排蘇聯佛教親訪團前往拉薩，他自己則從未再回到圖博。

史達林掌權後，多傑離開蘇聯政府，返回故鄉布里亞特，受到共產黨嚴酷整肅。此後蘇聯雖曾數次組織訪問團，積極表達希望前往拉薩進行文化交流，都遭到十三世達賴喇嘛婉轉拒絕。

16 Tamm, Eric Enno, 2010.

37 時空眾聲

菩薩頂（五台山）

小鱷魚……
他看來多麼高興地咧開嘴
多麼整齊地張開他的爪子
來迎接小魚們
用那輕輕微笑的下巴！

——路易斯．卡羅，《鏡中奇遇》

一轉入佛殿院落，人聲雜沓，旅客都聚集在這裡。

他們分別屬於二批不同的旅遊隊。先到達的是溫州旅行團，導遊支著一面黃色小旗，在每座佛殿外說明清國君王到此一遊的故事——賜了哪塊匾額、哪座石碑、提了哪些字，顯然材料不多，很快就讓大家去自由活動。他們三兩成群，遊戲般試探的推動轉經輪，發出咯咯笑聲；或以佛殿、石碑為背景，昂首插腰擺姿勢、拍照留念；或百無聊賴地只是枯坐一旁。

非常容易區分，另一批是穿傳統服裝、紮著頭巾的大爺和奶奶們。他們依序順時針轉著佛殿，虔敬合十，垂首以額輕觸古牆、石碑外的鐵欄杆；領隊是位紅衣僧人，在每座石碑、佛殿前講解長長的故事，團團圍在他身邊的爺奶們神情專注，時而發出輕嘆、時而蹙眉，似乎都聽得入迷。

霏微舞天的歷史

聽不懂僧人的話語，但是我認得爺爺、奶奶身上的服飾，左衽的深色羊毛長袍，衣邊綴著色彩鮮艷的緞質錦布是圖博風格，腰帶的綁法則是蒙古式的。他們來自宗喀，是深受圖博文化影響的蒙古人，中國政府刻意將他們和蒙古、圖博劃分出來，定名為土族。

一位大爺果然這樣告訴我，「我們是土族的，家在互助。互助，你知道嗎？就是青海……」

我趕緊回答知道，「那是章嘉仁波切的家鄉。」

大爺滿意的笑瞇了眼，眼神和話語一樣自信起來，「那知道佑寧寺不？」

「知道呀，那是歷史上有名的寺廟，出了很多大智慧的上師。」

「就是就是，我們的家鄉就在佑寧寺邊上，那裡都住著我們土族的人。」大爺神氣的直起了腰，他身邊的婆婆、大媽也跟著點頭附和。

「達賴喇嘛的母親也是土族。」我說。

他先是驚喜瞪大眼詫笑起來，又緊張的往兩旁看了一下，低聲問我，「你不是這裡的人吧？」

「我從台灣來。」

我等著，等待他們問我是不是也信佛教，或是會拍拍我的肩說很好；像以前我遇見過的大爺大媽一樣，可能隨手給我顆蘋果或餅子，會跟我聊天，問我台灣人們的信仰……但眼前的大爺、大媽只是看著我沒再說話，點點頭便走開。

在乾隆丙午年所立的「四稜蛟龍碑」前，領隊喇嘛說了許久的故事，眾人神情有些凝重，聽完故事，一一魚貫的繞轉石碑，幾位婆婆在碑前佇立良久，喃喃誦念祈禱。

一七八六年，乾隆在這座石碑上銘刻：「開塔曾聞演法華，梵經宣教率章嘉……縈繆抒誠陟雲棧，霏微示喜舞天花。」描述過去他上五台山參加寶塔建成儀式，是由三世章嘉仁波切率領眾僧誦經迎接他，這次登山步上雲梯，有漫天雪花飄落向他顯示吉兆。這是乾隆第五次登上五台山，他已七十五歲，與他年幼即相識，一起在雍正親王府成長的第三世章嘉仁波切若佩多傑，在這一年圓寂。乾隆詩中提到今年迎接他的不再是章嘉喇嘛，而只有滿天細雪，在一片喜慶的字面下隱隱流露他的思念。

若佩多傑六歲被迫來到北京，一生大多的時間都待在中原，因為他的修持宣教，讓原本懷著猜忌狹制之心，多次出兵圖博的清國君王，轉為圖博佛教的虔誠信徒。章嘉仁波切一直深受宗喀、蒙古各地人們崇敬，乾隆在仁波切圓寂之際特地立碑，用意即是向蒙古、圖博大眾再次強調滿清王權與文殊菩薩的連結。

從五台山到聖彼得堡

僧人以佛法智慧感化權勢者、令他們收斂暴戾的故事，一直出現在圖博的政教歷史中。一八九八年，阿旺多傑以達賴喇嘛特使身分前往俄國與歐陸，負有明確的外交任務外，還有圖博僧侶宣教的天生使命。引薦他與俄皇尼古拉二世會面的是鄔托姆斯基[1]王子，阿旺多傑成為他的上師，為王子灌頂並傳授「菩提道次第廣論」，當時阿旺多傑也受邀與聖彼得堡東方學者們會面。

之後應法國學者丹尼克[2]的邀請，阿旺多傑在巴黎吉梅博物館[3]發表佛學講座，這是歐洲有史以來第一場由喇嘛上師主持的講學，當時有四千名學者與觀眾到場，其中包含年輕的大衛－尼爾[4]，她深受啟發並投身圖博佛學研究，之後前往大吉嶺、錫金、日喀則等地，成為那個時代僅有的女佛學家。

圖登嘉措前往五台山、北京期間，儘管政治上與俄國已無直接聯繫，阿旺多傑仍以圖博特使身分，與丹尼克、謝爾巴茲寇宜[5]等俄國歐陸學者、知識分子以宗教文化交流的方式保持交誼。他同時經常前往布里亞特、卡爾梅克[6]和蒙古，協助當地興建佛學院，完善僧團組織，建構完整的佛學研習系統，並引薦優秀學僧前往拉薩留學。位於遙遠歐陸的卡爾梅克，已與圖博失去聯繫數百年，而在阿旺多傑努力下回復了佛學交流。

據一九〇四年鄔托姆斯基給尼古拉二世的信件報告，當時即有二十二位卡爾梅克僧侶正在拉薩佛學院修行[7]，他們學成後回到卡爾梅克或蒙古地區擔任佛學院堪布或上師喇嘛。其中也有優秀人才受邀進入噶廈政府服務，如久培金堪布[8]曾擔任近二十年圖登嘉措

1 鄔托姆斯基（Esper Ukhtomsky, 1861 - 1921），俄羅斯詩人、東方學會成員，為俄王尼古拉二世摯友，在尼古拉二世即位前，曾陪伴他前往日本、西伯利亞等地旅行。

2 丹尼克（Joseph Deniker, 1852 - 1918），法國博物學家。

3 吉梅博物館（Musee Guimet），一八八九年在巴黎開幕，收藏宗教相關的藝術文物。

4 大衛－尼爾（Alexandra David-Neel, 1868 - 1969）自一九一一年開始研究佛學，為第一位到達拉薩的歐洲女性。

5 謝爾巴茲寇宜（Fyodor Shcherbatskoy, 1866 – 1942），生於波蘭，俄國梵學及圖博學者。一九〇五年曾至蒙古庫倫謁見十三世達賴喇嘛，其流暢的圖博文與梵文贏得達賴喇嘛、泰戈爾的讚美，大英百科全書（二〇〇四）讚譽其為「西方佛教哲學研究的最重要權威」。

6 卡爾梅克（Kalmykia），位於裡海西北岸草原的蒙古土爾扈特部族國家。

7 Snelling, John, 1993.

8 久培金堪布（Khanbo Sharab Tepkin, 1880 - 1952）年幼出家，十七歲前往拉薩，十四年後獲拉然巴格西。一九二六年回到卡爾梅克佛總領教僧團，一九三一年被蘇聯政府逮捕，遭判十年流放苦役。

的秘書與駐俄特使；仁波切額爾德尼[9]受派任為五台山札薩克喇嘛，他也曾擔任圖博政府代表參與西姆拉會議，與中、英雙方談判。

其中年紀最小的格西阿旺旺傑[10]，是多傑喇嘛在哲蚌宮巴果芒札倉的學生，因家鄉經歷戰火而輟學，雲遊四方，輾轉完成學業後，受十四世達賴喇嘛丹增嘉措派任前往美國宣教，在當地設立圖博移民定居點，開設歐美地區第一座圖博佛教學習中心，舒曼博士[11]等多位知名圖博學者都是他的授業弟子。

阿旺多傑為完成達賴喇嘛交託的任務，多年長途跋涉，往返歐陸、蒙古、印度與圖博之間的具體成果之一，應該就是那幢位於大涅瓦河岸邊的赭紅色岩牆建築。

最初興建計畫形成於一八九八至一九〇一年間，達賴喇嘛與尼古拉二世訂下的協議。之後在圖登嘉措前往五台山、北京時，阿旺多傑進行募款並多方遊說俄國官員，一九〇九年五月，在俄皇與俄國外交部的支持下，由十三世達賴喇嘛出資和蒙古地區的募款為經費，奧登堡[12]、謝爾巴茲寇宜等俄國學者組成了佛寺建設委員會，開始規劃設計佛寺的興建。

二〇一一年春日，我們循著阿旺多傑的歷史足跡，造訪這幢紅色岩牆建築。我記得駐足寧靜院落裡，能聽見清脆鳥鳴和似有若無的孩童嬉笑聲，隔著公路與大涅瓦河水，對岸即是鬱鬱蔥蔥的中央市民公園。圍牆上有面多傑喇嘛坐像的大理石紀念浮雕，是紀念他一百五十歲的冥誕儀式上所設置，以銘記他終生致力佛教發展的努力。

這座佛學院座落在高大楓樹林木間，完全不同於城市中其他建物——赭紅色矩形屋頂、牆上的金色法輪、簷下細緻的蓮花柱頭、以法螺等圖騰彩繪的玻璃窗，以及飄盪在婆娑樹影間的五色風馬旗。當時由俄國建築師巴拉諾夫斯基[13]設計建造，並由思潮藝術家洛維奇[14]負責彩繪玻璃窗等裝飾設計。

據說在冬日夕陽餘暉與白雪的烘映中，整座岩牆會呈現紫紅色光澤，當地信徒暱稱她為「紫水晶聖殿」。我們造訪正值暮春時節，在北國夜晚九點多仍未暗去的鬱藍色天

9 額爾德尼（Erdynei, 1882 - 1954）受圖博派任長年駐錫五台山，除了宗教職務，也扮演相當於圖博駐中國公使的角色，協調聯繫外交、政治事宜。

10 阿旺旺傑（Ngawang wanggyal, 1901 - 1985），蘇聯侵入他的家鄉時，他在拉薩尚未完成學業，他雲遊北京等地佛學院賺取學費，回到拉薩繼續學業，後因解放軍入侵圖博而輾轉經印度前往美國。人們尊稱他格西旺傑。

11 舒曼（Robert Thurman, 1941 -），精研宗喀巴學說，任教於哥倫比亞大學，主持翻譯佛學經文出版，包含四千冊的「丹珠爾經」英譯本。

12 奧登堡（Sergey Oldenburg, 1863 - 1934），俄國東方學者，帝俄時代活躍於地理學會及科學院，十月革命後仍主持蘇聯科學院，直到一九二九年遭契卡（布爾什維克祕密警察）革職。

13 巴拉諾夫斯基（G.V. Baranovskii, 1860 - 1920），俄帝國時代的建築師，也是北方摩爾曼斯克港（Murmansk）的城市設計者，俄國建築新藝術運動（Art Nouveau）的代表，其所著七卷《建築百科全書》被認為蒐羅了最完整的現代建築資訊。

14 洛維奇（Nicholas Roerich, 1874 – 1947）俄國藝術家，對東方的研究和具開創性的藝術作品，引領時代思潮。其畫作與詩文飽含大量佛教、印度哲學元素。十月革命後，他拒絕蘇聯人民委員會文化部長職位，舉家移居芬蘭，之後居留在美國、印度等地。

空下，她讓我彷彿見到甘丹佛學院、拉卜楞佛學院的措欽大殿……也和五台山菩薩頂的佛殿一樣，即使因當地特色而採取不同的建築形式，但不論是花崗岩塊或黃瓦磚牆，仍然讓人一眼就認出，是一座風格鮮明的格魯派佛學院。

她的名字以圖博語命名：札倉衮澤確尼[15]，札倉是佛學院的意思，衮澤確尼則意謂「慈悲眾生的佛法之源」。

活著的佛學院，或觀光模型

聖彼得堡的札倉是全歐洲第一座圖博佛學院，在蘇聯革命中遭洗劫一空，經復原後，一九三三年，十三世達賴喇嘛圓寂的紀念法會是最後舉行的儀式，之後史達林政府關閉寺院，所有僧侶與佛教徒都遭逮捕、流放，阿旺多傑喇嘛也被蘇聯祕密警察羈押，一九三八年在獄中圓寂。

札倉建築在紅軍革命中被保留下來；二次世界大戰，當聖彼得堡整座城市遭納粹軍隊圍困，她被德國選定為特別保護、避開轟炸的對象而倖存。直到一九八〇年代末，佛殿、僧舍一直被充作蘇聯政府的軍事廣播電台、動物研究所實驗室，這和中共政權統治下許多圖博佛學院建築的遭遇相似。

五台山的菩薩頂和拉薩的布達拉宮、聖彼得堡札倉情況相同，因深具歷史意涵，建築本體在文革腥風血雨的破壞中倖存，經過維修工程，外觀回復保存得相當完整，只不過傳統信仰活動早經禁止而停頓，只剩下某些節慶觀光活動的熱鬧罷了。圖博所有培育學問僧的高等佛學院系統已由政府部門主導，與其他一般大學體制相似，學院設置共黨書記作為教學研究的最高領導。

儘管蘇聯也是共黨統治的國家，復原後的札倉卻是一座「活著」的佛學院。透過佛學院網站可知，學院中有求學修行的僧侶，並舉辦定期的誦經儀式、靈修聚會，和歐美的圖博佛教信仰中心相似，開設有不少佛學和現代心理學結合的心靈成長課程。

據聖彼得堡佛學院紀錄，一九八七蘇聯極權體制變革的這一年，十四世達賴喇嘛受邀造訪札倉。追溯歷史，札倉自最初建造即是屬於達賴喇嘛的寺院。相隔半世紀的封閉，一九九〇年俄羅斯政府正式將札倉歸還佛教協會，僧團與達賴喇嘛再次建立聯繫，首任堪布前往印度佛學院進修並獲格西學位，此後僧團、信徒不時組團前往達蘭薩拉進行交流。聖彼得堡僧團組織也許並不龐大，但是信仰活動開放、自由，得以恢復並傳承古老佛教儀典文化，提供當代信徒心靈寄託，尤其重要的是，持續開放地與世界交流；相形之下，菩薩頂、布達拉宮僅被允許販售門票、供遊客參觀等商業活動。

現在，置身菩薩頂院落，確實能感受到建築本身那超越時空的優雅與細緻，但也只

15札倉袞澤確尼（Datsan Gunzechoinei），一九一五年竣工，由沙皇尼古拉二世主持開幕儀式。

是一座優美、熱鬧的空殼，一座死去的歷史模型。

法規與門道

從停車場進入菩薩頂入口處時，我們剛好撞見一場爭執。售票員向三位遊客要求查驗票卷，遊客們拒絕，雙方口角愈益激烈，甚至動手拉扯，一副即將大打出手的態勢。

我們搞不清楚發生什麼事。在巴士上遇見來自南京的旅客小鄂，我們同行一起進入菩薩頂，都目睹了爭執的場面。小鄂為我們解釋——售票員似乎懷疑三位中國遊客冒充當地鎮民，因居民和寺院的居士都無需購買景區門票。他說明一般旅客冒充當地人的情況頗為常見，例如：某些鎮民會在路口攔住遊客收取較低廉的費用，再以「特殊管道」帶他們進入景區。

「人嘛全都是貪便宜，這杜絕不了，主要是那些把關的人得嚴，留了空子在那兒，大夥兒咋就不想鑽縫兒？這就是人性。」小鄂下了結論。

我好奇門外的紛爭會怎麼收場，稽查人員是讓那些旅客補票，或真的罰款後把人趕出景區？

小鄂聳聳肩，表示他一點都不在乎。他說自己拿著親友的居士證，也沒有買票。他介紹自己在電商公司工作，假日喜歡登山、健行等戶外活動，他上五台山許多次了，從未買過票。「有辦法的人不需要按規矩走，路子多得很，就看你有沒有能耐找到對的路。」他認為門外那些人沒找到好路子，只能碰運氣，「運氣差，結果就給逮著。」他說話時難掩得意之色。

小鄂是在告訴我們，他拿親友的居士證混充，並非違規，而是他有辦法。

步下菩薩頂前的陡峭石階，這是乾隆在詩裡描繪的雲梯，是柔克義曾目睹的各地信眾匍匐朝聖之路。一百零八級大理石階下方還蜿蜒著更多階梯，一級級往下通向山谷中的小鎮。經百年人們踩踏，有些石板已然破碎、凹陷。

階梯邊排列著攤位，販賣法器、神像、或仿古物品。過去商攤與店家都由菩薩頂佛學院管理，現在則是向政府與經營景區的企業繳納租金。商販不一定是當地原居民眾，許多是來自外地的投資商客。

為建構觀光商業景區，申請聯合國世界文化遺產，自二〇〇八年起，政府強制拆遷小鎮與附近農村約六千名居民。因不顧民眾拒絕拆遷，政府以暴力將居民拖出屋外、強拆房產，和千年佛國名山的形象反差太大，當時一度成為國際媒體議論的焦點。大舉建設景區商街、修整古蹟、鋪設環山公路，政府雖承諾當地居民能夠以低價回購新建店家、樓屋，然而房價早因企業投資而大幅上漲，有能力購回原址新屋的居民非常少。

詐騙山城

前方出現二位身披土黃色長袍、僧侶模樣的人，他們攔住途經的旅客。

「嗄，假和尚！」聽見小鄂發出一聲輕喊，低聲叮嚀我們，「待會兒走慢一點，聽聽他們說些啥。」

經過他們身邊，剛好是俯瞰塔院寺、古街建築的位置，我們幾個不約而同停下腳步拍攝風景，同時能夠清晰聽見在我們身後土黃袍與旅客的對話。

「……拜三下。」土黃袍說。

「你說啥，拜啥？」旅客們一頭霧水。

「拜三下許願。下面的大白塔，看見沒？對，就是這樣雙手合十。」

「朝白塔那兒拜嗎？」

「對，拜的時候心裡得想這一年家人都健康平安，財運事業興旺，心想事成……對啦，就是這樣拜，佛祖會保佑你們，我還可以給你們開光。」

「開光是啥？」

「開光能為你開運轉運……這樣唄，你們來這兒。」

我轉眼瞥見土黃袍機警的把旅客拉離我們遠一些，似乎想避開，不讓我們聽見他們說話。他們也對我們的手機很敏感，只要我們一拿起手機，他們就立即轉頭遮臉。我隔著距離仍瞥見假僧人雙手在其中一位旅客頭上揮舞比畫，聽見他唸：「嗡瑪米唄每哄，哇唄呱哩基果戈呢……」除了像是六字真言的第一句以外，其他唏哩呼嚕應該都是胡謅的。

「開光是免費，善因緣唄，我不收錢，你們捐錢給寺廟留個功德得了。」

「那還是要收錢的嘛！」其中一位女客人恍然大悟。

「不是收錢，這是添功德，你們求個福報，這福報嘛最後還是給到你們自己和家人。」

接著他們討價還價起來，土黃袍覺得客人給的「功德錢」太少，要他們再多給點。

小鄂告訴我們這「開光」的騙局已是老把戲，他以前還遇見過哄騙人寫祈福卡、刻功德碑、買生肖本命符等等，花樣每年翻新。騙子不只是在路邊攔人，甚至在古蹟寺廟裡，像是廟方工作人員般一本正經的宣傳、勸說，上當的旅客很多。「唉，都是利用迷信的普遍心理，前些年機關掃蕩整頓，但是你瞧，在我們眼前這不是還有？唉，只要有人上山來，這行當就不會斷的。」

就如同對逃票的看法，無關乎法律、道德或秩序，只看「有沒有辦法」，這似乎是小鄂一貫的邏輯。小鄂記得幾年前五台山管理單位曾大動作拆除一些騙人的村廟和商店，不過執法者宣稱這些犯罪是非法的「宗教活動」，從不提「詐欺」這兩個字。

38 拜拜遊樂園

五台山

有時詩歌不睡覺
在文化漿好的床單之間，
必須尋求夢遊和絆腳石，幾乎失明，
在射擊、尖叫和不祥預兆之間，
在警方新聞中……
——文生．列瑪[1]，〈有時〉

來到鎮上主要的大街，這裡人潮如織，幾乎都圍擠在一間廟門外，路邊也停不少黑頭汽車，其中還有數輛警車，地上散落點燃過的鞭炮灰燼。

小鄂介紹這裡就是最近香火最旺的「五爺廟」，他想讓我們見識一下五台山上目前最熱鬧的宗教活動。廟門匾額上雖寫著「萬佛閣」，但人們更習於稱呼五爺廟。

探頭望見院落裡已湧進不少人，大多是香客，擁擠地排著不整齊的隊伍，都搶著給神壇上香。廟中建置頗為簡單，寬闊的院落裡只有一間供奉神明的閣殿，閣殿上人物浮雕都漆著豔麗的色彩；廣場對面有座簡陋的戲台，掛起喜氣洋洋的紅布條；神殿前有一株細弱的松樹，修剪得十分整齊，周圍擺放幾株假花盆景。這樣的布局與氣氛，其實更像是盛行於漢文化地區王爺廟之類的道教神壇。

販賣願望

小鄂說明這裡以前發生「燒高香」、「披龍袍」的非法事件，即廟方規定信徒不得使用外香祭拜，而廟裡所賣的香要價從人民幣二百元到一萬元，高得不合理；廟方人員鼓吹信眾以買龍袍、獻匾額的方式還願，龍袍價格也是自數百元至上萬，而匾額的費用就更高了。

經媒體披露，當局宣稱進行掃蕩行動以後，廟方允許民眾帶外香進入，廟內不再公開兜售高香、龍袍，不過目前依然陳列著這些高價的匾額、塑像等「法器流通物」，貌似合法的任民眾自由選購，只是當局仍宣傳著五爺廟的靈驗與神奇，信徒依然搶著燒高香，獻匾額來還願。

1 文生特・列瑪（Vicente Zito Lema, 1939 - ），阿根廷詩人、哲學家。

我們到達前，剛舉行過大陣仗的獻匾額儀式，據說是一位大商人的公開還願活動，場面盛大熱鬧，鞭炮炸得漫天響，連五台山官員也出席參與，並出動當地的特警隊前來控制秩序。小鄂告訴我們，他姑且相信商人還願的故事是真實的，但也不排除是由五台山當局或廟方安排的可能性，這類活動既能宣傳五爺廟，也增加五台山話題性；他說一如過去當局可能涉入燒高香、獻龍袍的騙局，這種「宗教活動」行銷手法也處於合法、非法間的模糊地帶。

這些方式聽來熟悉，想起在承德時也曾遇過相似情況。建造於十八世紀、仿布達拉宮形制的「普陀宗乘之廟」[2]，在白殿屋頂立著數根高大銅柱，乍看像是圖博佛殿前的經幢柱，仔細觀察才發現完全不同，那僅是景區官方的生財工具。

當時一踏入院區，就聽見一旁團隊的導遊不斷推銷旅客購買祈福經幡[3]，許下願望並把經旗高掛到柱上。導遊是當地漢人，謬誤地說明「升旗」就是圖博傳統祈福儀式，他對圖博佛教一無所知，僅能按官方觀光指南，背誦乾隆建造佛殿的偉大史跡，以及道聽途說的當地奇聞，對宗教的認識也僅止於信者恆信、心誠則靈這類俗話，他們之所以苦口婆心積極促銷經幡，很明顯是有「回扣」可拿。

只是這些旗子不但粗製濫造，菩薩圖案歪扭變形，經文被裁切或乾脆省略，甚至綴上奇異的花邊，還加上「福」、「財」、「壽」等中文字樣，既非圖博佛教的經幡，更顯得不倫不類。而導遊所說的祈福儀式，竟是將經幡綁在連接柱子的繩索，就像是升國旗般拉扯繩子，將旗升上空中，同時尷尬地高喊心想事成、步步高升等場面話。印象最深的，是賣旗子的女孩衣著單薄，她在冷風中，以皺苦不耐的臉回答旅客的提問，然後用凍得發紅的雙手，綁上這些承載人們幸福、發財等祈願的旗子。

這販賣人們願望的生意，院方公然設在入口處，所有旅客都得穿過這片飄著假經幡的平台，才能轉入佛殿。而佛殿裡的香火早已熄了，菩薩裸著身子坐在森冷黑暗中，已超過半個世紀。

將傳說當史話，把信仰當生意

五台山的萬佛閣之所以被稱為五爺廟，因其供奉的神祇是龍王第五個兒子，也稱為「廣濟龍王」。從名稱上猜測，最初也許與當地民眾求雨濟旱有關，只是這般直述未免單調，不夠傳奇，尤其必須將祂和五台山連結起來，於是宣稱祂也是文殊菩薩化身。

故事描述黑臉的五爺曾化身為一位普通僧人，在康熙一次上山遇見狂風暴雨迷途

2 普陀宗乘之廟，位於承德避暑山莊北方，乾隆為慶賀太后八十歲大壽、自己的六十歲誕辰所建。作為乾隆的佛學顧問，章嘉仁波切也是佛殿的主要設計者。

3 圖博稱經幡為「隆達」，字面意思為「風馬」，印上經文的旗子有五種顏色，象徵土、水、火、風、空，自然界的四大元素與空。中文有時譯為「風馬旗」、「瑪尼旗」。「瑪尼」音譯自圖博語，經文的意思。

中，適時出現解救。順著這個鄉野奇談的邏輯發展——五爺廟變成清國君王下榻的行宮，取代菩薩頂的歷史地位，儘管五爺廟原只是座普通的黑瓦道教風格的祭壇。

官方不僅虛構鄉野神怪故事，連歷史都可以張冠李戴，重新書寫。

與五台山有深刻淵源的章嘉仁波切，其名號「章嘉」的緣由，目前所有中文資料都解釋：因第一世章嘉仁波切出生地在宗喀地區的「張家村」，清國君王認為張家二字不夠文雅，於是更改為章嘉；據此穿鑿附會編出張家村就是座漢人村。

根據圖博研究者考據，一世章嘉仁波切法號扎巴沃澤[4]，出生於安多宗喀一個名為「章嘉」的聚落，章嘉來自圖博語音譯，其含義和「臍帶血落下的地方長成一棵大樹」的傳說有關，與宗喀巴的誕生傳奇有相似之處。[5]

札巴沃澤自幼出家，前往拉薩哲蚌寺果芒札倉進修，考取最高學位拉然巴格西後，一六三〇年回到宗喀，擔任母校貢倫宮巴的堪布，建構完善佛學院制度，在高等佛學院中講經傳授弟子。他圓寂後，弟子依其遺言尋找轉世，二世章嘉喇嘛也出生在宗喀地區，後來成為五世達賴喇嘛的優秀弟子，並作為清國君主康熙的灌頂上師。

章嘉既是音譯自圖博語，可能最初簡單音譯為「張家」，喜好文墨的康熙做了更改。現代許多中國文史論述即刻意以「張家」二字，曲解混淆為漢人村落，順勢利用作為「漢藏和諧」的象徵。

類似的操作也運用在五台山札薩克喇嘛的記載。清國王室崇信圖博佛教，令五台山所有寺院都改宗以達賴喇嘛為領袖的格魯派，順治最初選派蒙古高僧為札薩克喇嘛，以督理五台山僧眾，不久便將遴選的權柄交由達賴喇嘛，清國君主遵從其選派給予敕封，但到了後世的中文論述裡便成為「經清廷認可」，暗示清國對圖博有絕對的宰制權力。

漢文獻對歷任五台山札薩克喇嘛的紀錄不多，即使近代最後一任札薩克額爾德尼，他自一九一八到一九三六年間連任三屆，與中國官方互動頗多，中文資料只記載他的法號為羅桑巴桑，且誤指他是來自東突厥斯坦（中國稱新疆）的蒙古人。一九四九年共黨建國，已屆七十二歲高齡的他選擇留在中國，配合擔任幾年政府官員，幸而在中共發動迫害佛教高僧的反右鬥爭之前圓寂了。[6]

事實上額爾德尼的家鄉遠在歐洲的卡爾梅克（Kalmykia），當時屬於沙俄帝國中的一個王國，他幼時即進入當地佛學院為僧，一九〇二年經特使阿旺多傑舉薦到拉薩留學進修，獲拉然巴格西學位後，學識能力與人品都受到十三世達賴喇嘛賞識，邀請他擔任噶廈政府幕僚與秘書職位，之後接受派任為五台山札薩克喇嘛。

在他任內，圖博為取回被佔的康區領土，正與四川軍閥作戰，額爾德尼受命駐錫五台山，除了處理佛教事務，其間也擔負圖博派駐中國外交公使的職務，適時與中國方面

4 札巴沃澤（Drakpa Wozer）出生於十六世紀，一六四一年在宗喀的貢倫宮巴圓寂。
5 Sonam Dorje, 2013.
6 郜林濤，二〇〇四。

溝通[7]；一九二八年蔣介石政府終於完成北伐、統一中原地區，額爾德尼即代表噶廈政府前往南京致意。

不知是否刻意抹去，在中國文史資料中幾乎找不到額爾德尼的訊息。而在五台山的官方文宣中，不僅忽略百年前曾聚集上千名圖博、蒙古僧人修行的盛況，直接從漢、唐佛教歷史跳接到今日，對於清國二百年虔誠信仰的遺跡，也只不過以幾道碑銘、匾額當作觀光導遊的談資賣點罷了。

拐賣刀削麵

收取景區門票、為許願標價的廟閣、古董複製品商店、旅店、餐廳、土特產紀念品店、觀光巴士……整個五台山山谷已被改建成一座拜拜觀光消費城。沿小鎮中心街道繼續往南將通向巴士終點站，那附近被規劃成餐廳商街，周邊巷道分布平價的旅店民宿。

街道兩邊分布十數間餐廳，一家接著一家，全都掛上刀削麵的招牌。一整排建築樣式、裝潢都頗為相似，就連招牌字體也近乎相同，想必都是出自五台山官營企業的設計。既然具一致性，至少會有秩序美感，然而，一如景區入口處的觀光市集，商品毫無創意地相同，只令人感到乏味無趣。

居住景區裡幾天，每天來回走過街道，越發覺得它凌亂不堪。發現是餐廳街上的人們總把廚餘汙水直接倒進路邊的排水溝，水溝蓋上殘留著未落入溝中的汙物，尤其下過雨後，因排水不良，散發食物腐壞氣味的汙水，就這樣在街上四處溢流。

小鄂曾叮嚀我們別進這些餐廳，說他們上行下效地也發展出各種小拐小騙，例如：菜單上刀削麵定價二十五元，等到結帳時，才發現必須付六十元。店家會這樣告訴你，「二十五元只是麵的價格，加上醬料十五、湯汁二十，一碗麵總計六十元。」

禁不住好奇，我們還是走進其中一家。淡季期間，餐廳空蕩蕩，沒有其他客人，服務員熱情迎我們落座，送上菜譜。上面有餐點名稱和色彩鮮麗的圖片，就是沒有標示價格。我指著刀削麵詢問價錢。

「刀削麵，你們要個兩碗麼？還吃點啥？再炒幾個當地特色菜唄，五台山最出名的台蘑，還有這野菜炒……」聽完她的推銷台詞，我開口再問，「不好意思，我先問一下刀削麵多少錢。」

服務小姐瞬間變了臉色，一手扠腰，站出輕蔑的三七步，「你們得先點要吃個啥，咱自然會告訴你多少價，你不點，我咋知道該說多少錢？」

我直接把菜譜還給她，道聲謝走出店外。臨出門前，聽見她在後面輕啐一聲，「說啥謝？神經病！」

7 Andreyev, Alexandre, 2001.

39 大蟲吞噬小蟲

用來傷害他人的暴力
是人與人之間最殘酷的鬥爭形式
它從本質上令人們的人性化情感窒息
並發展出所有反社會特質：
殘暴、仇恨、復仇、統治、專制、
鄙視弱者、向強者屈服……

——馬拉泰斯塔[1]，〈作為一種社會因素的暴力〉

高速公路上，灰色天空下運煤卡車一輛接一輛駛過，長長的隊伍延續不絕，彷彿蟻群，孜孜矻矻搬運山體被肢解的肉身。

當我們搭乘的巴士轉上北向的高速公路，灰黑卡車群逐漸與我們錯開，我看見那卡車隊伍最前方駛下交流道，轉入蒼灰山脈裡。那山已經東禿一塊、西禿一片的斑駁著，山坳偶爾出現一方城鎮，塞滿灰白如骨骸的水泥叢林，罩在灰霾天空下，像是反烏托邦電影中搭設的場景。

之後好長一段路，都是沿著這破損的大山而行。

自二十世紀初山西大同、陽泉開採煤礦至今，百多年過去，山西依然是全中國的第二大產煤省分，煤礦一直位居山西省的第一經濟命脈。這些長久染漬黑媒、灰汙的卡車，伴隨著禿黃山坡、灰撲撲的天空，以及永恆氤氳的空氣，見證現代中國引以為傲的開發成績。

一九〇八年，當山西當地官紳們為爭取贖回英商公司手中的開礦權，成立「保晉礦務公司」的這年秋日，圖登嘉措自五台山啟程前往北京。按《清史稿》記載，清廷命山西巡撫負責護送，進北京的最後一段路，特別安排在保定府乘坐火車，許是藉機炫示清國「文明進步」的一面；儘管鐵道是向外國舉債，由比利時公司設計建造與經營[2]。這就如同一九五四年，中國政府邀請十四世達賴喇嘛丹增嘉措、十世班禪喇嘛確吉堅贊參訪北京，安排參觀發電廠、船艇廠一樣，這些機械工業設施也是剛自英、日等殖民帝國企業接手不久。

1馬拉泰斯塔（Errico Malatesta, 1853 - 1932），義大利作家、人權運動革命家。

2保定至盧溝橋是盧漢鐵路其中一段，清政府於一八九七年十月按合約規定，由比利時鐵路公司建造，八國聯軍時遭破壞，後由比利時公司修復營運。

安檢升級

現代從五台山前往北京的交通，當然已有許多便利的選擇，不論是直達巴士，或乘一小段客運到太原市區轉搭火車、巴士，都可在一天內到達。

五台山汽車站建築造型是有些獨特，屋頂裝飾著漢式傳統的亭閣飛簷，想必是為展現景區佛教文化特色。只是共產黨式僵硬線條的灰白水泥建築，架上斜飛翹起的油彩簷角，風格不協調，比例也頗為怪異，給人強烈的拼湊感。

室內就和中國一般汽車站沒有什麼差異，和二十年前一樣，為擋住外頭冷峻寒風襲入，通往停車場入口都掛著似乎一整個冬天都不會更換的髒汙厚布。售票處內也有個口氣冰冷的女職員，並設有特殊票口，上方清楚標示：「現役軍人、殘疾軍人、殘疾人民警察服務窗口」。這是中國政府的明文規定，二〇一七年起全國車站、機場都推行「軍人出行優先」政策，設置軍警買票、檢票的快速通道。讓軍警不必和民眾一起擠長龍隊伍，據說是為提高軍人榮譽感。

而在十幾、二十年前的中國社會，這樣的特權卻是提供給外國旅客。只要持有外籍護照，不論售票大廳人潮擠得如何水瀉不通，向公安或管理人員出示證件，他們會為你撥開人群，領你擠到票口前，立刻變出一張不可能的車票給你；就算沒有車票，你也可以直接上車，列車長也會立即為你整出一張原本宣稱並不存在的空位。

售票處的對面是檢票口，旅客自此通往乘車場。檢票口前方以粗大的不鏽鋼柵欄隔出迂迴通道，阻擋人們隨意通過，鐵柵旁是檢查行李的X光機以及金屬檢測閘門。剛巧遇上北京正召開全國兩會[3]，全國安檢系統都升級，尤其前往北京的旅客必須開箱接受檢查；於是，儘管因為淡季，五台山一整天只開出一班直達北京的巴士，汽車站依然擺出二張長桌，增加駐守的武警、安檢人員。

看著安檢人員不厭其煩地打開所有行李翻揀，將衣物一件件取出，把膏狀、溶液等個人清潔保養品打開嗅聞……這是什麼？做啥用？他們猜疑的目光上下打量你，將機敏的雙手深入你的行裝物什中摸索偵探，目標其實都是極其普通的日用品——剪刀、美工刀、瓶裝噴霧是危險兇器；自備的水壺、保溫瓶更是重大違禁品，一律沒收。

原以為打火機會是危禁品，一位提公事包的男子全身上下竟被搜出了六、七個，哐啷啷的堆在長桌上，以為全部會被收走，檢查員竟讓他挑一個保留下來，體貼照顧到他隨時會有吸菸的需求。一位打扮時尚的年輕人試圖搶救他的髮型噴霧，與安檢人員爭論許久，當旁邊駐警走上前來，他立即噤聲，眼睜睜看著那瓶噴霧落進垃圾桶。一位中年婦人則是百般解說，那裝在保溫瓶裡的雞湯是為她住院的丈夫熬了一整晚，「按規定

3二〇一九年全國兩會是：第十三屆全國人民代表大會第二次會議，以及人民政治協商會議第十三屆全國委員會第二次會議。

不許帶！」絲毫無法引起安檢人員的同情。最難堪的，要數排在我前面的中年男子，行囊裡原本就散亂的衣物，經倒出來讓人翻檢一番後，他慌亂收拾被扔在桌面上發皺的內褲。

而我難以忽略，當背包裡那一袋貼身衣物經陌生人翻搜碰觸時，心底湧升的困窘與不潔感。原來，當人們的隱私被剝奪，自尊也被踐踏。

禁閉的國度

直達北京的巴士最後停在六里橋客運站。這裡被規劃成北京城市聯外的重要樞紐之一，設置了連結高鐵、火車、長途汽車、地鐵等交通設施的總站點。車站內外龐大的人潮規模超乎我想像，那看不到邊界的人流之海，源源不絕地朝各自的方向湧動，像是災難片場景。

這卻是北京的日常。搭乘地鐵進入市區本來是最省時便捷、經濟的方式，可是通往地鐵站的地下道卻是綿延一公里長的人龍隊伍。擁擠的人群上方，潔淨嶄新的牆面亮著醒目標語：「高舉中國特色社會主義偉大旗幟，為決勝全面小康社會實現中國夢而奮鬥」。

入口的檢查進行得緩慢，閘口周邊圍以粗壯的不鏽鋼架；行李通過 X 光機掃描後，有些還必須再攤開，接受人工檢查，尤其人們大多是搭長途車遠道而來，隨身大小行囊特別多，於是窄小入口處極為壅塞，不論旅客或檢查人員都已失去耐性。旅客全苦黑著臉，咬牙，不發一語。檢查人員煩躁的揮動金屬感應棒，敲打人們肩背，大聲吆喝——你停下、轉身、往前……走呀！你，就是你！別動！

人流中扛棉被、背著大麻袋的身影，總是刺入我眼中。他們都有張黎黑多皺的臉，多半是來自晉、陝等內地的農民工，即使大冬天，額臉上也因慌張布滿汗水。十多年前我在前往圖博的旅途中，經常能遇見與他們相似的身影，也許各有著不同的生命故事，但出現在這陌生街頭的原因都是一樣，為求生計離開農村，遠赴城市謀差事，大多是在建造公路、水壩、大樓等最辛苦的工地工作。其實在中國內陸各地也都可能遇見他們。

自世紀交接開始，就為中國經濟揮汗打拼的底層勞動階級人們，這二十年來隨著中國經濟繁榮，他們不僅沒有在城市中消失，似乎湧入得更多了。

一九四九年共產黨以「無產階級翻身」為口號獲得政權，然而，超過半個世紀過去，無產階級們謀生的工具，只是從祖先的鋤頭換成工地器具，並背起棉被從農村到城市中找工作。

民工們隨身背的大麻袋裡除了鍋碗盆，還裝著扳手、水泥抹刀、榔頭等。我之所以知道，因為安檢員喝令他們打開麻袋檢查。

在那張放滿工具的長桌上，之前有位時髦婦女被要求打開她的歐洲名品包，拿出防噴霧劑；一位中年媽媽從購物袋裡取出一袋滴著水漬的鮮魚……。行李X光檢查輸送帶和這張長桌，以詭異的形式實踐了社會主義階級平等的理想——不論是昂貴的路易威登包、滷肉菜汁袋、旅行者背包或民工麻袋，都公平的擺在相同的地方接受檢查。

「平日也檢查，為出行安全唄，大夥兒早習慣了都，這會兒遇上兩會，安檢升級，施行手段勢必得更凌厲。」排隊時，一對年輕情侶含蓄告訴我們這時來北京旅遊不太合適。

他們倆原本不在隊伍中，客氣拜託我們允許他們插隊。他們解釋因好友得了急病需人照顧，得盡快趕回宿舍，說乘地鐵會比大塞車在馬路上更快捷，只是無奈這隊伍排得太長……他們為證明，主動給我們看手機上好友傳來的求救訊息。其實插隊的人不少，長龍隊伍儘管只排了兩列，閘口附近卻是擠成一團的混亂局面，隨時有人趁機閃身鑽入人群縫隙，擠進入口；不曾見有人抗議，管理者也毫不理會。我往後面排隊的人龍看一眼，沒有任何人丟出在意的眼神，猶豫一秒鐘我點頭。

排隊間，他們聊著從二〇〇八年北京奧運後，全中國地鐵站都設置這套安檢系統，十多年來他們在日常中早已習慣這些檢查，也懂得如何應對。他們提醒我，這期間不僅是公共交通系統，在北京城裡所有公共場所都可能遇上麻煩的安檢和交通管制。

即使有了心理準備，當我走出目的地的地鐵閘口，赫然見到兩位武警在門牆邊站崗時，還是感覺驚異。他們身著筆挺嶄新的軍服，一動不動地貼牆立正，像是櫥窗裡展示的模特兒；走過他們身邊的民眾倒是神色自若，想必已是司空見慣。來到天安門廣場附近，一隊隊公安、武警、軍人來回踱步，以拒馬、不鏽鋼鐵架圍起，封鎖道路；一團團旅遊民眾被圈在拒馬和武警外，拉長脖子好奇張望、興奮拍照，彷彿參加盛典。

城中的網路通信也遭阻隔，明明訊號強度標示滿格，但是除了能閱覽官方媒體報導，其他網頁就連百度地圖都難以查閱；而《人民日報》大肆宣傳兩會會場通信網全面升級5G系統，稱讚電信技術大突破，國際媒體可隨時直播傳送立即新聞畫面。這二種狀態成了嘲弄的對比。

另一件難以理解的事是，在北京市區裡買不到任何日用普通刀具，問遍大、小商場，似乎所有刀具都消失了，連文具店都禁止販賣一般剪刀；詢問店員，他們不約而同狐疑地打量我，「這時候，你買刀幹啥？」

進北京城以前，我的簡易瑞士刀在安檢中被沒收。繞遍北京市區商場，我們到處尋找，只不過想買把小刀削蘋果皮。

兩位達賴喇嘛在北京

十四世達賴喇嘛丹增嘉措曾自述，十九歲時與噶廈政府代表受邀參訪北京，提到不論是參與政治協商等會議，或與其他外國使節代表的餐敘，在場都有中國官員以翻譯或安全為藉口，隨時監視。

「我知道我的一舉一動都被記錄下來：睡幾個小時、吃幾碗飯、在每一次會議中說了些什麼。無疑地，對我的言行舉止所做的報告，每週都會經過分析，上呈給毛澤東……」[4]這些段落讀來熟悉，近似於半個世紀前、前世圖登嘉措在北京的經歷。

圖登嘉措到訪北京，對清國來說是一件大事，中國文史論述多會將其和一六五二年五世達賴喇嘛、一七八〇年六世班禪喇嘛的北京之行相提並論；然而，圖登嘉措和兩位先賢所歷境遇不僅迥異，且清國當時的政治環境及對待圖博的態度也非常不同。基本上，滿清已不是五世達賴喇嘛來訪時、那試圖征服所有草原民族的雄心勃勃；更沒有六世班禪喇嘛前來祝賀乾隆大壽時的強大自信。

曾經引以為傲的滿清八旗兵已崩潰，而綠營漢軍號稱有五十萬之眾，但只是濫竽充數，對內對外都是屢戰屢敗。事實上在圖登嘉措到訪北京的一九〇八年底，光緒、慈禧相繼過世，再過三年，滿清王權便要宣告終結，當時已然傾頹的滿族王室唯獨擔心自身王統是否延續，無暇顧及其他。

圖登嘉措與四十六年後丹增嘉措訪問北京時，都同樣面臨東方大國入侵的威脅。他們身處北京，表面受到當局給予貴賓般禮遇，其實受到嚴密監視。丹增嘉措敘述：「在北京的前幾個禮拜，我們圖博人交談的主要話題，自然是如何將我們的需要和中共的要求協調到最好。」[5]他們都身負為圖博尋求獨立和平的使命，在維持國家尊嚴的同時，嘗試與大國當權者溝通，說服對方以交流對話來取代武力入侵。

關於達賴喇嘛在北京的接待事宜，當時清國派任外務部與理藩部官員負責。外務部設立於一九〇一年，前身是於第二次鴉片戰爭後成立的總理各國事務衙門，專責與外國交涉立約賠款及借款、商貿等事項。而漢文獻所稱的理藩部，前身是理藩院，主掌與蒙古、圖博佛教相關的事務，不過滿、蒙、博對這個單位的稱呼都不同，滿文稱「蒙古衙門」，而蒙古、圖博則簡稱「大衙門」。

從名稱的差異，即可看出滿清與漢、蒙、博各民族間關係的差別——滿清把處理佛教事務的單位稱為蒙古衙門，可知其始終以圖博佛教控制蒙古的意圖，認為只要能好好掌控蒙古，國家即能長治久安。漢名稱採用「理藩」一詞，自然是沿襲千年中原儒教文化的思考模式，以自身為中心，不管相鄰其他民族怎麼想，一律當作自己可管理的邊域藩屬；儘管漢人在滿清王國的封建世界裡被統治者視為「奴才」，仍然依文化習慣，為滿清維持中原自尊的位置。此種情狀也充分展現在負責接待圖登嘉措的過程中。

4 第十四世達賴喇嘛，一九九〇。
5 第十四世達賴喇嘛，一九九〇。

匍匐的真相

理藩部很早就開始規劃接待達賴喇嘛到訪的細節。當時英國公使朱爾典（Jordan）在報告中提及，清國為解決如何讓尊貴的達賴喇嘛通過北京城牆的問題，作了不尋常的準備——因無法讓圖登嘉措從城門底下通過，起初打算在城牆上方掛起畫有天空的大布景，後來還是決定搭建一座斜坡，讓他直接越過城牆進入北京城。[6]

依漢文獻紀錄，在圖登嘉措抵達數月前，理藩部參考過去接待五世達賴喇嘛體例，預先制訂儀禮形式：「陛見之日，達賴進殿門，皇上起立。達賴恭請聖安，並叩謝恩賞，皇上立受，問候。御座側設矮床，為達賴座。皇上升座，宣溫諭，賜達賴坐，賜茶。」[7]儘管規格不如以前順治出城親迎五世達賴喇嘛，不過已極為特殊，歷史上能讓清國皇帝起立迎接、一起坐著晤談的對象，除了五世達賴喇嘛、六世班禪喇嘛外，應該沒有其他人了。顯見清國皇室對達賴喇嘛等高僧禮遇已是慣例。

當圖登嘉措抵達北京，由外務部負責接待事宜後，完全推翻之前理藩部制定的規儀——從光緒、慈禧起立迎接改成安座，並要求達賴喇嘛在所有會面場合都必須行三跪九叩之禮。

依據當時負責官員張蔭棠向外務部大臣所呈上說帖：「惟當此各國觀聽所集……現今時勢似不宜仍沿舊制……現聞藏僧到京拘牽就職，妄自尊大，若待之過優，慮日後藏臣更難辦事。必折其驕蹇之氣，乃能就我範圍。」[8]讓清國決定變更儀禮方式有二個因素：一是，各國都關注清國與達賴喇嘛的互動，為向國際證明圖博完全臣屬於清國，並非獨立自主的政權，須讓達賴喇嘛向清國皇帝跪叩，「以盡屬藩之禮」；另個理由則是圖博政權完整獨立的事實，官員認為如果不藉此挫達賴喇嘛「銳氣」，往後很難在圖博實行新政改革。

張蔭棠說服當時的外務部大臣袁世凱，而袁世凱顯然也說動慈禧與軍機大臣王爺奕劻，這與當時英、俄帝國對圖博與蒙古進行各種軍事、外交活動，引發清國危機感有關。而張蔭棠在北京擔負接待圖登嘉措的職務前，實際與圖博已有數次交手經歷，不久前他曾奉派拉薩，在當地嘗試推行新政，卻飽受挫敗。

一九〇四年英軍入侵與圖博攝政簽訂《拉薩協定》，安班有泰雖然在場，但只是列席見證，清國在其中毫無存在感。消息傳出，清國隨即派員趕赴加爾各答，張蔭棠正是協商代表團成員之一，他們嘗試說服英屬印度政府修改《拉薩協定》的內容，明確寫入「清國為圖博主權國」之類的文字，遭英方嚴拒[9]。張蔭棠向清廷回報受挫關鍵，即英

6 Sir J. Jordan to Sir Edward Grey, Sept. 8,1908.
7 〈接待十三達賴喇嘛節略〉，二〇〇二。
8 張蔭棠，二〇〇二。
9 要求英國須承認清國為西藏的主權國（sovereignty），而非上國（suzerainty）；印度總督寇松（George Nathaniel Curzon）對此力予駁斥。（"Tibet Adhesion Convention, August 5, 1905"）

寇松等人所認為「清國對西藏的宗主權純粹只是虛構」；他轉述一位英屬印度政府官員的說法：「西藏之事，我政府非不願與貴國交涉，因貴國在西藏不能盡主國義務……使我政府不能不採行與藏直接政策。」[10]

接著張蔭棠被派任安班職位，自印度北上拉薩，經一番調查，一九〇六年底向清庭上書主張：「政權多出藏僧之手……遴派知兵大員，統精兵二萬，迅速由川入藏……舉行現辦新政，收回治權。其達賴班禪等，使為藏中主教，不令干預政治。」[11]

向中央建議「收回治權」的同時，張蔭棠試圖推動圖博新政改革。他在大昭寺前向僧俗大眾演說「天演論」，強調物競天擇的道理，威脅圖博若不改革將再遭受入侵。他寫就《藏俗改良》、《訓俗淺言》等規章，譯印成圖博文手冊廣發給民眾，包含以佛教思想代入儒教忠君綱常，訓民勿太崇信拜佛，指責僧人「寄生食利，於社會發展、國家富強毫無益處」，鼓勵還俗婚娶，並規定僧人只早晚念經，白晝不該誦經，應從事農、工、商、兵等工作。[12]

他對圖博傳統風俗的觀察批評並非完全謬誤，只是與當地人們想法差距太遠，而且以外來權力者的身分，大刀闊斧企圖改革圖博的政治制度、風俗與宗教信仰，當然引起圖博社會不滿與憂懼。噶廈政府輾轉到印度發電報向北京抗議，英國駐北京公使朱爾典獲悉，也向軍機大臣關切質問。[13]結果張蔭棠在拉薩嘗試改革僅半年多，即遭下旨訓誡而被調離——「風聞張蔭棠有令喇嘛盡數還俗，改換洋裝之事等語。藏番迷信宗教，如果操之太急，深恐激成事變。著張蔭棠將藏事妥慎通籌，毋涉操切。」[14]改派他赴印度西姆拉，與英方協議簽訂「博印通商章程」，一九〇八年才回到北京。

複製帝國殖民政策

博印通商章程，英文全名為*Agreement Between Great Britain, China and Tibet Amending Trade Regulations of 1893*，直譯為「英、清、博關於一八九三年貿易條例之協定」，中文論述都刻意譯成「中英修訂藏印通商章程」，既誤將大清譯為中國，也企圖比照英、印關係，將圖博置於清國殖民地的位置。

談判間，張蔭棠再次經歷數年前與英協商的困局，英國代表費里夏[15]不僅拒絕接受清國擁有圖博主權的主張，還堅持圖博代表也必須簽署協定，張蔭棠只好讓同行的噶倫擦

10 張蔭棠，〈與吉治納（Earl Kitchener）問答節略〉，一九九四。
11 張蔭棠，〈致外部電請迅速整頓藏政收回政權〉，一九九四。
12 張蔭棠，〈藏俗改良〉，一九九四。
13 楊開煌，二〇〇八。
14《大清德宗實錄》，一九七八。
15 費里夏（Stuart M. Fraser），時任英屬印度政府之外交部大臣。

榮[16]簽名，只是擦榮的簽署並未徵得達賴喇嘛與噶廈政府的同意，之後還因此受到懲處。而張蔭棠在給清廷報告中再次懊惱表示，英方「志與藏人直接，不欲我國干預……若一經承認直接交涉，西藏即成獨立國性質。」[17]

在張蔭棠上奏的〈傳諭藏眾善後問題二十四條〉中，直接提及收回圖博治權的利益：「藏屬縱橫七千里，礦產甲五洲，將來必為我絕好殖民地，經理得人，十年收效必倍。」毫不掩飾的模仿英、俄帝國殖民滿清的做法。

統計〈藏俗改良〉全篇列有三十四條，其中「不可」二字用了十一次，「不得」出現八次，「不宜」有七次，條條都批評圖博風俗為「齷齪窳惰之積習」。他所持「演化論」觀點，是從中原漢儒的角度出發，自覺漢文化水準高於博民族，他積極推廣儒家三綱五常學說，甚至認為「藏民愚蠢，多不識藏文。既系中國百姓，又不識漢文，不懂漢語……兒童七八歲宜教識漢字。」以施行漢化作為改革的目標。

抱持對圖博偏見、歧視的心態，張蔭棠特意在各帝國注目之下，安排這場「圖博法王跪拜」的肢體展演，以證明圖博臣屬於清國。

在英國公使朱爾典當時給英國外交部長格雷[18]的信件，提到達賴喇嘛對清國叩頭的要求有強烈異議，朱爾典頗為認同的表示，「這是貶低人，而且違背先例。」他也贊同俄國官員對這情況的分析：「清國要求此種致敬方式，是刻意把法王當作一個地方藩屬的統領對待，而不是圖博佛教信仰的最高領袖。」[19]

親自與清國君王會晤商談，是圖登嘉措這幾年流亡海外努力的計畫之一——當面獲得光緒、慈禧的承諾，恢復過往滿清對圖博與佛法的支持，自圖博康區撤出軍隊；並且與他們取得默契，為避免再發生誤解或訊息傳遞疏漏的問題，不再透過安班或其他官員轉達，而是建立雙方暢通的對話模式[20]。於是，圖登嘉措吞下屈辱，同意折衷方案，行單膝側跪之禮。

這一跪，完成張蔭棠、袁世凱等漢官帝國殖民計劃的第一步驟，卻也讓圖博、蒙古等昔日盟邦親眼目睹孱弱的光緒、耄病的慈禧，以及滿清王室衰敗的真相。

16 噶倫擦榮・望秋傑布（Tsarong Wangchug Gyalpo, 1866 - 1912），噶廈政府中少數的親中派，未隨圖登嘉措流亡印度，選擇留在拉薩支持安班聯豫，後遭游擊隊以叛國罪名處死（Wangchuk Deden Shakabpa, 1967）。

17 張蔭棠，〈張蔭棠駐藏奏稿〉，一九九四。

18 格雷爵士（Edward Grey, 1862 - 1933），英國自由黨政治家。他在一九〇五年至一九一六年間擔任外交部長。

19 Sir J. Jordan to Sir Edward Grey, Oct.12., 1908.

20《清實錄》等漢文獻與現代中文論述，都將這個平等直接溝通的要求曲寫為請求直接「奏事權」。

40 百年對話

北京（西黃寺）

在這裡我坐著，塑造凡人
依我的形象
聚集一支像我的族裔
承受苦難，哀泣
享樂並感受歡愉
而且蔑視祢
就像我！

——歌德，〈普羅米修斯〉[1]

自北二環路沿著當地暱稱「中軸路」的鼓樓外大街，向北走約一公里半即抵達黃寺。北二環路，正是過去皇宮內城的北牆位置，牆外是清國八旗軍的總校閱場，校場北方即座落黃寺佛學院。現今中國政府將寺院正門前的這條橫向道路命名為「黃寺大街」。

轉進黃寺大街，街邊建物嚴整，街上既沒有古蹟景點的路標，也沒有古寺的昭示牌樓或文物商店、觀光餐廳，較像是普通的辦公、住宅區，甚至出奇寧靜，就連路過行人也不多。

對照古地圖和眼前街道，才發現黃寺原本座落的位置已被五星級旅館、幼稚園或辦公大廈所取代。我們沿著街邊門牌號碼找，許是四處張望的模樣引起辦公大樓門衛的狐疑，他直接奔出來上下打量我們。正猶豫是不是該向這位疑心重的先生問路，轉頭看見斜對街站出來二位軍人，他們一身筆挺軍服，立在一座有著厚重水泥牌樓的大門前。

驚愕尚未退去，門前粗壯的不鏽鋼柵欄竟向兩旁退開，崗位軍人吹出響亮哨音，軍靴啪啪啪跨向路中央，他們揮手擋停兩旁行路的車輛，門內一輛黑漆漆的轎車氣派駛出……瀰漫一股肅殺之氣。

禁不住偷偷瞥向大門後的灰白色建築，與牌樓同樣巍峨，即連蹲在門前的二隻石獅都是龐然巨物，它們以超過三公尺的巨大身形高踞街頭，睥睨來往行人。這幢建物不僅嚇人而且神祕兮兮，不論是大門上或路邊都沒有招牌標示。在衛星地圖上，不論百度或

1 歌德一七七四年完成〈普羅米修斯〉但未曾公開，直到雅可比（Friedrich Heinrich Jacobi）在一七八五年以匿名方式發表，成為當時狂飆運動（Sturm und Drang）的指標作品。

谷歌都只顯示一大片空白區域，沒有單位名稱。

而黃寺赫然位於這片神祕軍區單位的正對面。過於嶄新的黃綠琉璃瓦以及矮小的紅牆屋，讓我一開始無法意識到，那正是這一路尋找的目標。直到發現人行道旁掛上醒目的大紅布條，寫著：「嚴懲黑惡犯罪，弘揚社會正氣。」這下才能確定是黃寺。

中國政府曾多次強調——十四世達賴喇嘛與圖博流亡政府就是社會首要「黑惡」勢力。在為前世達賴喇嘛所修築的歷史廟宇大門前掛上威脅的標語，這種荒謬式幽默完全屬於中國政府的風格。

被揮掃而去的史事

西黃寺措欽佛殿前植有二株木蓮樹，光裸枝枒開滿了花，在冬意未盡的天空裡兀自鮮嫩。一陣風掠過，粉色花顏便飄然如雪，點點落在地上，像是潑濺畫布的粉彩。

走出大殿後，不禁回到花樹下駐足。一位穿著螢光綠背心的工作人員忽然登場，他提著竹帚趕上來勤快的揮掃地上的花瓣，掃入垃圾袋裡，令水泥鋪地的院落瞬間又回復一片肅冷的灰。不曉得他從哪裡出現、又退到哪去，只見綠背心在那幾株蒼綠柏樹後方倏地消失。猜想這是他的工作，整日在院落某間看得見木蓮的屋子裡，專門守候風吹花落。

這座擁有數百年歷史的經典寺院，因年久失修一直荒廢，二〇〇六年官方宣稱將著手重建，直到二〇一八年底才首次對外開放。然而我們連番兩次造訪，都遇上大門深鎖，後來才知道僅開放週末二天。

清國王室在北京城曾經建造數十座圖博佛學院，其中黃寺應是接待圖登嘉措最適合的地點，緣於最初建造的目的，即是為了迎接五世達賴喇嘛的來訪。而依品級規制，黃寺也確是唯一的選擇——既是清國入主中原後首建的皇寺，且座落於王宮北方，與紫禁城、鐘鼓樓、天壇、先農壇、永定門等王室象徵性建築，同處在京城中軸線上。最初清國選擇在這獨特的位址建造黃寺，即顯示其尊貴性。

依《欽定日下舊聞考》載：「黃寺東西二區，同垣異構，士人號曰雙黃寺，蔚為北垧名剎。」[2]意思是黃寺建築分有東、西兩個區域，都設置在同一座垣牆內，經常並稱為「雙黃寺」。佛學院有四百多位誦經僧人，佛殿建築恢弘講究，每年都定期由內務府撥款維修保養。

而今佛學院空蕩蕩，幾乎沒有什麼遊人，和北京其他古蹟總是擠入人潮排隊買票的情況很不同；或許因為寺院已遭大規模破壞，目前僅恢復的一小部分也是重建的新樓，已非原來樣貌。對中國政府來說，西黃寺更不可能是旅遊景點或古蹟，一開始即歸由中

2 于敏中（清），一九八一。

共中央統戰部[3]管轄，和地方政府旅遊局或文物廳管理的雍和宮、五台山等古蹟完全不同。西黃寺是隸屬於共產黨中央「統一戰線」的工作單位。

黃寺的存在，最初是為了向蒙古各部族昭示滿清為「天可汗」的地位，邀請五世達賴喇嘛來訪所建，從一開始就富含政治象徵；清國末期為接待十三世達賴喇嘛而重修西黃寺，更具清晰的政治意圖；到了現代中國，西黃寺在遭荒棄封閉逾半個世紀後，直接以「統戰」為目的重新開放。

寺院裡一座現代水泥建築，正舉行「愛國老人喜饒嘉措大師」特展，以歷史照片、圖說和年表資料，展現喜饒嘉措一生與中共政權的關係。

喜饒嘉措在安多地區出生，七歲入佛學院為僧，優異成績讓他前往拉薩哲蚌寺進修；三十二歲就獲得拉然巴學位，回到安多，他受邀在中華民國的多所大學任教，並加入國民黨。這些資歷讓他最初與中共政府合作時受到禮遇，但也成為後來在文革時期受迫害的理由；八十多歲的高齡承受紅衛兵猛烈批鬥凌辱，遭毆打致殘，最終在獄中死去。

官方的展覽強調他對中共政府的貢獻，尤其是他以圖博僧人身分如何促進中國佛教發展，又如何促進「民族團結」，關於他生命最後的遭遇，當然只能忽略不提，畢竟圖博的「愛國老人」被中國民眾活活打死的真相，不僅過於駭人，對總是宣傳民族和諧、宗教自由的中國政權來說，更是巨大嘲諷。

配合中共中央黨部統戰工作的特性，其實寺中展覽都以「愛國愛教」政治宣傳為主題。內院一幢古老僧房建築，即作為「十世班禪喇嘛確吉嘉稱」的常設展，因確吉嘉稱對圖博社會擁有絕對影響力，中國政府利用得更是徹底，把他當作愛國護教的頭號榜樣。

三十年前，遭十多年監禁的確吉嘉稱，一出獄即力爭重修黃寺，希冀作為圖博高等佛學院，讓遭軟禁在北京與各地、長久失學的仁波切[4]，得以重新獲得讀經修練、傳承佛學的機會。

新建的西黃寺措欽大殿中僅容三排僧人座墊，大殿是佛學院進行重要儀式的場所，可容納所有僧人齊坐誦經，通常是最雄偉莊嚴的殿堂之一；現在的西黃寺大殿空間狹窄，規模僅像座小型佛殿，估計頂多祇能容下二十位僧人而已。

不知是否因為中國政府對宗教的排斥，或單純只是不經心，大殿中並未供奉釋迦牟尼佛，僅安置中國政府認證的第十一世班禪喇嘛確吉傑布照片，左右兩側較小的肖像分

3 中央統戰部全名為「共產黨中央委員會統一戰線工作部」，成立於一九三〇年代中共建國以前，工作內容如名稱，即以「統一」為目標，對黨外、宗教、非漢族等異議團體的研究與監控。

4 阿嘉仁波切、嘉木樣仁波切等具悠久歷史傳承的轉世高僧，年少時遇上文革被迫脫下僧服入監或勞改，無法接受系統佛學教育。

別是第九世與十世班禪喇嘛。一般來說，強巴佛殿[5]中並不會見到如此擺置，在圖博地區甚至不常見到確吉傑布的肖像，即使有，也只是在特殊節日中按官方要求掛出來，平日只安置在角落較不起眼的地方。

十多年前，在康區札曲[6]河谷的東竹林佛學院裡曾見過他的照片，被供奉在菩薩唐卡旁，我隨口向身邊的僧人說他是「假」班禪喇嘛[7]，這位年輕僧人明顯愣了一下，示意我跟隨他到樓上壇城殿，在那間上鎖的佛殿中，他向我展示佛學院私下尊奉的十四世達賴喇嘛肖像。而這位能夠被公開展示的十一世，是由中國政府強行認定的人選，圖博民眾普遍並不接受。不論境內或世界各地的圖博人都知道，那位經過達賴喇嘛認證的班禪喇嘛祖古——更登確吉尼瑪，六歲時即遭中國當局逮捕關押，他和父母至今依然下落不明。[8]

開啟國際對話

與清國官方溝通無效，圖登嘉措在北京嘗試開啟與世界其他國家的聯繫。雖然圖博文獻對這部分著墨不多，僅提到圖登嘉措曾與英國公使朱爾典會面[9]，但是透過滿清、英、俄、日等國的官方情報紀錄，可知悉圖登嘉措和圖博代表們當時如何努力與國際溝通，以尋求各國認同圖博為獨立政治實體。

一份名為《廳內偵察達賴喇嘛報告》[10]的線裝手抄本文書，據悉是當時清國政府派員監視圖登嘉措起居行止所作的記錄。依照這份資料內容，圖登嘉措居留北京的八十四天期間，除了與慈禧、光緒及外務部等權臣會面，也接見美、法、英、日、奧、德、義、荷蘭、瑞典、葡萄牙、比利時等國的公使代表，並派遣特使向各國大使館回禮致意。這些正式的官方拜會都在張蔭棠等清國官員在場時進行，談話內容受到很大限制，且所有對話都經過博文、漢語、英文等多重語言翻譯來進行，雙方都難以流暢表達。

與英國公使朱爾典的會晤即是代表例子。會談中，圖登嘉措請公使代為向英國女王轉達：過去兩國所發生衝突，並非達賴喇嘛初衷，既然事情已經過去，他誠摯希望兩國未來能永遠保持和平友好。當時居中口譯的漢官，翻譯到這時忽然支吾起來，朱爾典一時無法聽懂，待圖登嘉措重複再說一次，朱爾典才接收到完整意思，表示必如實轉達。

5 強巴佛，即未來佛，中文稱為彌勒佛。圖博佛教認為班禪喇嘛是其化身。

6 中國稱瀾滄江，東南亞各國稱湄公河。

7 這位中國指定的十一世，圖博人稱他為「甲」班禪喇嘛；因圖博語稱漢人為「甲」，意謂他是漢人的班禪喇嘛。發音正好與「假」雷同，頗具嘲諷的巧合。

8 在國際圖博團體與世界人權組織二十年來要求釋放更登確吉尼瑪的呼籲下，二〇二〇年五月中國外交部發言人宣稱更登確吉尼瑪「接受免費義務教育，已經大學畢業，現在三十一歲，有一份工作。」警告各國不要干涉中國內部事務。

9 Wangchuk Deden Shakabpa, 1967.

10 收藏於東京大學東洋文化研究所圖書館。（索文清，二〇〇二）

在場的譯官見到圖博與英國雙方誤會冰釋，氣氛友好，似乎頗為尷尬、不自在。[11]

正式拜會無法多說什麼，但在一些特別安排的場合，達賴喇嘛的特使與各國代表進行深刻且重要的晤談。

依照當時祕密為日本軍部工作的僧人寺本婉雅所載日記[12]內容，圖登嘉措曾派遣特使與寺本一同拜訪川島浪速。寺本與川島積極向圖博特使建議，無論是為了保護佛教或圖博國家利益，圖博都必須爭取獨立，並進行政治、軍事等現代化改革。他們不僅遊說圖博應派遣留學生前往日本學習，甚至邀請圖登嘉措前往日本參訪。寺本此前多次前往衮本宮巴、五台山晉見圖登嘉措，並向圖登嘉措引薦日本軍事、外交部門高官及皇室宗教領袖，可見日本積極試圖與圖博建立關係。然而，在北京當時卻派出不具正式官方身分的川島與寺本，討論雙方交流的具體計畫，做法有些遮掩，其實是避免引起滿清及英、俄等國的注意，尤其是擔心已與日本建立聯盟關係的英國不滿。

寺本在日記中也明確交代這些積極關注圖博的作為，並不是單純為宗教交流，而是為擴展日本帝國勢力所做準備。而從圖登嘉措當時的決策與行動，也可看出他似乎敏銳察覺日本政府背後的動機，或者已看出日本的國際影響力其實有限——結束北京的訪問，他直接向西趕返圖博地區，而非前往日本；此後兩國交流也僅止於交換留學僧、贈送佛經等宗教活動，後來圖博政府決定派遣留學生學習現代科技，也是前往英國與印度，而不是日本。

美國大使柔克義在書信、日記中提及，圖登嘉措在北京當時，阿旺多傑曾奉派和他數次見面。[13]深為欣賞圖博佛教文化的柔克義，顯然和一般帝國外交官員不太一樣，他會在日記等文字紀錄中直接稱多傑喇嘛、洛桑堪布為朋友，他們似乎除了公務關係外，私底下也頗有交誼，談話時自然省去拐彎抹角的客套與試探，直奔主題。他們商議如何在維護達賴喇嘛與圖博國家尊嚴的前提下與清國交涉，以及如何讓川軍退兵，與預防清國試圖吞併等實際問題。

柔克義給予的建議是，圖博政府宜與英屬印度維繫良好互動，亦即以其他鄰國勢力來約束清國的擴張企圖。[14]這與早前圖登嘉措在五台山，主動去函向英國公使釋出和平善意的做法不謀而合。

11 Bell, Charles, 1946.
中國西藏科學院出版中譯本《十三世達賴喇嘛傳》，只是諸多內容遭刪修竄改。
12 寺本婉雅，二〇二三。
13 Mr. Rockhill to President Roosevelt, Peking, 8 November 1908.
14 Snelling, John, 1993.

院的規劃細節。

英、俄之間

阿旺多傑與俄國官員已是熟識，他在北京曾和公使廓索維茲（Korostovets）多次會晤，商議內容也多以維護圖博安全的具體問題為主，此外則是在聖彼得堡建造圖博佛學院的規劃細節。

在俄國大使館中曾進行一場特別的會議，由廓索維茲安排，邀請多傑與英國駐江孜商務官歐康諾[15]參與，三人分別代表圖博、俄、英，他們針對清國派兵入侵圖博而商討對策。畢竟對英方來說，清國過激的軍事動作，也將危及英國在喜馬拉雅地區的殖民經營；此外，之前英屬印度政府一直將多傑列為通緝的俄國間諜，這場會面多少也具有澄清的目的。

歐康諾曾在私人信函中提及此次會面，當時多傑喇嘛與廓索維茲是以俄文對話，與歐康諾以圖博語交談，歐康諾和廓索維茲則透過英文和法語來溝通。歐康諾表示，從談話過程中，能感受到阿旺多傑對圖博真誠的關切；他也看得出來多傑作為達賴喇嘛的特使，完全明瞭英國觀望的政治態度，因英國當局當時採行對圖博、清國都保持友好的政策；他同時也明顯感受到，達賴喇嘛與圖博人民對清國的所作所為深覺厭惡。[16]

作為英國駐印商務官，不論歐康諾如何關心圖博人的命運，從他的紀錄報告，仍清楚看出他負有情報收集的任務。不僅是這場三國代表的會議，那時他陪同錫金王儲錫東祖古南嘉[17]到北京訪問，之前也隨王儲環遊北美、日本等地參觀，同行當然不只是單純的陪伴，其中也含有監視的政治目的。

錫金王子在北京多次晉見圖登嘉措時，歐康諾也隨行在側。根據《廳內偵察達賴喇嘛報告》記錄，因錫金王子熟悉圖博語，清國外務部無法以翻譯的藉口派員在場，這些會晤都是避開清國官員的監視，私下密會深談，其中一次晤談甚至長達四小時。歐康諾在回憶錄記載，當時圖登嘉措曾問及錫金王儲在牛津大學受教育的經驗，以及對英國現代化發展的評價等等，並表示圖博未來將計畫派遣留學生赴英屬印度學習醫學、機械、電力工程等知識與技術，希望王子到時予以協助。[18]

圖登嘉措接見這些外國政治人士時，並非單純的宗教文化交流，更不是為了他個人的名利地位，他所關切討論的主題全都圍繞在圖博整體的安危，以及如何維護獨立的國家地位；尤其與錫金王子談及將培養圖博青年學習現代科技和教育的事，可知這些年流亡異地，他不僅苦思能讓圖博免受戰爭侵害的辦法，也規劃著國家未來發展的藍圖。

15 歐康諾（William O'Connor, 1870 - 1943），生於愛爾蘭的英國軍人，一九〇四年在入侵拉薩的軍隊中擔任圖博語口譯，他長期在大吉嶺與圖博地區任職商務官，直到軍職退休。

16 O'Connor, William, 1931.

17 錫東祖古南嘉（Sidkeong Tulku Namgyal, 1879 - 1914），一九一四年即位為第十代錫金國王，母親是圖博貴族在。在位時試圖革除錫金特權階級弊病，但即位不到一年即因病過世。

18 O'Connor, William, 1931.

41 火

北京（頤和園）

拳頭有很多式樣……
由下而上，從內而外壓擠著
語言像牙膏一樣噴發
而語言，這擠壓出的
拳頭
是弱者的專利
——瑪格麗特．艾特伍，〈什麼都聽不到〉

和好幾支觀光旅行隊伍一起進入頤和園，穿過殿堂建築後，我們選擇避開湖邊人群，撿山徑沿著坡地往上，走向柏樹林間，不久便登上萬壽山的最高處。

闃靜裡隱約傳來一陣嬉鬧，循笑聲望去，一群年輕人正在一塊斑駁的平台上笑鬧追逐，另有些遊人在斷裂破損的石基、岩塊間，或倚或坐地拍照。這裡是頤和園後山的

「四大部洲」遺址，平台其實是一座佛殿的屋頂。

自坡頂往下走，布滿歲月斑痕的垣牆與亂石岩塊、樹木糾雜一起，有時得手腳並用的攀爬，其間也可見嶄新的圖博式佛塔、赭紅高牆。中央矗立一座水泥結構的黃色琉璃瓦佛殿，那是中國宣稱已然修復的「香岩宗印之閣」，象徵佛教世界中心的須彌山，與四周圍繞的佛塔建築營構成佛經所描述的宇宙觀，也就是壇城，中文則簡稱四大部洲。

官方文宣介紹乾隆初建是仿照桑耶寺而設計，經歷英法聯軍入侵遭破壞，一八八六年慈禧挪用北洋軍備經費重建頤和園，著重山前的宮殿、佛堂、園林，在後山僅復建中央的佛殿，其他部分應已無力再作恢復。中國政府成立後，經歷內戰、日本入侵、文化大革命等時代變動破壞，長久荒棄，漸掩入亂石野莽間。中國宣稱在一九八〇、二〇一〇年代曾二度大規模修葺重建，於是成為眼前所見的油彩敷水泥面貌，和真正的圖博佛寺建築風格已相去甚遠。

昔時慈禧重建頤和園作為避暑夏宮，應該比紫禁城的古老皇宮舒服許多，據說一年裡近十個月都是待在這座倚山臨湖的宮殿。一九〇八年達賴喇嘛與慈禧、光緒會晤的地點，即安排在頤和園中的仁壽殿，那是園中君王臨朝和接見外國使臣的正式空間。

如今頤和園的參觀動線也是從仁壽殿開始。殿前架設著欄杆圍籬，將人們隔出一段距離外，欄內一名警衛威風凜凜的來回巡視；杆上掛著「保護文物，愛護欄杆」的警示牌。聽見導遊們背誦著大同小異的台詞——乾隆建造時原本命名勤政殿，慈禧以退休靜養的名義重建，改稱仁壽殿，殿外的長壽石、以壽字裝飾的窗稜與壁面，都表明了最初建造目的，但其實慈禧依然掌握實權，門前鳳凰銅雕佔中央位置，龍卻憋屈一旁……

在歷史新聞資料裡找到一幀西元一九〇三年的仁壽殿畫面，殿前眾外國使臣列隊站立，應是八國聯軍入侵、頤和園再次修整後，和平接見各國代表的場合——慈禧高坐廟堂龍椅寶座，光緒坐在她左下方階梯的矮椅。[1]猜想達賴喇嘛與慈禧、光緒見面當時，客套寒暄並為彼此送上禮物，也是相似的場景吧，只是達賴喇嘛當時既遭強迫側跪的屈辱，又受到賜座的特殊禮遇。

時移事轉

依圖博文獻，圖登嘉措與光緒餐敘時，即目睹光緒重病萎靡的模樣，二週後光緒真的離世，第二天高齡七十三歲的慈禧也跟著亡故；圖登嘉措先是主持葬禮祝禱儀式，再為三歲溥儀的登基舉行祈福儀典，一陣忙碌後，隨即踏上返回圖博的路程。[2]

當圖登嘉措一行再次返抵袞本宮巴時已進入隆冬，圖博高原冰封，阻斷西行拉薩之路。另一條在冬季可通行的路線，位於南邊的康區，由東向西橫越昌都宗、索宗、那曲宗[3]到達拉薩；然而康區早已被趙爾豐軍隊佔領，安班新召集的漢軍也已從成都出發，在趙爾豐軍隊協助下，將穿越康區直抵拉薩，這一路上各地圖博民兵正以游擊方式嘗試阻擋。

圖登嘉措雖遠在袞本宮巴，仍能即時收到自各地傳來的消息，只是圖博民兵落後的傳統武器難以抵擋配備新式槍砲的綠營軍[4]，經常傳來圖博人犧牲或被俘的訊息，儘管如此，圖博民眾並未輕言放棄。

圖登嘉措關注康區戰情，曾向清國表達他計畫更改路線，往南途經德格返回拉薩，當時圖登嘉措一行人即來回逡巡於安多與康區各處。清國擔心他鼓動當地民眾的對抗之心，不斷催促他盡快返回布達拉。[5]

一九〇九年八月，他到達那曲宗的熱振宮巴，這裡是康區與衛藏地區的交界，是自中原地區通往拉薩的必經之地，他得以就近掌握最新情況。此時安班的軍隊已逼近拉薩，噶廈政府隨即派遣官員前往漢軍駐紮地達隆宗[6]，試圖對話協商，卻遭到逮補，數日後竟遭安班下令處決。這消息傳回拉薩，更令圖博民眾感到憤慨驚恐。

1 The Pacific commercial advertiser, August 20, 1903.
2 Wangchuk Deden Shakabpa, 1967.
3 那曲（Nagqu），黑河的意思，那曲宗因流經的這條河水為名。
4 新調派的安班綠營軍裝備除有千枝步槍，還配有十六門法國造過山炮、二十四挺機關槍，並配有長途電話、渡江鐵駁等。（易華，二〇〇五）
5《大清宣統政紀實錄》，一九七八。
6 中國佔據後行政規劃為昌都市邊壩縣，距離拉薩已不需五日腳程。

圖登嘉措緊急派人前往江孜英國商務處，將漢軍入侵的消息發電報給英、俄駐北京大使；也遣代表前往北京向兩國大使轉交親筆信函，在給英國公使的信中直接表達訴求：「對於中國軍隊在圖博種種不法行為，聞悉之餘，深為憂慮，異日如有必要時，深盼英公使盡力為之聲援。」[7]

圖博民眾大會也同時向清國當局發送電報警告：「我們，被壓迫的圖博人，向你傳達這個消息。雖然外表看似正常，但大的蟲子正在吞噬小蟲子。我們已經嘗試真誠的溝通，但他們卻欺瞞我們，已派遣軍隊進入圖博，引起圖博僧民巨大的恐慌……請讓清國的官員和軍隊盡快撤離。如果不這樣做，就會有麻煩。」[8]

圖登嘉措趕在一九〇九年底回到布達拉；川軍綠營則在一九一〇新年正月初三進入拉薩，那天正是舉行孟蘭祈福法會的第一天，拉薩三大佛學院[9]所有僧人齊聚大昭寺前廣場誦經，周圍擠滿祈福的圖博群眾。全副武裝的漢軍唐突出現，這應該是安班聯豫的盤算，藉機向圖博大眾展示他的浩大軍容，卻打斷正在進行的誦經儀式，隨即引發衝突，哲蚌寺的鐵棒喇嘛遭當眾羈押罰跪等羞辱，維持秩序的多名圖博警察遭漢軍射殺，更造成許多無辜民眾傷亡，頓時群情激憤，川軍為鎮壓憤怒群眾，竟向布達拉開火射擊。

自四川緊急招募的漢軍成員良莠不齊，其中有不少地痞袍哥[10]，自成都到拉薩一路發生不少偷盜擄掠之事，令各地民眾更生怨憤。[11]向布達拉開槍的消息一傳出，各地圖博僧民為保護達賴喇嘛紛紛湧入拉薩，衝突混亂的情況擴大蔓延到更多地區。眼看布達拉宮遭漢軍包圍，為恐遭到俘虜，圖登嘉措立即決策南下印度向英國求援，他委任甘丹赤巴為攝政，帶著幾位官員在黑夜中潛行南下。

絕地而生

對於圖登嘉措才剛回到拉薩數日又被迫流亡他地，漢文獻對他的批評幾乎是破口咒罵：「驕奢淫佚，暴戾恣睢……且跋扈妄為，擅違朝命，虐用藏眾，輕啟釁端……反覆狡詐，自外生成，實屬上負國恩，下辜眾望，不足為各呼圖克圖之領袖。」[12]現代中文論述或嘲諷其無能、受英國誘騙，或譏誚其命運多舛[13]，都刻意忽略圖登嘉措作為領導者決策的思慮脈絡，將他描述成毫無想法、走投無路的傻子。

7 Younghusband, Francis, 2015.
8 Teichman, Eric., 2018.
9 即甘丹、色拉與哲蚌三座佛學院。
10 袍哥也稱嘓嚕，或作哥老、哥佬，原是方言，意指結拜兄弟或賭徒。《清史稿》：「蜀民失業無賴者，多習拳勇，嗜飲博，寖至劫殺，號為嘓嚕子。」
11 易華，二〇〇五。
12 《大清宣統政紀實錄》，一九七八。
13 高鴻志，二〇一〇；楊公素，一九八九。

圖登嘉措這些年百般努力，依然無法阻止清國安班率軍入侵，流亡印度顯然是他的下一步棋，是置之死地的冒險決定。

在熱振宮巴向國際發出求援電報時，達賴喇嘛可能已做出再次流亡的準備。他清楚情勢，英、俄各國並無法及時派軍協助，即使第一時間公開發出譴責[14]，僅能給清國製造些壓力；然而，當圖登嘉措因川軍入侵，而被迫離開布達拉宮，原本英、清間看似平和的局勢立即被戳破，面對試圖擴張的清國，鄰近的英屬印度不可能置之不理。尤其在圖登嘉措回到圖博時，已收到英屬印度政府轉達自英王愛德華七世的感謝與祝福公函。[15]之後的情勢發展，足以證明圖登嘉措的策略正確——英屬印度政府公開承諾，除了軍事武力外，將盡可能給予保護和協助，這包含提供基本防衛的武器資源。

圖登嘉措再次選擇踏上異鄉的未知旅程，他唯一擁有的有利條件，就是所有圖博民眾對他的支持。

達賴喇嘛未受俘，境內圖博民眾便能不受要脅。儘管清皇室再度下旨撤銷達賴喇嘛封號，但清國派出川軍入侵圖博，即破壞了兩國二百多年邦誼，此時清國的封號對圖博與圖登嘉措本人都已不重要。當安班公布撤銷封號、尋求轉世靈童告示，圖博民眾更加同仇敵慨，境內所有不願順從清國安班的人，都轉為地下組織進行反抗，各地機動性的游擊式攻擊，令漢軍防不勝防。

一九一一年底，漢人在中原起義成功、清國皇室退位的消息傳來，圖登嘉措發布

〈告民眾書〉：「……自示之後，凡我營官頭目人等，務宜發憤有為，苟其地居有漢人，固當驅除淨盡，即其地未居漢人，亦必嚴為防守，總期西藏全境漢人絕跡，是為至要。」[16]圖博境內民兵立即響應，發動大規模襲擊，日喀則、江孜等地率先光復，隨後拉薩北部也回到圖博游擊隊控制中，將安班與漢軍團團圍困在拉薩南部城區。

圖登嘉措在〈告民眾書〉的簽章，是一九〇九年底圖登嘉措自中原地區返回布達拉時，圖博民眾向他獻上的新達賴喇嘛印章，上面刻著：「佛陀諭示，嘉措喇嘛是世界佛教的主持者」。自此象徵達賴喇嘛的稱號，並非來自他處，而是來自圖博佛教信眾所贈予。

一九一二年新共和國在北京成立，大總統袁世凱致電圖登嘉措，表示將恢復他的達賴喇嘛頭銜，圖登嘉措直接拒絕，回電表示：「不需要中國政府給予任何品級的頭銜，圖博將兼行世俗和宗教的統治。」[17]亦即正式告知漢人新政府圖博是獨立於中國之外的。

同一年，透國尼泊爾駐拉薩代表居中協調，安班與圖博政府簽署退兵協議，年底前衛藏境內所有綠營兵士都繳械投降，被和平驅離圖博，借道印度返回中國。

14 朱錦屏，一九二五。
15 Miele, Matteo, 2015.
16 陳慶英、高淑芬編，二〇〇三。
17 Goldstein, Melvyn, 1997.

人道與自主精神

一九一三年圖博新年前夕，圖登嘉措在游擊隊護送的凱旋氣氛中回到布達拉宮。新的一年到來時，他向全國民眾發布歷史上著名的圖博獨立宣言：「為了保持維護我們國家的獨立，每個人都必須在自己的位置上努力。」[18]

為實踐這個目標，圖登嘉措開展一連串的改革行動。規劃各項民生建設，例如：擴大設置醫藥學院、創辦醫院、建立電信設施、改革幣制等。對政府行政制度也作出調整修改，廢除噶倫世襲制，同時制定土地、林業、狩獵等管理制度，鼓勵民眾開墾荒地，農民得以擁有開墾的土地等；建立公平稅制，適切提高貴族莊園的捐稅比例，減少一般民眾負擔；規定地方官員不得過度差役人民；建立民眾申訴的暢通管道，讓各地人民不論遠近都可直接向拉薩中央投訴官員不法情事。

一九二九年擔任蔣介石國民政府特使的劉曼卿，無意中目擊民眾申訴的執行現場。她在書中提到路過康區札木多時，一名地方官員受到民眾投訴，遭噶廈政府調查撤換，原因即違反新政令——官員不可任意徵集馱畜、勞役等擾民之事。[19]

所有改革中，尤其先進於當代其他許多國家的政策，是依循佛教精神廢除死刑，並減少罪犯肉體的刑罰，改善監獄的環境條件。[20]一九一二年當境內漢軍投降、繳交軍火武器後，圖博政府已與印度政府協商妥善，確保漢人兵員能取道印度安全返國，不僅按人道精神提供他們所需物資糧食，並承諾將保護自願留下的非軍職中國人。[21]

圖登嘉措特別著重教育，發布獨立宣言時，第一批留學生已經出發，由孜本[22]龍廈多傑次吉帶領，在印度加爾各答乘船前往英國。另一批留學生則前往俄羅斯，根據聖彼得堡媒體「新時代」報導，有十五位年輕圖博學子在一九一三年初抵達，他們是透過多傑喇嘛與俄國相關單位聯繫，安排進入軍事學校接受槍砲、騎兵等專業訓練。[23]之後直到一九四〇年代，圖博政府根據國內發展需求，陸續派遣學生前往錫金、印度等地的英國專業學校，分批接受英文、郵電通訊、電力工程、銀行商務及軍事訓練等教育。[24]

嘗試將世俗教育融入傳統宗教教育中，除了安排留學生到外國學習新知，在國內也同時創立新式學校；政府主辦的專門學校主要有三種，門孜康[25]、孜康、孜洛札。門孜康是從事醫學研究的學院，孜康是培養年輕官員的專業學校，孜洛札則是提供預備僧官接

18 Wangchuk Deden Shakabpa, 1967.
19 劉曼卿，一九九八。
20 Thubten Jigme Norbu, 2009.
21 Teichman, Eric, 2018.
22 孜本，圖博噶廈政府官銜，為財政部部長。
23 "Sir George William Buchanan to Sir Edward Grey, February 13, 1913", 1913.
24 張凱峰，二〇〇八。
25 門孜康（men tsi khang），圖博醫藥學院。一九一六年成立，圖博政府流亡印度後，一九六一年三月在達蘭薩拉重建門孜康。

受行政事物的學習。一九一六年，在拉薩丹吉林佛學院附近創建一所門孜康，任命哲蚌宮巴的司藥欽繞羅布為校長，從各地招收有天份的學僧，接受圖博醫學和天文曆算的教育。

為圖博在世界奔走的阿旺多傑喇嘛曾在自傳中提及，圖登嘉措年少時即有創設圖博醫藥學校的心願，認為普及的醫藥是圖博與蒙古民眾最急需；多傑擁有相同理念，一九一四年他完成圖登嘉措交付的外交使命後，回到他的家鄉阿薩噶[26]，建立一所佛學院和醫藥學院，日後成為布里雅特的醫學中心[27]。

除此，圖登嘉措也提倡終身教育，推廣公平教育。一九一八年時他計畫在各地興辦小學，規定入學不分貴賤，教師工資由政府承擔。一九二三年，噶廈政府在江孜興辦一所教授圖博與英文的雙語學校，特別聘請英國政務官洛德勞[28]擔任校長兼教務規劃，洛德勞畢業於劍橋大學，研究自然歷史、鳥類與植物，該校學生除了學習英文外，也接受政治、文化與自然科學等現代知識的教育。

儘管在傳統佛教信仰社會中，發展西式教育體系一直受到許多阻礙，但在中國解放軍入侵前的一九四六年，圖博政府仍派出最後一批學童，前往大吉嶺聖約瑟夫學校[29]就學。除了官派留學生，當時自行前往印度留學的年輕學子數量更多，其中也包含女學生。察榮家族的仁欽卓瑪是第一位圖博的女留學生，十二歲時前往大吉嶺英國衛理公會學校接受英式教育，隨後她的侄子、姪女也陸續前往就學。她在學成後回到拉薩協助家族事業，並在政府任職翻譯，接待外國賓客。[30]一九五九年她與眾多難民一起流亡印度，從此直到退休，她都在達蘭薩拉圖博兒童學校服務，致力於海外流亡學童的教育。

從未停止的獨立精神

回首一九〇四年夏日，當圖登嘉措苦思布局，試圖擋住翻越喜馬拉雅山入侵的英軍時，波蘭的畢蘇斯基[31]正前往東京，嘗試說服與俄國交戰的日本，支持他成立一支波蘭軍團向俄國發動革命。

這趟千里東方之行的結果遠遠不如畢蘇斯基的期望，日本政府最終拒絕組建軍團，僅提供少量武器經費。返回歐洲途中，畢蘇斯基重擬計畫，提出「普羅米修斯主義」的

26 阿薩噶（Arsagat），意為石頭與祝福，位於布里雅特草原上的小村，距離首都烏蘭烏德約五十公里，此地有一座建於一八二五年的古老佛寺，多傑喇嘛增設佛學院、印經院、圖書館以及藏醫院、製藥廠，遭共產黨羈押前，他在此地工作與生活多年。http://en.jassotour.ru/publ/6-1-0-15

27 Saxer, Martin, 2004.

28 洛德勞（Frank Ludlow, 1885 - 1972），英國自然學者，派駐印度與圖博擔任商務官與使官。

29 大吉嶺聖約瑟夫學校（St. Joseph's School, Darjeeling），位於大吉嶺北角，目前仍是南亞受歡迎的國際學校之一。

30 Rinchen Dolma, 1986.

31 畢蘇斯基（Józef Klemens Pi sudski, 1867 - 1935）一生為維護獨立完整的波蘭而奔走，至今仍是波蘭人民景仰的人物。

構想——支持受俄羅斯帝國控制的各民族進行獨立運動，包括烏克蘭、巴爾幹地區和土耳其等民族，透過協助他們獨立建國，從內部肢解俄帝國的龐大勢力，從而確保波蘭的獨立完整。

在大約相同的時間，圖登嘉措到達庫倫草原，他支持並協助眾蒙古親王建立泛佛教信仰聯盟，聯合對抗滿清與中國，爭取獨立的計畫，與普羅米修斯主義的概念不謀而合。

普羅米修斯在古希臘文中的意思是「先知者」，神話中祂揑塑創造人類形體，並不惜忤逆宙斯，偷盜火種給人們。祂象徵反抗權威的精神，讓凡人擁有火光，不受闇黑蒙蔽，能夠自主思考並擁有清晰獨立判斷，及挑戰權威、擺脫宰制的可能性。

畢蘇斯基提出的普羅米修斯主義，當時看來就像過於高遠的理想，毫無實現的可能。過去百年來波蘭與東歐國家接連承受沙俄帝國、蘇聯的獨裁統治，經歷無數次革命起義與戰爭，這個計畫像是黑暗中的微小火焰，總是剛亮起又熄滅。然而在一九八九年柏林圍牆倒下，蘇聯解體，包括波蘭、烏克蘭、喬治亞等許多國家陸續脫離蘇聯控制，獨立建國……生活在二十一世紀的我們清晰目睹，百多年前看似無法實踐的夢想，已逐步實現。

曾擔任多年英屬印度政府商務官的貝爾（Bell），曾如此描述圖登嘉措，「他會講蒙古語，懂一點俄語，可以讀寫梵文。他是一個性格強硬，善良的人，是宗教儀式的嚴格觀察者。他非常重視行政的細節，沒有他個人的批准，就不會有任何重要的行政舉措。（在印度時）他適應歐洲的生活方式，並偶爾嘗試歐洲的食物。他回到圖博，每到一地都受到無數民眾擁護的場面，表示這些年他暫時的離開，並沒有削弱他在圖博人心中的地位。」[32]貝爾認為他是一個擁有無窮能量，為圖博未來願景驅動著，從不知放棄的人。

在不違背佛法的基本理念下，建立基本的國家安全妨衛系統，是圖登嘉措一直以來想完成的計畫。英屬印度政府履行承諾，提供一些武器及協助訓練軍事人員，讓圖博迅速建立起一支現代軍事部隊，立即投入護衛家園的行列。

圖登嘉措派任此前領導對抗漢軍的游擊隊領袖強巴丹達，擔任康區總督。強巴丹達率領接受過軍事訓練的第一支隊伍駐守東部邊防，他們其中有許多就是康巴子弟，多年前在家園受到趙爾豐軍隊攻擊，即潛行到拉薩與衛藏地區參加游擊隊，接受訓練後，此際又回來為故土家園奮戰。

儘管一九一四年圖博與中國、英屬印度政府於辛姆拉協議邊界與主權問題，並簽署草約，但之後中國政府不滿協定內容拒絕簽署，康區邊界問題懸而未決。[33]一九一七年，一場邊境衝突引發雙方激烈戰鬥，中國軍閥在札木多（昌都）的駐軍戰敗，指揮官彭日

32 Bell, Charles, 1987.
33 Richardson, Hugh, 1984.

升[34]被俘；圖博軍隊成功越過治曲，向東逐漸光復康區領土，幾乎推進到達澤多，中方將領提出停戰，請英國駐達澤多外交官台克曼（Teichman）參與訂定停火協議，雙方協定大致以治曲為界，但治曲東岸的德格、甘孜等地也歸屬圖博。

西元一九四七年徘徊康區一帶的法國旅行者彌戈（Migot）表示，雖然在地圖上，將康、安多地區繪製成中國西康省和青海省的部分，但根據他的實際體驗，圖博和中國之間真正的邊界在達澤多。也就是說自一九〇五年趙爾豐入侵並佔據康區，聲稱實行漢化，經過近半個世紀時間，康區民眾依舊保留圖博風俗與生活形式，他的經歷是：「一旦你走出達澤多北門，就告別了中華文明及其便利設施，開始過一種完全不同的生活。」[35]

自一九一三年直到一九五二年中國解放軍入侵圖博東部為止，這座高原上的古老佛教王國依照圖登嘉措的規劃，維持近半個世紀的獨立自主狀態，境內既沒有中國與任何外國駐軍，達賴喇嘛也不接受任何中方贈與的頭銜；在圖登嘉措親政的時代，即連中國政府意圖派遣使臣聯繫，也難得其門而入。[36]

34 彭日升昔為趙爾豐部署，據美國傳教士謝爾敦醫師描述彭對圖博戰俘刑求，手段殘忍。被俘後押解到拉薩受審，囚禁於山南地區。
35 Migot, André; Fleming, Peter, 1956.
36 朱麗雙，二〇一六。

42

是非題

北京（雍和宮、西黃寺）

差異也許會被吐出、吞食、拒絕在外，
每件可能發生的事情都有專門處理的地方。
差異也可能被隱形，
或者更好的說法是被人們視而不見。
——齊格蒙．鮑曼，《液態的現代性》

認識文瑟和他的家人，是這趟旅程中最奇妙的際遇，直到現在我仍這麼認為。雍和宮附近巷子裡一家麵食餐館，因為滿席，老闆建議我們先坐入一桌用餐客人的席間空位，他們正是文瑟一家。我們還遲疑，文瑟已爽朗招呼，「坐唄，沒事沒事兒。」尚未坐下，沒想到幾位剛進來的客人眼明手快已搶先入座，一瞬間大家都有些愕愣。這時文瑟竟告訴那人：「這位置有人坐。」他指向我們，「我們是一起的。」

我們當然不是一起來的，不過確實也不是第一次見面。

大約數週前，在五台山的旅途中曾遇見過。文瑟一家也是來自外地的旅行者，當時我們並沒有交談，儘管周圍滿是觀光人群，但我仍清楚記得他們。文瑟和他的母親、兄長及姪女同行，其實穿著與當地人們無異，仍一眼認出他們不是來自漢地的旅客。不僅因為阿媽拉的灰白長辮上繫著紅毛繩，是圖博老婦人慣常的髮式，他們在佛殿前垂首凝思的神情，在中國觀光遊客間實在太醒目。

他們遠從安多來，其實是為陪伴阿媽拉實現朝聖的心願。他們花十多天繞轉五台山聖地，之後順道來北京探訪親戚，也打算走過一遍雍和宮及幾處佛學院遺址。他們將冬季轉山說得雲淡風輕，然而我知道那是極為艱難的事。約二十年前也曾經轉過神山岡仁波齊，數日夜走在高山風雪中，對年輕人來說已是體能的極限挑戰，更何況阿媽拉年事已高。

文瑟也記得曾在五台山見過我們，說我們的舉止和中國旅客不太一樣，所以特別有印象。就像一般在路上相遇的旅人，用餐間我們也興奮的交換著各自行旅的體驗。

我提起到北京後曾經去過黃寺，見到六世班禪喇嘛的清淨化城塔。他驚訝我們也知道，說黃寺一直持續關閉，就連許多圖博人也不清楚最近開放的消息；說阿媽拉這次特地到北京，最想見一面的除了雍和宮的強巴菩薩[1]，就是清淨化城塔。

時光悠遠的朝聖路

從雍和宮往北越過護城河，經過地壇公園，往西轉入黃寺大街，就直接通向重建的黃寺位址。舊時護城河伴沿內城牆逶迤而行，牆內全屬於皇家的土地產業，紫禁城外除了王室相關的衙署，只容許八旗軍民設址，一般民眾無法隨意進入牆內。現在城牆早已拆除，盈眼的大廈高樓都屬於黨與國家所有；而依然存在的護城河築起水泥堤岸，一旁就是車流喧囂的寬大馬路。

文瑟邀請我們隨同他們家人參觀黃寺，他建議大夥兒一起散步過去。他介紹這條連接雍和宮與黃寺的道路，就是往昔圖博與蒙古朝聖者的路線，清國當時為蒙古王公與使臣安排的駐京外館也位於這個區域，周邊密集分布蒙古、安多朝聖商旅落腳的客棧商舖，成為草原信眾到訪北京的主要活動範圍。

雍和宮原本是雍親王府，曾是乾隆出生成長的府邸，雍正過世也停柩在此，乾隆登基後委任亦師亦友的章嘉仁波切設計，讓雍和宮不只成為供奉菩薩的華美佛殿，也設立專研天文、醫理、顯經、密續的佛學院，建構完整的佛學教育系統，培育來自蒙古各地

1 強巴菩薩，即未來佛，漢傳佛教稱彌勒佛。這尊強巴菩薩高十八公尺（若含地下八公尺，全長為二十六公尺）由白檀木所雕成。七世達賴喇嘛格桑嘉措贈與乾隆，花三年時間才運抵北京，而乾隆為這尊菩薩像在雍和宮建造了「萬福閣」。

資質優秀的學僧，雍和宮於是成為佛教高等學府般的指標性存在。當時從雍和宮附近街區向北延伸到安定門外，即分布超過五百家專售佛像、經書的商鋪。[2]

這條朝聖路線通向為五世達賴喇嘛所建的黃寺，其中西黃寺建築恢宏，據說形式仿照拉薩的布達拉，當地俗稱為達賴喇嘛廟[3]，對信眾來說其神聖性更毋庸置疑。根據文獻記載：「德勝門外黑寺、黃寺兩喇嘛廟……每歲逢期，聚眾至萬餘人之多，爭接捨錢，擁擠滋事。」[4]到了每年正月都依圖博佛教儀俗，盛大舉行跳羌除祟等活動，這天佛學院也會對一般民眾開放，所以不僅聚集遠道而來的蒙古信眾，也吸引當地人潮，造成萬人空巷的熱鬧場面。

黃寺原本佔地廣闊，依據一九三〇年代年日本所攝航拍圖，及攝影師赫達·莫里森一九三三年至一九四六年拍攝的作品，可知在一九四〇年代以前黃寺佛殿與札倉[5]建築基本完好，既無遭八國聯軍破壞，也未被日軍轟炸，佛殿被高大的柏樹林圍繞，院落幽靜典雅。[6]

文瑟跟我們介紹，黃寺左近還有一所專供安多學僧修行的佛學院「資福院」[7]，再更往西北方，是一處漢名為「慈度寺」[8]的古老佛學院，從雍和宮到慈度寺這一整片廣大區域，在當時就像是「圖博佛教文化園區」。只是現今資福院、慈度寺的建築已不復存在，原址被解放軍總政單位、小學、官營企業及私人民居所佔用。

溯名之源

以一牆之隔，黃寺分有東、西兩區院落。清國入關後，順治為準備迎接洛桑嘉措來訪，預先闢建東黃寺，隨後西黃寺也緊接落成，這是滿清王室在北京督造的首批圖博廟宇之一，佛殿覆上唯獨王室專用的黃色琉璃瓦，也許這正是獲稱黃寺的原因。

追溯滿清入關前，皇太極肇建大清國之初，即在當時的王城盛京[9]興建實勝寺，以供奉蒙古僧人投誠時所獻上的「納波千波」神像[10]。這尊金佛是八思巴為忽必烈所鑄，一

2 賴惠敏，二〇一一。

3 賴惠敏，二〇一四。但仿照布達拉的說法存疑，建造西黃寺時，布達拉宮尚未完工，如何能仿建？依現今西黃寺殘留建築與老照片，形式並無與布達拉相寺之處，可能單純因是達賴喇嘛駐錫地，當地人們才稱「達賴喇嘛廟」。

4 載銓（清），二〇〇〇。

5 札倉，為僧團學院，依照地域區分為數個札倉，例如果芒札倉為來自安多與蒙古地區的僧人。

6 Morrison, Hedda, 1985.

7 資福院，為康熙命名，當地漢人稱十方院。見聖祖仁皇帝〈御製資福院碑記〉。

8 慈度寺，建於順治時代，當地俗稱黑寺。

9 即瀋陽。一六二五年皇太極在盛京建都，入關後將盛京保留為陪都，後以「奉天承運」之意設為奉天府。

10 一六三四年皇太極擊潰察哈爾部林丹汗大軍，察哈爾大喇嘛獻上納波千波。納波千波（nak po chen po），即佛教神祇「大黑天」，常簡稱為「貢波」（gon po），意為保護神。梵語為瑪哈嘎拉（mahakara），印度教濕婆神的化身，象徵時間的力量，具有戰勝死亡與一切災厄的能力，也被奉為戰神、財神。乾隆曾向漢人廣傳圖博佛教，將關帝君詮釋為納波千波的化身之一。

直供奉在五台山，蒙古退出中原時，元惠帝也攜回草原祖地，直傳承至林丹汗。滿清若供有這尊護法神，象徵承繼蒙古成吉思汗黃金家族的大統。而這幢供有納波千波的實勝寺，與北京黃寺相同，覆上象徵王室尊貴的黃色琉璃瓦，俗稱為黃寺、皇寺；可見北京的黃寺一如實勝寺，確實具有滿清王家寺院的尊貴地位。

現今中文文史論述一致指稱黃寺名稱由來，是因佛學院屬於「格魯派」。中原地區不諳圖博佛教文化，以格魯派僧人多戴黃帽，簡稱「黃教」作為辨識，於是也以黃寺命名北京為達賴喇嘛闢建的佛學院。

這說法乍聞好像有些道理，稍微細想就會發現穿鑿之處——滿清在北京、五台山等地建造不下數十座格魯派寺院，為何唯獨標識實勝寺、黃寺？如果因為隸屬格魯派而稱黃寺，那麼北京所有格魯派佛學院全都應該被稱為黃寺了。

文瑟贊同我的想法，他說圖博人稱黃寺為「拉康瑟波」[11]，字面意思就是黃色的佛殿，名字由來直接取決於其建築獨特的黃瓦。他進一步舉例說明，位於西北方不遠的慈度寺也在差不多年代建成，是蒙古信眾為達爾罕喇嘛[12]募資而建的，當地簡稱「黑寺」，廟宇只鋪設普通的青瓦，絕非教派不同的緣故，因為來自蒙古的達爾罕喇嘛也是格魯派僧人。

文瑟仔細解說背景，圖博佛教因教法不同，而在悠久歷史中發展出許多派別，儘管格魯派在十七世紀時在政治上統一圖博全境，但仍尊重信仰教派的自由。圖博與蒙古信眾十分熟悉這些教派的特點與差異，例如「寧瑪」意思是古老的；師徒相承的「噶舉」是口傳之意；而重視戒律的「格魯」意思是善規。名稱即顯示了教派的特色。也許中原人士無法理解這些教法的差異，容易混淆，才以紅教、黃教等簡化的名稱來區別。

他搖頭嘆著：「用僧袍、僧帽顏色來命名教派，這個是我們想像不到的。」

我問為什麼。他想了一下才說：「把佛理教義簡化，圖博信仰精神也扁平化，所有東西都變得淺薄可笑，就更符合他們所說的迷信了吧。」

文瑟語氣輕鬆，可是聽得出話裡的無奈。而他話裡的「他們」應該是指中國政府或中國共產黨吧，我想。

把黃寺命名原由，糊塗的說成是格魯派的黃教之名，其實稍微細想，便能清楚這背後難掩的政治目的——刻意抹消清國重視黃寺的真相，和滿清深受圖博佛教文化影響的證據，同時強調滿清唯獨接受儒化、漢化，所謂的中華文化理所當然是以「漢文化」為中心，圖博佛教文化雖也被歸屬於中華的一部分，但被視為落後、迷信。

建構這套思路的基礎，是中原儒者輕視異文化的傲慢心態，尤其視遊牧民族為野蠻粗俗；草率的以顏色來簡單劃分圖博教派，其實是根本沒有興趣，也不打算去嘗試理解

11 拉康瑟波（Lhakhang Serpo），瑟波意為黃色；拉康是菩薩殿的意思。

12 達爾罕，蒙古語，意思是「自在」。達爾罕喇嘛原為蒙古喀喇沁部，一六二七年率部眾向皇太極投誠。他曾奉命率滿州使團前往拉薩訪問，一六五二年五世達賴喇嘛受邀訪京時，他以清國代表的身分前往迎接。

其文化內涵。

隔閡的傳承

民國初年由滿清遺臣所編修的《清史稿》[13]，其中〈西藏列傳〉通篇講述的幾乎全是戰爭之事，尤其仔細交代二十世紀初入侵康區的細節，以「驅剿」、「肅清」等字眼來合理化侵略、強佔與屠殺的真相[14]。對圖博文化的介紹只有隻字片語，甚至對圖博佛教基本的說明也離譜謬誤，竟稱「西藏喇嘛舊皆紅教，至宗喀巴始創黃教……達賴譯言『無上』，班禪譯言『光顯』。」事實上圖博教派發展眾多，並不以紅、黃之名稱呼；而達賴是來自蒙古語「大海」的音譯，引申為「智慧海洋」的含義；班禪則譯音自圖博語，原意是「智慧學者」。

漢人史官對圖博的隔閡感不僅發生在清國，其實可追溯到千年前。

《舊唐書》介紹「吐蕃」位於長安西方八千里，是古代西羌所在之地，「其種落莫知所出也，或雲南涼禿髮利鹿孤[15]之後也……遂改姓為窣勃野，以禿髮為國號，語訛謂之吐蕃。」直接表示並不清楚博國的民族根源，只能猜測是「禿髮利鹿孤」的後代，國號應該是「禿髮」，後來誤稱為「吐蕃」。當時唐與博之間經歷多次戰爭、盟約、出使、和親，唐應該是在歷史上與博交手互動最為頻繁的中原國家，然而從《舊唐書》等文獻提供的訊息來看，當時唐對圖博也是所知不多。

十世紀趙匡胤建立宋國，統治中原以前，古博王國已經分裂為無數個獨立的小國。《宋史》沿襲過去，將這些小王國統稱為吐蕃，在〈外國列傳八〉中記載，建立於河湟地區的「唃厮囉」是其中較具規模的國家。

唃厮囉其實是創國贊普的名號，來自圖博語「佛子」的音譯，這是河湟（圖博稱宗喀）當地子民對他的尊稱，他是古博王國最後一任贊普的五世孫，而且依據這位國王在當時政治及佛教發展上的貢獻，音譯為「覺思若」應該更為合適。

更何況當時覺思若與宋經常結為友好同盟，一起對抗隔阻在二國間、武力強大的大夏王國，以維持東西貿易之路暢通；然而，宋依然習慣使用鄙俗字眼，將覺思若後世子孫的名號譯為——董氊、阿裏骨、瞎征、磨氊角等。

十四世紀，朱元璋掌握天下後，《明史》記載他以六百年前唐屢遭博入侵的歷史為誡，一開始就思考對應的方法，依循圖博當地崇信的宗教信仰、習俗，派遣使官到各地

13《清史稿》編修過程頗曲折，主編初為趙爾巽，接續的柯劭忞為名義上主編，實際主導通閱總編卻是金梁，金梁是滿人，趁著北伐戰爭之際，自行增修原稿並攜往東北關外，在瀋陽刻印發行為「關外版」；另有柯劭忞等人修訂完成「關內版」，但因「不奉民國正朔、反對漢族」等嚴重錯誤，二部都成為禁書。後台灣國史館黃季陸等人據關內版修訂《清史稿校註》。

14《清史稿》初刊總主編趙爾巽，曾任清國的四川總督，也是川軍統領趙爾豐親兄弟。

15禿髮利鹿孤，此名最早見於唐房玄齡所撰《晉書》，為鮮卑族所建的南涼國。

廣為聯繫[16]。文獻列出明與圖博的交流，全都是對各教派贈送頭銜、遣使拜訪、賞賜獻禮的紀錄，例如朱棣封贈有五位闡化王、二位法王、二位西天佛子，以及九位灌頂大國師、十八位灌頂國師，其他還有數不清的禪師、僧官頭銜。可知明國自開國之先，即沿襲蒙古與圖博所建立的宗教交流關係；然而在文化價值觀巨大差異下，相較蒙古以佛教信仰為主流文化，中原王族更像是追求熱鬧排場般封贈名號而已。

兩地看似交流頻繁，實際上雙方對於文化內涵依然缺乏具體理解。《明史》描述圖博「其地多僧，無城郭。群居大土臺上，不食肉娶妻，無刑罰，亦無兵革，鮮疾病。佛書甚多，《楞伽經》至萬卷。其土臺外，僧有食肉娶妻者。」僧侶多，人都聚居在大土台，不吃肉不娶妻，沒有刑罰沒有戰爭，很少病痛……，將圖博描繪成無病無災、只知念經的神奇烏托邦。謬誤曲解程度比過去唐、宋更形嚴重。

邪門歪道的典型

依據文瑟對黃寺名稱的解說，重新爬梳文獻，發現位於皇城東南角的普勝寺[17]與黃寺在同年建成，是順治為達賴喇嘛的特使色欽曲傑[18]所建，俗稱「十達子廟」。「達」是從「韃」字美化而來，從這個俗稱可見，當地漢民眾認為這首座圖博廟宇就是屬於北方蠻族「韃子」的。

普勝寺雖然也是滿清王室入關後新建的圖博寺院，但是與黃寺品級不同，採用的只是普通青瓦，俗稱「黑瓦殿」。這印證了文瑟的論述——黃寺、黑寺、黑瓦殿，應該都是當時人們根據建築屋頂顏色所使用的稱呼，漢文所做記載也因俗沿用。

中原漢儒文化對北方遊牧民族所知有限，文獻傳承了歷史知識，也傳承著根深蒂固的文化偏見。金庸武俠小說以真實史料為背景，虛構的武林俠義故事曲折離奇，人物生動立體，引人入勝，然而在角色設計、情節安排上，也鮮明呈現典型的文化成見與歧視。

《天龍八部》中的大輪明王鳩摩智、《神雕俠侶》的金輪法王、《射雕英雄傳》的靈智上人、《連城訣》血刀老祖，他們在小說中都是數一屬二的邪派高手，且全是來自圖博地區的修行高僧，相對於揮著正道旗幟的中原少林、武當，和江南群雄，圖博高僧

16《明史》列傳二一七卷：「洪武初，太祖懲唐世吐蕃之亂，思制御之。惟因其俗尚，用僧徒化導為善，乃遣使廣行招諭。」

17普勝寺始建於一六五一年，建築規模不大，僅只正殿與東西配殿，位於現在的南池子大街，民國初年遷走院內十多位僧侶，由歐美同鄉會占用至今。（釋妙舟，二〇〇九）

18色欽曲傑（sechenchosrjes）法名津巴嘉措，是安多地區的蒙古王子，曾受邀參與色拉寺、哲蚌寺僧團的重要誦經集會，及四世達賴喇嘛靈塔開光儀典。《第五世達賴喇嘛傳》中他被記為色欽曲傑，在《蒙古源流》、《清太宗實錄》則記為色臣綽爾濟（secev corji）。曲傑是圖博語「法王」之意，綽爾濟是蒙古語的「法王」；色欽、色臣也是相同意思，因皇太極受蒙古部族封為「博格達色臣汗」（寬溫聖王之意），色欽曲傑是拜訪滿清皇太極的圖博特使，於是得此尊稱。

多被描寫為粗魯傻氣，明擺的卑鄙惡人，不是善用毒物、淫邪偷盜，就是欺謊詐騙、不擇手段，從不需暗地行惡或假裝正義清高。金輪法王、大輪明王等人物，甚至是以忽必烈「國師」的身分登場，金庸竟毫無避諱的，直接以深受圖博民眾景仰的著名歷史人物八思巴作為角色原形。

在小說中將圖博僧人設計為淫孽形象，其實並非自金庸開始，而是來自漢文化社會，經歷長久歲月對圖博佛教已然內化的誤解與嫌惡。

中國「長江學者」沈衛榮研究指出，中國社會長久存在將圖博僧侶視為淫邪姦惡的偏見，最早源於明初一部稗官野史《庚申外史》，作者把它小說化，使圖博佛教淪為「淫戲」和「房中術」的代名詞。而在之後的《僧尼孽海》更是加油添醋，強調這些異族僧侶為淫邪惡霸，因是以歷史確實存在的圖博僧官為小說人物，虛構聳動豔情的媚俗情節，真偽混雜，於是廣泛流傳在痛惡異族統治的社會記憶裡。[19]

金庸曾在修訂版序文中表示：「我初期所寫的小說，漢人皇朝的正統觀念很強。到了後期，中華民族各族一視同仁的觀念成為基調，那是我的歷史觀比較有了些進步之故。」[20]然而，從最新修訂版可知，作者雖自承對相異民族已一視同仁，但依然對圖博文化和其佛教信仰所知不多，似乎也沒有探究理解的意願——《連城訣》的血刀老祖，舊版是來自青海的「西藏密宗」，修訂版改為「西藏青教」、新修版成了「青海黑教」，事實上圖博佛教既無以青教為名的教派，而會稱青海雍仲本教為黑教的，也只有漢文紀錄，不論圖博、蒙古都不會淺薄的以顏色做為教派之名。若為尊重他者文化，而刻意避開實際教派名稱，根本就不該將淫邪惡人的角色套在圖博高僧身上。

《神雕俠侶》採用忽必烈、蒙哥、南宋守將呂文煥等文獻中真實人物，背景「襄陽之戰」也是確曾發生的歷史事件，只是小說並未按史實編寫情節。例如：蒙哥並非這場戰役的將領，他在此前的重慶之役早已陣亡；而帝師八思巴當然不可能出現在戰場中，他負責的是蒙古宗教事務與擔任圖博政教領袖；這一年忽必烈的確當上蒙古大汗，但他忙著在北京建構新的軍事、行政體制，並未揮軍南下攻擊襄陽；真實的襄陽戰役直到七年後才發動，督軍將領是蒙古大將阿朮和漢將劉整，也就是說，小說描繪的戰爭是虛構，並不存在。只是，年少時閱讀這些小說的我，並無足夠背景知識去理解分辨真偽，成長過程中有很長一段時間，就像對圖博佛教產生錯誤認知一樣，也持續誤讀了史事。

《神雕俠侶》應是金庸修改幅度最大的作品，將人物金輪法王名稱更改為金輪國師；在「國師」稱號加上金輪，比稱金輪法王更怪異，若仔細推敲，忽必烈封贈的是「帝師」，圖博稱「貢瑪比洛本」[21]，有帝王上師之意，因八思巴不僅為忽必烈傳授金剛密法，也為他創造了蒙古文。事實上忽必烈才與「金輪」有點關係，是八思巴贈與他

19 沈衛榮，二〇一五。
20 金庸，二〇〇三。
21 貢瑪米洛本（gong mavi slob dpon），「貢瑪比」指蒙古帝王，「洛本」為上師之意。

「轉輪聖王」[22]的封號。

舊版金輪法師原本身披黃袍，在新版變為披著紅袍、頭戴紅色王冠的裝束；不論是黃袍或紅袍加王冠，都有些不倫不類，且與薩迦派修行者的服裝規制完全不合。其中最匪夷所思的是，使用的武器竟是五個「車輪」，且是金銀銅鐵鉛五種不同材質。這五輪應是自佛教「法輪常轉」發想而來，竟被寫成殺人武器。

金庸對《神雕俠侶》的最後情節也做出修改。舊版的金輪法王自始至終都冷酷邪惡，最終在襄陽戰場上遭圍攻慘死。新版中讓忽必烈取代金輪法王，成為「火燒郭襄，逼迫郭靖投降」詭計的策劃者；最後金輪國師甚至為解救郭襄，犧牲自己的生命，讓楊過與眾人對他的屍身深深一鞠躬，完全「洗白」大惡人的角色。

這最後一幕，恐怕是為配合中國官方「民族團結」的宗旨所安排煽情的「大和諧」結局。這顯然經過精準計算，設計忽必烈成為大惡人，仍符合政治正確，畢竟忽必烈是暴力入侵中原的蒙古帝王。封建時代的帝王是中國歷史永遠的階級敵人，如此安排，便無傷「民族和諧」。

22 轉輪聖王（chakravarti），在佛教中，對應於佛陀為精神的至上領導，轉輪王則是世俗世界的最高王權。

43 差異他者視角

北京（西黃寺）

知識分子……
不僅要批判現實的罪惡與不義，
也要批判自己的歷史侷限和錯誤判斷。
——班達，《知識分子的背叛》

進入西黃寺，文瑟和家人穿過院落，忽略兩旁那些新修的水泥建築，腳步毫不遲疑，一語不發的逕直走向「清淨化城塔」——六世班禪喇嘛班丹益西的衣冠寶塔。白塔四周圍繞著金屬欄杆，阻擋人們靠近。就和前一次來時相同，寺院裡依然是清寂的空氣。我們以順時針繞著塔轉，默契地跟在阿媽拉身後，看見她拖著腳步的佝僂身軀，毫不停歇繞著一圈又一圈。阿媽拉屈身垂首，將額抵在冰冷欄杆上，久久默禱。

我想著文瑟適才路上說過的話，他介紹自己家族是圖博化的蒙古人，信仰佛教已超過七百年，在文化情感上，他們認為跟圖博是相同民族，「就像一家人。」他說儘管清國將圖博佛教推展到北京、中原地區，締造那麼多輝煌雄偉的佛學院，但是在圖博佛教信仰的「大家庭」中，滿族仍只是新成員。

爬梳信仰脈絡

皇太極在成功西征、控制部分蒙古部族後，才正式接觸圖博佛教，在奉天建造供奉納波千波的實勝寺，及派遣僧人向達賴喇嘛、班禪喇嘛致意。當時五世達賴喇嘛剛完成圖博政權的統一，需要強大有力的施主國作為格魯派的護法，皇太極在東方的崛起確實引起圖博的注意；而皇太極初建大清國，極力爭取蒙古眾部認可他可汗的地位。雙方都恰好需要彼此支持，以佛教供施關係建立互助的「外交」聯盟。

《清太宗實錄》敘述色欽曲傑為首的達賴喇嘛特使團，在一六四二年到達奉天，皇太極親自到宮門外迎接，到宮中先按佛教儀節率眾臣跪叩拜天，並為特使安排近身座席後，皇太極邀特使一同安坐，接受眾臣跪拜；當色欽曲傑呈上達賴喇嘛書信時，皇太極起立親自接下。皇太極對圖博特使的特別禮遇，沿襲到後世君主，這和對待中原漢族及蒙古王族是完全不同的態度。

依蒙古文獻記載，色欽曲傑參訪結束、辭歸拉薩之前，皇太極不只請他轉交正式書信給圖博當局，也請他傳達密信：「我將取大明合罕之大都城矣。容先理竣世事，再使請二聖喇嘛，拜活佛而恢宏教法可也。」[1]意思是等到他攻下北京，再派使臣邀請達賴喇嘛來弘揚佛教。

洛桑嘉措終於在一六五二年成行北京。依《第五世達賴喇嘛傳》、《清世祖實錄》的記載，洛桑嘉措自拉薩出發時，顧實汗[2]大陣仗派出三千名隨員護送，沿途訪問眾蒙古部族，經歷超過九個月的旅程才到達北京。途中達爾罕喇嘛已率清國使團，備好駿馬前往恭候；順治依循昔日皇太極出宮門外迎接達賴喇嘛使臣的做法，親自出皇城，率眾臣前往南苑狩獵行宮接待洛桑嘉措，再迎至新建的黃寺。

之前當洛桑嘉措一行到達措溫布東北方時，曾去信北京建議「會見之地，或在呼和浩特，或在代噶……」呼和浩特和目前名為涼城的代噶都在邊境上，屬蒙古境內；亦即順治必須離開京城，遠赴蒙古異地親自迎接洛桑嘉措。這對蒙古與圖博來說，將更凸顯達賴喇嘛為草原各族「精神共主」的象徵。

順治並不敢怠慢，依過去皇太極出宮親迎圖博使臣的舊例，他原本允諾前往；不過，袁崇煥等漢臣堅持必須向圖博、蒙古展現天下君王的威儀，順治不該移駕「屈就」。最後順治採折衷方式，出宮到數公里外的南苑迎接洛桑嘉措，只是文獻中記載

1 薩囊徹辰（清），二〇一八。
2 顧實汗（1582 - 1654）和碩特蒙古汗王，協助格魯派統一圖博全境，受達賴喇嘛封為「丹增確傑」，意為執教法王。

為——順治以狩獵之名出巡，並「巧遇」達賴喇嘛。[3]

這段對於領袖會面方式權衡算計的史事，恰好凸顯圖博佛教信仰者與非信仰者的差異。恰可對應二百多年後，圖登嘉措參訪北京時，張蔭棠等人為向國際表現出大清的主權地位，緊急修改儀禮，強迫圖登嘉措向光緒、慈禧下跪。

從順治開始在北京、五台山創設圖博佛教寺院，歷屆君王康熙、雍正、乾隆等也在任內持續闢建佛學院。據滿清僧錄司記錄，乾隆時代曾對所有寺廟進行調查，在北京眾多佛寺中，計有六十二座寺廟獲內務府定期供給香燈銀，不定時進行修繕工程，而其他普通小型寺院更是多得難計其數。

乾隆當代新建和修葺的格魯派佛寺最多，尤其致力創建專屬滿族的佛學院，遍布皇城西邊的香山、圓明園、萬壽山、東陵、西陵及奉天，在北京內外即建有十二座，這些寺院每月定期為王室舉辦誦經祈願儀式，且系統化的培育滿族學僧。

章嘉仁波切在傳記中敘述，乾隆主動向他提出興建滿族佛學院的要求，不僅寺院內學僧全為滿族子弟，誦念的也是滿文佛經。章嘉仁波切將全套《甘珠爾》經及各儀軌修法專書翻譯為滿語，由於圖博誦經語調與滿文有些差異，他甚至為滿文誦經特地制定新的音調。清人筆記曾評比各部譯寫的經書：「上以大藏佛經，有天竺番字、漢文、蒙古，諸繙譯。然禪悟深邃，漢經中咒偈，惟代以翻切，並未譯得其秘旨。清文句意明暢，反可得其三昧。」[4]認為漢經以音譯直翻的方式，無法傳達經文的深奧含義，而以滿文翻譯的經書反能讀出其奧妙旨趣。

信仰文化的血脈

同行的路上文瑟曾跟我說明，他從自己的文化視野去思考，圖博佛教能在清國獲得積極發展是理所當然。蒙、滿與圖博都是生活於廣袤草原、善騎射的民族，擁有相近的生活習俗與生命觀，加上清國前數代君王的妻母家族都來自蒙古「黃金家族」氏系[5]，蒙古信奉的佛教觀自然完整的移入滿清皇室貴族。

翻閱文獻，康熙即曾為了慶祝太皇太后壽辰，特地在南苑興建永慕寺。太皇太后即康熙的祖母、順治的生母、皇太極之妻，來自蒙古科爾沁部的孝莊文皇后，她不僅虔信佛教，更曾在順治過世後下令百官續譯蒙文佛經。

到了乾隆時代，儘管后妃等王室母系已多為滿人家族，但是按歲誦經祈福及建寺修廟的活動仍有增無減。乾隆為太后在北海修建闡福寺；為慶祝她六十歲生日時建大報恩

3《大清世祖章（順治）皇帝實錄》。
4 愛新覺羅．昭槤（清），二〇一二。
5 努爾哈赤的一位后妃，和皇太極、順治各有六位后妃都來自科爾沁部的博爾濟吉特氏，博爾濟吉特氏為成吉思汗二弟合撒兒的直系氏族，世人尊稱為黃金家族。

延壽寺；在她八十歲壽辰時，又督造華貴的極樂世界、萬福樓，同時在奉天大舉擴建普陀宗乘之廟。

除了乾隆將雍親王府修造為雍和宮佛學院，此前也有不少將王府宅邸改建為圖博佛寺的例子，如：康熙將多爾袞的睿親王府修建為瑪哈嘎拉廟[6]；雍正即位後，將康熙幼時曾居住的府邸改建為福佑寺，也依弟弟怡親王遺願，將其府邸改建為賢良寺[7]等。

乾隆七十歲大壽，朝鮮文人朴趾源隨使臣團前往承德避暑山莊參與祝壽行程，他後來在行旅紀錄中提到，乾隆對班禪喇嘛的崇敬程度令他們感到驚詫，乾隆不僅要求朝鮮使團跪拜班禪喇嘛，甚至聽到清國官員轉述連乾隆本人也曾對班禪喇嘛行禮跪拜；他在與漢官們言談間，敏銳察覺到他們十分默契地對乾隆崇信圖博佛教之事閃避不談。[8]

從朴趾源第三者的客觀描述可理解，為何清國以滿、蒙文記載許多關於佛教的紀錄不會出現在漢文獻中，因清國實行種族區隔與差別的政策，漢與蒙、滿所受待遇不同，產生民族對立和不滿是真相，但卻不能表現出來，漢文史官在撰述時小心翼翼的避開，形成避重就輕、扭曲事實的記載。

〈喇嘛說〉說什麼？

能夠誦讀圖博文佛經、大興格魯派佛寺的滿清王族，是除了蒙古以外，最能與圖博聲息相通的中原政權。

乾隆曾以〈喇嘛說〉一文說明滿清信仰圖博佛教具充足理由，並以滿、蒙、博、漢四種文字刻在石碑上，堂堂立在雍和宮中。不過，佛教藝術史學者白瑞霞（Berger）在研究中指出，〈喇嘛說〉石碑的滿文版本與漢字銘刻的內容頗有差異。[9]乾隆在滿文版中語態委屈的表示，自己在學習佛教經典時，受到漢族士大夫的指責，他回擊：「倘若我只按照他們漢人之書籍，僅拘泥於虛名，如今能使蒙古敬畏威勢、感恩戴德，以維持數十年太平嗎？」[10]而漢文版本的內容是：「使予徒泥沙汰之虛譽，則今之新舊蒙古畏威懷德，太平數十年，可得乎？」[11]

乍看意思似乎差不多，但乾隆在滿文版直言，若只偏重漢文化知識，是拘泥虛名，無法統御蒙古，維繫數十年太平；而漢文版本，刻意省略「只按照他們漢人之書籍」的

6 一七七六年乾隆將瑪哈嘎拉廟更名為普度寺，民國初年為軍隊佔用，後改建為國小校園，中共建國後擠入大量民居，經歷文革破壞僅存大殿建築，現由私人經營的三品美術館租用。

7 一七三四年建成賢良寺。怡親王允祥是康熙第十三子，雍正的弟弟。民國時充作北京最大的殯儀館；一九四九年後由校尉小學及大量民居遷入佔用，九〇年代因馬路拓寬、興建飯店等工程，佛殿建築幾已無存。

8 朴趾源（朝鮮），一九九七。

9 Berger, Patricia, 2003.

10 Lessing, Ferdinand, 1949.

11 周潤年，一九九一。

字句，掩飾了他對漢文化的批評，其實也掩蓋這句話裡直接將漢人視為「他者」，直白顯露滿清君主種族區別的心態。

乾隆在〈喇嘛說〉大篇幅地解釋喇嘛轉世之理。表示他經反覆檢視，格魯派的高僧轉世之道是佛學智慧存續的必要手段；只是轉世認證的公正性曾發生爭議，並強調尤其發生在蒙古，即以杜絕紛爭為由，提出「金瓶掣籤」的新規制。他表示將製作二只金瓶，一只送往拉薩，當圖博地區發生爭議時，在佛前持咒抽籤以作為認證；而另一只金瓶存於北京雍和宮佛前，專為協助喀爾喀蒙古高僧轉世認證所用。現代中國文史論述經常以此內容，作為滿清干涉圖博喇嘛轉世的證明。

美國歷史學者歐楊（Oidtmann）根據圖博文獻，整理出從一七九三到一八二五年間高僧世系的轉世紀錄，使用金瓶掣籤的比例僅約一半左右，且大多為鄰近中原的安多地區；且在這些執行金瓶的案例中，儘管清朝官員參與儀式，但僅是旁觀見證身分，並沒有任何干預的意圖或作為。[12]

據法國學者夏耶（Chayet）研究，在歷屆達賴喇嘛與班禪喇嘛轉世靈童認證過程中，使用金瓶掣籤做決定的情況非常少，甚至曾發生實際上並未使用，但為了表示對清國的尊重，而宣布通過金瓶掣籤的消息。[13]十四世達賴喇嘛丹增嘉措曾公開說明，十世達賴喇嘛的認證即是這種情況；除此，九世、十三世、十四世達賴喇嘛在認證過程中都沒有使用金瓶，第十二世已先透過傳統儀軌確認靈童，金瓶掣籤只是個形式；真正透過金瓶掣籤方式的只有十一世達賴喇嘛。

丹增嘉措也明確表達圖博人們對金瓶掣籤的普遍觀感：「金瓶掣籤的規則，只是滿清勢力的強橫表現，而非圖博人信賴的宗教儀軌。然而，如能公正實施，也可視作類似於傳統的『食團問卜』方法。」[14]

中國於一九九二年公開的《西藏白皮書》，提到清廷曾制定〈欽定藏內善後章程〉，為規定圖博軍事、財稅、任官、金瓶掣籤等律法，以此證明清國對圖博擁有主權。然而，既是重要的「欽定章程」，按清國律例，應同時製有滿、蒙、漢語的文本，但滿、漢文的官方文獻中都不存在這份《章程》。中國文史工作者宣稱在札什倫布、大昭寺等地存有博文版本，且是三種內容略有差異的手抄本[15]，但中國社科院民族研究所派人前往圖博尋找原件，結果卻宣稱遍尋不著。[16]

不僅〈欽定藏內善後章程〉的存在與否啟人疑竇[17]，對於中國在九〇年代所公開〈喇嘛說〉內容的真確性，其實有些歷史學者也持保留態度，因目前立於雍和宮院落中的

12 Oidtmann, Max., 2018.
13 Chayet, Anne; Blondeau, Anne-Marie; Buffetrille, Katia, 2008.
14 丹增嘉措，二〇一一。
15 張雲，一九九七。
16 中國社科院民族所，一九九三。
17 劉漢城，二〇一九。

〈喇嘛說〉石碑，其四面所刻的四種文字，碰巧除了漢文尚可辨識外，滿、蒙、博文的刻痕字跡竟多已磨損得難以辨認。[18]

其實從乾隆將金瓶存置在拉薩、北京的差異，即可明白其對待圖博與蒙古的不同態度。對於圖博，乾隆顯然意圖提高自己在佛教信仰世界中的領袖地位，希冀與達賴喇嘛、班禪喇嘛一般受到信眾崇仰；對於蒙古各部的政教領袖，乾隆則明顯有加強控制的企圖。

清國對待圖博、蒙古態度的差異，正是當代大多中國文史論述所刻意忽略不提的。自二十世紀初，不論是北洋軍閥、民國政府或共黨中國政權，都致力將圖博、蒙古等民族納入中華範圍，不少文史論述即以乾隆的〈喇嘛說〉一文為證，建構清國實質統治圖博的中華史觀，甚至盲目推崇乾隆，是歷史上不遺餘力促進祖國統一、維護祖國完整的帝王。然而，事實上這個「中華祖國」絕對和滿清君王心中的祖國不同。

提出「新清史」觀點的歷史學者羅友枝（Rawski）認為，滿清帝國所經營的政權，不僅是傳承中原儒教秩序的皇帝，也是蒙古草原上眾汗王的共主，以及佛教傳統的護法聖王。滿清的詔書、請旨與《清實錄》等官方文件都須以滿、蒙、漢等三種文字記錄，帝王熟悉滿、蒙、漢文是基本必須的能力，另還懂得一些圖博語。[19] 針對不同民族對象，更是彈性靈活地採取不同的策略與統御機制，後來的任何中國領導者是無法與滿清皇帝直接對等。[20]

虛擬的主權

在滿清王室退位到中共建國以前，漢民族雖已建立新政權，但經歷軍閥割據、日軍入侵、國共內戰，持續處於分裂戰爭狀態，當時的北京或南京政府都為了將治權擴及圖博、蒙古等「邊疆」地區，揮動五族共和的旗幟，設置「蒙藏院」或「蒙藏委員會」等並無實際功能的機構。

以蒙藏為名，其實際運作卻與大多數「藏」民眾無關，這類機構對國民政府來說，單純是一種意淫，為滿足治權涵蓋蒙藏地區的想像工具而已；然而，對於圖博來說，卻是充滿威脅與侮辱的存在。

直到二〇一七年台灣政府裁撤蒙藏委員會為止，這個單位竟存在達一個世紀之久，執行的主要業務多是形塑「蒙藏是中華文化一部分」的歷史敘述。例如：在機構中擔任委員的劉贊廷，曾經參與趙爾豐川軍入侵康區，一九一七年遭圖博軍隊清剿，投降後回到中國，以他十多年參戰經歷書寫《邊藏芻言》、《藏地秘史》等書，將康區視為中原領土的部分，把四川漢軍入侵、殖民康區的行徑，合理化為抵禦英國吞併圖博，構織符

18 Charleux, Isabelle; Berger, Patricia, 2005.
19 乾隆曾作《御製五體清文鑑》，即包含滿、蒙、博、漢以及維吾爾等文字的對照辭典。
20 Rawski, Evelyn, 2015.

合「中華一元」的敘事觀點，成為之後中國研究者沿用引述的範本。

一九四九年蒙藏委員會隨國民政府到台灣，仍維持空中樓閣的幻境功能。首先措施是在政治大學中設立邊政系。[21]一如字面意思，邊政即關於邊疆地區的政治學，於是不論民族文化、歷史、人類學等領域的研究，最終都須化歸為政治服務的工具。偏居台灣，連中原地區都無法轄領，卻侈談擁有蒙藏治權，這類虛幻又荒謬的論述儘管嚴重脫離現實，仍以愛國心、民族情操作為包裝，大量在蒙藏委員會相關學術機構所發表的論文中不斷產出。[22]

其中受尊稱為「藏學之父」[23]的歐陽無畏，是政治大學邊政系負責講授圖博語言、宗教等相關課程的先驅。他在一九三〇、四〇年代二度前往拉薩，在哲蚌寺果芒札倉學經並剃度出家，法名君庇亟美，前後待在圖博九年，既是求經的漢僧，同時也具國民政府特務的身分。尤其第二次前往拉薩時，他已具國民政府國防部少將職銜。[24]他曾經為收集情資，祕密前往尼泊爾和具有國界爭議的大旺地區[25]，考察當地社會情況、地理、交通等訊息，以及英軍部署情況，寫下《藏尼遊記》、《大旺調查記》等報告，並繪有當地詳細交通地圖。

他久居哲蚌佛學院僧舍向圖博高僧學習，但基本上是間諜潛伏的狀態，所做考察也是基於在政治上控制圖博為目的。他在書中認同圖博佛學淵博，建議政府安排更多漢人前往學習，以加強宗教交流，只是這些友善的想法也都建立在政治併吞的前提下——

廣增漢僧到圖博學經，是為讓漢僧爭取擔任堪布的職位，進入圖博人民議會，以掌控政治發言權；協助圖博發展教育，目的是為讓圖博人自小即受漢文化灌輸，甚至將達賴喇嘛、班禪喇嘛的轉世靈童列為灌輸的重點對象。

歐陽無畏當時以「寡嫂管不住小姑」來形容博漢關係，稱越是管束調教，姑嫂間越是反目成仇。[26]圖博與漢地長久的文化隔閡，以姑嫂比喻不僅不恰當，也直接顯露歐陽和同時代主流想法一致，有著「漢文化優於圖博文化」、「漢文化在上管教、圖博須在下受教」的偏狹成見。宋、明古代中原儒士的誤解偏見，在千百年後恐怕已轉化為更形傲慢的漢沙文主義。

21 邊政學系創設於一九五五年，之後因應時代變化陸續變更為民族社會系、社會系、民族所等。
22 劉學銚，二〇一八。
23 劉學銚，二〇一八。
24 徐桂香，二〇一二。
25 大旺（tawang），中國稱達旺，地名源自當地一座古老的佛學院「達旺宮巴」。一九一四年西姆拉會議圖博同意劃歸為印度，但一九三八年英國派軍進入時，遭圖博政府和當地民眾嚴正抗議。一九六二年發生中印戰爭，目前該地區為印、中二國爭議地區。
26 歐陽無畏，二〇一二。

知識分子的背叛

在二十一世紀中國經濟大幅成長，不乏過去曾為「蒙藏委員會」服務的教授，轉而開始向中國政權服務；或是現任教授以各種兩岸學術研討會名義，舉辦符合中國統一、民族團結等政策的活動。[27]

從事古圖博與唐歷史研究的歷史學教授林冠群，曾誠實表示國內圖博學的研究水準與國外相比有巨大差距，認為關鍵原因是「屏棄不了本位主義」。[28]他在近年出版的學術專書中比較台灣與中國學界，直言兩地歷史研究都受到政治的嚴重影響：台灣有「光復大陸」的政治目標，於是研究領域偏重圖博與中國的現代關係；中國的研究單位屬於官方機構，等同於黨的文宣機器，圖博相關歷史研究都「難脫為政治服務的現象，學者無法以自由意志從事研究」，所有論述都擔負著政治任務。[29]

身為台灣古圖博歷史學術圈的一份子，林冠群能在書中自省直言十分難得，不過他終究難以完全超脫政治利誘，以及本位主義的中原史觀。林冠群在專研古代博與唐戰爭的歷史專書中，盛讚古代漢、唐等以公主和親攏絡草原民族的做法，是「活用和親政策」，認為「和親政策是中原農業朝廷馭外的一項利器。」[30]李世民確有幾則和親策略達成拉攏外族結盟的目的，然而《史記》記載，最早進行「公主和親」政策的劉邦，是在平城受困的敗戰後，開始為單于獻上公主與酒食貢賦；而李世民也是因松潘敗戰而同意文成公主與博的聯姻；李亨、李豫把寧國公主、崇徽公主連番嫁到回紇去，更是為了求助援兵。事實上，在武力較弱的時代，和親只是不得不然的自保策略而已，連禦外都很艱辛，更是談不到「馭外」了。

二〇一〇年林冠群受到中國藏學研究中心[31]邀請，在北京參與「海峽兩岸藏學研討會」活動，接受《中國人民日報》西藏分社記者採訪時提到：「應打破台灣學者研究歷史『閉門造車』的舊況，擁護學術交流的自由、公開。」對於目前第十四世達賴喇嘛與圖博流亡政府的存在，他表示西藏自古就是中國的領土，歷史上從未被劃分過，並且抨擊獨立是無稽之談。林冠群以歷史學者身分所提出反對圖博獨立的理由竟是：「如果這是一座山，山頂上住著藏族人，中腰住著傣族人，山下住著漢族人，你要獨立，把山頂

27 劉學銚現任中國邊政協會秘書長，退休前為蒙藏委員會主任秘書，常參與兩岸研討會，著文抨擊東突、圖博的獨立思想。銘傳大學兩岸研究中心楊開煌教授邀請中國社會科學院官方學者，連年舉辦國家統一與民族復興、兩岸一家親、兩岸關係學術研討會等活動。

28 林冠群，一九八九。

29 林冠群，二〇一一。

30 林冠群，二〇一六。

31 中國藏學研究中心成立於一九八六年五月二十日。二〇二三年研究中心領導為中共黨書記陳宗榮，他同時兼任第十四屆全國政協委員。

圈起來。這不是很可笑的嗎？」[32]

爭取國家獨立的意義，如何等同於「把山頂圈起來」？歐洲阿爾卑斯山脈上包含法、德、瑞士、列支敦斯登、義大利、奧地利及斯洛維尼亞等國，難道這些西方國家的獨立都是可笑的圈山頭、山腰嗎？

細究後，我們才會明白，林冠群提出的論調是否荒謬無理、使否有文獻證據支持並不重要，因為在此發言後的下一屆「海峽兩岸西藏歷史文化學術研討會」，即由他任教的台灣文化大學史學系舉行。[33]在此活動推廣網頁揭示研討會宗旨：「對相關的西藏歷史、宗教、社會、文化等範疇，提出屬於中國人的觀點，與西方爭取理應屬於中國的西藏話語權。」這番宗旨已自我招認：研究目的並非尋求歷史真相，更不在尊重圖博本身的主體性，而是「中國的西藏話語權」。

高舉學術研究的名義，企圖侵奪圖博主體性和話語權的目的，只是為了中國政權而服務，沒有比這個更清晰鮮明的證據了。

32王永琳，中國人民網西藏頻道，二〇一〇年七月九日報導。
33第一屆主辦單位為蒙藏委員會、政治大學，在台北舉行；第二屆由中國藏學研究中心、台灣文化大學主辦，二〇一〇年於北京舉行；第三屆二〇一五年在台灣文化大學舉行。

44 不在

北京（智珠寺、嵩祝寺）

他們不是人，即使他們是。
他們不會說語言，說的是方言。
他們不信仰宗教，而是迷信……
他們不是人類，只是人力資源。
他們沒有臉，只有手臂。沒有名字，只是數字。
他們不會出現在歷史上，只出現在地方報導的血腥事件。
這些「無名者」的價值比殺死他們的子彈還要低。
——加萊亞諾，〈無名小卒〉

相較西黃寺院落的官方制式與清冷，位於紫禁城牆外的智珠寺有「人氣」多了，空氣中隱約散著茶香，洋溢資本主義的時髦感。

石磚、草皮，古樸的灰瓦、木柱，其間擺置日式花藝、青松盆栽、人形青銅雕塑……尤其院落裡幾株高大的法國梧桐，在冬日裡樹葉早已落罄，老樹皮也褪盡，露出平滑光潔的灰白軀幹，襯著它們身後的蒼老建築，飄散一股淡雅節制的時尚氣息。遊人不算太多，有一些年輕人認真擺著姿勢拍照。據說這裡也是中國網紅打卡的熱點。

不再之景

與文瑟和他的家人分別後，我們趕赴這座圖博佛寺遺址。在他得知我的圖博書寫計畫後，這是文瑟鄭重推薦必須造訪的地方。

地圖標示佛學院鄰近紫禁城東北、景山的東側，原以為不難找，到了現場才發現佛寺隱身在蜿蜒曲折的胡同中，夾擠在一片高矮不一、新舊紛陳、樣式五花八門的建物之間。迷路一陣，好不容易才見到已褪色的北京市文物標示牌：「北京市文物保護單位，嵩祝寺及智珠寺」，竟有兩座寺院。

邋遢斑駁的外牆，著實令人難以聯想牆內有幢古剎，倒是那模樣滑稽的大紅牆襯著水泥拱門提醒我們，因為就和西黃寺外牆近乎是一個模子鑄的。想必北京政府為所有圖博古寺院都設計了統一形式的「大門」。

文獻紀錄這裡原本並排建有三座佛學院，中間的嵩祝寺創設時間最早，據稱是一七一一年康熙為他的帝師二世章嘉仁波切所建，仁波切將佛學院取名為「巴度爾津」[1]，含義為「虛空靈智之地」；雍正取漢名為「嵩祝寺」，作為當時年幼即被迫遠離家鄉、長駐京城的三世章嘉仁波切若佩多傑的駐錫地。乾隆時，歲時佛典儀節的活動規模逐漸擴大，為容納更多的僧侶，又向西增建智珠寺、向東擴設法淵寺。

這三座佛寺並列的景緻早已經消失不見。位置最東邊的法淵寺，所有佛殿建物都早已拆毀，原址由中國進出口銀行的高樓所佔用。而嵩祝寺的山門、天王殿與東西配殿多年前也遭拆除，站在巷弄裡，隔著高大的圍牆與鐵門可以看見佛殿原本位置上，被一座尚未建成即遭棄置的詭異高樓所佔據；重建的大殿與長壽殿，被高聳紅牆圍繞，讓人不得其門而入，只在圍牆上方露出一截彩艷過度的嶄新水泥仿瓦屋頂，此新建築為一私人會所「嵩祝名院」。[2]儘管標示牌寫上「嵩祝寺與智珠寺」，其實開放參觀的只有智珠寺重修的部分而已。

歷代滿清統治者致力發展圖博佛教，儘管動機是出於一己之私，但確實投下大量財力、物力，不僅建造大批雅緻華美的佛殿建築，廣興佛教文物工藝，大量翻譯滿、蒙、漢佛經，並力求精確，隨著清國結束統治，圖博佛教在中原曾擁有的輝煌也逐漸熄滅。漢室中興建立民國，儘管新政權掛出「五族共和」招牌，力邀各民族加入「中華」，然

1 巴度爾津（Padur Jin），譯音自圖博語。另一說法稱嵩祝寺始建於雍正時代。
2 嵩祝名院的經營方式採審核會員制，只接納某些政商高層入會，一般民眾無法入內消費。

而漢文化自有其傳承悠久的宗教信仰，不論是國民政府或各路軍閥的統治者，都不會如同滿清或蒙古般支持圖博佛教。到了反對宗教信仰、擔心其他民族建構自我主體性的中共政權，更是除之務盡。

以嵩祝寺等三座廟宇的情況來說，根據中國建築學者調查，自一九五〇年代所有寺廟都被勒令停止宗教活動，黨中央宣傳部先是佔據這三座廟宇前的廣場，闢建單位宿舍，之後北京電視機廠進駐佛學院內，直接改建佛殿與僧舍，充作生產、裝配車間，九〇年代整個工廠搬遷到城外，企業仍繼續佔用該址，拆掉古老佛殿，計畫闢建公寓高樓以圖利。[3]

失落的真相

記得與文瑟一家沿著黃寺、資福院院落的舊址一路走過，那些地區現在已被民居社區或是軍事基地、小學、幼稚園、石油公司等官方機關佔用，其他名列《理藩院則例》的寺院也都遭遇類似情況；大多僅殘存幾塊建物基石，或字跡遭刮除、敲裂的石碑。

文瑟曾經感慨，至今北京城中僅只雍和宮倖存，所有圖博寺院都在中原易主之後，面臨火焚劫掠或侵佔他用的命運，即使少數佛殿與文物熬過戰火與歲月的侵蝕，最終仍難逃文革打砸搶的毀滅性破壞。

「幸而清淨化城塔保存下來了。」在寶塔前，當時我這樣喟嘆。

聽見我這麼說，文瑟露出意味深長的表情，他拿出平板滑找出照片，示意我與現場的寶塔比對。那是一張黑白老照片，拍攝塔座浮雕的局部特寫[4]——單手擎天的護法王跨蹲著，踞於塔底四角，乍看之下，其形象布局與現場的浮雕似無差異，但仔細觀察就會發現二者的構圖線條並不一致，例如人物彎折的肘部、突出的袒腹等弧度曲線，照片中浮雕的線條圓潤優美，人物身長與四肢比例勻稱協調；對比之下，現存實體浮雕人物身形比例不僅怪異，雕工刻痕也明顯僵硬粗糙許多。

「啊！難道寶塔浮雕以前被刮除、敲壞，這些是後來重刻的？」我忍不住驚問。

文瑟告訴我，不久前他曾拍下照片請教年長的畫師喇嘛，雖有此懷疑，卻無法確實查證，畢竟清淨化城塔自中國佔領後遭持續封鎖超過半個世紀，即使近年開放參觀，也被金屬柵欄框隔出一段距離，無法靠近。文瑟表示，也許某些權力者知道真相，但他們不可能說出實話。我瞬間明白，儘管眾所周知自一九五〇年代，中共發動宗教改革及文革時發生了什麼事，但是直到現今中國政府依然極力掩飾真相，反倒大力宣傳雍和宮等古老寺院保存良好；而得以倖存，都是周恩來當時勸阻紅衛兵破壞的功勞。對破壞廟宇

3 張帆，二〇〇八。

4 老照片攝於一九二〇年代以前，攝影者門尼（Donald Mennie, 1875 - 1944）是一位英國商人、旅行攝影師。

古建築和文物的肇因，中國文史工作者一致噤聲不談。

整理一下北京對各佛寺古蹟遭破壞的官方說法，都推給不可抗拒的自然原因、社會發展所需，或是歷史戰火——德壽寺、慈度寺等毀於軍閥強佔破壞；隆福寺因唐山大地震而傾覆；大隆善護國寺因電線走火焚毀；永安寺因不明歷史原因而毀；淨住寺遭拆除是為改建商場；賢良寺則因社區發展、擴建道路而拆除；而黃寺、宗敬大昭之廟、弘仁寺、真覺寺、仁壽寺等佛學院，則是在英法聯軍、八國聯軍時，遭外國軍隊砲轟焚毀後難以修復。

以上說法大多未提出證明，卻也無法具體反駁，因為中共對國際封鎖近半個世紀，缺乏第一手紀錄與實證。但因幾有位德、英籍攝影師恰曾在一九三〇年代拍攝黃寺的影像，成為證據[5]，可確知東、西黃寺就算真的在八國聯軍期間曾遭破壞，也在之後修復[6]，尤其是現今完全消失在世界上的東黃寺，並非如同中國官方說法，毀於八國聯軍而無法復原，透過這些老照片可知，事實真相是直到一九五〇年代、中共建國前，東黃寺儘管破舊，建築依然存在。

虛空之地

站在智珠寺大殿前，才恍然明白文瑟叮囑我們務必來訪的原因。

智珠寺與嵩祝寺曾遭改建為電視機車間廠房、儲物倉庫，佛殿、經堂、僧舍毀損嚴重，這些木造殿堂又因年久失修，漸成為危險建物。二〇〇七年北京市佛教協會與私人企業[7]商訂租約，讓企業自行出資修繕古蹟後，擁有完整營運的權利，但未訂定租用權利的期限，於是嵩祝寺到現在依然是門禁森嚴的私人餐廳；二〇一三年媒體報導古寺經營私人會所以前，智珠寺也是高牆鐵門深鎖的禁地，在輿論沸騰下，才以美術館之名，對公眾開放部分院落。

眼前，智珠寺重修的大殿保持原本木造、雙層飛簷的結構，挑高比例依稀可見昔時作為大殿的氣勢；斑駁烏灰的厚重木牆，和磨損缺陷的石磚基座，都滿布歲月滄桑的痕跡；灰瓦雖是新的，但為搭襯古建物而刻意採用了古樸的色調。

這幢大殿在修建後整體營構的優雅氣質，明顯與西黃寺等其他重建的水泥廟宇很不同。以舊修舊，負責重修智珠寺的企業代表對媒體自豪表示，他花數年光陰用心保存修復智珠寺，曾獲聯合國教科文組織所頒「亞太地區文化遺產保護獎」。

5 一九三〇年代拍攝過東黃寺的攝影師，包含門尼、赫達・默里遜（Hedda Hammer Morrison, 1908 - 1991）。

6 極可能是在一九〇八年圖登嘉措受邀到訪北京之前，已完成東、西黃寺重要建築的修復。

7 智珠寺租給東景緣公司（英文名為 Temple Restaurant Beijing，簡稱 BRB），自稱為香港「寺廟共和企業」所屬子公司。未開放的嵩祝寺由私人會所「嵩祝名院」租賃。

修復後的大殿充作表演廳[8]，只是這天窗門緊閉，並未開放。隔著反射天光的玻璃窗向內探去，殿內簡樸空曠，僅排放作為觀眾席的椅子，正面高牆上留有人民公社時代以紅字書寫「團結緊張嚴肅活潑」的標語，是過去被佔用為電視機廠房期間所遺下的痕跡。

院落裡的兩側建物，並未恢復成原本的札倉、經堂，而是從昔日電機車間、庫房改建而成，經營美術館、西式餐廳和旅店。院落裡裝置數尊漢式裝束的人形青銅雕像，人像齊齊捧腮蹲踞地面，圍盯著一截仿古石雕方柱，是中國現代雕塑家的作品[9]；繼續往深處走去，最北面的佛殿旁開設茶店，販售茶品，剛巧幾位中年遊客翹腿圍坐殿前，沏著茶高聲聊天。

儘管中國當局在外牆掛著「市保護文物智珠寺」的招牌，儘管修建單位自認謹慎專業的保留每一塊古磚、每片老木頭，但整座院落毫無一絲佛陀信仰的氣息，也未留下任何圖博、滿清古寺遺址的質地。這幢古建築明明存在眼前，然而其經歷數百年理應積累的文化底蘊，卻像是被完全抹去一般，不，更像是被吸成真空，濃烈灌入了另一種氣氛，完全換成另一種時尚的商業氣息。

這不是古蹟，只是一棟仿古而建的複合式消費商城。

中國風格：古蹟消費化

不僅智珠寺大殿，修復後的殿堂多不再奉呈菩薩像，不再是佛殿；即使宣稱雍和宮完善保存古建築、古文物，也僅只留下擁有漢式飛簷的圖博佛教風格「軀殼」罷了。北京城中留有建物的圖博佛學院，其實都是類似的命運——被佔用數十年後再重新修建，建物皤然一新，雖然宣稱是仿造古法復建古剎，事實卻是簡便施工的水泥建築，並且縮小比例，外牆全都塗上相同樣式的「中國紅」漆。

這些新修的建物有些由原官方單位繼續佔用，像弘仁寺，仍被中國國防部佔為辦公廳；西黃寺則是由中央統戰部管理；而雍和宮旁的柏林寺，因在二十世紀初由奉系軍閥所支持的漢傳佛教僧侶入駐所佔，現在索性將其曾為圖博佛學院的歷史抹去，直接表述原本就是漢傳佛寺。

對於將智珠寺、嵩祝寺提供給出資修繕的私人單位租用營運的做法，官方自譽是「古蹟活化」的政策，類似的案例並不少。普勝寺自上個世紀初即被歐美同鄉會一直佔用至今；普度寺則租給一家私人美術館經營；大報國慈仁寺由中國商報社改建，作為古

8 大殿有時和院落空間一起出租給某些國際時尚品牌作新品發表會場，或是名人富紳租用為婚宴場所。

9 王書剛的作品之一，在上海展出時以「等待」為題，表現中國人日常特有的習慣與行為模式，多人一致撐腮低蹲，既是傳統如廁姿勢，也常在街邊、車站前等公共空間出現。

董字畫商場；而闡福寺僅存的一座天王殿，也被充作古籍書畫買賣商鋪。

雍和宮即使遊人如織，也不曾見到任何一位誦經禮佛的紅衣僧人，其間倒是有幾位著黃色袈裟的漢傳佛教僧侶。通過大門檢查系統，會見到一面告示牌，「有序領取，每人一把，文明燃香，三支為宜。」提醒民眾可免費取用漢式香火，而非圖博的酥油燈；菩薩殿前亦擺設漢式香爐，氤氳裊裊的香爐前有不少祭拜的善男信女。在法輪殿無意間望見一幕——有人躡足走到達賴喇嘛的講經法座[10]前，偷偷朝座席織幔輕觸額頭又迅即走開，他是圖博人，或蒙古人？自背影無法辨識，但那倉促來去的身影，似乎自覺正在做禁忌的事？

我無法忘記文瑟家人彼此以圖博語對話時，刻意壓低聲量的樣子。一開始並不以為意，在公眾場合低聲說話，與他們身上的謙和氣質頗為相符，但在即使四下無人的西黃寺，發現他們依然壓低聲音說話。這才恍然明白，這座城市令他們多麼不安。不論周遭是人群雜沓或渺無人跡，不論是否有監視鏡頭，在這座城市公共空間中，僅僅是說家鄉話，也令他們下意識戒慎。

或許對面就是解放軍總政治部，周邊又圍繞眾多軍團設施的緣故，相較於圖博地區的佛學院，西黃寺裡安置的攝像頭少了許多。可能也出自相同原因，讓原本一直目光和煦慈祥的阿媽拉，從到達西黃寺大門前就蹙緊眉頭，她幾乎一語不發，最後離開時也匆忙坐上等候接送的車子，似乎連一秒鐘也不想多待在那座軍事大樓前。

你是加，我是博

變身為美術館、古董舊書商舖的建築，當然已不再是佛殿，不是宗教文化傳承之地；其中擺設的菩薩像，也不再是民眾精神信仰的寄託，而是展覽品、待價而沽的貨物。這些重修的建物與歷史文化傳承無關，只是套上「歷史文化遺產」標誌的旅遊商品。

人類學家李維．史陀指出，歷史上人類每當遇到必須處理相異他者時，有二種方式：一是嘔吐，將相異的他者吐出去，即隔絕、不接觸，例如禁止通婚、隔離生活空間；二是吞噬，亦即同化策略，吞掉、消化掉他者的異質性，直到相同。哲學家齊格蒙．包曼近一步補充另一種方式，將他者性「隱形」，將其虛空化，不再具有意義。

中國當局不斷宣傳中華民族包含五十六個民族，強調「漢藏一家」，不過，對圖博等異文化所執行的政策，卻包含上述三種處理方式，例如：軍警進駐各地佛學院，直接監督控管，或一旁監視；以「再教育營」的名義，實則為拘禁傳承文化的異族知識分子和民眾的集中營，都是隔絕嘔吐出「他者性」。強制刪修教課書，禁止以圖博語、蒙古

10 一九五四年，年輕的達賴喇嘛丹增嘉措、班禪喇嘛確吉嘉稱受中共邀請訪問北京時，曾在雍和宮法輪殿中講經，他們的法座各立於宗喀巴雕像前右側、左側的位置。

文、維吾爾語教學的教育政策；禁止圖博男人留長髮、維吾爾男人蓄長鬚；拆除清真寺等，這些都是吞噬抹除異文化的做法。而讓北京、五台山等地的圖博佛學院失去傳承文化能力，變成古董商場、美術館、漢式廟宇，最後這些歷史空間的意義便被隱匿消失，以致虛空化。

還記得之前在五台山，我曾在街邊向文瑟的姪女志瑪問路，當時她沒有回答也沒有轉頭，儘管我就在她身邊，她卻彷彿什麼也沒有聽見，毫無表情的逕直走開。那冰冷的眼神隱隱藏著怒氣。

最初以為她聽不慣普通話的緣故，後來才知志瑪不僅普通話說得極好，還是一所醫學院的學生。後來她告訴我，除非必要，平常基本不想說普通話。我知道，這是委婉的說法。雖然個性安靜，但志瑪卻是充滿好奇心的女孩，她曾問過我台灣的選舉與黨派競爭情況，及直接公開批評國家領導人的言論自由。聽見這些對他們極為奇特之事，她總驚詫的睜大眼笑起來，和當時她乍然聽見我問路時的神情判若兩人。

道別前，文瑟曾鄭重告訴我，他們家是個大家族，親戚中有學問高的僧人，也有在政府中擔任官職的人，即連他自己也在某文化研究單位工作，就算大家不說出口，但是每個人心裡都非常清楚自己和中國人不一樣。他說所有圖博人可能從小都會聽到大人說起，立在拉薩大昭寺前那座古老的紀念碑[11]上清晰的刻文：「博是博，加是加。」「博」是圖博，「加」是他們對漢人的稱呼。

「博是博，加是加」是簡化的文句，原句是篆刻在石碑東面圖博文的第五十八行：「博是在博的地域幸福」，及第五十九行「加是在加的領域建立生活」[12]，中國研究者王堯所做譯文「蕃於蕃國受安，漢亦漢國受樂。」[13]也是差不多的意思。許多國際圖博學者及歷史學者認為，此碑文證明當時博、唐兩國即是平起平坐的對等國際關係。[14]

我知道這句話，在海外圖博人的文章能經常看見，尤其二〇〇八年圖博抗暴運動後；但是在中國境內這句話絕對是禁忌，若在公開場合說出口，即可能被按上「分裂國家」的重罪。頗為意外文瑟親口說出這句話，他倒是微笑起來，「沒事，這裡只有我們幾個，你不也都對我們說圖博、博巴，不說西藏？」

文瑟希望我為他們寫下來。為了在中國政治暴力的壓迫下生存，圖博人不得不閉上嘴，但是那些藏在心裡不能說出來的事，並不代表他們不知道。被完全抹去圖博痕跡的佛學院，反而提供了像針刺一般的提醒，文瑟說，那些戳痛阿媽拉心臟的記憶，已刻在年輕的志瑪心裡，不會忘記。

11 西元八二一年，古博王國與唐立下和平約定，以長安西邊二百公里外的清水縣（位於今甘肅）為界，並在拉薩、長安與國界上立下石碑為證。現今僅存拉薩的石碑，圖博稱「覺拉康敦基」（Gtsug lagkhang Mdun Gyi），意思是大昭寺前紀念碑，中文習稱「長慶會盟碑」。

12 Richardson, Hugh, 1985.

13 王堯，一九八〇。

14 Demiéville, Paul, 1987; Heller, Amy, 1999.

45 東總布胡同五十七號

北京（總布胡同）

頌揚暴君的人同樣擁有美好的聲音
然而，唯有垂死的天鵝之歌最美，
因為他的歌中沒有恐懼。
——布萊希特

自天安門廣場沿長安大街往東走，氣派的寬大馬路上鉅屋豪廈林立，多是行政、軍事機關和經貿商業大樓，而隱身在這片水泥叢林中，一條名為「總布胡同」的巷弄，就是第十世班禪喇嘛確吉嘉稱在北京遭軟禁的處所。

在中國因為意識形態遭拘禁的事例太多，和東突厥斯坦大規模集中營的殘酷相比，在街頭呼喊幾聲口號即失蹤的圖博人，像是落在水面上的雨滴，鮮少引起世人的注意。然而，對所有圖博人來說，第十一世班禪喇嘛在五歲被認證時，旋即遭中共政府祕密關押，至今依然音訊全無，是一道永遠難以痊癒的傷痕；更何況他的前世確吉嘉稱，在中國統治下，生命有一半時間都遭羈押獄中，或軟禁在北京。

當確吉嘉稱熬過十多年的批鬥與監禁後，中國當局並未允許他回到圖博，為了就近監視，將他留在北京。第五世、十三世達賴喇嘛及第六世、九世班禪喇嘛，過去都曾受邀訪問，他們在北京備受尊崇禮遇，都依他們的出家人身分，安排駐錫黃寺、福祐寺等佛學院。[1]而視宗教為迷信毒瘤的中國政府，發動文革前早已關閉所有僧學院，佛寺建築或被拆毀，或遭佔據他用；於是中國將確吉嘉稱與父母軟禁在鄰近天安門廣場巷弄裡一處樓房宅院裡。

胡同風景

總布胡同這一帶在清國時屬於內城區域，環繞在王城周邊，密布八旗聚落及服務皇室的各官衙單位，據說「總布」這名字就和巷道中的清國總捕衙署有關。

滿清結束統治後，北洋政府拆除不少城牆，讓內城與城外區域通暢許多，「禁城」似乎解禁；然而不變的是，那些高宅府邸依然由新的權貴者入住。共產黨建立政權後，

1 九世班禪喇嘛一九二五年因政治因素前往北京，中原地區也處於軍閥戰亂時代，黃寺毀損失修，他被安排駐錫南海的瀛台，在福佑寺設立「班禪駐北平辦事處」。

拆毀更多城牆與象徵皇權的寺院、牌樓、石坊，建築則遭到軍政部門挪用，例如，景山的壽皇殿充作北京少年宮；大高殿被解放軍總參謀部佔為辦公廳；負責交涉國際事務的總理各國事務衙門則被公安部佔用，現在作為「人民來訪接待室」。十數年以來「上訪」訴冤依然盛行[2]，民眾會在這幢仿古的黑瓦灰牆前排隊，等候著遞交投訴狀。

總理各國事務衙門的遺址就在左近，我們特地繞過去看看。公安部接待室大門深鎖，陽光映著行道樹光裸的枝枒，縱橫交錯落在磚道上；近年整治過的巷道嚴整森然，一片闃靜無聲。

此際各國媒體聚集北京，為嚴防有失國體顏面的事發生，在兩會舉行前，預先押送胡佳、高瑜、天安門母親張先玲等異議人士離開北京，到杭州、雲南等地「被旅遊」，以確保他們不會接受外媒採訪。當局更布下天羅地網，全國車站出入口設下嚴密安檢系統，並派遣國保人員[3]在各地埋伏截訪，早已將上訪民眾全擋在北京城外。眼下這片祥和空寂，背後是中國政府花了力氣「努力」經營的。

轉回西總布胡同，這條巷道特別筆直乾淨，不像其他胡同那樣攤販成群、停滿車輛，據說幾年前市政府意圖將這區打造為「精品胡同」，規定汽車不可駛入，更禁止停車。選擇它作為示範，也許和這條巷子曾發生的歷史事件有關——一九〇〇年義和團湧進北京，德國使官克林德[4]在前往總理衙門交涉途中，遭到巡邏的神機營[5]兵士槍殺，成為引發八國聯軍的導火線；之後清國向德國致歉，並在事件發生的原址，即人來人往的西總布胡同路口上設置高大的「克林德碑」牌坊[6]，作為紀念。

當我們走過，中國引以為屈辱的石牌坊早已遷走，在燦亮光線下，別無長物的巷弄，彷彿越走越長；據稱胡同裡有四十四座大院，目前擠入超過八百戶人家，偶爾瞥見磚牆之上露出古老宅院的灰瓦屋頂，要以此想像美國漢學家費正清等歷史名人當時在此生活的模樣，頗為困難。巷尾突然出現的紅背心大媽們是唯一的活潑畫面，背心上印著治安巡邏隊字樣，據說是二〇〇八年奧運期間成立的組織，多由社區婦女組成，平時負責監督舉報社區裡的可疑事件，每年兩會舉辦之際更是積極站上街邊執行任務。一見我們走過，她們果然機警地停下聊天，盡責地上下打量我們，儘管巷道裡的監視器可不少。

愈往東走、離天安門廣場越遠，會發現胡同是另番不同面貌——公寓、樓房、宅院等新舊建築參差並陳，屋宇高矮不一，樣式也不同，有些突出街邊，有些往內凹陷，巷

2 上訪是俗稱，中國政府稱「信訪」，屬於中國特有的民眾請願、申訴管道。民眾最常到北京上訪的單位是國家信訪局和檢察院、公安部的信訪接待室。

3 即國內安全保衛警察，簡稱國保，是中華人民共和國公安機關的一個警種。

4 克林德（Clemens Freiherr von Ketteler, 1853 - 1900），自一八八一年任職北京的德國使館。

5 神機營由京師八旗所組成，負責守衛皇宮和周邊內城地區，後來機構擴大，也創辦軍火局、機器局、煤礦等提供軍火武器。

6 中國以此為恥，一次大戰德國戰敗後，將石牌坊遷移到天安門西側的中山公園，且更名為「公理戰勝」碑，中共建國後再度改名「保衛和平」坊。

道忽寬忽窄、蜿蜒曲折，車輛行人熙攘，有餐館小吃、理髮廳等店家營業，電線縱橫紛陳地綑在樹枝上，排水溝蓋上沾滿廢油殘漬，充滿素民生活氣息。

東總布胡同五十七號靠近巷弄的西口，找到的同時也注意到深鎖的大門前有便衣站崗。黑衣人蓄平頭，有著明顯經常鍛鍊的身形，還有，他也正盯視打量站在巷道對面的我們。東張西望，我們假裝是迷路找路的旅客，對四周稍微觀察一下，發現大門前至少安裝了四、五個監視鏡頭。

五十七號是幢四層洋樓，紅桔磚與白牆砌面，每扇窗前都架有講究的漢白石欄窗台，粉紅色的圍牆，也與整排巷道的刻意仿古灰牆截然不同。

不想引起黑衣人猜疑，我們無法太靠近這幢建築，也不好盯視過久，但更不想就這樣離去，於是信步在附近巷道繞轉。在相鄰胡同裡，遇見一位坐在小公園旁曬太陽的大爺，他自稱是這社區的老住戶。他說這幢屋子最初只是簡單的二層，解放初期沈鈞儒[7]等政治人物曾住過，後來是班禪喇嘛與父母的住處。確吉嘉稱圓寂後，法王的父母返回家鄉，房子經過數次改建，成為現在四層樓建築的模樣。

老大爺表示平時走過看見大門總是緊閉，偶爾會有輛黑頭車駛入，大門短暫打開旋即又關上，匆匆數瞥，他覺得裡面建物像是招待所的氣氛。他不知屋子現下是誰所有，也從未見過屋主，主人行蹤似乎很神祕。現今赭紅色大門上仍低調鑲有金色獅頭門環和兩尊金色法輪，是這整幢屋子唯一與圖博佛教關聯的符號。

其實目前這幢屋子名義上依然屬於確吉嘉稱的後人所有；然而，不管是過去或現在，屋子真正的主人其實是中央統戰部，誰來誰去、誰留誰走……都是統戰部說了算。

關於那隻權力的手

胡同口，經歷百年時空流轉，依舊是車行人踵川流不息；而老屋依舊緘默，在森嚴戒備下藏鎖著時代的祕密。

一九五〇年代中國解放軍向西侵奪圖博，一九五九年拉薩遭砲火轟擊前夕，達賴喇嘛與噶廈政府被迫流亡印度時，確吉嘉稱選擇懷著希望留下來。一九六二年他慷慨陳詞向中央提出「七萬言書」，批評中國僅歷數年統治，已令圖博社會民不聊生，傳統文化與宗教信仰毀壞殆盡，在民主改革的暴力鬥爭中，人心失去信任與希望……真誠建言讓他立即遭到軟禁，並被安上叛國叛民的罪名；文革爆發後，他受到更嚴重的羞辱批鬥，入監囚禁長達十多年。

一九七七年自獄中獲釋，他仍未獲得自由，被安排住在鄰近北京檢察院、公安局的

7 沈鈞儒（1875–1963）晚清進士，曾加入中國同盟會，創立中國民主同盟，後在中共政權下擔任人民政府最高法院的首任院長。

這幢房子裡，持續遭到軟禁監視。為讓中共高層能夠對他釋疑，確吉嘉稱接受政府派人來遊說結婚的建議，他脫下袈裟、換上圖博俗民裝束，被推上全國政協副主席、全國人大常委會副委員長等毫無實權的象徵性高位，他仍背負叛國者罪名，依然沒有話語權，無法自主行動，直到一九八二年他才獲准回到圖博，那時已闊別他的故土家園十八年。

阿嘉仁波切洛桑圖旦在傳記《逆風順水》中，曾描述班禪喇嘛做出還俗決定的關鍵時刻。那年洛桑圖旦奉上師嘉雅仁波切[8]的指派，送信到北京東總布胡同府邸，他目睹法王的父母因為確吉嘉稱被強迫結婚的事難過得老淚縱橫；而整件婚事的幕後操盤手，即是國家民族事務委員會主任楊靜仁，他當時也身兼統戰部副主任，也就是實際掌控少數民族與宗教人士的當權者。換句話說，確吉嘉稱非常清楚，楊靜仁含蓄提出的「建議」，其實就是政府高層的命令；為了所有圖博民眾及整個圖博的存續，他必須脫下袈裟，犧牲自己。

洛桑圖旦在書中指出，確吉嘉稱一點頭同意，與結婚對象的會面就已被安排好了；確吉嘉稱配合楊靜仁要求，親自向中央提出「請求結婚」的書面報告，上午才遞送，當天下午就立即收到鄧小平親自審批的同意文件。

中國當局自然不會承認政治操作，黨政媒體編造一套「一見鍾情」故事版本，以掩蓋權力者幕後操弄的真相。文宣一再強調結婚對象是退役將軍董其武的外孫女，只是董其武雖是官拜上將的抗日名將，卻非黨政高層紅人，他曾是國民黨叛軍將領，岳家是資產階級，大兒子又隨國民黨軍隊去了台灣，這些極其罪惡的「黑」成分，令他與家人一直戰戰兢兢地匍匐度日；文革前他即主動卸下軍職返鄉，將家產盡數上繳黨國，他多次卑微奉上自我交代，以申請加入共產黨，仍遭拒絕；直到外孫女接受統戰部安排班禪喇嘛婚事後，一九八二年他的申請才終於獲准，取得共產黨員身分時已屆八十三歲高齡。

外孫女結婚時僅二十歲，是名軍醫學生，這場婚事不僅洗刷家族的黑成分，也讓她跳過漫長求學求職之路，以班禪大師的配偶身分，直接躍升中央政協副主席的特別秘書職位。不禁令人思忖，統戰部這一切計畫安排，應該也包含讓這位軍醫外孫女以隨行照顧的名義，就近監視報告班禪喇嘛的言行居止？

確吉嘉稱「被」結婚還俗，是數百年以來，歷世班禪喇嘛從未發生過的事。原以為可完全操控整個圖博的做法，反倒是弄巧成拙，親自向世人證實——中國政府迫害圖博高僧，破壞圖博傳承文化。

數年後女兒仁吉旺姆的出生，更令中國當局尷尬，黨國元老鄧穎超[9]、習仲勛[10]夫婦

8 嘉雅仁波切是洛桑圖旦的舅父，當年幼的確吉嘉稱被認證為班禪喇嘛祖古，被迎請到衮本宮巴時，嘉雅仁波切即擔任他的經師。
9 鄧穎超（1904 - 1992）時任中央紀律委員會書記。原以周恩來妻子身分隱身政治幕後，一九七六年周恩來過世後，即復出擔任黨政要職。
10 習仲勛（1913–2002）時任中央政治局委員，他是習近平父親，文革前擔任統戰部部長。

特別參加百日宴，以此「認證」民族團結。仁吉旺姆自幼被單獨送到國外生活，二〇〇六年自美返國，官方立即將她的名字列入媒體「禁報名單」，禁止公開談論。至今中國傳媒處理與她有關訊息依然低調謹慎，在某些時候確實可利用她的存在作為「藏漢和諧」的招牌；然而難以避免地，在國際間卻也成為中國當局壓迫圖播佛教信仰的明證。尤其對圖博社會來說，她的存在就有如一道鮮明未癒的歷史傷口。

二〇一四年某個夏日，仁吉旺姆在社群網路媒體的帳號上發文，表示在入住北京酒店時遭到警察無理盤查，「好像我是罪犯一樣，就因為我是藏族……」就連中國當局可利用的民族團結招牌都遭質疑檢查，更何況是一般圖博民眾？

二十年前、二十年後

確吉嘉稱在文革時被國家安上「反人民、反社會主義、蓄謀叛亂」的三大罪名，出獄後仍持續背在身上，直到圓寂半年多前才獲得平反。確吉嘉稱懷抱希望與中共「交手」的一生，似乎是最鮮明的寫照。圖博人，和蒙古人、維吾爾人……都有著相同的命運，從未被中國信任、接納、視為一體過，只作為民族團結的裝飾品，永遠被安置在政權核心之旁，監視著。

一九六四新年，中共當局忽然准許確吉嘉稱在大昭寺前的孟蘭祈願法會上演說，那是他提出「七萬言書」而遭軟禁批鬥的二年後，政府要他公開批判流亡海外的達賴喇嘛。

他在演說中表示，「圖博曾是一個獨立的國家……現在有復國的權利、未來終將恢復獨立。」[11]他尊崇達賴喇嘛是圖博唯一的領導者，並祈願達賴喇嘛長壽。[12]確吉嘉稱當場遭逮補，二個月期間持續承受嚴酷批判審訊後，被押入獄，從此失去自由。大昭寺前的新年祈願法會也自那年起禁止舉辦。

文革結束，中國早已換了批領導人，被長年關押的政治人物都回到高位，而確吉嘉稱即使出獄，依然在北京遭到軟禁。直到一九八六年當局忽然允許恢復宗教活動，那已被禁止二十多年的祈禱法會又可以舉行，僧人被允許念經，確吉嘉稱竟也被允許在新年這特殊的日子回到拉薩。當局約略是認為，經歷長年羈押監視，他應該透徹「反省」過，早已學會懼慄謹慎，更何況已經順從地「被」結婚還俗。

他站在擠滿數萬僧俗大眾的大昭寺前，人們簇擁著，急切地想見他，聽他說話。的確，班禪喇嘛在演說中再次提到了達賴喇嘛——

他說：「希望不久的將來，遍知一切王（即達賴喇嘛）返回圖博主持各種宗教儀軌。我為這一吉祥時日的來臨而祈禱。」[13]

11 董尼德著，蘇瑛憲譯，一九九四。
12 Grasdorff, Gilles Van, 2006.
13 十世班禪大師，二〇一四。

確吉嘉稱說了他認為該說的真話，不論是二十年前或二十年後，失去自由之前或之後。

——後記——

去聽大地歌吟

有片土地稱為故鄉
有一種幸福叫做　家
有種親人稱為父母
有一種恩德是慈愛
長者慈愛　少年悲憫
心境純淨處，就是故鄉……

在我眼中絢爛
在我心裡美麗……
我快樂的故鄉　圖博
——才旺羅布，〈回家〉1

一轉入通往國際航線出發大廳的甬道，周遭所有喧噪人聲瞬間被抽掉，眼前霎時是一片空曠的奇景。回身張望，一直擠攘的人潮不知從何時起消失無蹤。

從旅館附近的地鐵站開始，不論是月台、列車或是機場航廈，所有地方都是令人不安的洶湧人群，擁擠程度或許不如尖峰時段的地鐵東京新宿站、巴黎北站，卻更叫人驚心。北京不僅人多，而且是一種無秩序暴力狀態，所有人似乎都想使勁將別人推搡出去，讓自己擠向前。

通過海關與行李檢查，表示已踏入離開中國的起點。掏出手機，點開入口網站，發現我們果然已到達另個世界——網路暢通，就連翻牆都是順暢的。

深深吸一口氣，空氣似乎也有些不同，環顧候機室，沒有荷槍軍警，沒有短髮黑衣國保，連攝像頭都低調節制的安在屋宇角落。大咧咧伸長腿，躺靠向椅背，不自覺吁出一口長長的氣，發現鼻腔湧入涼爽的氣息，第一次發現原來「自由」是有氣味的……是這樣的時候，看見前北京大學馬克思主義學院講師柴曉明在失蹤數日後，由官方證實遭到拘捕軟禁的消息。

1 節錄自才旺羅布（Tsewang Norbu）所作歌詞，原文為圖博文，此據阿蘭茌芊堪卓所作中譯文，稍作修潤。

報導指稱這是中國政府針對「佳士工運」[2]的連串緝捕行動之一，之前已陸續逮捕所有參與抗議的佳士工人和大學生，以終結南京、廣州等地串連的聲援抗爭。其實柴曉明在二〇一八年已自北大辭職，由這次逮補，可見官方已「決定」他是整起事件的幕後操縱者，而佳士工人為爭取建立工會權利的抗爭，也被誇大定性為「顛覆國家政權」的陰謀叛亂。

這趟行旅出發前的二〇一八年底，自對岸輾轉傳來抗暴的訊息。十一月，在圖博阿壩，被迫還俗的僧人確吉嘉稱在洽唐街上以自焚表達抗議，他僅二十三歲，是阿壩第四十一位捨身抗爭的義士。數日後，廣州、上海、北京等地，為之前被逮捕的佳士抗爭工人聲援的學生及社會人士，在他們住家附近遭不名人士毆打綁架，幾天後公部門才宣稱他們是被逮捕。十二月，十九歲的牧民青年周闊在阿壩縣城中呼喊著「圖博獨立」的口號後自焚，二天後，在達賴喇嘛獲得諾貝爾世界和平獎紀念日的當天，另一位十七歲的僧人桑吉嘉措，在阿壩格底宮巴前，獨自高舉十四世達賴喇嘛法照，呼喊「為圖博祈福，讓達賴喇嘛歸來」，即遭公安當街虐打羈押，至今下落不明。年末，北京大學馬克思主義學會會長邱占萱，在前往參加紀念毛澤東冥誕一百二十五週年紀年活動的路上，被一群自稱是公安的黑衣大漢押走，儘管他是這項紀念活動的策劃人。

二〇一九在連著數日過分明豔的陽光裡到臨。懷著複雜的心緒，落腳在中國多難的土地上，在環布攝像頭、人臉識別監控系統的世界，敏感地學會克制探知世界訊息的欲求；只是輾轉旅程中，偶爾仍忍不住打開手機網路，翻牆尋找是否有他們的消息，某天看見某則評述四位被捕學生蒼白著臉拍攝「被認罪」視頻的報導[3]時，我們正在前往阿壩的途中。

當巴士車窗外嶙峋的山谷逐漸轉成曠野，我們已進入半個多世紀前中原漢人所說無法接近的「草地」，遠遠望去，遼闊大地盡頭泊著白色雲朵，偶爾出現羊隻與牛群，而晴藍色天空亮得讓人眼睛發疼。經過麥爾瑪鄉聚落，那荒涼齊整有如人民公社的街頭上，白日裡卻人跡罕至，當標示鄉政府的建築出現，猛然想起翻開筆記本——四十四歲牧民才闊、三十歲青年貢確才旦、二十歲女孩才貝吉、二十四歲僧人覺巴……我在心裡大聲讀出他們的名字。四位烈士為爭取圖博的自由獨立，在此自焚獻身。

當這許多記憶翻湧如浪，禁不住想起文瑟對我說過的話：「在這裡每個人都受苦。」

2 佳士科技公司為一中國股票上市企業，二〇一八年七月員工因組織工會爭取合理勞動條件而遭企業解雇，工人堅持返回工作單位時遭暴力逮補，引發更多工人及北大、清大等二十多所大學學生公開聲援抗議，八月間所有參與抗爭的工人和學生都陸續遭逮補。大多學生在羈押數日後被遣返回鄉，部分工人遭酷刑威嚇後釋放，二十多位運動領導學生及工人則是失蹤狀態。官方持續拘捕，令各地抗爭集會在十二月底逐漸消止。二〇一八年底至二〇一九年，北大、南京大學馬克思主義學院多位學生又遭逮補失蹤或遭退學，北大指導老師柴曉明也在南京被捕，並在二〇二〇年八月，以煽動顛覆國家政權罪祕密接受審判（佳士工人聲援團紀錄片，二〇一八）。

3 佳士工人聲援團，二〇一九。

國家指令：言必稱幸福

安檢人員戴著白手套，訓練有素的雙手從我的頭頂沿著肩背往下拍打，胸前、腰腹、腿側……然後她蹲下，手指持續往下壓按到小腿、靴緣、腳跟。手勁均勻，力道拿捏恰當，不致過輕得曖昧，也不會拍打太重，讓人驚惶疼痛。

天安門廣場前的檢查令人大開眼界。安檢員謹慎、嚴密而專注，檢查時適切迴避視線，最後「有禮」地點頭致謝。我回想曾在喀什米爾、莫斯科機場、圖博邊境、柬埔寨海關被搜身的經歷，全都無法與此比較。天安門前安檢人員的技術可以說達到完全機械標準化、非人性的境界。

過去王權封建時代，民眾無法隨意進出王宮所在的都城；進入二十一世紀、中國政府宣稱改革開放的進步時代，北京仍舊是座禁城。全國兩會召開的地點在人民大會堂，建築正前方就是天安門廣場，廣場南邊即是著名的毛澤東紀念館，紀念館正因整修而關閉，周圍地區進行交通管制，道路封鎖，不僅汽車無法通行，就連人行道也被拒馬擋下。

民眾唯一可靠近的地方是中國國家博物館。沿著層層拒馬之外，迷宮般繞轉到周圍街區，好不容易才站在博物館前，隔著空曠馬路和重重金屬圍籬，可以清晰眺望天安門廣場上飄揚的五星紅旗，和一隊隊來回巡邏的武警衛兵。

配合兩會盛事與建國七十週年紀念，博物館以「偉大的變革」為主題，展出自一九七九年鄧小平執政以來推動改革開放的歷史成果。民眾在博物館外大排長龍，等待安檢的隊伍擠在人行道上，逶迤一整個街區，除了觀光旅客，其中有不少來自各地政府、學校機關的參觀團隊。

展覽內容主要是讚頌黨的偉大、習近平等歷代領導發展「中國特色社會主義」的英明，及中國現代化的幸福生活。內容儘管空洞貧乏，以數十公尺的挑高牆面屏幕和3D雷射聲光設施，加上參觀人們笑著、歡呼著、過度興奮著，揮小紅旗合影留念的場面，像是走入某部烏托邦電影場景般精彩。

一群穿著天藍色外套、專業職工模樣的觀覽者，特別引人注意。之前在館外安檢入口前，從領隊以揚聲器呼叫他們集合，得知他們來自研發衛星、飛彈的「北京航天科工集團」。他們無須排隊，甚至直接跳過安檢。儘管擁有在眾目睽睽下插隊的特權，他們仍和其他民眾相同，必須在大螢幕前擺出開心姿態留影，並拉上一面大紅旗作為前景。行禮如儀完成合影後，他們立即解散，各自離去，這參觀活動應是配合上級規定，工作的一部分。

我們也是為「任務」而來，在博物館樓上樓下尋找，繞了好大一圈，終於在最初進門處找到原本進館的目的——孔子雕像。

二〇一一年，中國政府在天安門廣場豎立一座孔子像，恰與高掛城樓上的毛澤東畫像兩兩相對。中國之所以立起孔子塑像，是為利用孔孟漢學以推銷中國文化形象[4]，和當時積極向國際推動文化軟外交的滲透策略有關。然而，半個世紀前毛澤東發起「批孔、破四舊」運動，這段颳起腥風血雨的歷史猶在眼前，令這二人對視的場景頗具嘲弄性。

或許正因為太尷尬，三個月後，廣場上的孔子塑像又靜悄悄的被移除。政府事後宣稱，已將塑像搬遷到博物館的「雕塑園」。這就是我們目睹的畫面，高達九公尺的塑像被放置在博物館後方，一座隔絕窄小的庭園中，並不允許進入參觀。

尋獲「他」之前，曾走遍館內，詢問過好幾位導覽工作人員，他們都露出前所未聞的表情，對孔子像、雕塑園一無所悉。最後，站在大廳角落，我們身後是爭搶著與屏幕影像拍照的人群，隔著封閉的落地窗門，無意中瞥見了所謂的雕塑園——園裡其實就只有這尊雕像。

被搬遷到這裡十年了，孔子高大的身影背對我們，孤單站著，像是被囚禁。

返家

自二〇一九旅途歸來，年底世界逐漸陷入新冠肺炎病毒肆虐。中國政府公權力無限擴大，數年間軍警單位結合國家大數據監控系統，封控所有人的生活與行動自由。透過網際網路，無數人權遭侵害的故事傳來，但我無法確知途中相識的友人是否安好，早在離開圖博地區以前，因頻繁遭遇公安盤查，已警覺地刪除了他們的聯絡資訊。

每日打開電腦開始工作以前，第一件事，是搜尋彼岸人權的關鍵字——二〇一九夏天，我們才剛去過的亞青嘎修行屋遭大規模拆除，千名覺姆被暴力逐出寺院；香港反送中對抗運動如火如荼展開，民主派人士與抗爭青年遭逮捕；二〇二〇年南蒙古（中國稱內蒙）多地爆發反漢語教學示威[5]；二〇二一年，新疆當局五年間興建超過二百六十座「巨型」拘押設施，超過一百座維吾爾傳統墓園遭拆毀；二〇二二年受封控多年的中國民眾終於爆發白紙運動……

二〇二三年四月，提倡公民維權的法學家許志永在「被消失」三年後，終遭公開判處十四年刑期，只因他參與一場提倡「新公民運動」的會議，和寫下一封給習近平的公開信〈勸退書〉——「兩屆期滿，歸家休息吧。經言亢龍有悔，莫到尷尬悲劇時，悔之晚矣。」而被控顛覆國家政權罪。

這是許志永第二次入獄，上一次被關押是二〇一四年，罪名「妨害公共安全罪」，刑期四年，因為他在北京地鐵站前發放「要求平等教育權」的傳單。其實他被有關當局盯上，主要因為二篇刊登在國際媒體的文章，〈致習近平先生的公開信：一個公民對國

4 近年歐盟與美、加、日等國的孔子學院因間諜活動嫌疑，部分人員遭當地驅逐或禁止入境。

5 罷課、集會抗爭者陸續遭革職、拘禁等懲處，到了二〇二三年，呼和浩特市教育局已宣布中、小學全面實施普通話授課，原本的蒙語課自一週七節課減為一節。

家命運的思考〉和〈一名漢人對一名自焚藏人的哀悼〉。前者質疑習近平與當前中共政權的公正性與未來性；後者認同了圖博人受中共統治的痛苦。

許志永在二〇一二年的中秋節獨自前往壤塘，想拜訪一位十八歲的自焚青年朗卓的家人，想向他的父母致上哀悼，想表達歉意，「對不起，我們一直沒有說話，在你們為自由而死的時刻。」當時圖博境內已有七十多位僧侶和民眾燃燒了自己。

他一路曲折輾轉好不容易找到了朗卓的家，但朗卓的父母去了遠方牧場，屋子空寂無人，許志永聽見一位同村少年說出他目睹的情景：「他（朗卓）是為和平而死……燒的時候他雙手合起來舉過頭頂，跪下，站起來舉過頭頂，再跪下，反覆六次。」[6]

在聽聞許志永遭判刑的消息，我再次翻出他十年前的文章，和朗卓留下的堅決的遺言：

> 昂起你堅強的頭，為朗卓之尊嚴。
> 我那厚恩的父母、親愛的兄弟及親屬，我即將要離世。
> 為恩惠無量的博民族，我將點燃軀體……[7]

二〇二二年新春，圖博傳出自焚抗爭的消息。八十一歲的札西彭措在阿壩洽唐街的公安局前自焚犧牲，據稱前一年在八十歲生日的慶賀會上，他說：「在達賴喇嘛加持下，幸福的太陽一定會照耀圖博。年輕人不要灰心。」[8]

知情者表示札西彭措老先生決定自焚，極可能因為心疼年輕人犧牲，因為就在三十天前，青年才旺羅布在布達拉宮前以自焚表達抗爭。

才旺羅布是曾經參加「中國好男兒」、「明日之子」、「中國好聲音」等知名選秀節目的年輕歌者，擁有詞曲創作才華的他，在中國已有不少追隨的粉絲。有人困惑，有人難以置信，會說流利普通話、似乎已「融入」中國主流社會生活的他，竟也以決絕的方式，和過去十多年來一百五十七位圖博自焚者抗爭的訴求相同——追求自由的圖博，拒絕中國的統治？

如果曾經看見他在舞台上，在眾人你言我語的熱鬧氣氛裡，他不唱歌時便過度靜默的眼神；如果看過，相對於他演唱圖博歌詞時的飛揚，偶爾必須唱中文時不小心流露的彆扭，多少能夠猜出一點。

二〇二一年，他最後一次站上「中國好聲音」舞台，演唱自己創作的歌曲「回家」，可能為配合為數眾多的中國觀眾，他在原本的圖博歌詞中配入了部分中文詞句。字幕上打出：「越過林霧，與羊兒為伍，我身穿母親織的布」；然而他口中唱出的卻

6 許志永，〈一名漢人對一名自焚藏人的哀悼〉，二〇一二。
7 唯色，《自焚藏人檔案》，二〇一三。
8 桑杰嘉，〈不說出口，我為此流淚也是虛偽——記才旺羅布和扎彭〉，二〇二二。

是：「穿過雲霧，身在浮屠，誰知道我為什麼哭」。

他將典型的少數民族民歌歌詞改得深沉憂傷，可以想見天真的詞句是節目組的安排，而他自己寫了另外的歌詞，放在心裡，只在臨場時唱出。他甚且臨時更改了最後一段圖博歌詞——將故鄉那曲，改為「博域」[9]。他所指稱的故鄉，那幸福之地，並非專指他的出生地那曲，而是圖博。

如果知道那天羅布自焚的地點，正是四年前他的舅舅洛珠嘉措獨自示威、呼喊口號的位置；如果知道洛珠嘉措因此遭判刑十八年，且他過去已服刑二十一年，在拉薩札奇監獄服刑期間，曾帶領所有犯人呼喊「圖博獨立」、「達賴喇嘛尊者永駐世間」，而遭加刑六年……那麼一切都鮮明了。

二〇一九年夏季來臨時，我已結束不安的旅程，回到台灣。我常常想，圖博人呢？聽著「回家」，才旺羅布以悠揚的歌聲回答我——

即使生活在圖博大地上，當代的圖博人從未回到自己的故土，那名為幸福的家。

9 博域（Bodyul），圖博語音譯，圖博之地的意思。

康區（四川省、雲南省、青海、西藏自治區）

河流、山脈	中文名稱
嘉絨曲	大渡河
治曲	金沙江（長江上游）
娘曲	雅礱江
札曲	瀾滄江
地名	**中文名稱**
達澤多	康定（清國：打箭爐）
娘曲喀	雅江
噶達	協德（清國：泰寧）
傑塘	德欽
乍丫	察雅
貝瑪崗	墨脫
札木多	查木多（昌都）
札曲卡	石渠
桑昂曲宗	察隅
察卡洛	鹽井
圖博佛學院	**中文名稱**
曲德宮巴	康寧寺
桑披宮巴	鄉城寺
田妥宮巴	吞多寺
喇榮嘎	色達喇榮寺
亞青嘎	亞青寺
噶達宮巴	惠遠寺

安多（四川、甘肅、青海）

河流、山脈	中文名稱
措溫布	青海湖
瑪曲	黃河
碌曲	洮河
宗曲	湟水
舟曲	白龍江
卓格草原	若爾蓋草原
地名	**中文名稱**
曼札塘	麥爾瑪
瓊曲	紅原
達倉拉姆	郎木寺（甘肅） 紅星（四川）
黑措	合作
措夏	海東
措洛	海南
宗喀	西寧
雅孜	循化
塔澤	紅崖村
芒拉	貴南
巴彥	化隆
恰普洽	共和
佛學院	**中文名稱**
袞本（強巴林）宮巴	塔爾寺
貢倫宮巴	佑寧寺
夏宗日卓	夏宗寺
格底宮巴	格爾登寺
拉姆格底宮巴	郎木寺
毛爾蓋（札西廓羅）宮巴	毛爾蓋寺
吾屯宮巴	五屯寺

附錄2

本書參考文獻

本書參考文獻繁多，有意參閱者，請上心靈工坊官網（http://www.psygarden.com.tw/）搜尋「圖博千年」書籍介紹頁面，或掃描以下 QR Code.

心靈工坊 |PsyGarden|

PsychoHistory 015

圖博千年：一個旅人的雪域凝視

Tibet, a Thousand-Year Journey: Tibetan Culture and Identity

陳斐翡—著

出版者—心靈工坊文化事業股份有限公司
發行人—王浩威　總編輯—徐嘉俊
執行編輯—趙士尊　封面與內頁版面設計—鄭宇斌
封面與內頁圖片攝影—尹珪烈　地圖繪製—陳斐翡
內頁排版—龍虎電腦排版股份有限公司
通訊地址—10684 台北市大安區信義路四段 53 巷 8 號 2 樓
郵政劃撥—19546215　戶名—心靈工坊文化事業股份有限公司
電話—02）2702-9186　傳真—02）2702-9286
Email—service@psygarden.com.tw　網址—www.psygarden.com.tw

製版・印刷—彩峰造藝印像股份有限公司
總經銷—大和書報圖書股份有限公司
電話—02）8990-2588　傳真—02）2290-1658
通訊地址—248 新北市新莊區五工五路二號
初版一刷—2023 年 12 月　ISBN—978-986-357-350-0　定價—790 元

本書獲國家文藝基金會文學類贊助創作

國家圖書館出版品預行編目(CIP)資料

圖博千年：一個旅人的雪域凝視 = Tibet,a thousand-year journey : Tibetan culture and identity/陳斐翡著. -- 初版. -- 臺北市：心靈工坊文化事業股份有限公司, 2023.12
面；　公分. - -（PsychoHistory；15）
ISBN 978-986-357-350-0（平裝）

1.CST: 遊記 2.CST: 歷史 3.CST: 人文地理 4.CST: 西藏自治區

676.669　　112021057

廣 告 回 信
台北郵政登記證
台北廣字第1143號
免 貼 郵 票

心靈工坊 PsyGarden

10684台北市信義路四段53巷8號2樓

讀者服務組 收

免 貼 郵 票

(對折線)

加入心靈工坊書香家族會員
共享知識的盛宴，成長的喜悅

請寄回這張回函卡（免貼郵票），
您就成爲心靈工坊的書香家族會員，您將可以——

⊙隨時收到新書出版和活動訊息

⊙獲得各項回饋和優惠方案